法学教室 LIBRARY 　Studying New Criminal Law Cases
　Yamaguchi Atsushi

新判例から見た刑法

第**3**版

山口　厚

有斐閣

第 3 版はしがき

　第2版を刊行してからすでに6年以上が経過した。その間，重要な最高裁判例が出されており，学説にも進展が見られる。この意味で，本来であれば，本書はすでに改訂されているべきものであったが，研究から離れざるを得ない事情があったためなしえないでいたところ，ようやく時間的な余裕ができたので，このたび，旧版の叙述に必要な補訂を加え，新たに3章を追加して，第3版として刊行することにした。新たに追加したのは，近年顕著な動きがみられる共犯論に関する2章と詐欺罪の新たな動きについて検討した1章である。

　本書・初版の基となった「法学教室」誌上での連載時に検討の対象とした判例は，その当時，文字通り「新判例」であったが，それらは，時間の経過した今日，「新判例」と称するにはやや憚られるものとなったともいえる。とは申せ，その学修上の重要性に何ら変わるところはない。それらには，必要と思われる補訂を施しており，現時点での理解を踏まえた上で学修していただければ幸いである。

　本書の刊行については，有斐閣雑誌編集部の田中朋子さんに大変お世話になった。ここに記して，厚く御礼を申し上げたい。

　2015（平成27）年1月

山 口　厚

第 2 版はしがき

　近年の最高裁判例の動きにはめざましいものがある。そこで，旧版の刊行後2年を経過したのみであるが，このたび，旧版刊行後の判例の展開を考慮して，旧版の叙述に必要な補訂を加え，さらに新たな最高裁判例を検討した2章を追加して，第2版として刊行することにした。本書の基本的な考え方は，本書にも収録した旧版の「はしがき」に記したとおりである。判例・裁判例を具体的な事案に即して検討することによって，読者の方々の刑法の運用能力を高める一助になれば幸いである。

　本書の刊行については，法学教室編集長の渡辺真紀さんに大変お世話になった。いきとどいたご配慮に感謝したい。

　2008（平成20）年9月

山　口　　厚

初版はしがき

　本書は,「新判例から見た刑法」と題して「法学教室」誌上に連載した原稿を基に,それに加筆・修正を加え,さらに賄賂罪に関する新たな1章を書き下ろしで追加したものである。本書の読者としては,刑法解釈論の基礎について基本的な理解を有している法科大学院法学既修者等を想定している。そうした読者の刑法解釈論についての理解を,判例・裁判例の検討を通じて,さらに深化させ,判例・裁判例の判断を具体的な事案に即して検討することにより,刑法解釈論についての読者の運用能力を高めることを目的としている。

　本書各章の論稿は,近年に出された判例・裁判例を素材として採り上げ,それについて検討を加えることを通して,当該の問題に関する判例・学説についての読者の理解をさらに一歩進めることを目指している。すなわち,それは,新しい判例・裁判例の単なる解説にとどまるものではなく,さらに,それが前提とする,又はそれに関連する重要な問題についても十分に解説を加え,そして,採り上げた判例・裁判例を判例・学説の流れに位置づけながら,その従来の判例・学説に対して有する意義を明らかにしようとするものである。また,新たな判例・裁判例をつぶさに検討しながら,当該の問題点に関する判例や学説の現状を学ぶと共に,どこに真に検討を要する問題があるのか,それについてどのように考えたらよいのかについても可能な限り考察を及ぼそうとしている。読者の方々に,新しい判例・裁判例について的確に理解していただくとともに,その基礎にある問題,その周辺に位置する問題についてまで,解釈論の基礎をしっかりと踏まえた上で,その理解を広げていただこうという極めて「欲張った」企画である。

　本書のアイディアは,法学教室の前編集長・西野康樹氏との懇談の際に浮かんだものである。また,本書の基となった原稿の連載時には,法学教室の

現編集長・亀井聡氏に大変にお世話になった。また，同氏には本書の刊行についてもいろいろとご配慮をいただいた。この機会に両氏に改めて謝意を表したい。

2006（平成18）年7月

　　　　　　　　　　　　　　　　　　　　　　法科大学院サマースクールにて
　　　　　　　　　　　　　　　　　　　　　　　　山　口　　厚

凡　例

〔法令名略語〕
　法令名の略語は原則として，有斐閣『六法全書』巻末の「法令名略語」によった。

〔判例集・雑誌等の略記〕
刑　録	大審院刑事判決録
刑　集	大審院・最高裁判所刑事判例集
高刑集	高等裁判所刑事判例集
下刑集	下級裁判所刑事裁判例集
集　刑	最高裁判所裁判集 刑事
刑　月	刑事裁判月報
新　聞	法律新聞
判　特	高等裁判所刑事判決特報
裁　特	高等裁判所刑事裁判特報
東高刑時報	東京高等裁判所判決時報 刑事
刑　法	刑法雑誌
現　刑	現代刑事法
警　研	警察研究
法　協	法学協会雑誌
曹　時	法曹時報
判　時	判例時報
判　タ	判例タイムズ
法　セ	法学セミナー
最判解刑事篇平成（昭和）○○年度	最高裁判所判例解説刑事篇 　平成（昭和）○○年度
平成（昭和）○○年度重判解 　（ジュリ○○号）	平成（昭和）○○年度重要判例解説 　（ジュリスト○○号）
セレクト'○○（法教○○号別冊付録）	判例セレクト○○○○（法学教室 　○○号別冊付録）
法　教	法学教室
ジュリ	ジュリスト

目　次

はしがき

第1章　被害者の行為の介在と因果関係　3

- I　はじめに …………………………………………………………… 3
- II　最近の最高裁判例 ………………………………………………… 5
- III　判例における因果関係の判断 …………………………………… 8
- IV　最高裁判例の評価と展望 ………………………………………… 14

第2章　被害者の行為を利用した法益侵害　17

- I　はじめに …………………………………………………………… 17
- II　最高裁平成16年1月20日決定 …………………………………… 19
- III　自傷・自殺と意思の瑕疵 ………………………………………… 23

第3章　不作為による殺人罪　33

- I　はじめに …………………………………………………………… 33
- II　最近の最高裁判例 ………………………………………………… 34
- III　保障人的地位をめぐって ………………………………………… 38
- IV　共同正犯の成立範囲 ……………………………………………… 45

第4章　正当防衛の周辺　46

- I　はじめに …………………………………………………………… 46
- II　正当防衛と第三者の法益侵害 …………………………………… 46
- III　過剰防衛と誤想防衛との交錯 …………………………………… 56

第5章　過失犯の成立要件　60

- I　はじめに …………………………………………………………… 60

II	最近の最高裁判例	62
III	過失犯における注意義務	66

第6章　実行の着手と既遂　77

I	はじめに	77
II	最近の最高裁判例	78
III	実行の着手	82
IV	早すぎた構成要件の実現	86

第7章　共犯の因果性と共犯関係の解消　92

I	はじめに	92
II	最高裁平成21年6月30日決定	93
III	従来の判例・裁判例	96

第8章　承継的共犯　107

I	はじめに	107
II	最高裁平成24年11月6日決定	108
III	共犯の因果性（実質論）と従属性（形式論）の交錯	114

第9章　罪数論　127

I	はじめに	127
II	最近の最高裁判例	127
III	不可罰的事後行為	134
IV	牽連犯	140

第10章　傷害の意義　147

I	はじめに	147
II	最近の最高裁判例	148
III	傷害の意義	151
IV	加重結果としての傷害	156

第11章　住居侵入罪の成立要件　158

- Ⅰ　はじめに……………………………………………………………… 158
- Ⅱ　最近の最高裁判例…………………………………………………… 159
- Ⅲ　侵入の意義…………………………………………………………… 167
- Ⅳ　侵入の客体…………………………………………………………… 171

第12章　窃盗罪における占有の意義　176

- Ⅰ　はじめに……………………………………………………………… 176
- Ⅱ　窃盗罪における他人の占有………………………………………… 177
- Ⅲ　窃盗罪と遺失物等横領罪の錯誤…………………………………… 185

第13章　不法領得の意思　189

- Ⅰ　はじめに……………………………………………………………… 189
- Ⅱ　最近の最高裁判例…………………………………………………… 191
- Ⅲ　窃盗罪における不法領得の意思…………………………………… 194
- Ⅳ　詐欺罪と不法領得の意思…………………………………………… 197

第14章　不動産の占有とその侵奪　204

- Ⅰ　はじめに……………………………………………………………… 204
- Ⅱ　不動産の占有………………………………………………………… 206
- Ⅲ　侵奪の意義…………………………………………………………… 212

第15章　事後強盗罪の成立範囲　219

- Ⅰ　はじめに……………………………………………………………… 219
- Ⅱ　最近の最高裁判例…………………………………………………… 220
- Ⅲ　「窃盗の機会の継続中」の解釈……………………………………… 224
- Ⅳ　その他の問題………………………………………………………… 230

第16章　詐欺罪における交付行為　232

- Ⅰ　はじめに……………………………………………………………… 232

	II 最高裁平成15年12月9日決定	233
	III 交付行為の要件	237
	IV 本件事案についての若干の検討	244

第17章　クレジットカードの不正使用と詐欺罪の成否　246

	I はじめに	246
	II 自己名義のクレジットカードの不正使用	247
	III 他人名義のクレジットカードの不正使用	250

第18章　文書の不正取得と詐欺罪の成否　260

	I はじめに	260
	II 2つの最高裁判例	261
	III 文書の交付と詐欺罪の成否	267

第19章　欺く対象による詐欺罪処罰の限定　278

	I はじめに	278
	II 最近の最高裁判例	279
	III 詐欺罪処罰の限定	292

第20章　誤振込みと財産犯　298

	I はじめに	298
	II 近年の刑事判例・学説の動き	300
	III 「預金の占有」について	304
	IV 欺罔行為	306
	V 告知義務	308
	VI 補論：遺失物等横領罪の成否	308
	VII 最後に	309

第21章　親族関係と財産犯　310

	I はじめに	310
	II 最近の最高裁判例	311

Ⅲ　親族相盗例の適用・準用 …………………………………………… 316

第 22 章　盗品等の返還と盗品等関与罪の成否　　324

　Ⅰ　はじめに ……………………………………………………………… 324
　Ⅱ　盗品等関与罪の保護法益・罪質 …………………………………… 325
　Ⅲ　盗品等の返還事例に関する最高裁判例 …………………………… 327
　Ⅳ　追求権の意義 ………………………………………………………… 332

第 23 章　作成名義人の意義と有形偽造　　335

　Ⅰ　はじめに ……………………………………………………………… 335
　Ⅱ　最高裁平成 15 年 10 月 6 日決定 …………………………………… 336
　Ⅲ　有形偽造の意義 ……………………………………………………… 338
　Ⅳ　作成名義人の意義 …………………………………………………… 343

第 24 章　賄賂罪における職務関連性　　348

　Ⅰ　はじめに ……………………………………………………………… 348
　Ⅱ　最近の最高裁判例 …………………………………………………… 349
　Ⅲ　一般的職務権限 ……………………………………………………… 354
　Ⅳ　職務密接関連行為 …………………………………………………… 356

事 項 索 引 ………………………………………………………………… 361
判 例 索 引 ………………………………………………………………… 364

本書のコピー，スキャン，デジタル化等の無断複製は著作権法上での例外を除き禁じられています。本書を代行業者等の第三者に依頼してスキャンやデジタル化することは，たとえ個人や家庭内での利用でも著作権法違反です。

Part 1

総 論

第1章

被害者の行為の介在と因果関係

I　はじめに

　因果関係は，刑法解釈論のうち，今日に至るまで，もっとも議論の多い分野の1つである。学説においては，かつて，刑法上の因果関係は「行為なければ結果なし」という関係（条件関係）があればよく，それにつきるとする条件説と，条件関係をさらに相当性という概念・基準によって限定する相当因果関係説とが基本的に対立し，そのうち相当因果関係説が通説的の地位を占めてきた。そして，議論は，通説である相当因果関係説内部において，相当性の判断基準をめぐって展開され，相当性判断を客観的に行うべきだとする客観説（客観的相当因果関係説）と，一般人が認識可能な事実を基に，行為者の認識を加味することによって相当性判断を行う折衷説（折衷的相当因果関係説）とが対立してきたのである。また，その議論の過程においては，相当性判断の構造も問題とされ，相当性概念については，行為の結果に対する相当性（これを，広義の相当性という）と因果経過自体の相当性（これを，狭義の相当性という）とを区別しうることの指摘など，相当因果関係説内部において議論の進展・深化が見られたといえよう。そして，その後，さらに，相当性という基準によって因果関係を判断・限定することの不十分さ・不適切さを指摘して，因果関係論は「客観的帰属論」へと「衣替え」すべきだとする見解も有力に主張されるに至り，因果関係をめぐる議論は，新たな段階へと進んできたということができるのである。

　これに対し，判例においては，かつては，条件説が採られているとの理解がなされてきたものの，昭和42年の米兵ひき逃げ事件最高裁決定[1]におい

て，相当因果関係説的基準が採られ，条件関係が存在する事例において因果関係が否定されたことが注目を集めたが，その後，そうした傾向は続くことなく推移したといえる[2]。ところが，昭和60年代以降，興味深い事例に関して因果関係判断を示した判例が次々と出されるに至った。そこでは，一定の理論的立場を明示した上で，それを適用することによって事案に対して解決を与えるというアプローチは採られていないが，それぞれの判例において，重要な判断が示されてきたのである。とくに，それに伴い，相当因果関係説における相当性判断の意義・妥当性が問題とされ，それに対する疑問が出されたこと[3]（これが，いわゆる「相当因果関係説の危機」といわれる原因である）は，学説に，従来の議論を再点検することを迫り，議論のさらなる展開・深化を促すことになったという意味において，とくに重要であったということができる。判例は，具体的な事案に妥当な解決を与えることに任務があり，一定の理論的立場を宣明することを目的とするものではないから，判例の「理論的立場」が明確な形で宣言されているわけではないが，昭和60年代以降における最高裁判例の集積により，因果関係判断についての最高裁の一定の枠組みは明らかになっているといえよう。それを明確化した上で，批判的に検討することが必要である。

　本章においては，行為者による構成要件該当行為（実行行為）後に被害者の行為が介在して構成要件的結果の発生を見た事例について因果関係判断を行った最高裁2判例を紹介し，それらを因果関係に関する近時の判例の流れの中に位置づけ，検討することを試みたい。そこでは，因果関係に関する判例の判断枠組みを示した上で，それとの関係において，当該判例の有する意義を確認することが重要である。

---

1) 最決昭和42・10・24刑集21巻8号1116頁。
2) 最判昭和46・6・17刑集25巻4号567頁では，被害者の素因が結果惹起に影響をもった事案において，最判昭和25・3・31刑集4巻3号469頁など，条件説的ともいいうる判断が踏襲されたのである。
3) 大谷直人「第三者の暴行が介在した場合でも当初の暴行と死亡との間の因果関係が認められるとされた事例」最判解刑事篇平成2年度241頁以下参照。

Ⅱ 最近の最高裁判例

1 最高裁平成15年7月16日決定[4]

(1) 事　案

　被告人4名は，他の2名と共謀の上，被害者に対し，公園において，深夜約2時間10分にわたり，間断なく極めて激しい暴行を繰り返し，引き続き，マンション居室において，約45分間，断続的に同様の暴行を加えた。被害者は，すきをみて，上記マンション居室から靴下履きのまま逃走したが，被告人らに対し極度の恐怖感を抱き，逃走を開始してから約10分後，被告人らによる追跡から逃れるため，上記マンションから約763mないし約810m離れた高速道路に進入し，疾走してきた自動車に衝突され，後続の自動車にれき過されて，死亡した。
　第1審判決（長野地松本支判平成14・4・10）は，この事実について，「本件被害者が本件高速道路本線上の本件事故現場で事故に遭遇したことは，被告人らの本件第1・第2現場での暴行から予期しうる範囲外の事態であって，当該暴行の危険性が形をかえて現実化したものであるとは到底いえず，被告人らの上記暴行と本件被害者の死亡との間に検察官の主張するような形での因果関係を認めることはできない」として，傷害罪の限度で犯罪の成立を肯定した。
　これに対し，控訴審判決（東京高判平成14・11・14）は，「被害者は被告人らの追跡を逃れる最も安全な方法として本件高速道路への立入りを即座に選択したと認めるのが相当である。そして，…，このような選択が被害者の現に置かれた状況からみて，やむにやまれないものとして通常人の目からも

---

[4]　最決平成15・7・16刑集57巻7号950頁。解説としては，山口雅髙「暴行とその被害者が現場からの逃走途中に遭遇した交通事故による死亡との間に因果関係があるとされた事例」最判解刑事篇平成15年度407頁以下，深町晋也「暴行とその被害者が現場からの逃走途中に遭遇した交通事故による死亡との間に因果関係があるとされた事例」法教281号148頁以下（2004年），曽根威彦「被害者の逃走中の事故死と因果関係」平成15年度重判解（ジュリ1269号）156頁以下（2004年）などがある。

異常なものと評することはできず，したがって，被告人らにとってみても予見可能なものと認めるのが相当である。」として，被告人らの暴行と被害者の死亡との間の因果関係を肯定し，傷害致死罪の成立を認めたのである。

(2) 最高裁決定

被告人の上告を受けた最高裁は，次のように判示して，原判決の判断を是認した。

「被害者が逃走しようとして高速道路に進入したことは，それ自体極めて危険な行為であるというほかないが，被害者は，被告人らから長時間激しくかつ執ような暴行を受け，被告人らに対し極度の恐怖感を抱き，必死に逃走を図る過程で，とっさにそのような行動を選択したものと認められ，その行動が，被告人らの暴行から逃れる方法として，著しく不自然，不相当であったとはいえない。そうすると，被害者が高速道路に進入して死亡したのは，被告人らの暴行に起因するものと評価することができるから，被告人らの暴行と被害者の死亡との間の因果関係を肯定した原判決は，正当として是認することができる。」

2　最高裁平成16年2月17日決定[5]

(1) 事　案

被告人は，外数名と共謀の上，深夜，飲食店街の路上で，被害者に対し，その頭部をビール瓶で殴打したり，足蹴りにしたりするなどの暴行を加えた上，共犯者の1名が底の割れたビール瓶で被害者の後頸部等を突き刺すなどし，同人に左後頸部刺創による左後頸部血管損傷等の傷害を負わせた。被害者の負った左後頸部刺創は，頸椎左後方に達し，深頸静脈，外椎骨静脈沿叢などを損傷し，多量の出血をきたすものであった。被害者は，受傷後直ちに

---

[5] 最決平成16・2・17刑集58巻2号169頁。解説としては，前田巖「被害者が暴行による傷害の治療中に医師の指示に従わなかったために治療の効果が上がらなかったとしても暴行と死亡との間に因果関係があるとされた事例」最判解刑事篇平成16年度128頁以下，大谷晃大「被害者が暴行による傷害の治療中に医師の指示に従わなかったために治療の効果が上がらなかったとしても暴行と死亡との間に因果関係があるとされた事例」研修674号15頁以下（2004年），島田聡一郎「被害者が暴行による傷害の治療中に医師の指示に従わなかったために治療の効果が上がらなかったとしても，暴行と死亡との間に因果関係があるとされた事例」ジュリ1310号171頁以下（2006年）などがある。

知人の運転する車で病院に赴いて受診し、翌日未明までに止血のための緊急手術を受け、術後、いったんは容体が安定し、担当医は、加療期間について、良好に経過すれば、約3週間との見通しを持った。しかし、その日のうちに、被害者の容体が急変し、他の病院に転院したが、事件の5日後に上記左後頸部刺創に基づく頭部循環障害による脳機能障害により死亡した。なお、被告人は、控訴審公判廷において、上記容体急変の直前、被害者が無断退院しようとして、体から治療用の管を抜くなどして暴れ、それが原因で容体が悪化したと聞いている旨述べている。

第1審判決（大阪地判平成14・10・22）は、上記事実について傷害致死罪の成立を肯定した。控訴審判決（大阪高判平成15・7・10）も、「傷害と〔被害者〕の死亡との間に、原因、結果の関係があるのは明らかである。」「所論は、〔被害者〕は病院で暴れたり、管を抜いたりしたために死亡したのであって、因果関係が断絶していると主張するが、上記傷害が〔被害者〕の死亡の結果の発生に重要な原因となっていることは明らかであるところ、同人が医師の指示に従わず、安静を保っていなかったことなどの事情は、傷害の被害者が死亡に至る経緯として通常予想し得る事態であるから、このことによって、刑法上の因果関係が否定されることはない」として、原判決の判断を是認した。

(2) 最高裁決定

被告人の上告を受けた最高裁は、以下のように判示して、原判決の判断を是認した。

「被害者が医師の指示に従わず安静に努めなかったことが治療の効果を減殺した可能性があることは、記録上否定することができない。」「以上のような事実関係等によれば、被告人らの行為により被害者の受けた前記の傷害は、それ自体死亡の結果をもたらし得る身体の損傷であって、仮に被害者の死亡の結果発生までの間に、上記のように被害者が医師の指示に従わず安静に努めなかったために治療の効果が上がらなかったという事情が介在していたとしても、被告人らの暴行による傷害と被害者の死亡との間には因果関係があるというべきであり、本件において傷害致死罪の成立を認めた原判断は、正当である。」

3 被害者の行為の介入の意義

上記 2 判例においては，被告人らの暴行と被害者の死亡との間に因果関係が肯定されている（いずれも，被告人らの暴行と被害者の死亡との間に条件関係を肯定しうる事案であるが，そのことを確認するという手法によらず，被害者の行為の意義等を検討して因果関係判断をしているところに，最高裁が条件説に立つのではないことが表れているともいえる）。最高裁平成 15 年 7 月 16 日決定（以下，平成 15 年判例という）では，被害者死亡の物理的原因となったのは，高速道路を疾走する自動車に衝突・れき過されて生じた傷害であるが，被告人らの暴行から逃れるために，そのような危険な行為に出た被害者の行為が，暴行と被害者の死との間の因果関係にいかなる影響を有するかが問題となる。これに対し，最高裁平成 16 年 2 月 17 日決定（以下，平成 16 年判例という）では，被害者死亡の物理的原因は，被告人らにより加えられた傷害で，被害者の行為は，医師による治療効果を減殺した（可能性がある）ものにすぎなかったが，このような被害者の行為が因果関係判断にどのような意味を有するのかが問われているのである。

III 判例における因果関係の判断

1 関連判例における因果関係の判断

被害者の行為が介入した事例に関する判例で，平成 15 年判例と関連するという意味でとくに重要なのが，被告人から逃走中転倒等によって傷害・致死の結果が発生した事案に関するものである。大審院時代には，被告人が加えた火傷の苦痛に耐えかね，また新たな暴行を避けようとして水中に飛び込み心臓麻痺により被害者が死亡した事例において，被告人の加えた傷害と被害者の死亡との間に因果関係を肯定した判例があるが[6]，最高裁判例としては，共犯者から強姦された後，さらに被告人らにより強姦される危険を感じ

---

6) 大判昭和 2・9・9 刑集 6 巻 343 頁。

た被害者が逃走中転倒して傷害を負った事案について，強姦と傷害との間に因果関係を肯定したもの[7]，被告人らの暴行に耐えかねた被害者が，逃走しようとして池に落ち込み，露出した岩石に頭部を打ち付けたために頭部擦過打撲傷に基づくくも膜下出血が原因で死亡した事案について，暴行と受傷に基づく死亡との間に因果関係を肯定したもの[8]などが重要である。これらの判例は，被害者が暴行等から必死で逃走しようとする過程で転倒等により生じた死傷の結果については，当初の被告人による暴行等との間で因果関係を肯定しうることを示すものであるが，この結論は，いわば当然のことで[9]，異論のありようがないものといえよう。これに対し，平成15年判例の事案の特殊性は，介在した被害者の行為が極めて危険なものであり，しかも，被害者はその危険性を認識しつつ，あえてその行為に出たと解される点にある。したがって，逃走中うっかり転倒して受傷した上記事案とは重要な点において異なっているのである。

　上記判例のほか，被害者の行為が介入した事案について判断を示したものとして，とくに重要な意味を有するのは，次の2判例である。第1は，柔道整復師である被告人が，風邪気味の被害者から診察・治療を依頼されて承諾し，誤った治療方法を指示した（さらに，被害者の症状が悪化した後においても，再三往診し同様の指示を繰り返した）ところ，被害者がそれに忠実に従ったため，症状が悪化して死亡したという事例（柔道整復師事件）において，「被告人の行為は，それ自体が被害者の病状を悪化させ，ひいては死亡の結果をも引き起こしかねない危険性を有していたものであるから，医師の診察治療を受けることなく被告人だけに依存していた被害者側にも落度があったことは否定できないとしても，被告人の行為と被害者の死亡との間には因果関係がある」とした判例である[10]。第2は，スキューバダイビングの指導者である被告人が，夜間潜水の指導中不用意に移動して受講生らのそばから離れ，受講生らを見失ったところ，指導補助者及び被害者の不適切な行動が

---

7) 最決昭和46・9・22刑集25巻6号769頁。
8) 最決昭和59・7・6刑集38巻8号2793頁。
9) 被害者の逃走は暴行等により余儀なくされたものであり，また，必死に逃走する過程で転倒することは十分にありうることだからである。
10) 最決昭和63・5・11刑集42巻5号807頁。

介在して被害者が溺死した事例(夜間潜水事件)において,「被告人が,夜間潜水の講習指導中,受講生らの動向に注意することなく不用意に移動して受講生らのそばから離れ,同人らを見失うに至った行為は,それ自体が,指導者からの適切な指示,誘導がなければ事態に適応した措置を講ずることができないおそれがあった被害者をして,海中で空気を使い果たし,ひいては適切な措置を講ずることもできないままに,でき死させる結果を引き起こしかねない危険性を持つものであり,被告人を見失った後の指導補助者及び被害者に適切を欠く行動があったことは否定できないが,それは被告人の右行為から誘発されたものであって,被告人の行為と被害者の死亡との間の因果関係を肯定するに妨げない」とした判例である[11]。これらにおいては,被告人の行為が結果を引き起こしかねない危険性を持ったものであること,さらに,被害者の(「落度」ある,又は,「適切を欠く」)行為が被告人の行為により「誘発」されたものであることが(明示的に,又は,判旨の文脈において)指摘されている点が重要である。なお,夜間潜水事件においては,「でき死させる結果を引き起こしかねない危険性」を回避することが結果回避義務の内容であり,因果関係が肯定されることは当然だともいえよう。

2　行為の危険性の現実化

本章の冒頭でも触れたように,因果関係に関する判例の理解についてはかねて議論のあるところである。たしかに,判例は,相当因果関係説などといった特定の理論的立場を明示的に採った上で,その具体的適用として個別の事案に対する解決を与えるものではないが,近時問題となった事案に対する判断が集積することにより,おおよその判断枠組みは明らかになっているといえよう。それは,「被告人の行為の危険性が結果へと現実化した」といいうるときに,行為と結果との間に因果関係が肯定されるというものである[12]。上記の柔道整復師事件決定,夜間潜水事件決定もこのような考え方

---

[11]　最決平成4・12・17刑集46巻9号683頁。
[12]　このような枠組みで判断する場合には,被害者の素因が結果惹起に決定的な影響を及ぼした事案において,それが認識可能とはいえないものであっても,因果関係は否定されないことになろう。最決昭和49・7・5刑集28巻5号194頁,前出注2)最判昭和46・6・17など参照。

に依拠するものといいうるが，それを鮮明な形で示しているのが，次の大阪南港事件最高裁決定である[13]。すなわち，最高裁は，被告人が第1現場で被害者に暴行を加え，脳出血を発生させて意識消失状態にした上で，第2現場（大阪南港資材置場）に運び放置したところ，被害者は脳出血により死亡したが，生存中，何者かにより角材で頭部を殴打されていた（これは死期を若干早める影響を与えるものであった）という事案において，「犯人の暴行により被害者の死因となった傷害が形成された場合には，仮にその後第三者により加えられた暴行によって死期が早められたとしても，犯人の暴行と被害者の死亡との間の因果関係を肯定することができ」るとしたのである。ここでは，被告人の行為後に介入したと（「疑わしきは被告人の利益に」の見地から仮定）されている第三者の（故意によるものと想定される）行為の予測可能性・予見可能性の程度は何ら問題とされず[14]，第1現場での（死因となった傷害をもたらした）暴行の危険性が第2現場での被害者の（当該死因に基づく）死へと現実化したことから，被告人の暴行と被害者の死との間の因果関係は肯定され，死期を若干早める程度の影響を有するにすぎない第三者の行為が行為者の行為後に介入したことによってその判断は左右されない，との理解が示されているのである。こうして，判例においては，被告人の行為→介在事情→結果発生という一連の具体的な因果経過が「経験則上通常予測[15]」されるかにより因果関係が判断されるわけではないことが明らかにされ[16]，それと同時に，因果関係判断において，当該事案における介在事情である第三者の行為の予測可能性が問題とならないことから，予測可能性という意味での相当性の判断の事案解決にあたっての有用性・妥当性に対して疑問が呈されることになったのである[17]。学説の中にはこうした大阪南港事件決定における最高裁の判断に反対する論者もあるが[18]，多数の論者はその結論自体には賛成しており，その上で相当因果関係説を採用する論者

---

[13]　最決平成2・11・20刑集44巻8号837頁。
[14]　故意による第三者の行為の予測可能性は，特段の事情がない限り，否定されることになると思われる。
[15]　前出注1)最決昭和42・10・24参照。
[16]　林陽一「最近の判例理論をめぐって」刑法37巻3号56頁以下（1998年）参照。さらに，同『刑法における因果関係理論』（2000年）参照。
[17]　大谷・前出注3)参照。

は，この結論と整合するよう，相当因果関係説を「再構成」することが迫られるようになったのである[19][20]。

大阪南港事件のように，被告人の当初の行為により死因となる傷害が形成された場合には，死因に変更をもたらさず，しかも死期をわずかに早める程度の行為の介入があっただけでは，結果への「行為の危険性の現実化」を否定することはできないであろう[21]。当該結果の惹起に対して寄与度の乏しい第三者の行為は，「行為の危険性の現実化」にほとんど影響しないのであるから，その判断にあたり重要ではなく，したがって，それが介入することの予測可能性が問題とならないことは，いわば当然のこともいえる。大阪南港事件決定は，因果経過中に介入したというだけであらゆる介在事情が因果関係判断にとって重要なのではなく，結果への寄与度という観点から重要な介在事情のみが因果関係判断に影響を持ちうることを示した点に意義があると思われる。したがって，同決定の結論を支持するからといって，介在事情の予測可能性がおよそ因果関係判断にあたって意味を持たないとまではいえないであろう。「行為の危険性の現実化」として因果関係を理解するときでも，介在事情の予測可能性が問題とされなければならない場合は，次に述べるように，あるのである。

大阪南港事件とは異なり，結果発生の直接的な原因が被告人の行為後の介在事情にある場合には，被告人の行為における高度の危険が直接結果に現実化したとはいえない。このような場合における行為の危険性は，介在事情に

---

18) 斉藤誠二「いわゆる『相当因果関係説の危機』についての管見」法学新報103巻2＝3号755頁以下（1997年），小林憲太郎『因果関係と客観的帰属』103頁以下（2003年）など参照。
19) 井田良「因果関係の『相当性』に関する一試論」同『犯罪論の現在と目的的行為論』79頁以下（1995年），曽根威彦「相当因果関係と最高裁判例」研修549号3頁以下（1994年），同「相当因果関係の構造と判断方法」司法研修所論集99号1頁以下（1997年），同「相当因果関係説の立場から」刑法37巻3号88頁以下（1998年）など。これによって，相当因果関係説は理論的な「深化」を遂げたことになる。
20) ここに相当因果関係説の限界・破綻を見出し，客観的帰属論への転換を主張するものとして，山中敬一「客観的帰属論の立場から」刑法37巻3号71頁以下（1998年），さらに，同『刑法における客観的帰属の理論』（1997年）参照。
21) 死因という観念に重要な意義を認める見解として，高山佳奈子「死因と因果関係」成城法学63号171頁以下（2000年）。しかし，危険の現実化を判断する基準として死因の同一性に重要な意味があるとしても，それを絶対視することが妥当かには疑問があると思われる。

よって直接結果が惹起される危険性であり，危険な（結果惹起に寄与する）介在事情が介入する可能性がその内容をなすから，介在事情の予測可能性が因果関係を肯定するためには必要となるのである。この危険性が，予測された介在事情が実際に介入することによって，それを媒介として結果へと現実化することになるといえよう。逃走中に転倒して受傷した事例においては，逃走自体被告人の暴行等により余儀なくされたものであり，また，必死で逃走する過程で誤って転倒することは十分ありうることであるから，この場合，「行為の危険性」と「その現実化」は当然肯定されることになるのである。また，夜間潜水事件では，被害者らから離れ同人らを見失うという被告人の行為は，未熟な受講生である被害者の不適切な行為をもたらす（「誘発」する）危険性・予測可能性の高いものであり（したがって，被告人には，受講生を見失わないことが要求される），それにより，まさに（恐れられた）受講生の不適切な行為が「誘発」され，その結果，受講生である被害者が死亡したのであるから，問題なく「行為の危険性の現実化」が認められるのである。さらに，柔道整復師事件では，被告人の不適切な指示は，被害者をそれに従わせる（そして被害者がそれに従う）ことから，危険性が認められるところに特色がある。被告人が被害者の症状悪化後においても往診して同様の指示を繰り返すことによって，被害者に指示に従わせる強度の働き掛けを行い，そして，被害者はその指示に忠実に従ったのであるから，「行為の危険性」が，正しく，その内容通りに「現実化」したということができることになろう。

以上見たように，判例は，被告人の行為の危険性が結果へと現実化した場合に，因果関係を肯定する態度を採っている[22)23)]。近時の判例には，その基準に明示的に言及して因果関係を判断するものも現れている[24)]。被告人

---

22) 高速道路上に自車及び他人が運転する自動車を停止させた行為と自車が走り去った後に前記自動車に後続車が追突して生じた死傷事故との間に因果関係を肯定した最決平成16・10・19刑集58巻7号645頁においても，被告人の行為の重大な危険性と，その後に介在した他人の行動等が被告人の過失行為及びこれと密接に関連した一連の暴行等に誘発されたものであることが，その理由とされている。ここでも，同様の判断枠組みが用いられているといえる。上記決定の解説として，上田哲「高速道路上に自車及び他人が運転する自動車を停止させた過失行為と自車が走り去った後に上記自動車に後続車が追突した交通事故により生じた死傷との間に因果関係があるとされた事例」最判解刑事篇平成16年度454頁以下などがある。

の行為から結果に至る因果の過程は，危険の実現・現実化の過程であると解することができるから，この態度は，それ自体，正当な，支持しうる考え方であるといえよう。また，相当因果関係説における相当性にも，こうした危険実現の考えがその基礎にあると解することが可能であるから，その結論は相当因果関係説の立場からも支持しうることになるのである。ただし，その場合における相当因果関係説の理解として重要なのは，相当性判断において，介在事情介入・因果経過の通常性・予測可能性に，それ自体独立した意義があるのではなく，それは，あくまでも危険実現を判断する際の，重要ではあるが，判断要素にすぎないと解されることである。

Ⅳ　最高裁判例の評価と展望

　以上のような近時の判例の理解を前提として，平成15年判例及び平成16年判例の意義について検討することにしたい。
　まず，すでに触れたように，平成15年判例の事案においては，結果発生の物理的原因である（高速道路上でのれき過による）受傷の原因となったのは，被害者が高速道路に進入するという「それ自体極めて危険な行為」を（知りながら）行ったことである。被告人らの暴行と被害者の死亡との間に因果関係を肯定するため（行為の危険性が結果に現実化したことを肯定するため）には，被告人らによる暴行から逃れるために，このような行為にあえて出ることの可能性（すなわち，それによって被害者が死亡する危険性）が認められることが必要となる。たとえば，暴行から逃れるため，他に容易かつ安全確実な逃走経路がありながら，あえて極めて危険な途を選び，それによって死亡した場合には，当初の暴行には，それが逃走を余儀なくさせるものであっ

---

23)　被害者を自動車のトランク内に監禁し，同車を道路上に停車させていたところ，前方不注意のために自動車が追突し，それによって被害者が死亡した事案において，「被害者の死亡原因が直接的には追突事故を起こした第三者の甚だしい過失行為にあるとしても」因果関係を認めることができるとしたものとして，最決平成18・3・27刑集60巻3号382頁がある。上記決定の解説としては，多和田隆史「道路上で停車中の普通乗用自動車後部のトランク内に被害者を監禁した行為と同車に後方から走行してきた自動車が追突して生じた被害者の死亡との間に因果関係があるとされた事例」最判解刑事篇平成18年度223頁以下などがある。

24)　最決平成22・10・26刑集64巻7号1019頁（日航機ニアミス事件）。

ても，被害者の極めて危険な行為を介して死を惹起する可能性・危険性は一般には認めがたいと思われ，暴行と死との間の因果関係は通常否定されるべきことになろう（この場合には，被害者の死は被害者自身の自発的行為に基づくものと解されることになる）。これに対し，平成 15 年判例の事案においては，被害者が，長時間にわたる激しく執ような暴行によって極度の恐怖感を抱いていたこと，そうした状態で必死に逃走を図る過程でとっさに危険な行為が行われたことが重要である。この事案では，被告人らの暴行により逃走を余儀なくされた被害者が，冷静な判断をなしがたい状態に陥れられたことによって，とっさの判断で，極めて危険な行為に出ることの可能性を肯定することはできよう。それが肯定されるのであれば，高速道路上で疾走する自動車にれき過されて死亡することは，まさにその危険の現実化ということができるのである。なお，判例は，被害者の行動が「著しく不自然，不相当であったとはいえない」から，被害者の行為，ひいては死亡が被告人らの暴行に「起因するもの」と判断している。すなわち，被害者の行為が「著しく不自然，不相当」であれば格別，そうでない限り，逃走を余儀なくするような暴行が行われている以上，暴行の危険が，逃走過程における被害者の行為を介して，その死へと現実化したといいうるのであり，因果関係を肯定することができることになるのである。

　次に，平成 16 年判例の事案では，被害者の死亡の物理的原因が被告人の暴行により惹起されていたことが重要である。すでに述べたように，大阪南港事件においては，被告人の暴行により死因となる傷害が形成された場合，第三者の暴行により死期が若干早まったとしても，暴行と死との間の因果関係が肯定されているが，平成 16 年判例の事案においては，被告人らによる傷害が「それ自体死亡の結果をもたらし得る身体の損傷」であり，被害者の行為により，それが死の結果へと現実化することが阻止されなかったにすぎないということができる。この意味では，「行為の危険性」は妨げられずに結果へと「現実化」したことになるのである。介在事情が積極的な（結果実現を促進する）加害行為であっても，それが当該結果惹起に関する寄与度が低い場合，行為の危険性の結果への実現を妨げないというのであれば，行為の危険性の結果への現実化を阻止・妨害する行為の効果を減殺するにすぎな

い行為が介入した場合には，行為の危険性の現実化はいわば当然に肯定されることになろう[25]。学説においては，これに疑問を呈する見解も主張されているが[26]，「行為の危険性の現実化」という観点からは，これを直ちに否定することはできないように思われる[27]。なぜなら，繰り返しになるが，物理的寄与度の低い作為の介入の場合に因果関係（危険の現実化）が否定されないのであれば，物理的寄与度のない不作為の場合に因果関係（危険の現実化）が否定されないのは当然だからである。ただし，問題としうるとすれば，それは，被告人による傷害が，医師による適切な治療を前提とするとき，死の危険を有しない程度と見られる場合（すなわち，治療により，死亡するおそれはない状態になることが当然見込まれるような場合）である。この場合には，治療の阻止・拒絶等の行為によって初めて死の危険が高まるのであり，死との間に因果関係を肯定するためには，そうした行為が行われる可能性が当初の暴行等によりもたらされたものであることが特別に肯定される必要があるといえよう。そのような事情が認められない場合には，当初の暴行と死との間の因果関係は肯定されるべきでないように思われる。

なお，判例の検討をまとめると，実行行為の危険性の現実化による因果関係の判断には次の2つの類型があるといえよう。第1類型は，実行行為によって，直接，結果の原因（死因となる傷害）が生じた場合であり，これは原則としてその後に介在する事情如何によらず，危険性の結果への現実化を肯定しうる場合である。第2類型は，結果の直接的原因が実行行為後の介在行為によってもたらされる場合であり，その場合には，そうした介在行為を通じて結果を生じさせるという意味での実行行為の危険性が必要であり，それが介在事情により惹起された結果の直接的原因を介して結果発生に至った場合に，因果関係を肯定しうる場合である。平成16年判例は前者の場合であり，平成15年判例は後者の場合であるといえよう。

---

25) 最高裁は，原判決と異なり，被害者の行為が「通常予想し得る事態」かを問題としていないが，これは，大阪南港事件決定などに示された判例の判断枠組みからは理解しうることである。
26) 佐伯仁志「因果関係論」山口厚＝井田良＝佐伯仁志『理論刑法学の最前線』19頁（2001年）参照。
27) 前田・前出注5)150頁参照。

第2章

被害者の行為を利用した法益侵害

I　はじめに

　人が自己の財産を毀損する行為は犯罪を構成しない。人が自らの法益を侵害することによって処罰の対象となることはないというのは，刑法における，いわば「当然の法理」である[1]。そして侵害の対象が財産等である場合には，そうした自損行為への関与（教唆・幇助）も（構成要件該当性を欠く行為への関与として，共犯は成立せず）不可罰であることに疑問の余地はない。また，財産等の毀損行為が他人により行われた場合においても，「被害者の同意」があれば，犯罪の成立は否定されることになる。もっとも，これらのことは，法益主体に瑕疵のない処分意思が認められることを前提とするものであるが，その限りにおいて，法益主体による法益処分は有効とされ，それに関与した者について刑事責任が問われることはないのである。

　これに対し，生命については立法により，また身体については解釈により，これとは異なった取扱いがなされている。すなわち，生命については，自殺行為（当然，未遂のみが問題となるが）自体は処罰の対象とならないものの，自殺行為への関与（教唆・幇助）及び嘱託・承諾殺人（同意殺人）は犯罪を構成することとされている（刑202条）。また，身体については，自傷行為はもちろん処罰されることはなく，したがって，自傷行為への関与（教唆・幇助）も（自損行為への関与と同じ理由で）不可罰であるが，同意暴行・

---

1) 規制薬物の自己使用が犯罪となることはこの例外をなすともいえるが，そこでは薬物の害悪の社会への蔓延を徹底して防ぐという強い関心がその背後にあると考えることができ，それは単なる自傷行為につきものではないともいえよう。

同意傷害については，少数説を除き，一定の限度で[2]，暴行罪・傷害罪として処罰の対象となると解されているのである[3]。ここでは，同意暴行・同意傷害については，自傷行為への関与とは異なり，暴行・傷害惹起の（単独正犯の構成要件要素である）正犯性が認められることにより，暴行罪・傷害罪の構成要件該当性が肯定されていることになる[4]。

　以上のことは，法益主体である人に自己の法益を処分する能力があり，また，処分意思に瑕疵がないことを前提としている。したがって，法益主体に処分能力があっても，その処分意思に瑕疵がある場合には，処分の対象となった法益を侵害する犯罪が成立する可能性が生じることになる。もっとも，そのような場合においても，法益主体の自損・自傷・自殺行為については（意思に瑕疵があるにせよ）構成要件該当性を肯定することができないため，それに関与する者について，それらの共犯としての可罰性は問題とならず，被害者の行為を介して法益侵害を惹起したことを内容とする，正犯としての刑事責任が問題となるにとどまるのである（なお，殺人罪不成立の場合においても，有効な処分意思が肯定される場合に自殺関与罪が成立することとの均衡上，自殺関与罪の成否はなお問題になりうる）。このような関与者について，正犯としての責任が肯定されるのはいかなる場合か，どのような場合であればなお可罰性は否定され，あるいは自殺関与罪の成立を肯定しうるにとどまるのかが，本章において扱う問題である。被害者の行為を介して法益侵害を惹起したことについて正犯の責任を肯定しうる場合は，一般に，被害者を利用した間接正犯の事例といわれているが，その成立要件が問題となるのである。

　近時，こうした問題に関して，参考となる最高裁判例が出された。以下で

---

2) この点については，山口厚『刑法総論〔第2版〕』161頁以下（2007年）参照。
3) 同意傷害については，最決昭和55・11・13刑集34巻6号396頁など。同意暴行は，そもそも軽微であるため，それ自体として処罰の対象となることは考えがたいが，そこから致死の結果が発生した場合，過失致死ではなく傷害致死の成立を肯定することによって，間接的にその可罰性を肯定することが問題となるところである。傷害致死の成立を肯定した判決として大阪高判昭和40・6・7下刑集7巻6号1166頁など，過失致死の成立を肯定した判決として大阪高判昭和29・7・14裁特1巻4号133頁など。
4) 同意暴行・同意傷害については，実行者に暴行・傷害惹起の正犯性が欠如するという見地からは，不可罰説が支持されることになるが，正犯性は物理的な結果惹起態様により判断するという伝統的見解に従うときは，生命に危険な傷害について同意傷害の可罰性を肯定することが妥当であろう。

は，その紹介により問題の検討を始めることにする。

II　最高裁平成 16 年 1 月 20 日決定[5]

1　事　案

　被告人は，自己と偽装結婚させた女性（以下「被害者」という）を被保険者とする 5 億 9800 万円の保険金を入手するために，かねてから被告人のことを極度に畏怖していた被害者に対し，事故死に見せ掛けた方法で自殺することを暴行，脅迫を交えて執ように迫っていたが，平成 12 年 1 月 11 日午前 2 時過ぎころ，愛知県知多半島の漁港において，被害者に対し，乗車した車ごと海に飛び込んで自殺することを命じ，被害者をして，自殺を決意するには至らせなかったものの，被告人の命令に従って車ごと海に飛び込んだ後に車から脱出して被告人の前から姿を隠す以外に助かる方法はないとの心境に至らせて，車ごと海に飛び込む決意をさせ，そのころ，普通乗用自動車を運転して岸壁上から下方の海中に車ごと転落させたが，被害者は水没する車から脱出して死亡を免れた。

　上記事実について殺人未遂罪の成否が問題となったが，弁護人は，仮に被害者が車ごと海に飛び込んだとしても，それは被害者が自らの自由な意思に基づいてしたものであるから，そうするように指示した被告人の行為は，殺人罪の実行行為とはいえず，また，被告人は，被害者に対し，その自由な意思に基づいて自殺させようとの意思を有していたにすぎないから，殺人罪の故意があるとはいえない等と主張したのである。

　第 1 審判決（名古屋地判平成 13・5・30）は，次のように判示して，殺人未

---

[5]　最決平成 16・1・20 刑集 58 巻 1 号 1 頁。解説としては，藤井敏明「自殺させて保険金を取得する目的で被害者に命令して岸壁上から自動車ごと海中に転落させた行為が殺人未遂罪に当たるとされた事例」最判解刑事篇平成 16 年度 1 頁以下，橋田久「被害者に命令して岸壁上から自動車ごと海中に転落させた行為が殺人未遂罪に当たるとされた事例」法教 289 号 152 頁以下（2004 年），伊東研祐「被害者を利用した殺人」平成 16 年度重判解（ジュリ 1291 号）155 頁以下（2005 年），小林憲太郎「自殺させて保険金を取得する目的で被害者に命令して岸壁上から自動車ごと海中に転落させた行為が殺人未遂罪に当たるとされた事例」ジュリ 1319 号 175 頁以下（2006 年）などがある。

遂罪の成立を肯定した。①本件当時，本件海に被害者が車ごと飛び込むことは，同女の生命を侵害する現実の危険が大きいものであると認められる。②車ごと海に飛び込んだ被害者の行為が，「被告人により強制された，意思決定の自由を欠くものである場合には，殺人罪の実行行為性を認めることができるが，そこまで至らず，同女の自由な意思決定に基づくものである場合には，海に飛び込むよう指示した被告人の行為は，単なる自殺教唆行為に過ぎない。」「〔被害者〕は，……，被告人の指示に逆らうことができず，車ごと海に飛び込む以外の選択肢を選ぶことはできない状態に至っていたものであり，従って，車ごと海に飛び込んだ〔被害者〕の行為は，被告人により強制された，意思決定の自由を欠くものであり，被告人からみると，〔被害者〕の行為を利用した殺人行為に該当する」。③被害者が車ごと海に飛び込むこと自体「同女の生命侵害の現実的な危険を生じさせるものであることの認識が被告人にあった」。被告人は，被害者をして，選択の余地なく海に飛び込まざるを得ないように意識的に追い込んだものであって，被害者の行為について，「被告人により強制された，意思決定の自由を欠くものであることの認識があり，かつ，〔被害者〕の死を意欲していたことも認めることができる。」

控訴審判決（名古屋高判平成14・4・16）も，次のように判示して，第1審判決の結論を是認している。「被害者は決して自己の自由な意思で車ごと海に飛び込んだものではなく，他の選択肢を選ぶことのできない心理状態において，被告人から強制されて車ごと海に飛び込んだものと認められ，……，被告人においても，そのような被害者の状態を利用して，被害者に対し車ごと海に飛び込むことを指示したものと認められる上，車ごと海に飛び込む被害者の行為には，その生命侵害の現実的危険性が認められるから，被告人の殺害意思及び殺人の実行行為性は否定できない」（なお，「威迫等によって被害者が抗拒不能の絶対的強制下に陥ったり意思決定の自由を完全に失っていなくても，行為者と被害者との関係，被害者の置かれた状況，その心身の状態等に照らし，被害者が他の行為を選択することが著しく困難であって，自ら死に至る行為を選択することが無理もないといえる程度の暴行・脅迫等が加えられれば，殺人罪が成立すると解すべきである。」とされている)。

2 最高裁決定

被告人の上告に対し，最高裁は，次のように判示して原判決の結論を是認した。

「上記認定事実によれば，被告人は，事故を装い被害者を自殺させて多額の保険金を取得する目的で，自殺させる方法を考案し，それに使用する車等を準備した上，被告人を極度に畏怖して服従していた被害者に対し，犯行前日に，漁港の現場で，暴行，脅迫を交えつつ，直ちに車ごと海中に転落して自殺することを執ように要求し，猶予を哀願する被害者に翌日に実行することを確約させるなどし，本件犯行当時，被害者をして，被告人の命令に応じて車ごと海中に飛び込む以外の行為を選択することができない精神状態に陥らせていたものということができる。

被告人は，以上のような精神状態に陥っていた被害者に対して，本件当日，漁港の岸壁上から車ごと海中に転落するように命じ，被害者をして，自らを死亡させる現実的危険性の高い行為に及ばせたのであるから，被害者に命令して車ごと海に転落させた被告人の行為は，殺人罪の実行行為に当たるというべきである。

また，……，被害者には被告人の命令に応じて自殺する気持ちはなかったものであって，この点は被告人の予期したところに反していたが，被害者に対し死亡の現実的危険性の高い行為を強いたこと自体については，被告人において何ら認識に欠けるところはなかったのであるから，上記の点は，被告人につき殺人罪の故意を否定すべき事情にはならないというべきである。」

3 従来の関連判例・裁判例

被害者の行為を利用して法益侵害を惹起した事案に関する従来の判例・裁判例としては，まず，①最決昭和59・3・27刑集38巻5号2064頁がある。これは，厳寒の深夜，かなり酩酊し，暴行を受けて衰弱していた被害者を河川堤防上に連行し，未必の殺意をもって，上衣・ズボンを無理矢理脱がせた上，同人を取り囲んで脅しながら護岸際まで追い詰め，逃げ場を失った同人を川に転落するのやむなきに至らしめ，同人を溺死させた事案について，殺

人罪の成立を肯定したものである。これは，物理力の行使に近い強制によって被害者を転落させたものであり，しかも被害者の転落後，水面をたる木で突いたりたたいたりしており，殺人罪の成立を肯定することに問題のない事案であったといえる。

　下級審においては，まず，②広島高判昭和29・6・30高刑集7巻6号944頁は，妻の不倫を疑った夫である被告人が，妻に対して暴行・脅迫を繰り返し，肉体的・精神的な圧迫を加えて，「これ以上被告人の圧迫を受けるより寧ろ死を選ぶに如かずと決意し」た妻が自殺したという事案について，暴行・脅迫は「意思の自由を失わしめる程度のものであったと認むべき確証がない」から自殺教唆罪が成立するにとどまるとした。また，③浦和地熊谷支判昭和46・1・26刑月3巻1号39頁も，暴行等により畏怖している内妻に川に入るよう命じて溺死させた事案について，「入水時の状況からみて，当時〔被害者〕が死を予見しながらも川に入らざるを得ないような絶対的強制下にあった，つまり行動の自由を失った状態にあったとは考えられない。」等と判示しつつ，殺意の立証がないとして無罪を言い渡している。これらに対し，④鹿児島地判昭和59・5・31判時1139号157頁は，2時間以上にわたってリンチを加え，肉体的・精神的に極限に近い状態に追い詰め，抗拒不能の状態に陥っている被害者に自分の右手小指を噛み切らせた事案について，傷害罪の間接正犯の成立を肯定している。また，⑤福岡高宮崎支判平成元・3・24高刑集42巻2号103頁は，被害者を欺罔により心理的に追い詰め，現状から逃れるためには自殺する以外に途はないと誤信して自殺させた事案について，「犯人によって自殺するに至らしめた場合，それが物理的強制によるものであるか心理的強制によるものであるかを問わず，それが自殺者の意思決定に重大な瑕疵を生ぜしめ，自殺者の自由な意思に基づくものと認められない場合には，もはや自殺教唆とはいえず，殺人に該当するものと解すべきである」が，「現状から逃れるためには自殺する以外途はないと誤信し」，「自己の客観的状況について正しい認識を持つことができたならば，およそ自殺の決意をする事情にあったものとは認められないのであるから，その自殺の決意は真意に添わない重大な瑕疵のある意思であ」り，被害者を誤信させて自殺させた本件行為は，被害者の行為を利用した殺人行為に該当

するとして，殺人罪（強盗殺人罪）の成立を肯定した。

以上のような判例・裁判例の中で本件最高裁判例を理解するとき，本件具体的事情の下において殺人未遂罪の成立を肯定した事例判例としての意義が認められるが，とくに強制された行為（が死の現実的危険性の高い行為であり，その行為）「以外の行為を選択することができない精神状態」であったことを根拠に，「殺人罪の実行行為」を肯定している点が重要である。

Ⅲ 自傷・自殺と意思の瑕疵

1 意思の瑕疵と法益処分の有効性

すでに述べたように，法益主体による有効な法益処分が認められる場合には，後見的見地からする保護が与えられている生命・身体法益を除き，それに関与した者について刑事責任が問われることはない。生命法益の場合には，生命侵害に対する正犯性の有無により，同意殺人罪（法益侵害惹起行為について正犯性が認められる場合）又は自殺関与罪（法益侵害惹起行為について正犯性が否定される場合）が成立することになり，身体法益の場合には，傷害惹起について正犯性が肯定される場合に限り，一定の要件の下で，傷害罪が成立することになる。これらの場合，法益処分が法益主体の意思に合致しているときには，物理的に惹起された事態について法益侵害性が否定される（生命・身体法益以外の場合）か，法益侵害性が軽減される（生命・身体法益の場合）からである。これに対し，法益処分の有効性が否定され，生命・身体法益についていえば，殺人罪・傷害罪の成否が問題となるのが，法益主体に関し，①法益処分能力が欠如する場合，②欺罔による錯誤に基づいて法益処分意思が生じた場合，③法益処分が強制された場合である。すなわち，法益処分意思に瑕疵がある場合であり，これら（その要件は問題であるが）においては，物理的に惹起された事態について法益侵害性が否定・軽減されないことになるのである。

法益処分意思に瑕疵がある場合のうち，まず，①法益処分能力に関しては，必要な判断能力を欠く幼児[6]や重症の精神障害者[7]についてこれが否定

されることは明らかであろう。問題は②③の場合である。これらの場合，(a) 処分意思の瑕疵により有効な法益処分が否定されるか，(b)（有効な法益処分が否定されるとして）法益侵害惹起への関与行為について，犯罪の構成要件該当性が認められるか，という2つの論点が問題となる。このうち，主たる前提的論点は（a）であるが，(b) についても学説において近時議論の対象とされている[8]。これは，処分意思に瑕疵があり，有効な法益処分を認めることができない場合においては，法益侵害の発生を肯定することができるが，法益処分の有効性を基礎づけうるものではないとはいえ，法益主体の主観的・客観的関与がある事案において，法益侵害に関与した者の関与行為について，単独正犯としての正犯性・構成要件該当性（「実行行為性」といわれることが多い）を肯定することができるかという問題である。法益主体の同意を得て，他人が殺人・傷害行為を自ら行う場合には，法益侵害惹起行為に正犯性を肯定することが容易であるが[9]，自殺・自傷行為に対して欺罔・強制等により関与する場合には，正犯性等の存在を慎重に吟味する必要があることになる（後述するように，強制により意思を抑圧して自傷行為をさせるような場合には，法益処分は無効であり，そして，結論として，正犯性をも肯定することができる。この意味で，典型的な欺罔・強制の事案においては，(a) が認められることによって (b) も認められることになるのである。しかし，当初の行為の結果への寄与度が低く，さらに幇助的な関与行為しか認められない場合には，正犯性を肯定することに問題が生じうることになる）。ここでは，被害者を利用した間接正犯の成否が問題となるのであり，以下検討するのも，法益侵害が被害者の行為を介して惹起された②③の場合である。

---

6) 大判昭和9・8・27刑集13巻1086頁。
7) 最決昭和27・2・21刑集6巻2号275頁。
8) たとえば，佐伯仁志「偽装心中と殺人罪」『刑法判例百選Ⅱ各論〔第7版〕』5頁（2014年）参照。
9) この場合についても，同意傷害・殺人については，法益侵害惹起行為について，単独正犯としての正犯性を否定することも考えうるが，正犯性は物理的結果の因果的惹起態様に従って判断されることになるという従来一般的に支持されてきた見解によれば，正犯性は肯定されることになる。

2 欺罔による場合

(1) 判 例

　欺罔により錯誤を惹起して，それに基づいて生命法益の処分がなされる場合（自殺行為に出る場合，又は，他人による自己の殺害に同意する場合），判例においては，欺罔がなければ法益処分意思を生じなかったであろうというときに，当該法益処分は無効とされて，殺人罪の成立が肯定されている。すなわち，被害者の女性が自己を熱愛し追死してくれるものと信じていることを利用し，追死する意思がないのに追死するものと装って同女を誤信させ，自殺させたという，いわゆる偽装心中事件において，自殺の決意は「真意に添わない重大な瑕疵ある意思」であり，追死を誤信させて自殺させた行為について殺人罪が成立するとされているのである[10]。ここでは，欺罔行為による錯誤と条件関係に立つ（すなわち，欺罔行為による錯誤がなければ生じなかったであろう）法益処分意思は「重大な瑕疵ある意思」で，それに基づく法益処分は無効であるから，殺人罪が成立するとされており，欺罔による錯誤と自殺意思・死の結果惹起との間に条件関係以上のものが要求されているわけではない。

(2) 錯誤の意義

　上記の判例の立場については，それによって，欺罔による自殺教唆と殺人との区別が適切になされるのであろうかとの疑問が生じることになる。なぜなら，教唆の方法には制限がないから，欺罔を用いる場合が排除されないが，自殺教唆においても，教唆行為と自殺行為との間に条件関係が存在することが要求されることになるからである。また，前出福岡高宮崎支判平成元・3・24の事案におけるように，欺罔により錯誤を惹起し，その錯誤により意思を抑圧して法益処分意思を生じさせた場合には，法益処分を無効として殺人罪の成立を肯定するためには，誤信による一定限度の意思の抑圧が要求・認定され，単に「欺罔なければ法益処分意思なし」というだけでその結論が導出されているわけではない。したがって，欺罔により錯誤を生じさ

---

[10]　最判昭和33・11・21刑集12巻15号3519頁。

せ，その錯誤によって（意思の抑圧以外の方法で）法益処分を動機づけた場合においても，錯誤の有する自殺意思に対する意義（なぜ，そのような錯誤で，自殺意思が無効となるのか）が問題とされる必要があるといえるのである。

このような視点から判例の見解を見直すと，それは，生命法益処分の理由に関する錯誤，すなわち「動機の錯誤」をすべて（法益処分を無効にするという意味で）重要なものと解するものであり，ひいては，「一定の理由に基づいて生命法益を処分する自由」を全面的に保護の対象とする立場に帰着するものであるといえよう（すなわち，何らかの理由により生命法益の処分を意図した場合，その理由が処分の有無を左右するものである限り，その理由において欺罔されているときには，法益処分を無効とすることにより，結果として，意図した理由に基づいて法益を処分する自由が保護されることになるのである）。このような見解には疑問があるように思われる。なぜなら，まず，欺罔による強制の場合と不均衡であることを指摘しうる。すなわち，欺罔による強制の場合，すでに示したように，軽微な意思の抑圧を避けるためであるにせよ，そのような目的で法益処分を行っただけで法益処分を無効としていない（その結果，そうした「理由に基づいて生命法益を処分する自由」は保護されていない）からである。また，生命法益については，処分の自由は刑法上保護されないのではないかがそもそも問題となりうるにもかかわらず，自殺意思を無効とすることによってそれを全面的に保護する結果となっていることにも疑問がある。生命処分の自由を保護することに問題がありうることは，自殺しようとする者の自殺行為を物理力により阻止しても，強要罪（刑223条1項）が成立しないと解される（それどころか，賞賛されさえする）ことを考えれば，明らかであろう[11]。そうだとすれば，少なくとも，「一定の理由に基づいて生命法益を処分する自由」を刑法で保護することには疑問があるというべき

---

11) 誤解を避けるためにあえて言及すれば，生命処分の自由が保護されないと解するとしても，処分意思は無効であり，同意殺は殺人罪として処罰されるべきだということにはならない。瑕疵のない自殺意思がある限り，その事実自体によって生命侵害の法益侵害性は軽減されるからである。さらに，ここで問題としている生命処分の自由は「一定の理由に基づいて生命を処分する自由」という限定された内容の自由であるにすぎない。なお，殺人に同意しないという意味での生命処分の自由は当然保護に値するのであり，正確にいえば，本章で論じた問題に関する限り，少なくとも，生命処分の「一定の自由」は保護されないというにとどまることになる。

であるように思われる。

　すなわち，判例の立場においては，法益処分意思と条件関係に立つだけで錯誤を重要であるとして，法益処分意思の有効性を否定し，その結果として，保護されるべきでない生命法益処分の自由までが，生命法益に含まれて全面的に保護されるに至っているのである。この意味で，判例の理解においては，欺罔により（意思の抑圧以外の方法で）法益処分意思を動機づける場合における，殺人罪の成立範囲が広すぎることとなり，疑問があるように思われる。そこでは，法益処分意思と条件関係に立つ錯誤の意義・重要性を吟味するという（欺罔による意思抑圧の場合には採用されている）視点が欠落している点に基本的な問題があるといえよう。ここでは，いかなる錯誤が法益処分意思・法益処分を無効とするか（そして，法益侵害を基礎づけるか）という視点が必要であり，こうした視点からする錯誤についての限定的理解が不可欠となるのである。

　そこで，そのような視点として考えられるのが，錯誤により，惹起された法益侵害についての認識を欠く場合には，それは法益主体の意思に合致する事態ではなく，したがってそのような事態から法益侵害性が失われないというものである。これは，認識面における瑕疵により法益処分の有効性を否定するものであるが，このような考え方は，いわゆる法益関係的錯誤説[12]の基礎にあるものに他ならない。従来の法益関係的錯誤説は（詐欺罪の場合を除き）法益処分の自由を法益から除外してきた点において，保護法益の一般的な理解として（保護されるべき法益処分の自由まで，保護の対象とすることを否定する点において）疑問があるものの，その基礎にあるこうした考え方自体は（いわゆる法益関係的錯誤説を支持しない論者であっても否定しがたい）[13]一般的な妥当性を有しており，問題となる利益についての要保護性を吟味す

---

[12] 山中敬一「被害者の同意における意思の欠缺」関西大学法学論集33巻3＝4＝5号271頁以下（1983年），佐伯仁志「被害者の錯誤について」神戸法学年報1号51頁以下（1985年）など。法益関係的錯誤説に対する，近時の批判的研究としては，上嶌一高「被害者の同意（上）（下）」法教270号50頁以下，272号76頁以下（2003年），森永真綱「被害者の承諾における欺罔・錯誤(1)(2・完)」関西大学法学論集52巻3号199頁以下（2002年），53巻1号204頁以下（2003年）などがある。

[13] 法益関係的錯誤説とそれに対して批判的な見解の対立点は，保護されるべき「法益」の理解，したがって何が「法益関係的」な錯誤かについての理解の仕方にある。

ることを通じて,「一定の理由に基づいて生命法益を処分する自由」を保護する結果となるという疑問のある事態を回避し,妥当でない処罰の拡張を抑制する基本的原理として重要な意義をもつものなのである[14]。

　法益関係的錯誤説の核心をなし,それ自体としては一般的妥当性を有する考え方を,再度まとめて述べれば,次のようなものである。すなわち,通常は法益侵害をなす事態が惹起されても,それが法益主体の(瑕疵のない)意思に合致する限りにおいては,そうした事態には法益侵害性は肯定されないということである[15]。これは,逆にいえば,惹起された事態が法益主体の意思に合致していない場合(たとえば,欺罔されて,木製のボールの落下という軽微な物理力が加えられるのみだと思い同意したところ,鉄製のボールの落下という重大な物理力が加えられたという場合)には,その事態から法益侵害性は失われず,法益侵害の惹起を肯定することができることを意味している。このことは,惹起される法益侵害の質・量・程度に錯誤がある場合に明白であるが,それ以外にも,法益侵害性に関する法的評価を基礎づける事実について錯誤がある場合(たとえば,存在しない緊急避難状況を欺罔した場合)などにおいても肯定しうるものといえる[16]。これらに対し,問題となるのが,上述した法益処分の自由であり,これも法益の構成部分をなすことが一般的には否定できない以上,処分の目的・理由について錯誤に陥っていた場合であっても,法益関係的錯誤(惹起された事態が法益主体の意思に合致していない)として,惹起された事態について法益侵害性を肯定することは不可能ではないのである。このことは,反対給付について欺罔され,物を交付した場合において詐欺罪が成立することから明らかであろう(ここでは,反対給付を得て物を引き渡すという目的・理由について錯誤に陥っており,そうした目的で財産を処分する自由が害されている)。従来の法益関係的錯誤説は,法益処分の自由を保護することを(財産を例外としつつも)一般的に否定する点に

---

14) 山口厚「『法益関係的錯誤』説の解釈論的意義」司法研修所論集111号97頁以下(2004年)参照。
15) このことは,他人の毛髪を勝手に切断すれば(判例によると)暴行罪が成立するが,それが本人の依頼による等本人の意思と合致する場合には,そもそも「暴行」ということができないことに明らかである。
16) 山口厚『問題探究 刑法総論』83頁(1998年)参照。

おいて，保護法益の理解として狭すぎ[17]，判例の見解は，法益処分の自由を（それが保護されるべきものかという視点が欠けることによって）全般的に保護の対象とした点において，保護法益の理解として広すぎ，両者共に疑問があるように思われるのである。法益処分の自由も（一般的又は原則として）保護されるが，生命については保護が（否定される，あるいは，少なくとも）制限されるとして，欺罔により自殺意思を生じさせ，自殺させた事例については，自殺関与罪の成立を肯定するにとどめることが妥当であると思われる[18]。

　したがって，本書の立場からは，偽装心中事件においては，自殺関与罪が成立するのみであるが，ここで，法益処分意思を無効とする立場から近時問題とされている欺罔行為の「実行行為性」（正犯性・因果関係）についても若干言及しておくこととしたい。ここでは，いかなる行為について「実行行為」性の有無を問題とするかが，まず重要である。殺害行為自体を行為者が行った事例においては正犯性を肯定しうることが明らかであり，問題が生じるのは，具体的な生命侵害行為との関係では正犯性を肯定できず（たとえば，毒入りのグラスを，自殺しようとする者に手渡したにとどまる場合），欺罔行為自体について正犯性を肯定しうるかが問われざるをえない事例である。ここでは，自殺意思が無効であるとして，欺罔行為→錯誤→自殺意思→自殺行為→死という正犯の因果関係が肯定されるかが問題であり，殺人罪の成立を肯定するためにそれ以上の要件は存在しない。したがって，欺罔行為に「実行行為」性が否定されうるのは，自殺意思を無効とする以上は，欺罔と自殺意思の間に条件関係がない場合・あることが立証できない場合（当初より自殺意思をもっていたのではないかと思われる場合），欺罔により自殺意思が生じることが極めて異常な場合（それでも行為者が，ことさらに自殺意思を生じさせる特別の手段を用いたような場合には，「異常」との評価をなしえないことが考

---

17)　自由法益についても，監禁罪における場所的移動の自由は，航空機を利用するなどの場合，その処分が考えうるところであり，また，身体であっても，軽微な事例について，処分がおよそ考えられないわけではない。これらの場合における処分の自由について，その保護を否定する理由はないものと思われる。
18)　山口厚「法益侵害と法益主体の意思」山口厚編著『クローズアップ刑法各論』1頁以下（2007年）参照。

えられる）くらいであることに留意する必要がある。一般に要求されていない何らかの付加的要件をこのような場合にだけ要求し，それが欠けるとして「実行行為」性（正確にいえば，殺人罪の構成要件該当性）を否定することには解釈論として理由がないものと思われる。

3 強制による場合

強制により法益処分意思を生じさせた場合に問題となるのは，その意思を無効とするために必要となる意思抑圧の程度である。前出昭和59年最高裁決定は，危険な行為へ向けた物理的な強制を伴っていた（しかも転落後，さらに被害者に向けた行為が行われた）事案に関するものであり，殺人罪の成立を肯定しやすいものであったといえよう。これに対し，平成16年最高裁決定は，心理的強制により危険な行為を行わせた事案に関するものであって，危険な行為に出る意思が無効といえるかがまさに正面から問われるものである。これまでの下級審判決においては，一般的な基準として，意思の自由が失われていたこと[19]，絶対的強制下にあり行動の自由が失われていたこと[20]，といったかなり厳格な要件を要求するもの，抗拒不能であったこと[21]を要件とするものなどが存在したが，意思には重大な瑕疵があり自由な意思に基づくものとは認められないこと[22]，といった含みをもった基準を提示するものも存在していた（平成16年最高裁決定の原判決もそうである）。もっとも，具体的な事案との関係では，従来，意思抑圧の程度が相当高い事案について殺人罪・傷害罪の成立が肯定されてきたといえよう。平成16年最高裁決定は，危険な行為に出る以外に（精神的に）選択肢がなかったことを基準としている点において，かなりの意思の抑圧を要求していることには変わりがないものと思われるが，これは，絶対的強制下にあった，あるいは意思の自由が完全に失われていたことまで要求するものとはいえないと解される[23]。被害者においても，危険な行為に出た上で生き延びることにかけ

---

[19] 広島高判昭和29・6・30高刑集7巻6号944頁。
[20] 浦和地熊谷支判昭和46・1・26刑月3巻1号39頁。
[21] 鹿児島地判昭和59・5・31判時1139号157頁。
[22] 福岡高宮崎支判平成元・3・24高刑集42巻2号103頁。
[23] 本決定に疑問を呈するものとして，橋田・前出注5）153頁。

ていたという限度では，意思の自由はなお働いていたからである。

　法益処分の意思を無効とし，被害者を利用した間接正犯の成立を肯定するために必要な意思抑圧の程度としては，絶対的強制・意思自由の喪失までは不要であると思われる[24]。そうでなくとも，かなりの程度にまで意思を抑圧し，それによって法益処分を強制した場合には，処分自体にはなお自由の余地が若干は残っていたとしても，意思の抑圧に基づき処分させた点を捉えて，法益処分を無効とすることはできるからである[25]。問題は，必要となる意思抑圧の程度であるが，これを考えるにあたっては，実定法上，他にいかなる意思抑圧の基準が定められているかも参考となる。そこには，法益処分を無効とする際の現行刑法の考え方が現れているともいえるからである。そのような基準としては，「被害者の反抗を抑圧するに足る程度」（強盗罪の基準）[26]，「被害者の反抗を著しく困難にする程度」（強制わいせつ罪・強姦罪の基準）を挙げることができる。もちろん，要件とされるべき意思抑圧の程度は，当該法益の価値・性質等によって異なることが考えられるところであり，さらに政策的要請が加味される可能性もある。しかしながら，絶対的強制・意思自由の喪失までは必ずしも必要でないことは，これらの基準に照らしても，首肯しうるもののように思われる。こうしてみると，被強制者において，強制された行為に出る以外に途はないと考えることが（それ以外の途が完全に不可能とはいえないとしても）やむをえないと解される場合には，法益処分は無効であると解することができるように思われ，したがって，平成16年最高裁決定の事案については，殺人未遂罪の成立を肯定することができると思われる。

　平成16年最高裁決定の事案においては，被害者の自殺意思は肯定されなかったが，同決定においては，強制により「自らを死亡させる現実的危険性の高い行為」に及ばせたことが重要であり，自殺意思の有無は決定的な意味を有しないとされている。これは，錯誤の問題として言及されているのであるが，自殺意思が生じた場合であっても同じ判断が妥当することを示したも

---

24)　金築誠志『大コンメンタール刑法(8)』116頁（1991年）も参照。
25)　山口厚「欺罔に基づく『被害者』の同意」『田宮裕博士追悼論集（上）』321頁以下（2001年）参照。
26)　最判昭和24・2・8刑集3巻2号75頁など。

のといえ，重要である。すなわち，自殺意思を生じさせるにはより高度の意思の抑圧が必要であると解されるが，本件事案における程度のもので足りるとの考えが示されているとみることができるのである。なお，強制により死の危険性の高い行為に及ばせた場合，殺人罪の成否にとって，必要とされる程度の意思抑圧の有無と離れては，自殺意思の有無が決定的な意味を有しないことは，前出昭和59年最高裁決定のような事案が如実に示しているといえよう。

第 3 章

不作為による殺人罪

I　はじめに

　不作為により構成要件的結果を招致した事案において，いかなる要件のもとで犯罪（しかも，一定の不作為を構成要件要素とする真正不作為犯以外の犯罪）が成立するかという問題，すなわち，不真正不作為犯の成立要件の問題は，刑法総論における難問の1つである。現在の学説は，不真正不作為犯が成立するためには，不作為者に保障人的地位（それに基づく法的作為義務）が必要であると解しているが[1]，保障人的地位がいかなる場合に認められるかは自明のことではなく，学説は区々に分かれているのが現状である。

　最近，不作為による殺人罪，すなわち，不真正不作為犯形態の殺人罪の成立を肯定した最高裁判例が出された[2]。本章では，この注目される判例を検討の素材としながら，不真正不作為犯における保障人的地位の要件について若干の検討を加えることにしたい。

---

1) 山口厚『刑法総論〔第2版〕』79頁以下（2007年）参照。
2) 最決平成17・7・4刑集59巻6号403頁。解説としては，藤井敏明「重篤な患者の親族から患者に対する『シャクティ治療』（判文参照）を依頼された者が入院中の患者を病院から運び出させた上必要な医療措置を受けさせないまま放置して死亡させた場合につき未必的故意に基づく不作為による殺人罪が成立するとされた事例」最判解刑事篇平成17年度184頁以下，塩見淳「不作為による殺人が認められた事例」平成17年度重判解（ジュリ1313号）160頁以下（2006年）など。

Ⅱ　最近の最高裁判例

1　事　案

　最高裁決定においてまとめられている（控訴審判決の認定による）本件の事実関係は，以下のとおりである。すなわち，①被告人は，手の平で患者の患部をたたいてエネルギーを患者に通すことにより自己治癒力を高めるという「シャクティパット」と称する独自の治療（以下「シャクティ治療」という）を施す特別の能力を持つなどとして信奉者を集めていた。②Aは，被告人の信奉者であったが，脳内出血で倒れて兵庫県内の病院に入院し，意識障害のため痰の除去や水分の点滴等を要する状態にあり，生命に危険はないものの，数週間の治療を要し，回復後も後遺症が見込まれた。Aの息子Bは，やはり被告人の信奉者であったが，後遺症を残さずに回復できることを期待して，Aに対するシャクティ治療を被告人に依頼した。③被告人は，脳内出血等の重篤な患者につきシャクティ治療を施したことはなかったが，Bの依頼を受け，滞在中の千葉県内のホテルで同治療を行うとして，Aを退院させることはしばらく無理であるとする主治医の警告や，その許可を得てからAを被告人の下に運ぼうとするBら家族の意図を知りながら，「点滴治療は危険である。今日，明日が山場である。明日中にAを連れてくるように。」などとBに指示して，なお点滴等の医療措置が必要な状態にあるAを入院中の病院から運び出させ，その生命に具体的な危険を生じさせた。④被告人は，前記ホテルまで運び込まれたAに対するシャクティ治療をBらからゆだねられ，Aの容態を見て，そのままでは死亡する危険があることを認識したが，上記③の指示の誤りが露呈することを避ける必要などから，シャクティ治療をAに施すにとどまり，未必的な殺意をもって，痰の除去や水分の点滴等Aの生命維持のために必要な医療措置を受けさせないままAを約1日の間放置し，痰による気道閉塞に基づく窒息によりAを死亡させた。

　本件の事実につき，被告人は殺人罪で，また，共犯者Bは保護責任者遺棄致死罪で起訴された[3]。第1審判決（千葉地判平成14・2・5判夕1105号284

頁）は，次のような認定に基づき，被告人に殺人罪の成立を肯定した。まず，本件においては，「Bらにおいて，I病院にいたAを，Kらをしてその点滴装置を外し，酸素マスクを外させたうえで，ベッドから下ろして病院外に連れ出し，自動車及び航空機により何ら医療設備のないホテルに運び込み，そして同ホテルにおいて，被告人及びBらにおいて，その生存に必要な措置を何ら講じずにおくという一連の行為をもって，殺人罪の実行行為に該当するもの」とし，「前記本件一連の実行行為はこれら作為及び不作為の複合したものである」とした。こうした判断の前提には，点滴装置及び酸素マスクを取り外してAを病院外に連れ出すことは，「Aの生命に対する重大な危険を孕んだ行為であることは疑いがない」が，「仮にAをI病院より連れ出したとしても，その安全が保たれている等移動手段が適切であり，移動先が他の病院であるなどI病院と同等以上の治療設備を備えているような場合には，Aが死に至る具体的な危険性があるとはいえないため，『点滴装置や酸素マスクを取り外し，Aを病院外に連れ出す』段階までの行為のみをもって，殺人の実行行為として十分なだけの，Aの死に対する具体的・現実的危険性が存するとまでは認められない」ものの，「前記のような病状にあるAを，何ら医療設備のないホテルに運び込んだうえ，その生存に必要な措置をなんら講じなければ，Aの死という結果が生じる現実的具体的危険性は当然生じうるものであるから，前記のとおりの点滴装置及び酸素マスクを外したうえで病院外に連れ出す行為に伴う危険性をも併せ考えれば，これら一連の行為は，前記したAの生命に対する現実的具体的危険性を生じさせるに十分なものであると認められる」との考えがある。次に，殺意については，「被告人は，BからAの病状について詳細な報告を受け，Aの病状と，連れ出して医学的治療を受けさせないことの危険性，死亡させることになるかもしれないとの認識を有しながら，そして『シャクティ治療』では治癒するものではないことも認識しながら，Aに対して『シャクティ治療』を行ってみせる立場上の必要があり，また，その治療費が収入源であったこと等の事情から，敢えて本件に及んだものと認められ」，「被告人にはAに対する殺意を認

---

3) Bについては，保護責任者遺棄致死罪で有罪が確定している（千葉地判平成13・9・28公刊物未登載）。

めることができる」とした。また、被告人とBとの共謀については、「最終的にBがF医師らの治療方針に反し、病院から無理矢理退院させてでもAを連れ出すことを決意した……時点において、被告人とBとの間に、Aを医師による医療から離脱せしめ、何ら医療設備の用意されていない被告人のもとへ連れ行くことの共謀が成立した」としたのである[4]。

これに対し、被告人が控訴したところ、控訴審判決（東京高判平成15・6・26）は、「被告人が本件ホテルに運び込まれたAの様子を自ら認識する以前においては、被告人に殺意があったと認定するには合理的疑いが残る」が、「被告人が本件ホテルに運び込まれたAの様子を自ら認識した以後の段階においては、被告人にはAの死亡を容認するだけの動機があったということができ、被告人はAに対する未必の殺意を抱いていたと認められる」として、以下のように判示して殺人罪の成立を肯定した。すなわち、「被告人は、Bらに指示してAをＩ病院から連れ出させ、本件ホテルに運び込ませたものであり、このような先行行為によって、本件ホテルに運び込まれたAに対し、直ちにその生存のために必要な医療措置を受けさせるべき作為義務を負っていたものと解することができ、それにもかかわらず、未必の殺意をもって、上記作為義務を怠ってAを死亡させたということができるのであるから、被告人が上記のとおりAの様子を自ら認識した以後の行為は、いわゆる不真正不作為犯として、殺人罪に問擬されるべきであると考えられる」。

2 最高裁平成17年7月4日決定

被告人の上告を受けた最高裁は、以下のように判示して、殺人罪の成立を肯定した原判決を是認し、上告を棄却した。

「以上の事実関係〔上記1の冒頭に掲げた①から④までの事実〕によれば、被告人は、自己の責めに帰すべき事由により患者の生命に具体的な危険を生じさせた上、患者が運び込まれたホテルにおいて、被告人を信奉する患者の親族から、重篤な患者に対する手当てを全面的にゆだねられた立場にあったも

---

[4] なお、Bについては、「BはAの回復を強く望んでいたこと自体は認められるため、BにはAの死という結果に対する予見はあったとしてもこれを認容する意思はなく、殺人の故意までは認められないことは明らかであるから、保護責任者遺棄の故意が成立するに過ぎ」ないとしている。

のと認められる。その際，被告人は，患者の重篤な状態を認識し，これを自らが救命できるとする根拠はなかったのであるから，直ちに患者の生命を維持するために必要な医療措置を受けさせる義務を負っていたものというべきである。それにもかかわらず，未必的な殺意をもって，上記医療措置を受けさせないまま放置して患者を死亡させた被告人には，不作為による殺人罪が成立し，殺意のない患者の親族との間では保護責任者遺棄致死罪の限度で共同正犯となると解するのが相当である」。

3 本判例の意義

本判例が是認した原判決（控訴審判決）は，第1審判決とは異なり，被告人に殺意を認定した時点との関係で，被害者であるAを病院から連れ出した後，生命を維持するために必要な医療措置を受けさせる義務に反して，それを受けさせないまま放置して死亡させた不作為をもっぱら問題として，それについて殺人罪の成立を肯定している。そこでは，病院からの連れ出しは，第1審判決がそれを実行行為の内容としたのとは異なり，医療措置を受けさせないという不作為に関し，被告人に保障人的地位＝作為義務を認める根拠となる事情としての位置づけが与えられているのである。なお，こうしたことから，病院からの連れ出しという作為には，「生命に対する重大な危険」があるとしながら，それ自体について，死に至る現実的・具体的な危険性に欠けるとして，殺人罪の実行行為性を否定した第1審判決の判断の当否は問題とされていない[5]。

本判例で注目されるのは，次の2点である。まず第1は，本判例は，いかなる事情を根拠として保障人的地位＝作為義務を認めているかである。第1審判決は，実行行為を，「作為及び不作為の複合したもの」，すなわち，病院から連れ出して，必要な医療措置を受けさせないことと，両者を一体として捉えているため，そこでは，この点についての判断は明確には示されていない。控訴審判決では，故意を認定しうる時点との関係で，もっぱら不作為が

---

[5] これは，病院からの連れ出しの段階でAが死亡した場合に，（第1審判決の認定によれば）殺意がある被告人について，殺人罪が成立しないことになるのかという問題にかかわるものである。これは，殺人罪の実行行為に要求される危険性の内容・程度の問題として検討されるべき問題である。最決平成16・3・22刑集58巻3号187頁参照。

実行行為として問題となったが，そこでは，「Bらに指示してAをI病院から連れ出させ，本件ホテルに運び込ませた」という先行行為を根拠として，被告人は「本件ホテルに運び込まれたAに対し，直ちにその生存のために必要な医療措置を受けさせるべき作為義務を負っていた」としている。すなわち，先行行為が保障人的地位の根拠とされているのである。これに対し，本判例においては，「自己の責めに帰すべき事由により患者の生命に**具体的な危険を生じさせた**」という（危険をもたらすという意味での）先行行為と，「患者が運び込まれたホテルにおいて，被告人を信奉する患者の親族から，重篤な患者に対する**手当てを全面的にゆだねられた立場にあった**」という（排他的ともいうる）引受け・依存の関係の存在に言及されている点が重要である。すなわち，危険な先行行為のみならず，保護の引受け，依存関係の存在が保障人的地位＝作為義務の根拠とされているのである。これは，先行行為のみを保障人的地位＝作為義務発生の根拠としていない点において，また，先行行為をその根拠から排除しない点において注目される。

　本判例で注目される第2点は，故意を異にする共同正犯者に成立する犯罪について，具体的には，殺意のある被告人と殺意のない患者の親族Bとの間では，「保護責任者遺棄致死罪の限度で共同正犯となる」との判断が示されている点である。これは，いわゆる部分的犯罪共同説と解することができる見解に立つと思われるものであり，注目される判示内容である。

Ⅲ　保障人的地位をめぐって

1　排他的支配について

　上述したように，被害者Aについて，危険な先行行為の存在と，保護の引受け・依存関係の存在を肯定しうる本件では，殺意のある被告人に保障人的地位＝作為義務を肯定しうることに問題はないと思われる。このような状況が認められる場合には，排他的支配の存在を要求することにより，保障人的地位の要件を厳格に解する見解（排他的支配説）[6]であっても，保障人的地位は肯定しうるであろう。なぜなら，被告人は，自己の意思に基づき，ホテル

の中という閉鎖的空間内で，患者に対する手当てが全面的に委ねられた状態を作り出しているからであり[7]，また，被害者に対する危険をもたらす先行行為をも認めることができるからである[8]。

　侵害にさらされた法益について，自己の意思による排他的支配の設定がある場合には，結論として，保障人的地位を肯定することができると思われるが，排他的支配説が主張するように，排他的支配（における排他性）が存在することが保障人的地位＝作為義務を肯定するために必須の要件であるかは検討を要する問題である。排他的支配説に検討を加えた最近の学説の中には，排他的支配は保障人的地位＝作為義務の要件ではなく，正犯性の要件であると解する見解[9]や，さらに，排他的支配は保障人的地位＝作為義務としても，正犯性の要件としても不要であるとする見解[10]も主張されるに至っているのである。

　排他的支配説といっても，排他的支配を要求する点において共通するものの，その内容は同一ではないが，「不作為者が結果へと向かう因果の流れを掌中に収めていたこと」を，不真正不作為犯と作為犯との構成要件的同価値性を確保するために必要であるとし，そこから排他的支配の要件を導出する見解が有力である[11]。しかしながら，こうした前提に立つにもかかわらず，

6) 西田典之「不作為犯論」芝原邦爾ほか編『刑法理論の現代的展開 総論 I』67 頁以下（1988 年）〔自己の意思による排他的支配の設定，又は，排他的支配と社会継続的保護関係の存在〕，佐伯仁志「保障人的地位の発生根拠について」『香川達夫博士古稀祝賀・刑事法学の課題と展望』95 頁以下（1996 年）〔排他的支配と先行行為による危険創出〕，林幹人『刑法総論〔第 2 版〕』156 頁以下（2008 年）〔危険源又は法益に対する排他的支配の設定〕ほか。これは，近時有力な見解である。井田良『刑法総論の理論構造』41 頁以下（2005 年）参照。
7) もちろん，Ａの親族であるＢが翻意して，医師の治療を求めることも不可能ではないが，被告人とＢとの間に共犯関係がある以上，排他的支配説から，排他的支配は否定されないであろう。なぜなら，排他的支配は共犯者全体について判断されると解されているからである。西田典之「不作為による共犯」法協 122 巻 4 号 6 頁以下（2005 年）参照。
8) 佐伯・前出注 6) 参照。さらに，佐伯仁志「不作為犯論」法教 288 号 54 頁以下（2004 年）参照。
9) 島田聡一郎「不作為犯」法教 263 号 113 頁以下（2002 年）参照。これも，正犯性の要件として捉えうる範囲内で排他的支配を考慮しようとするものであり，考え方としては，排他的支配不要説と見ることもできる。
10) 髙山佳奈子「不真正不作為犯」山口厚編『クローズアップ刑法総論』39 頁以下（2003 年）参照。
11) 西田・前出注 6)，佐伯・前出注 6) 参照。

排他的支配の存在だけで十分だとはされていない。実際の要件論は，保障人的地位をどの程度限定的に肯定するかという論者のスタンスに依存しており，また，その内容は妥当性の考慮によって操作されているのが実状である。

まず，不作為による共犯においても，保障人的地位＝作為義務の存在がその成立要件となるが，それを肯定するために排他的支配が必須であるかについて検討を加えることにしたい。前述した，排他的支配を正犯性の要件として，保障人的地位＝作為義務から分離する見解は，単独正犯については排他的支配が不真正不作為犯の要件となりうるとしても，正犯性を欠く共犯については不要であると解している[12]。その見解は，作為正犯を介した結果惹起の場合である共犯においては，そもそも「結果へと向かう因果の流れを掌中に収めていた」といえず（そういいうるのは，作為正犯である），したがって，作為による共犯において排他的支配は要求されない以上，不作為による共犯の場合も同様であるとしている。この点に関しては，共犯について，正犯を介して「結果へと向かう因果の流れを掌中に収めていた」か，をなお問題とする（この限度で，修正された一種の排他的支配を要求する[13]）ことも考ええないではない。しかし，共犯については，そうしたことは必須のことではないと思われる。なぜなら，正犯に対し，複数人が，それぞれ独立に共犯として関与すること（同時共犯）はありうるが，その場合，個別の共犯者について，修正された排他的支配をも認めることはできないからである。たとえば，ある会社の事務所への侵入窃盗を計画する者に対し，別々に，侵入経路を教えた者，盗品の買受けを約束した者は，それぞれ幇助として処罰の対象となりうるが（同時幇助），いずれも，正犯による結果惹起という「結果へ向かう因果の流れを掌中に収めていた」とはいえない。共犯については，（修正されたにせよ）排他的支配は必須の要件ではないと思われる。

正犯に対して複数の共犯（同時共犯）が可能であり，共犯に排他的支配を要求できないことは，単独正犯についても重要なことを示唆している。それ

---

12) 島田聡一郎「不作為による共犯について(1)(2・完)」立教法学64号1頁以下（2003年），65号218頁以下（2004年）参照。

13) そして，排他的支配を正犯・共犯を一体として判断することが考えられる。前出注7)参照。

は，同時犯が可能な限り，排他的支配の存在は必須の要件ではないということである。このことは，過失犯においては，従来から肯定されてきた。すなわち，過失犯については，同時正犯（過失同時犯）の存在は一般に広く認められており，このことは，過失作為犯の場合のみならず，作為と同視しうるから処罰の対象となる過失不作為犯の場合にも当然に妥当するが，ここでは，過失による不作為者について，排他的な支配がなくとも，保障人的地位＝作為義務は肯定しうるのである。さらに，故意犯の場合にも，一定の範囲で故意犯の背後の故意犯（具体的には，故意で行為する道具を利用する間接正犯の場合である），さらには純然たる同時犯[14]を認めることができるから，やはり，排他的支配は保障人的地位＝作為義務の必須の要件ではないであろう。そもそも，同時犯の可能性と排他的支配（における排他性）という観念とは相容れないのである。

2　若干の考察

こうして，排他的支配（における排他性）は保障人的地位＝作為義務を肯定するために必要な要件でも十分な要件でもないとしても[15]，もちろん，それで問題は解決したわけではなく，いわば振り出しに戻ったにすぎない。保障人的地位＝作為義務の一般的要件の探究は学説における喫緊の課題である。詳しい検討は別の機会に譲らざるをえないが，以下では，問題解決の方向性について若干の検討を行うことにしたい。

まず，学説においては，不真正不作為犯における保障人的地位＝作為義務の要件を，一定の作為を要求することによる行動の自由の制約を正当化するためのものと解し，そうしたことが正当化されるのは，法益侵害の危険を高めた場合であるとする見解がある[16]。そこから，先行行為による危険創出の場合が保障人的地位＝作為義務の基本類型であるとの理解も示されてい

---

[14]　大阪南港事件（最決平成2・11・20刑集44巻8号837頁。本書第1章Ⅲ2参照）のような事案で，第2行為者に傷害致死罪又は殺人罪が成立する場合，第1行為者との関係は，同時犯となる。

[15]　だからといって，保障人的地位＝作為義務があり，正犯の犯行を防止しない者がすべて正犯となるわけではない。作為正犯との関係で，構成要件実現に関する不作為者の正犯性の有無が判断されることになる。

[16]　佐伯・前注8)法教288号60頁，島田・前注12)65号228頁。

る[17]。しかしながら，このような理解には以下のような疑問があると思われる。まず，行動の自由の制約を正当化するための要件として保障人的地位＝作為義務を捉えるとしても，それによっては不作為処罰正当化のための一要件が示されるだけであり，不真正不作為犯については，作為犯との「構成要件的同価値性」がさらに問題とされる必要がある。加えて，そもそも，危険を生じさせた者に危険を解消する義務が（侵害禁止を根拠として）生じるとしても，そうでないと，結果が生じた場合，先行行為により結果を惹起した犯罪が成立し，処罰されることがあり，それを回避するため危険の解消が要求されるにすぎないのではないかとの疑問もあろう。また，行動の自由の制約を正当化するためには，確かに特別の要件が必要であり，仮に危険創出にそのような意義を認めることができるとしても，自由制約の正当化がその場合に限られるとはいえないと思われる。たとえば，人の保護を引き受けた者（たとえば，交通事故の被害者を病院へ搬送するために，自車内に収容した者）には保障人的地位＝作為義務を肯定しうると思われるが，その場合，危険の減少はあっても，危険の増加を認めることはできないのである。後述するように，危険の創出・増加に意味はあるが，その意義は上記の見解とは異なって解されるべきではないかと思われる。

次に，学説では，不作為者に法的作為義務がある場合，事実的に評価すれば法益状態は悪化に向かっていても，法的に評価すれば，作為義務のある者が法益を保護するはずであるから，法益状態は悪化に向かっていないのに，作為義務の懈怠によりそれを結果発生へと向けたことに不作為処罰の根拠を求める立場[18]から，作為に向けた規範的義務の存在を不真正不作為犯の要件と解する見解が主張されている[19]。しかし，この見解に対しては，何らかの法的作為義務が不作為者にあれば，法的に評価すれば法益状態は悪化に向かっていないことになるから，法的義務の履行を怠った者に，常に不真正不作為犯の成立を肯定することになるのではないかとの疑問がある。したがって，この見解においても法的義務の限定が不可欠であるが，法益状態の悪

---

17) 島田・前出注12) 65号251頁。
18) 髙山・前出注10) 58頁以下参照。
19) 髙山・前出注10) 67頁以下。

化の有無を法的に判断する立場から，法益保護を要求する規範がありながら，法益状態がなお悪化しているとの判断がいかにして可能か，困難な問題があるといえよう。

　要するに，不真正不作為犯においては，不作為による結果惹起が，作為による結果惹起と同視しうる（**同視可能性**）とき，当該結果惹起に係る犯罪の構成要件該当性を肯定しうるという自明の認識から出発するほかはないのである[20]。

　このような判断を純然たる規範に基づいて行うとき，保障人的地位＝作為義務の限界は極めて曖昧なものとなるから，事実的基礎に依拠しつつ，その限界を画する努力が必要である。その意味で，排他的支配説が「結果へ向かう因果の流れを掌中に収めていた」ことを問題としたのは，その出発点において極めて正当であったといえよう。しかし，作為犯においても因果経過を最後に至るまで支配することは明らかに不要であるから，「因果経過の支配」というより，すでに主張されているように「結果原因の支配」の有無を問題とする方が適切である。そして，ここでは，既述のように，排他性は必須の要件ではなく[21]，不作為者による結果原因の支配，すなわち，結果不発生についての引受け・依存の関係が肯定されればよいと思われる。

　法益侵害の過程は危険の創出→増大→結果への実現と把握することができるが，不作為との関係で理解すると，これは，さらに，不適切な措置によって，潜在的な危険源から危険が創出・増大し，それが結果へと実現する場合，侵害されやすい法益の脆弱性が顕在化し，侵害の危険が増大して，それが結果へと実現する場合に分けられる。結果原因の支配は，こうした結果へ向かう危険の原因の支配を意味するのである。法益侵害の有無は，法益に向けられた危険の程度とそれに対する法益側の防御の程度により左右されると考えられるから，結果原因の支配はこうして，①危険源の支配と②法益の脆弱性の支配に分けることができよう[22]。①危険源の支配とは，危険物を管

---

20) 山口厚「不真正不作為犯に関する覚書」『小林充先生・佐藤文哉先生古稀祝賀・刑事裁判論集（上）』22頁以下（2006年）参照。
21) このことの具体的な意味は，他に救助可能な者がいても，保障人的地位＝作為義務は否定されないということである。たとえば，嬰児を養育している両親の一方が作為義務を履行しない場合，まさに，他方に作為義務の履行が求められる。

理している場合，自動車運転等危険な装置の操作に携わっている場合，危険な作業に従事している場合などを意味する。これに対し，②法益の脆弱性の支配としては，親が嬰児を養育する場合など保護の引受けの事例が典型例である。本決定の事案においては，これが保障人的地位＝作為義務を肯定する決定的な根拠となる[23]。なお，これらの関係は一方的・排他的なものではなく，双方の要素が認められる場合もありうると思われる。

　なお，先行行為により危険を創出・増加した事例については，それ自体を理由として，結果原因の支配を肯定することはできない。危険創出・増加のおそれがある操作を行っている段階では危険源の支配に基づく保障人的地位＝作為義務を肯定しうるとしても，措置を誤り危険を生じさせた後の段階においては，結果へ至る原因を支配しているとはいいがたいことに留意する必要がある。たとえば，自動車を運転中人に衝突しそうになれば，適切なハンドル・ブレーキ等の操作が要求される（危険源の支配）が，一旦事故が発生し，人を負傷させた場合，傷害が悪化することについての原因の支配はない（その場にいあわせた事故に無関係な人と同様である）からである。この意味で，先行行為を保障人的地位＝作為義務の発生原因から除外する見解[24]は，その理由づけはともかく，結論において正当であると思われる。

　以上のような根拠に基づいて保障人的地位＝作為義務を認められた者が，期待される作為を怠り，危険の創出・増加をもたらした場合に，当該不作為に構成要件該当行為性（実行行為性）が認められることになるのである。この意味で，危険創出・増加は保障人的地位＝作為義務を肯定するための前提ではないが，処罰を認めるためには，作為犯の場合と同様に必要な要件となるのである。

---

22) すでに顕在化している危険源・脆弱性のみならず，潜在化している危険源・脆弱性も含まれる。
23) 本判例が是認した原判決では，もっぱら先行行為による危険創出が保障人的地位＝作為義務を肯定する根拠とされていたが，本判例は，そうした考慮を否定はしないまでも，保護についての依存関係に着目している。後述するように，先行行為のみを保障人的地位＝作為義務の根拠とする。
24) 西田・前出注6)91頁参照。西田・前出注7)5頁の批判は正当である。

Ⅳ 共同正犯の成立範囲

　構成要件的結果を共同で惹起した共同者の間で，故意の内容が異なる場合，いかなる範囲で共同正犯が成立するかが問題となり，周知のとおり，犯罪共同説と行為共同説との間で見解の対立が存在してきた[25]。この点について，最決昭和54・4・13刑集33巻3号179頁は，暴行・傷害を共謀した被告人Pら7名のうちのQが未必の故意をもって殺人罪を犯した事案において，「殺意のなかった被告人Pら6名については，殺人罪の共同正犯と傷害致死罪の共同正犯の構成要件が重なり合う限度で軽い傷害致死罪の共同正犯が成立するものと解すべきである。すなわち，Qが殺人罪を犯したということは，被告人Pら6名にとっても暴行・傷害の共謀に起因して客観的には殺人罪の共同正犯にあたる事実が実現されたことにはなるが，そうであるからといって，被告人Pら6名には殺人罪という重い罪の共同正犯の意思はなかったのであるから，被告人Pら6名に殺人罪の共同正犯が成立するいわれはなく，もし犯罪としては重い殺人罪の共同正犯が成立し刑のみを暴行罪ないし傷害罪の結果的加重犯である傷害致死罪の共同正犯の刑で処断するにとどめるとするならば，それは誤りといわなければならない」としていたのである。この事案では，軽い故意を有する者には軽い故意犯の限度で共同正犯が成立するとされたため，このような判例の結論は，部分的犯罪共同説，行為共同説のいずれの立場からも説明することが可能であった。

　これに対し，本判例では，重い故意（殺意）を有する者について，他の共同者と共通する軽い故意の限度で共同正犯が成立するとされた点において，すなわち，重い故意に関する罪の共同正犯の成立が肯定されなかった点において，部分的犯罪共同説と同様の見解が採用されたとすることができる。ここに，本判例の重要な意義がある。すなわち，重い故意を有する（結果を惹起した）共同者については重い故意に対応した故意犯が成立するが，共通する軽い罪の限度で共同正犯となるとされたことが重要である。

---

[25] 山口・前出注1) 301頁以下参照。

第4章

正当防衛の周辺

I　はじめに

　違法性阻却事由である正当防衛（刑36条）は，それ自体，極めて重要な解釈問題であるが，その周辺にもいくつかの検討を要する問題が存在している。本章では，それらに光をあて，問題の整理と若干の検討を行うことにしたい。取り扱うこととするのは，①正当防衛行為により「急迫不正の侵害」者（以下，単に「侵害者」という）以外の第三者の法益を侵害した場合の扱い，さらには，②過剰防衛，誤想防衛及び誤想過剰防衛に関する概念の整理である。前者については，近時興味深い下級審判決が出されたところであり，また，後者については，その点に関する学習者の理解に若干の混乱が見られるように思われるところから，本章において採り上げることとした。

　以下では，まず，正当防衛の際に第三者に加えた法益侵害の問題について検討を加えた後，誤想防衛と過剰防衛とが交錯する領域について簡略に解説することとしたい。

II　正当防衛と第三者の法益侵害

1　問題の所在

(1)　問題となる諸類型

　急迫不正の侵害に対する防衛行為により，侵害者以外の第三者の法益を侵害した事例としては，以下の各場合を問題とすることができる[1]。

第1の類型が，侵害者が第三者の所有物又は第三者自身を利用して侵害を行った場合において，防衛行為により，この第三者の所有物又は第三者自身を侵害した事例である。たとえば，①AがC所有の花瓶をBの頭にぶつけようと投げつけたので，Bはそばにあった木刀でその花瓶を払いのけ，その結果，花瓶は壊れた，②AがCをBに向け突き飛ばしたので，BはCを払いのけ，その結果，Cは倒れて負傷した，といった事例において，Cの花瓶に対する器物損壊罪，Cに対する傷害罪の成否が問題となるのである。

　第2の類型が，急迫不正の侵害を避けるため，第三者の所有物を利用して防衛行為を行い，それによって第三者の所有物を侵害した事例である。たとえば，③Aがナイフで切りつけてきたので，Bはそばにあった C 所有の花瓶を投げて身を守ったが，投げられたその花瓶は壊れた，といった事例において，Cの花瓶に対する器物損壊罪の成否が問題となるのである。

　第3の類型が，上記2類型以外の場合であって，急迫不正の侵害を避けるための防衛行為により，侵害者以外の第三者を侵害した事例である。たとえば，④Aがナイフで切りつけてきたので，Bは自己の身を守るため，落ちていた石を投げたが，その石は，Aではなく，近くにいたCにあたり，Cが負傷した，⑤AがCを盾にして身を守りながら拳銃を発射しようとしていたので，Bは自分の身を守るため，拳銃を発射したが，銃弾はA及びCにあたり，A及びCが負傷したといった事例（拳銃使用自体の許容性は度外視する）において，Cに対する犯罪の成否が問題となるのである。

(2) 第1類型について

　まず，第1類型について検討することにしたい。この場合の解決としては，多様な見解がありうるものの，基本的な考え方としては，大別すると，緊急避難として解決する見解（a説）と正当防衛として解決する見解（b説）とが考えられる。

　緊急避難説（a説）は，正当防衛として認められる法益侵害は，侵害者に対するものに限られるから，第三者に属する法益の侵害は正当防衛として違

1）　香川達夫「防衛行為と第三者」同『刑法解釈学の現代的課題』106頁以下（1979年），斉藤誠二「正当防衛と第三者」『森下忠先生古稀祝賀・変動期の刑事法学（上）』219頁以下（1995年），川端博『正当防衛権の再生』199頁以下（1998年）など参照。

法性を阻却することはできないということを根拠とする。すなわち，正当防衛において違法性が阻却される根拠を被侵害者の法益の侵害者の法益に対する絶対的優位性に求める[2]のならもちろんのこと，それを，たとえば，侵害者の法益についてその法益性が失われること，又は，被侵害法益の保護に加えて「法確証の利益」が認められることに求める場合でも，法益性が失われるのは侵害者の法益であり，法確証の利益が認められるのは，違法な侵害を行う侵害者に対する防衛であるから，正当防衛として許容される法益侵害は，侵害者に対するものに限られるからである。したがって，侵害者以外の第三者の法益の侵害は，正当防衛としては許容されず，緊急避難の要件が備わっている場合に，違法性が阻却されるにすぎないと解するのである。

これに対し，**正当防衛説**（b説）の根拠としては，それを第三者又は第三者の所有物自体が急迫不正の侵害を構成することに求めることが考えられる。すなわち，上記事例①においては，C所有の花瓶自体がBに対する急迫不正の侵害を構成し，上記事例②においては，C自身（その身体）がBに対する急迫不正の侵害を構成すると解するのである。このように理解すれば，Cに属する法益の侵害は，（実は，単なる第三者ではなく）侵害者であるCに対する正当防衛として許容されることになる。それゆえ，緊急避難説において前提とされていた，正当防衛では，侵害者に対する法益侵害のみが許容されるとの考えは維持されることになるのである。このような理解において問題となるのが，Cに行為性・有責性が欠けるこれらの事例において，Cについて急迫不正の侵害を肯定することができるかである。これが否定されれば，Cに属する法益の侵害を正当防衛として許容することはできないことになる。言い換えれば，ここで正当防衛説を採るためには，急迫不正の侵害の要件として行為性・有責性は不要であると解する必要があることになるのである。では，このようなことが肯定しうるであろうか[3]。急迫不正の侵害については「急迫不正」であることだけが要件である以上，有責性は不要であ

---

2) 山口厚『刑法総論〔第2版〕』113頁以下（2007年）参照。
3) なお，正当防衛を不当に制限しないためには，第三者に属する法益侵害を惹起した場合においても，それを許容する必要があるとの理解もありうるが，これは，結論の当否のみを根拠として挙げるものであり，そうしたことを結論として認めることのできる理由が問題とされなければならないとの指摘が可能であろう。

ると通常解されているが，行為性の要否についてはかねて議論がある。いわゆる対物防衛を肯定する見解は，行為性を不要と解するものであるから，次に，対物防衛肯定説を検討しながら，急迫不正の侵害を認めるためには，行為性が必要かについて考察を加えることにしたい。

　対物防衛肯定説は，急迫不正の侵害を被侵害者の保護の見地から確定するものであり，被侵害者にとって，急迫不正の侵害に行為性が認められるかは，防衛の必要性という見地からは無関係で，したがって不要であると解するものである。すなわち，対物防衛肯定説は，侵害者が人であれば正当防衛ができるが，野生の鳥獣による侵害であれば防御は緊急避難の限度にとどめなければならないと区別して扱うのは，妥当でないと解するのである。これに対し，**対物防衛否定説**は，①形式的には，不正＝違法というのは，人の行為に対する評価にほかならず，物の状態についてそうした評価はありえない（人による襲撃を不正ということができても，猪の突進を不正とはいえない），②実質的には，行為性を欠く者に何らの落ち度もないから，その法益は，被侵害者の法益と同様・同程度に保護されるべきであり，したがって，その侵害は緊急避難の限度で許容されるにすぎないとして，対物防衛肯定説を批判する。まず，①の点については，対物防衛を肯定することが，通常の正当防衛との均衡上実質的には妥当であるとしても，行為性を欠く事態について不正＝違法との評価をなすことに問題があるというのであれば，それを，正当防衛ではなく，正当防衛に準じた超法規的違法性阻却事由（準正当防衛）と解釈上整理することで問題は解決するであろう。真の問題は②の，行為性を欠く第三者の法益の要保護性にある。すなわち，落ち度のない第三者の法益は被侵害者の法益と同じく保護に値するから，その侵害を緩やかに許容する正当防衛の規律ではなく，緊急避難の規律によって侵害の違法性は厳格に判断されるべきだと解することの妥当性・適切性が問題である。このような理解を採用する学説も有力に主張されているが[4]，そうだとすれば，このような

---

　4) 井田良『刑法総論の理論構造』159頁以下（2005年）。攻撃者の「帰責性」のゆえにその法益（被侵害法益）の要保護性が減弱ないし否定されることが，正当防衛が緊急避難よりもゆるやかな要件の下で正当化される理由であるとする。さらに，井田良「違法性阻却の構造とその実質的原理」山口厚＝井田良＝佐伯仁志『理論刑法学の最前線』68頁以下（2001年）参照。

「帰責性」という観点からは，行為性と有責性を区別する理由がないから，行為性のみならず，有責性までを「急迫不正の侵害」に要求することになってしまうであろう[5]。その結果，こうした見解によれば，（政策的に責任能力が否定されている）刑事未成年者による侵害の場合は別に解しうるかもしれないが，心神喪失者による侵害に対しては，緊急避難でのみ対応可能で，正当防衛はできないということにならざるをえないと思われる。しかしながら，このような結論は一般には採られていないし，また，その結論が妥当だとも思われない[6]。このことは，正当防衛の要件として，急迫不正の侵害について侵害者の責任（有責性）は不要であり，したがって，「帰責性」も必要でないことを意味するのである[7]。すなわち，正当防衛は，侵害者と被侵害者の「落ち度の較量」に基づく法益較量によってその限界が画されるのではなく，受忍することが要求されるものでない[8]侵害に対する防衛の必要性の観点から法益侵害の許容性の限界が決せられる必要がある。防衛の必要性にとって侵害者の「帰責性」は無関係であるが，「帰責性」を問題とする見解は，「落ち度の較量」を導入することにより，被侵害者の保護を侵害者との関係で相対化し，正当防衛の許容範囲を限定しようとするもので，緊急避難と正当防衛を連続的なものと理解するものといえる。しかし，正当防衛においては，緊急避難とは異なり，法益較量の必須の要素である補充性の要件（当該防衛行為の他に，侵害回避のため，より侵害性の少ない方法がないこと）が課されていないことにも示されているように，関係法益の「較量」によって許容範囲が画されるべきものではない[9]。

　結局，正当防衛を肯定するためには，侵害者の落ち度は不要であり，した

---

5)　井田・前出注4)「違法性阻却の構造とその実質的原理」69頁は，責任のない者に対する正当防衛の制限を肯定する。
6)　近時の見解として，髙山佳奈子「正当防衛論（上）」法教267号84頁（2002年）。
7)　もっとも，これらの要素は，防衛行為の必要性の判断において，事実上影響を持つことはありうるであろう。
8)　これは結論の先取りをいっているのではなく，独立した根拠から侵害の受忍が要求されるのではないことをいうものである。たとえば，死刑判決に基づく執行に対しては，死刑囚は正当防衛で対抗できないが，それは，死刑囚は執行を受忍する義務があるからである（これは，死刑囚の生命は，執行に対しては，保護されないということと同じである）。
9)　「落ち度の較量」論からは，正当防衛においても補充性要件を導入することが考えられるが，それは妥当でないといわざるをえないであろう。

がって，行為性・有責性を欠く侵害者に対しても正当防衛は可能であると解されなくてはならない。それゆえ，以上より，対物防衛は正当防衛（又は正当防衛に準じるもの）として違法性が阻却されると解することができるのである[10]。

正当防衛説（b説）は，以上のようにして，基礎づけられることになる。このことは，侵害に利用されたものが，第三者の所有物であると第三者の身体であるとを問わない。

　(3)　**第2類型について**

第三者の所有物を用いて防衛を行い，それを侵害したという第2類型の解決としては，**緊急避難説**が一般的であると思われる。これは，急迫不正の侵害は現在の危難にもあたるから緊急避難は可能であり，しかも，侵害者以外の第三者の利益を侵害する場合であって，第三者の所有物による急迫不正の侵害をも認めることができないからである。

繰り返しになるが，こうした解決と，第1類型において正当防衛を認める解決との整合性は，第1類型においては，第三者の身体・所有物による急迫不正の侵害を肯定しうるから，第三者は実は侵害者であり，これに対する正当防衛が許容されること，これに対し，第2類型においては，そうした事情が認められないということによって担保される。

緊急避難説からは，上記事例③において，花瓶損壊の違法性が阻却されるためには，急迫不正の侵害に対して防衛するために，それ以外の方法がなかったことが要求されることになる。

　(4)　**第3類型について**

急迫不正の侵害に対する防衛行為によって，第三者の法益を侵害した場合であって，第1類型にも第2類型にもあたらないのが，第3類型である。この場合については，他と異なる固有の問題が含まれており，とくに検討に値するところ，近時，これにあたる事案を対象として判断を示した下級審判決が出された[11]。次に，まず，その判決を紹介し，その上で，検討を加える

---

10)　近時の対物防衛肯定説として，佐伯仁志「正当防衛論(1)」法教291号80頁以下（2004年）。否定説として，髙山・前出注6)85頁（ただし，この見解については，急迫不正の侵害に責任を不要とすることとの一貫性が問題となろう）。

2 最近の判決

(1) 事 案

　被告人は，若者のグループ間の喧嘩闘争の中で，実兄乙と木刀を取り合っている相手方グループの甲に暴行を加えるべく，自動車を急後退させたところ，甲の右手に自動車を衝突させた（ただし，負傷はさせていない）ほか，乙に衝突して同人を轢過し，死亡させた。なお，被告人が自動車を急後退させたのは，乙を助け出して一緒に逃げるため，相手方グループ員らを追い払おうとしたためである。

　第1審判決（大阪地堺支判平成13・7・19判タ1114号297頁）は，上記事実について，被告人は，乙を助けるため自動車を甲に向けて急後退させて同人らを追い払おうとして暴行を加え，「その暴行の結果，意図していなかったとしても，実兄である乙にも本件車両を衝突させ，同人を轢過して死亡させたのであるから，本件については，甲に対する暴行罪のほか，乙に対する傷害致死罪が成立する」とした。

(2) 判 決

　大阪高裁は，甲に対する暴行については，暴行罪の構成要件に該当するものの，正当防衛が成立し違法性が阻却されるとし，乙に対する傷害致死罪の成否については以下のように判示して，その成立を否定した。

　「上記のとおり，被告人が本件車両を急後退させる行為は正当防衛であると認められることを前提とすると，その防衛行為の結果，全く意図していなかった乙に本件車両を衝突・轢過させてしまった行為について，どのように考えるべきか問題になる。不正の侵害を全く行っていない乙に対する侵害を客観的に正当防衛だとするのは妥当でなく，また，たまたま意外な乙に衝突し轢過した行為は客観的に緊急行為性を欠く行為であり，しかも避難に向けられたとはいえないから緊急避難だとするのも相当でないが，被告人が主観的には正当防衛だと認識して行為している以上，乙に本件車両を衝突させ轢

---

11) 大阪高判平成14・9・4判タ1114号293頁。解説としては，佐久間修・セレクト'03（法教282号別冊付録）28頁（2004年）など。

過してしまった行為については，故意非難を向け得る主観的事情は存在しないというべきであるから，いわゆる誤想防衛の一種として，過失責任を問い得ることは格別，故意責任を肯定することはできないというべきである。」
「ところで，原判決は，前記のように特段の理由を示していないが，被告人に甲に対する暴行の故意があったことを認め，いわゆる方法の錯誤により誤って乙を轢過したととらえ，法定的符合説にしたがって乙に対する傷害致死の刑責を問うもののようである。本件においては，上記のように被告人の甲に対する行為は正当防衛行為であり乙に対する行為は誤想防衛の一種として刑事責任を考えるべきであるが，錯誤論の観点から考察しても，乙に対する傷害致死の刑責を問うことはできないと解するのが相当である。すなわち，一般に，人（A）に対して暴行行為を行ったが，予期せぬ別人（B）に傷害ないし死亡の結果が発生した場合は，いわゆる方法の錯誤の場面であるとして法定的符合説を適用し，Aに対する暴行の（構成要件的）故意が，同じ『人』であるBにも及ぶとされている。これは，犯人にとって，AとBは同じ『人』であり，構成要件的評価の観点からみて法的に同価値であることを根拠にしていると解される。しかしこれを本件についてみると，被告人にとって乙は兄であり，共に相手方の襲撃から逃げようとしていた味方同士であって，暴行の故意を向けた相手方グループ員とでは構成要件的評価の観点からみて法的に人として同価値であるとはいえず，暴行の故意を向ける相手方グループ員とは正反対の，むしろ相手方グループ員から救助すべき『人』であるから，自分がこの場合の『人』に含まれないのと同様に，およそ故意の符合を認める根拠に欠けると解するのが相当である。この観点からみても，本件の場合は，たとえ甲に対する暴行の故意が認められても，乙に対する故意犯の成立を認めることはできないというべきである。」「したがって，乙に対する傷害致死罪の成立を認めることはできない。」（「なお，本件においては，上記のとおり故意犯が成立しないとしても，過失犯の成否が問題となり得る。しかし，被告人は激しい攻撃を受けて心理的動揺が激しかったと認められ，被告人の過失責任の根拠となる注意義務を的確に構成することも困難であり，その他本件審理の状況をあわせ考えても，当裁判所において，検察官に対する訴因変更命令ないし釈明義務が発生するとはいえない。」）

(3) 判決の意義と問題の所在

本件は，防衛行為により，侵害者以外の者乙に侵害を加えた第3類型の事例である（被侵害者以外の第三者による防衛事例であり，被侵害者を誤って侵害した点に特殊性がある）。判決は，事実の錯誤に関する法定的符合説（抽象的法定符合説）を前提とした上（同説によれば，Aを侵害しようとしてBを侵害した場合，Aに対する暴行の故意があれば，Bに対しても暴行の故意が認められる）で[12]，本件事案を「誤想防衛の一種」であるとし，乙に対する「故意責任」を否定している。さらに，補足的に，「（構成要件的）故意」の問題として捉えた場合においても，相手方グループ員である甲と，襲撃から逃れようとした味方である実兄乙とは，構成要件的評価において同価値ではなく，したがって，故意の符合を認める根拠に欠ける（すなわち，甲に対する暴行の故意があることにより，乙に対する暴行の故意があることにはならない）としているのである。すなわち，本判決は，故意責任及び構成要件的故意という二重の観点から，乙に対する故意犯の成立を否定している。

事実の錯誤に関する具体的法定符合説[13]からは，侵害者甲に対する故意の存在により，乙に対する故意を認めることができないから，本件の場合には，せいぜい過失致死罪の成否が問題となるにすぎない。これに対し，判例・多数説が採用する抽象的法定符合説の立場からは，甲に対する故意の存在により，乙に対する故意の存在を肯定することができることになる。しかし，正当防衛行為を行おうとする意思しかない者に，故意犯の成立を肯定することは明らかに不当であることから，抽象的法定符合説の立場からは，その結論を回避するための方策が探られることになるのである（いわば，本事例は，抽象的法定符合説に対し，その解決策を問うものとなっている）。本判決は，①「誤想防衛の一種」であり，故意責任を問えない，②甲と乙とは構成要件的評価において同価値ではなく，したがって，甲の侵害と乙の侵害とで法定的（構成要件的）符合を認めることができない，というところに，解決策を求めている。

以下では，他の解決方策をも併せ考察の対象としながら，これらの点につ

---

12) 判例の立場である。最判昭和53・7・28刑集32巻5号1068頁参照。
13) 山口・前出注2)204頁以下参照。

いて検討することにしたい。

3　検　討

　第3類型の事案については，その解決策に関して多様な見解が存在するが，まず，第三者に属する法益の侵害について，その違法性阻却を肯定しようとする見解がある。これは，**正当防衛説**（α説）と**緊急避難説**（β説）とに分かれる。まず，正当防衛説（α説）には疑問がある。なぜなら，第三者は侵害者と別の法益主体であり，また，第三者自身を侵害者と見る余地はないから，第三者の法益の侵害を正当防衛として正当化できないことは，いままで述べてきたことからも明らかである。そこで問題となるのは，緊急避難説（β説）である。まず，第三者の法益侵害について，緊急避難が成立することがありうることまでを否定する必要はないと思われる。しかし，緊急避難が成立するためには，第三者の法益侵害以外に現在の危難を回避する方法がないこと（補充性の要件），さらに，惹起した結果について「害の較量」の要件が満たされることが必要となることから，通常は，緊急避難として違法性が阻却されることはないと思われるのである[14]。したがって，第3類型の事案を解決するための一般的方策としては，これらの見解には無理があるといえよう。それにもかかわらず，これらの見解が主張されるのは，事実の錯誤に関する**抽象的法定符合説**を採り，さらに違法性の意識に関する厳格責任説を採る場合，侵害者Aに対する故意の存在により，第三者Bに対する故意責任を否定することに困難があることと関係しているのではないかと推測される。なぜなら，厳格責任説の立場からは，故意犯か過失犯かはもっぱら構成要件的故意の有無によって決まるから，抽象的法定符合説からAに対する故意によりBに対する故意を肯定する場合，第三者Bに対する過失犯の成否を問題とする余地はなく，第三者Bの法益を侵害したことについて責任がない場合に初めて故意犯の罪責を否定しうるにすぎないことになる。そこで，別の方法により故意犯の成立を否定する必要が生じるからである。これに対し，抽象的法定符合説を採っても，厳格責任説を採らない限り，少なく

---

[14]　上記事例⑤では，緊急避難における補充性の要件が満たされていると解する余地がある。

とも，故意責任を否定する「逃げ道」は残されている。

事実の錯誤に関する**具体的法定符合説**を採れば，第三者Bに対する故意犯成立の余地はなく，過失犯の成否が問題となるにすぎない。では，抽象的法定符合説からは，どのような解決策がありうるのであろうか。それは，第1に，侵害者Aに対する故意があっても，それは正当防衛としてAを侵害する故意であり，違法でない事実の認識・予見であるにすぎないから，故意責任が否定されると解することである。上記判決は，これを「誤想防衛の一種」と呼んでいるが，行為者の認識・予見の対象が正当防衛を構成する事実であり，故意責任が基礎づけられないという意味で，また，その限度では，理解しうるところである。もっとも，第三者Bから急迫不正の侵害を受けているとの誤想もなく15)，同人に対する侵害が正当防衛を構成するとの誤想もないから，これを「誤想防衛の一種」と呼ぶことが適切かには疑問があろう。第2に，上記判決も採るように，侵害者Aと第三者Bとの構成要件的同価値性を否定することが考えられる。ただし，これは，敵味方といった大雑把な前法的評価によっては基礎づけることができず16)，そのためには，侵害者について，その法益性が否定される（少なくとも，減少する）ことを結論において肯定する必要がある17)。正当防衛の違法性阻却根拠の理解次第ではあるが，このような論理を採ることを不可能としない立場からは採用可能な方法であると思われる。前記の厳格責任説の論者は，違法性阻却を認めるという困難な途に解決策を求めるのではなく，こうした論理によって第三者Bに対する故意犯の成立を否定することが考えられてよいであろう。もっとも，そのためには，それを可能とする正当防衛及び故意の理解が前提となるのではあるが。

III 過剰防衛と誤想防衛との交錯

刑法の学習者の間で理解にやや困難があるように思われるのが，過剰防衛

---

15) ことに大阪高判の事案では，乙から甲が侵害を受けているとの誤想は問題となりえない。
16) 一般的には，侵害者とそれ以外の者という関係であり，敵味方というのは大阪高判の事案に特殊な関係であるにすぎない。
17) 山口・前出注2) 114頁参照。

と誤想防衛とが交錯する領域である。この機会に，この問題について，簡略に整理しておくことにしたい。

　まず，**過剰防衛**における刑の減免根拠を確認しておくことが必要であろう。それは，急迫不正の侵害に対し過剰な防衛を行った場合，①過剰とはいえ，急迫不正の侵害の回避に向けられた行為であるから，そうでない純然たる法益侵害行為と比べたとき，違法性が減少すること，②急迫不正の侵害を受け，心理的な圧迫状態でなした過剰な法益侵害行為について，責任減少が認められることである（違法・責任減少説）[18]。

　では，問題となる事例を場合分けして解説することにする。

(a)　急迫不正の侵害に対して過剰な防衛行為を行った場合，その過剰性の認識があるときには，行為者に認識・予見された事実は過剰防衛という違法な事実だから，過剰な法益侵害（構成要件該当・違法事実）について故意（又は故意責任）を肯定することができる。これは，**故意の過剰防衛**であり，上記の理由から，刑法36条2項により刑の減免が可能である。

(b)　急迫不正の侵害に対して過剰な防衛行為を行った場合，その過剰性についての認識がないときには，行為者に認識・予見された事実は過剰防衛という違法な事実ではないから，故意（又は故意責任）を肯定することはできない。この場合，急迫不正の侵害を誤想した場合とともに，誤想防衛であるとされるが，それは，故意（又は故意責任）を肯定しえないということを意味するにすぎず，それ以上のことを意味しない。ここで，過剰性について認識・予見が可能であれば，過剰な法益侵害について過失責任を問うことは可能であり，したがって，**過失の過剰防衛**となる。この場合も刑の減免の趣旨は該当し，刑法36条2項を適用して，刑の減免が可能である。それに対し，過剰性について認識・予見が可能でなければ，過剰な法益侵害について過失責任を問うことはできず，したがって，客観的には違法な過剰防衛であるが，責任の要件が欠けて不可罰となる。

(c)　急迫不正の侵害がないのに，それを誤想して対抗行為（急迫不正の侵害が実際に存在したら，防衛行為とされるもの）を行った場合，その対抗行為

---

18)　山口・前出注2)132頁以下参照。

が (実際には存在せず, 誤想したにすぎない) 急迫不正の侵害との関係では許容される範囲にとどまり, その事実の認識・予見が行為者にあるにすぎないとき[19], 行為者に認識・予見された事実は正当防衛という違法性を欠く事実だから, 客観的には純然たる違法行為ではあるが, それについての故意 (又は故意責任) を認めることはできない。これが, **誤想防衛**の中核事例である。ただし, 急迫不正の侵害が実際には存在せず, 自らが純然たる違法行為を行っているという認識・予見の可能性があれば, 過失責任を問うことはできる。認識・予見可能性がなければ, 違法な法益侵害についての責任を問うことができず, 不可罰である。

(d) 急迫不正の侵害がないのに, それを誤想して対抗行為 (急迫不正の侵害が実際に存在したら, 防衛行為とされるもの) を行い, その対抗行為が (実際には存在せず, 誤想したにすぎない) 急迫不正の侵害との関係で許容される範囲にとどまらない場合, そうした事実の認識・予見がある行為者には, 違法行為である過剰防衛にあたる事実の認識・予見があるから, 客観的には純然たる違法行為である法益侵害惹起についての故意 (又は故意責任) を肯定することができる。これは, 誤想過剰防衛と呼ばれているが, 正確には, **故意の誤想過剰防衛**である。行為者の認識・予見は過剰防衛となる事実だから, 刑事責任は責任の範囲を限度とする以上, 過剰防衛と同様の責任しか問うことはできず, 刑法36条2項により, 刑の減免が可能である[20]。ただし, 急迫不正の侵害が存在せず, 自己がなした行為が純然たる違法行為であることについて認識・予見可能性があれば, それについての過失責任を問うことは可能である以上, 成立しうる過失犯の刑を下回る科刑はできないから, その場合には刑の免除はなしえないことになる (すなわち, 刑の免除は, 急迫不正の侵害の誤想について過失がない場合に限られる)。

なお, 誤想した急迫不正の侵害との関係でも過剰な法益侵害行為をなした場合で, その過剰性についての認識・予見は行為者にないが, それが可能であるときには, 客観的には純然たる違法行為である法益侵害惹起についての

---

19) これに対し, 行為者に, 誤想した急迫不正の侵害との関係でも過剰な法益侵害を惹起しようとする意思があった場合には, 純然たる違法行為について, 故意 (又は故意責任) を肯定することができよう。
20) 最決昭和41・7・7刑集20巻6号554頁, 最決昭和62・3・26刑集41巻2号182頁。

過失責任を問うことができる。これは，**過失の誤想過剰防衛**である。したがって，故意の誤想過剰防衛の場合と同様，刑法 36 条 2 項により，刑の減免が可能であるが，急迫不正の侵害の誤想について過失がある場合，刑の免除はできないことも故意の誤想過剰防衛と同じである。

第5章
過失犯の成立要件

I　はじめに

　構成要件該当事実の認識・予見である故意を欠くにもかかわらず，特別に処罰の対象となる（刑38条1項但書参照）過失犯については，その成立要件の理解についてかねて大きな見解の対立があった。これは「過失犯の構造」をめぐる議論であったが，そこにおける基本的な対立軸は，構成要件該当事実の認識・予見可能性を過失犯における固有の問題と解する旧過失論と，それを批判して展開された，結果回避義務という客観的要件による過失犯処罰限定の必要性を主張する新過失論との間にある。旧過失論は，過失犯の構成要件該当性・違法性は，故意犯と基本的に共通であり，過失犯固有の問題は，責任形式・要素である構成要件該当事実の認識・予見可能性（以下，「結果予見可能性」又は，単に，「予見可能性」ということがある）としての過失であると解する立場である。これに対し，新過失論は，予見可能性は程度問題であるから，その範囲・限界は不明瞭であり，単なる予見可能性をもってしては，過失犯の成立範囲を十分に限定しえないと旧過失論を批判して，過失犯における構成要件該当性・違法性の独自的性格，その客観的基準による限定の必要性を強調したのである。すなわち，過失犯においては，単なる結果の予見可能性ではなく，結果を回避する義務がいかなるもので，それを果たしていたかに重点を置いて，その成否が検討される必要があるとされた。そこでは，このような，結果回避義務違反が過失犯独自の構成要件要素・違法要素であると解されているのである。

　このような旧過失論と新過失論との間における争いの中心は，構成要件該

当性・違法性の理解にある。すなわち，構成要件的結果（法益侵害）の惹起をその内容として解する立場（結果無価値論）と，構成要件的結果惹起のみならず，さらに結果回避義務違反をその重要な内容として理解する立場（しかも，結果回避義務違反を，結果惹起としてではなく，過失犯固有・独自の行為無価値として理解する行為無価値論）という違法論の対立が争いの内実をなしているのである（そして，構成要件的結果という法益侵害の重要性の評価の違いに対応して，予見可能性要件の重要性の評価が異なることになる）。換言すれば，旧過失論対新過失論の対立は，結果無価値論対行為無価値論の対立の過失犯の領域における現れであると解することができる。

　ところが，近時，旧過失論の立場に立ちながらも，過失犯における構成要件該当性の限定的理解の必要性を指摘する見解が主張されるに至っている[1]。構成要件該当性は責任とは別の要件であるから，過失犯における構成要件該当性をいかに理解するかはそれ自体重要な検討課題であるといえよう。本章においては，注目される内容をもつ近時の最高裁判例を契機としながら，過失犯の成立要件についていま一度検討を加えることにしたい。

　なお，過失犯は（構成要件該当事実を不注意で惹起したという意味での）注意義務違反を内容とする犯罪であるとされることが多いが，そうした枠組みで過失犯の成立要件を表現することは可能である（したがって，本書でも，その用語法に従う）。その場合，いわゆる注意義務は，構成要件該当事実が惹起されることを予見すべき結果予見義務と，そうした予見に基づいて構成要件該当事実を回避すべき結果回避義務からなる[2]。このような理解は，新・旧過失論の対立とはニュートラルなものであり，旧過失論の立場からは，結果予見可能性があれば結果予見義務違反（責任要素としての過失）があり，結果回避可能性があれば結果回避義務違反（構成要件該当性）があるというにすぎないのである。

1）　橋爪隆「過失犯」法教275号76頁以下，276号39頁以下（2003年），佐伯仁志「過失論」法教303号46頁以下（2005年）など。
2）　これは，判例における一般的な判断枠組みでもある。最決昭和42・5・25刑集21巻4号584頁参照。

Ⅱ 最近の最高裁判例

1 事 案

　被告人は，平成11年8月28日午前零時30分ころ，業務としてタクシーである普通乗用自動車を運転し，広島市南区宇品東7丁目×番××号先の交通整理の行われていない交差点を宇品御幸4丁目方面から宇品東5丁目方面に向かい直進するにあたり，同交差点は左右の見通しが利かない交差点であったにもかかわらず，その手前において減速して徐行し，左右道路の交通の安全を確認することなく，時速約30ないし40kmの速度で同交差点に進入して，折から，左方道路より進行してきたA運転の普通乗用自動車の前部に自車左後側部を衝突させて自車を同交差点前方右角にあるブロック塀に衝突させた上，自車後部座席に同乗のB（当時44歳）を車外に放出させ，さらに自車助手席に同乗のC（当時39歳）に対し，加療約60日間を要する頭蓋骨骨折，脳挫傷等の傷害を負わせ，Bをして，同日午前1時24分ころ，同区宇品神田1丁目×番××号県立○○病院において，前記放出に基づく両側血気胸，脳挫傷により死亡するに至らせた。なお，本件事故現場は，被告人運転の車両（以下「被告人車」という）が進行する幅員約8.7mの車道とA運転の車両（以下「A車」という）が進行する幅員約7.3mの車道が交差する交差点であり，各進路には，それぞれ対面信号機が設置されているものの，本件事故当時は，被告人車の対面信号機は，他の交通に注意して進行することができることを意味する黄色灯火の点滅を表示し，A車の対面信号機は，一時停止しなければならないことを意味する赤色灯火の点滅を表示していた。そして，いずれの道路にも，道路標識等による優先道路の指定はなく，それぞれの道路の指定最高速度は時速30kmであり，被告人車の進行方向から見て，左右の交差道路の見通しは困難であった。

　これらの事実に基づき，第1審判決（広島簡判平成13・7・25）及び控訴審判決（広島高判平成13・12・25）は，被告人の過失を認め，業務上過失致死傷罪の成立を肯定した。

2 最高裁平成 15 年 1 月 24 日判決[3]

　被告人の上告を受けた最高裁は、客観的な事実関係としては、原判決・第1審判決の認定したところを認めながら、以下のように判示して、原判決及び第1審判決を破棄し、無罪を言い渡した。

　「このような状況の下で、左右の見通しが利かない交差点に進入するに当たり、何ら徐行することなく、時速約30ないし40キロメートルの速度で進行を続けた被告人の行為は、道路交通法42条1号所定の徐行義務を怠ったものといわざるを得ず、また、業務上過失致死傷罪の観点からも危険な走行であったとみられるのであって、取り分けタクシーの運転手として乗客の安全を確保すべき立場にある被告人が、上記のような態様で走行した点は、それ自体、非難に値するといわなければならない。

　しかしながら、他方、本件は、被告人車の左後側部にA車の前部が突っ込む形で衝突した事故であり、本件事故の発生については、A車の特異な走行状況に留意する必要がある。すなわち、1、2審判決の認定及び記録によると、Aは、酒気を帯び、指定最高速度である時速30キロメートルを大幅に超える時速約70キロメートルで、足元に落とした携帯電話を拾うため前方を注視せずに走行し、対面信号機が赤色灯火の点滅を表示しているにもかかわらず、そのまま交差点に進入してきたことが認められるのである。このようなA車の走行状況にかんがみると、被告人において、本件事故を回避することが可能であったか否かについては、慎重な検討が必要である。

　この点につき、1、2審判決は、仮に被告人車が本件交差点手前で時速10ないし15キロメートルに減速徐行して交差道路の安全を確認していれば、A車を直接確認することができ、制動の措置を講じてA車との衝突を回避することが可能であったと認定している。上記認定は、司法警察員作成の実況見分調書（……）に依拠したものである。同実況見分調書は、被告人におけるA車の認識可能性及び事故回避可能性を明らかにするため本件事故現場で

---

[3]　最判平成15・1・24判時1806号157頁（刑集不登載）。解説としては、小林憲太郎「信頼の原則と結果回避可能性」立教法学66号1頁以下（2004年）、大塚裕史「過失犯における結果回避可能性と予見可能性」神戸法学雑誌54巻4号1頁以下（2005年）などがある。

実施された実験結果を記録したものであるが、これによれば、①被告人車が時速20キロメートルで走行していた場合については、衝突地点から被告人車が停止するのに必要な距離に相当する6.42メートル手前の地点においては、衝突地点から28.50メートルの地点にいるはずのA車を直接視認することはできなかったこと、②被告人車が時速10キロメートルで走行していた場合については、同じく2.65メートル手前の地点において、衝突地点から22.30メートルの地点にいるはずのA車を直接視認することが可能であったこと、③被告人車が時速15キロメートルで走行していた場合については、同じく4.40メートル手前の地点において、衝突地点から26.24メートルの地点にいるはずのA車を直接視認することが可能であったこと等が示されている。しかし、対面信号機が黄色灯火の点滅を表示している際、交差道路から、一時停止も徐行もせず、時速約70キロメートルという高速で進入してくる車両があり得るとは、通常想定し難いものというべきである。しかも、当時は夜間であったから、たとえ相手方車両を視認したとしても、その速度を一瞬のうちに把握するのは困難であったと考えられる。こうした諸点にかんがみると、被告人車がA車を視認可能な地点に達したとしても、被告人において、現実にA車の存在を確認した上、衝突の危険を察知するまでには、若干の時間を要すると考えられるのであって、急制動の措置を講ずるのが遅れる可能性があることは、否定し難い。そうすると、上記②あるいは③の場合のように、被告人が時速10ないし15キロメートルに減速して交差点内に進入していたとしても、上記の急制動の措置を講ずるまでの時間を考えると、被告人車が衝突地点の手前で停止することができ、衝突を回避することができたものと断定することは、困難であるといわざるを得ない。そして、他に特段の証拠がない本件においては、被告人車が本件交差点手前で時速10ないし15キロメートルに減速して交差道路の安全を確認していれば、A車との衝突を回避することが可能であったという事実については、合理的な疑いを容れる余地があるというべきである。

　以上のとおり、本件においては、公訴事実の証明が十分でないといわざるを得ず、業務上過失致死傷罪の成立を認めて被告人を罰金40万円に処した第1審判決及びこれを維持した原判決は、事実を誤認して法令の解釈適用を

誤ったものとして，いずれも破棄を免れない。」

3　本判決の意義

本件では，左右の見とおしがきかない交差点であって，被告人が対面する信号機は黄色灯火の点滅（他の交通に注意して進行することができる）であり，交差道路を通行するAが対面する信号機は赤色灯火の点滅（停止位置において一時停止しなければならない）であるが，交通整理が行われていない交差点にあたる[4]（そして，優先道路を通行していない）ため，交差点に入ろうとするときには徐行義務を負う（道交42条1号参照）被告人が，徐行せずに交差点に車両を運転して進入したところ，酒気を帯び，指定最高速度を大幅に上回る速度で，かつ，足元に落とした携帯電話機を拾うため，前方を注視せずに走行し，一時停止せずに交差点に進入してきたA運転の車両と衝突し，その結果として，被告人が運転する車両に乗車していた者を死傷させた事案において，人の死傷を生じさせたことについての被告人の過失が問題となっている。第1審判決及び控訴審判決は，被告人の過失を認めたが，本判決は（証明が十分でないとして，結果として）それを否定した点が注目される。その理由は，被告人が「交差点手前で時速10ないし15キロメートルに減速徐行して交差道路の安全を確認」する義務を尽くしていたとしても，「衝突を回避することができたものと断定することは，困難である」から，「被告人車が本件交差点手前で時速10ないし15キロメートルに減速して交差道路の安全を確認していれば，A車との衝突を回避することが可能であったという事実については，合理的な疑いを容れる余地があ」り，「公訴事実の証明が十分でない」というところにある。

本判決以前には，本件と同様の事案において，「運転者において右信号に従い一時停止およびこれに伴う事故回避のための適切な行動をするものとして信頼して運転すれば足り」，被告人が運転する車両と衝突した車両を運転していたQのように「あえて法規に違反して一時停止をすることなく高速度で交差点を突破しようとする車両のありうることまで予想した周到な安全確

---

4)　最決昭和44・5・22刑集23巻6号918頁参照。

認をすべき業務上の注意義務を負うものでな」いとして，業務上過失致死傷罪の成立を否定した判例が存在した[5]。そこでは，信頼の原則を適用して，注意義務自体が認められず，そのため，注意義務違反としての過失犯の成立が否定されていたのである。これに対し，本判決においては，注意義務の存在自体を否定することなく[6]，注意義務を履行していたとしても，衝突を回避することができなかった（正確には，回避しえたことについて，十分な証明がない）という理由で，過失犯の成立を否定したことが，信頼の原則の適用範囲との関係で注目される。このような判断は，注意義務としての（それ自体としては結果を回避しうるような）結果回避義務が存在するとして，それを履行しても結果を回避することができない場合には，結果回避義務違反（又は，結果回避義務違反と結果の間の因果関係）がなく，その結果として注意義務違反としての過失・過失犯の成立が否定されるというような考え方を前提としていると解される。

上記のように過失の証明を否定して無罪判決を言い渡した本判決は注目されるのであるが，そこでは，過失犯の成立要件についての理解の確認が要請されるといえよう。以下では，こうしたことから，過失犯の成立要件について再検討を加えることにしたい。

Ⅲ 過失犯における注意義務

1 注意義務の内容

過失犯のいわゆる注意義務は，すでに触れたように，結果予見義務と結果回避義務からなる。本書の理解によれば，結果予見義務違反（これは結果予見可能性により肯定される）が故意犯における故意に対応する責任要素であり[7]，結果回避義務違反（これを肯定するためには結果回避可能性が必要とな

---

[5] 最判昭和48・5・22刑集27巻5号1077頁。
[6] 前出注5)最判昭和48・5・22に対しては，信頼の原則の適用が広すぎるとの批判もあり論議の的となったが，無罪判決という結論では共通するものの，注意義務を否定する判断を示さなかった本判決は，まさにその点において実際上重要な意義を有するもののように思われる。

る）は故意犯と（基本的には）共通の構成要件的結果惹起を内容とする構成要件該当性の要件である。結果予見義務違反と結果回避義務違反の双方が認められなければ過失犯は成立しないが，それは，構成要件該当性・違法性・責任の要件すべてが充足されることが犯罪の成立を肯定するためには必要であることからすれば，当然のことであるといえよう。また，構成要件該当性と責任は別の根拠から要求される要件であるから，結果予見義務・同義務違反と結果回避義務・同義務違反は，それぞれ独立した要件であると解されるのである。したがって，結果予見可能性により肯定される結果予見義務違反を過失犯の要件と解するからといって，それだけの理由から，結果回避義務違反が過失犯の要件とならないということはできない。結果回避義務違反は故意犯におけると同様必要であり，問題はその内容の理解にあるのである。

2 結果回避義務

構成要件該当事実を惹起する認識・予見（故意）がある場合，それをもたらす行為に出ることが禁止され（結果回避義務），それにもかかわらず，その行為に出て構成要件該当事実を惹起した場合には，故意犯として処罰されうる。問題は，構成要件該当事実を惹起することの予見はないがそれが可能である過失犯の場合，故意犯同様，その行為に出ないことが常に要求されるのか（行為に出ないことが常に結果回避義務の内容をなすのか）ということである。旧過失論はこのような見解を採用していたと理解することもできるが，予見（故意）に準じる高度な予見可能性が肯定されることがその前提であったといえよう。

結果回避義務の内容は（客観的な）構成要件該当性に関わるものであり，本来，主観的な責任要件である故意・過失とは別の見地から画定される必要がある（そうでなければ，違法と責任の混淆に至ることになろう）。とはいえ，その内容を画定するにあたり，故意の有無という主観面の相違が事実上一定

---

7) 構成要件的故意を認める立場からは，結果予見義務違反は構成要件的過失として位置づけられることになる。また，行為無価値論からは構成要件要素である結果予見義務違反としての過失は違法要素としての位置づけがなされうることになる。本書は，行為無価値論を批判する結果無価値論の立場から，結果予見義務違反としての過失は（それを構成要件的過失として位置づけるとしても）責任要素であると解している。

の意義を有するように思われる。なぜなら，法益侵害惹起の目的（故意）でなされる行為については，その遂行の自由を保障すべき利益を認めることは（違法性阻却事由を認めうる状況が存在する場合を除き）困難であるが，法益侵害惹起とは別の目的でなされる（故意を欠く）行為については，当該罰則が禁止・処罰しようとはしていない目的が追求される限り，当該行為の遂行には一定の積極的意義があり，その遂行の自由を保障する利益は一定限度まで考慮されるべきであると解されるからである。この意味で，行為の遂行自体を完全に禁止することまで求めることはできず，それに代えて，そこから結果が惹起される危険を解消する措置を執ることが行為者に求められることになり，それが結果回避義務の内容となる。また，行為遂行の時点では，行為者には構成要件的結果が惹起されることが通常ありえないと想定される程度にまで危険を減少させる措置が求められることになるが，それは，通常そうしたことで結果回避には十分であることが想定され，また，行為の遂行自体に一定の積極的意義を認める以上，それ以上のことを要求することはできないことによるのである。この意味で，過失犯における構成要件要素である構成要件該当行為（実行行為）の危険性は，結果として，故意犯の場合よりも，限定されたものと解されることになる[8]。

　こうして，過失犯の成否が問題となる事例においては，一般的・潜在的には危険な行為であっても，その行為の危険性を減少させる適切な操作等がなされれば，構成要件的結果の惹起が通常ありえない程度にまで危険性が減少して，そのため，構成要件該当行為（実行行為）とはいえなくなる。このような意味で，行為の遂行自体が許されることになるのである（自動車運転などの行為は，こうしたことを前提として認められている。これに対し，故意犯の成否が問題となる，法益侵害惹起を目的とする行為については，こうしたことは想定しえない）。すなわち，そこでは，すでに述べたように，行為の遂行自体を控えるのではなく，行為の危険性を（構成要件的結果が生じることが通常ありえないと解される程度にまで）減少させる操作を行うことが，行為の遂行を前提とした場合において，結果回避義務の内容をなすことになる[9]（なお，

---

[8] 平野龍一『刑法総論I』193頁（1972年）参照。

こうした危険減少がおよそ不可能であれば，行為に出ないことが結果回避義務の内容をなすことになる）。本件では，それは，「交差点手前で時速 10 ないし 15 キロメートルに減速徐行して交差道路の安全を確認」することであり，その場合には，衝突が発生することは通常ありえないと解される程度にまで危険性が減少することが想定されているのである。交差点手前で一時停止すれば衝突は回避されるとも解されるが，そこまでしなくとも，減速徐行によって過失犯の構成要件該当行為であるために必要な行為の危険性を下回る程度にまで危険性が減少すると考えられることになるといえよう。そして，こうした危険性を減少させる義務としての結果回避義務を履行したとしても，衝突＝構成要件該当事実を回避することができなければ，結果回避可能性が否定され，結果回避義務違反が認められないことになり，構成要件該当性が否定されることになるのである[10]。

3 許された危険

結果回避義務違反行為は，結果惹起の危険性を備えた行為として，過失犯の構成要件該当行為（実行行為）であるが，危険な行為であっても，例外的に，その遂行が許される場合がある。たとえば，危険な行為の遂行について危険にさらされた者が同意している場合（いわゆる，危険の引受けの場合）がそれにあたる。この場合には，危険な行為により危険にさらされた者が当該行為の遂行に同意を与えている（それをことさら求めている場合もある）限りにおいて，危険な行為の遂行自体は許されることになる。そして，そうした行為の遂行が一旦許された以上，引き受けられた危険の現実化として法益侵害が生じたときに過失犯の成立を肯定することは（行為の遂行を前提としても

---

[9] その結果として，過失犯においては，注意義務としての結果回避義務と不作為犯の作為義務との区別が不明瞭となる。しかしながら，そもそも不作為犯の作為義務は，その性質上結果回避義務であり，両者を理論的に区別する必要はない。その義務づけ根拠も両者で異なることはない。たとえば自動車運転における結果回避義務は，自動車という「危険源」の支配に基づいて生じることになる。

[10] 不作為犯の「因果関係」について判断した最決平成元・12・15 刑集 43 巻 13 号 879 頁を参照。同決定は，結果回避可能性の判断を因果関係の問題としているが，現在の判例は因果関係を「実行行為の危険性の現実化」として判断しており，このことは不作為犯にも同様に妥当するはずであるから，「因果関係」ではなく，因果関係とは別の要件としての結果回避可能性（結果回避義務違反）の問題ではないかと思われる。

結果を回避する可能性がある場合を除き），行為遂行の許容と矛盾することとなるから，それを認めることはできないと思われる[11]。この意味で，行為遂行の許容により，結果惹起にもかかわらず，過失犯の成立が否定される場合を認めることができるのである。

　このように，危険な行為の遂行が許容される結果，過失犯の成立が否定されうることを説明する一般的な法理として，「許された危険」が従来学説において認められてきた[12]。これは，結果惹起の一定の危険を備えた行為が，他の法益擁護のために必要であることを理由として許容されることを認めるものである。結果惹起の危険性と法益擁護の利益性とを，危険を冒す必要性を含めて較量した結果，利益性が危険性を上回り，あるいは両者同等の場合[13]には，当該行為の遂行は許されることになる。許された行為の遂行により，その後，回避しえない法益侵害が惹起されたとしても，過失犯の成立が否定されることは，危険の引受けの場合と同様である。

　このような許された危険の法理には濫用の危険があり，それは慎重かつ限定的に肯定される必要がある。すなわち，以下の点に留意すべきであると思われる。まず第1に，行為の危険性の減少に向けられた結果回避義務が履行された結果として，危険性が減少して過失犯の構成要件該当行為（実行行為）性が失われる場合には，そもそもそれを許された危険と呼ぶ必要はない。たとえば，自動車運転は危険であるが，その危険な行為が適切な運転操作により許されることになるという必要はないのである。これは，過失犯の構成要件該当行為（実行行為）の本来的限定の問題であり，行為の利益性とは無関係である。ここまでを許された危険とするのは，むしろ，次の第2の場合と混同することによって，許された危険の性質・要件・判断をあいまいにするおそれがあり，妥当でないと思われる。第2に，許された危険において重要な意義を有する，危険性と利益性の較量判断であるが，それには困難

---

11) 山口厚「『危険の引受け』論再考」『齊藤誠二先生古稀記念・刑事法学の現実と展開』89頁以下（2003年）参照。
12) 最近の研究として，小林憲太郎「許された危険」立教法学69号43頁以下（2005年）がある。
13) さらには，危険性が利益性にまさるとしても，それが極めてわずかにとどまる場合も問題となる。

が伴い，不適切な濫用的較量の危険があること（したがって，それに警戒する必要があること）を指摘する必要がある。まず，多く問題となる生命侵害の危険と何らかの利益との較量においては，生命侵害の危険が一定程度ある場合，他人の生命・身体の擁護といった極めて限られたときにのみ，当該危険は「許された危険」となりうるにすぎないことを確認すべきであろう。生命・身体的利益以外の法益擁護の利益が生命侵害の危険よりも優越するとの判断は通常は不可能である（すなわち，たとえば場所的移動の利益が生命侵害の危険を凌駕するなどという判断を具体的衡量によりなすことは困難・不当であり，上述したように，許された危険と構成要件該当行為の本来的限定の問題を混同することには疑問があるのである）。そうした判断が可能でありうるとすれば，せいぜいそれは，危険減少措置が講じられる等により，危険が極めて低くなった場合に限られよう。そうでなければ，生命保護に「手抜き」を認めることになるとの批判を避けがたいと思われる。

4 結果予見義務

結果予見義務は結果回避義務とは独立した要件であり，結果予見義務違反を認めるためには，結果予見可能性が必要である。この予見可能性の要件は，危惧感説を採用する論者[14]を除き，結果の具体的な予見可能性として，過失犯の基幹的成立要件とされている。これは，結果（構成要件該当事実）という法益侵害を惹起したことについての責任を基礎づけるものであるから，法益侵害を犯罪の成立要件として無視ないし軽視する立場[15]に立たない限り，法益侵害惹起を捕捉する内容のものとして，必須の責任要件となることは当然のことである。危惧感説が主張するように，単に結果回避の行為を採ることの契機となる事実についての予見可能性があれば足りる，というわけではない。このことは，故意犯の場合，傷害の故意があれば，傷害を経

---

14) 藤木英雄『刑法講義総論』240頁（1975年）など参照。
15) 危惧感説はこうした立場に立っている。しばしば危惧感説は責任主義に反すると批判されるが，同説が依拠する違法論を前提とする限り，その批判は的はずれだともいえる。より基本的な問題は同説が採用する違法論自体にあり，法益侵害を犯罪の基本的成立要件とする立場を前提として，それに対する責任を軽視する同説は責任主義に反するとの批判が可能となる。

由して人を殺害することについて（傷害の故意があれば，傷害行為に出ない契機はあり，そうすれば殺人の結果は回避できたとして）殺人罪の成立を認めることができないことからも明らかである。責任は違法性に関係する必要があり，法益侵害が違法性を基礎づける限りにおいて，故意・過失は法益侵害に関するものでなければならないのは，当然のことである。裁判実務においても，危惧感説は一般に否定され[16]，たとえば，「特定の構成要件的結果及びその結果の発生に至る因果関係の基本的部分」の予見可能性が必要であるなどと解されている[17]。すでに述べたように，過失犯の成否を論じる際に，結果回避義務を問題とすることができるとしても，それは客観的な構成要件該当性に関わることであり，そのこととは独立して，責任要素として，構成要件該当事実惹起についての予見可能性・予見義務違反は要求されるべきものである。以下では，その内容について，若干の検討を加えることにする。

　まず，予見可能性という意味においては，過失は「故意の可能性」であるから，故意を認める際に重要でない事実についての主観と客観の食い違い（錯誤）は過失においても重要ではありえない。したがって，同一の構成要件の範囲内においてであれば，具体的な客体の相違（錯誤）を重要でないと解する判例の立場（いわゆる抽象的法定符合説）によれば[18]，過失においても同様になる。したがって，Aに対する加害の予見が可能であったところ，Bに侵害が生じた場合には，Bに対する予見可能性を肯定しうることになるのである[19][20]。判例も，現実に侵害が生じた客体に侵害が生じることについての予見可能性は不要であるとしている[21]。これに対し，学説において

---

16) 同説を採用した判決は，徳島地判昭和48・11・28刑月5巻11号1473頁（森永ドライミルク事件）くらいである。
17) 札幌高判昭和51・3・18高刑集29巻1号78頁（北大電気メス事件）。さらに，東京高判昭和53・9・21刑月10巻9＝10号1191頁，福岡高判昭和57・9・6高刑集35巻2号85頁（熊本水俣病事件）など参照。
18) 最判昭和53・7・28刑集32巻5号1068頁。
19) 山口厚『刑法総論〔第2版〕』234頁以下（2007年）参照。
20) なお，Bの存在が一般に認識可能でなかった場合に，B侵害についての因果関係を否定することは，現実にBを（ありえない経緯を辿るといったことなく）侵害している以上困難であろう。この場合，相当因果関係説の折衷説などを適用して，因果関係を否定しうると論ずるとすれば，それは，むしろそのような因果関係理解の不適切性を示すものであるといえよう。

は，故意と過失とを区別して，過失においては依然として具体的な被侵害客体に対する予見可能性を要求しうるとの見解も主張されている[22]。これは，抽象的法定符合説に批判的な見地からは，過失において被侵害客体の相違の重要性を主張するものとして評価しうる。しかし，こうした主張に理論的根拠があるかは疑問である。抽象的法定符合説（筆者は反対である[23]）を前提とする以上，過失犯において，訴追裁量の適切な行使を期待するほかはないのである。

近時，因果関係の予見可能性が問題となっている[24]。この点についても，故意・錯誤論との関係を考慮することが必要である。したがって，同一構成要件内における因果関係の錯誤が故意を阻却しないと解されることとの関係で，実際の因果経過についての予見可能性は必要ないと解される[25]。判例も実際の因果経過についての予見可能性を要求していない[26]。しかしながら，問題はその先にあり，実際の因果経過とは異なるにせよ，予見の対象とされるべきなのは，どの程度の因果経過かが問われることになる。換言すれば，「因果関係の基本的部分」の予見可能性を要求する場合[27]，その範囲はどのようにして画定されるのかが問題となるのである。たとえば，電気メスを使用した手術の際に，電気手術器のケーブルを誤接続したことが原因となって患者に熱傷を生じさせた北大電気メス事件では，「ケーブルの誤接続をしたまま電気手術器を作動させるときは電気手術器の作用に変調を生じ，本体からケーブルを経て患者の身体に流入する電流の状態に異常を来し，その結果患者の身体に電流の作用による傷害を被らせるおそれ」について予見可能であれば足り，熱傷を生じることについての理化学的要因までの予見可能性は不要であるとされた[28]。また，トンネル内における電力ケーブル接続

21) 最決平成元・3・14刑集43巻3号262頁。もっとも，実際には予見可能性がありえた事案であったのではないかという問題がある。
22) このような理解については，佐伯・前出注1) 42頁以下参照。
23) 山口・前出注19) 203頁以下参照。
24) 因果関係も構成要件要素であるから，当然，予見義務の対象となる。
25) 山口・前出注19) 235頁以下参照。近時の反対説として，大塚裕史「『因果経過』の予見可能性」『板倉宏博士古稀祝賀・現代社会型犯罪の諸問題』159頁以下（2004年）などを参照。
26) 最決昭和54・11・19刑集33巻7号728頁（有楽サウナ事件），最決平成12・12・20刑集54巻9号1095頁（生駒トンネル事件）参照。
27) 前出注17)札幌高判昭和51・3・18参照。

工事のミス（ケーブルに発生する誘起電流を接地するための接地銅板のうち一種類をＹ分岐接続器に取り付けるのを怠ったこと）により火災が発生し，電車の乗客らを死傷させた生駒トンネル事件においては，「誘起電流が大地に流されずに本来流れるべきでない部分に長期間にわたり流れ続けることによって火災の発生に至る可能性」の予見可能性があることで足り，炭化導電路の形成による火災発生という現実の因果経過を予見できなくともよいとされているのである[29]。これらにおいては，電気メスを使用しての手術の遂行，トンネル内での電力ケーブル接続工事の遂行を前提とした上で，いかなる事実・事情の予見が可能であれば，法益侵害を回避するための具体的措置を執ることが可能であり，それを要求しうるかが問題とされ，上記のような事実・事情の予見が可能であれば，ケーブル誤接続の是正，接地銅板の取付けという措置（これらが，結果回避義務の内容をなす）の必要性を認識することが可能であり，そうした措置を執ることを要求できるとの判断が背後にあるとの見方もできよう。この意味では，因果経過の予見可能性の内容が（結果回避のための契機という観点から）結果回避義務の内容との関連で判断されていると解しうること，すなわち，因果経過については，「予見可能性の結果回避義務関連性」[30]が認められていると評することも不可能ではない。このため，結果回避義務を要求する前提としてのみ予見義務を捉えている危惧感説と同様の帰結がもたらされうることになっているともいえるが，危惧感説の問題は，予見義務を単なる結果回避義務の契機としてしか扱っていないところにあり，構成要件該当事実全体（とりわけ，構成要件的結果）の惹起との関連性が切り離されているところにある。あくまでも構成要件該当事実，ことに（故意・錯誤に関する抽象的法定符合説によれば，実際生じたのと法的に同種の）結果の予見可能性が必要である。北大電気メス事件では少なくとも（熱傷までが予見しえなくとも）傷害が発生することの予見可能性，生駒トンネル事件では少なくともトンネル内で出火することの予見可能性（その場合には，列車の乗客が死傷する予見可能性は肯定できよう）は必要である。そし

---

28) 前出注17)札幌高判昭和51・3・18参照。
29) 前出注26)最決平成12・12・20参照。
30) 井田良「過失犯理論の現状とその評価」研修686号6頁以下（2005年）参照。

て，それが「ありえないではない」という以上の，有責性を基礎づけるに足るものであるためには，その原因についても，ある程度具体的な内容においてそれを予見しうることが要求されることになると思われるのである。上記判例・裁判例の判断は，予見可能性を結果回避の契機として捉えているとの理解を超えて，このような意味でその意義は理解されるべきであるといえよう。

　結果予見義務違反を肯定するために必要となる結果予見可能性の程度としてどの程度を要求するかは，程度問題であるだけに扱いにくい問題である。過失責任の実質を担保する見地からすれば，基本的な考え方として，ある程度の，構成要件該当事実惹起の予見可能性を要求することが必要と解されることになろう。新過失論は，結果予見義務違反を肯定するためには結果予見可能性は一般的に想定しうる程度の，低いものでもよいと解した上で，過失犯処罰を限定するために，結果回避義務を重視した。しかし，違法性要件である結果回避義務をいかに画定するかとは別に，過失犯の違法性を基礎づけている結果に関し，責任要素である結果予見義務違反を肯定するに足りる程度の結果予見可能性が要求される必要があるのである。

　こうして，責任要件である結果予見義務違反を基礎づけるために要求される結果予見可能性の程度としては，法益侵害を違法要素として軽視しない限り，「ある程度」のものであることが基本的な考え方となる必要がある。かなり低い程度のものでもよいとなれば，責任内容が空洞化し，過失犯の処罰範囲が著しく拡張しかねない。この意味で，結果予見可能性の程度を問題とし，ある程度のものを要求することには重要な意義があり，判例において採用されている信頼の原則も，結果回避義務の内容を限定する意義に加え，こうした程度に達する結果予見可能性を過失犯成立に要求するという実際上重要な機能・意義をも有していると思われる。

　要求されるべき結果予見可能性の程度について問題となるのが，大規模ビル等の火災において追及される管理者の過失責任（いわゆる管理過失）である。これは，当該建築物の管理者が安全体制を確立する義務を怠った結果として，火災が発生したため，多数の人が死傷した事案について，安全体制確立義務違反を根拠として管理者に追及される過失責任であるが，ここで問題

となるのは，火災が発生しなければ火災による死傷事故は発生しようがないところ，一旦火災が発生した後においては，死傷結果が生じる予見可能性は高いとしても，火災が発生すること自体の予見可能性は高いとはいえないのではないか，そのため，結果として，死傷が発生する予見可能性が高いとはいえないのではないかということである。学説においては，判例で肯定されている程度の予見可能性でも過失犯の成立を肯定することができるとの有力な主張が存在する[31]。このような指摘に対しては，そうした結果予見可能性を根拠として過失犯処罰を肯定しても，それ自体が憲法違反ではないという意味では許されうる（すなわち，無過失責任ではなく，あくまでも過失責任が問われているとはいえる）といえようが，問題はそうしたことにあるわけではない。問題となるのは，そのような程度の結果予見可能性で処罰を肯定することがあらゆる領域に妥当すべき基準となりうるのか，ということである。とくに，交通事故の事案についてそうした基準をあてはめることができるかが問題である。「既知の危険」であれば結果予見可能性はあるとすれば，交通事故についてはほぼすべて結果予見可能性を肯定することができ，広範な過失犯処罰に陥ることが危惧される[32]。大規模火災事案を処罰の対象とする過失犯処罰規定（業務上過失致死傷罪〔刑211条〕）と交通事故事案を処罰の対象とする過失犯処罰規定（過失運転致死傷罪〔自動車の運転により人を死傷させる行為等の処罰に関する法律第5条〕）が，それぞれ別に存在するに至った現在では，その当否は別として，両者における過失の程度を区別して，大規模火災事案については低い予見可能性の程度で足りるとすることが不可能ではない。しかし，同じ業務上過失致死傷罪の規定について，大規模火災事案や医療事故事案など，領域が異なるに応じて異なった基準でその適用を認めることには，依然として問題があろう。この点についての疑問が解消されることが期待されるところである。

---

31) 佐伯仁志「予見可能性をめぐる諸問題」刑法34巻1号113頁（1995年）など参照。
32) 実際上は，結果回避義務違反が問題となるにすぎないことになるとも思われるが，それだけにその判断においては慎重さが要求されよう。

第6章

実行の着手と既遂

I はじめに

　殺人罪（刑199条）など，法益侵害の発生を成立要件とする犯罪は，行為者が構成要件該当行為（実行行為）を実行して，その結果として[1]，構成要件的結果（法益侵害）が発生した場合に成立する。しかしながら，その段階においてはじめて処罰の対象とするのでは，法益保護の見地から不十分であり，したがって，現行法は，法益侵害の危険自体を構成要件的結果とする危険犯処罰規定を定めるほか，「犯罪の実行に着手」した段階で未遂犯として処罰すること（刑43条・44条）を肯定しているのである。主要な犯罪のほとんどには未遂犯処罰規定が存在し，未遂以前の予備行為の処罰は，殺人や強盗など極めて重大な犯罪に限定されているから，未遂処罰が可能となる時点が，不可罰な領域と可罰的な領域との限界点となっており，「実行の着手」をどの段階で認めるかが実際上も重要な意義を有することになる。この判断にあたっては，予備と未遂とが区別されていることの意義を踏まえながら，法益保護という政策的な観点からする処罰時期の繰り上げをどこまで肯定するかが問われることになるといえよう[2]。

　実行の着手の段階に至ると，（未遂犯処罰規定の存在を前提として）未遂犯として処罰されるが，ときに，行為者の当初の予定より，早く既遂犯の構成

---

[1] 構成要件該当行為（実行行為）と構成要件的結果との間には，構成要件的因果関係が必要であるが，その意義については，本書3頁以下を参照。

[2] また，実行の着手により，より重大な犯罪の成立が可能となる犯罪（強姦罪・強姦致傷罪，窃盗罪・事後強盗罪など）については，これらの重い犯罪の成立を認めうるかという観点から，実行の着手をどの段階で肯定するかが実際上重要な意義を有することになる。

要件的結果が発生することがある。たとえば，行為者が，Ａを睡眠薬で昏睡（第１行為）させ，自殺を装って殺害（第２行為）しようとしたところ，第１行為である睡眠薬を飲ませた時点で，Ａが死亡してしまった場合，行為者の刑事責任が問題となるのである。ここで，第１行為の時点で，殺人の実行の着手が認められるかも問題となる（これが肯定されれば殺人未遂罪が成立し，否定されれば殺人予備罪が成立するにすぎない）が，Ａの殺害を意図していた行為者に殺人既遂罪が成立するかが問われることになる。これは「早すぎた構成要件の実現」，あるいは「早すぎた結果の発生」と呼ばれている問題である[3]が，その解決が，第１行為について実行の着手を肯定しうるかという問題と関係するのかという点を含め，問われることになるのである。

最近，これらの問題について解決を与えた注目すべき最高裁判例が出された。以下では，その内容について紹介しながら，これらについて検討を加えることにしたい。その基礎には，未遂と既遂との関係をどのように理解するかという問題が含まれているのである。

II 最近の最高裁判例

1 最高裁平成16年3月22日決定[4]

(1) 事　案[5]

被告人Ａは，夫のＶを事故死に見せ掛けて殺害し生命保険金を詐取しよう

---

3) 山口厚『問題探究 刑法総論』140頁以下（1998年）参照。
4) 最決平成 16・3・22 刑集 58 巻 3 号 187 頁。解説としては，平木正洋「1　被害者を失神させた上自動車ごと海中に転落させてでき死させようとした場合につき被害者を失神させる行為を開始した時点で殺人罪の実行の着手があるとされた事例　2　いわゆる早過ぎた結果の発生と殺人既遂の成否」最判解刑事篇平成 16 年度 155 頁以下，小川新二「被害者にクロロホルムを吸引させて失神させた上，自動車ごと海中に転落させてでき死させようとする計画の下にこれを実行したものの，海中に転落させる前に被害者がクロロホルム吸引により死亡していた可能性もある事案について，殺人罪の成立が肯定された事例」研修 673 号 3 頁以下（2004年），安田拓人「実行の着手と早すぎた結果発生」平成 16 年度重判解（ジュリ 1291 号）157 頁以下（2005 年），橋爪隆「殺人罪の実行の着手と早すぎた構成要件の実現における殺人既遂の成否」ジュリ 1321 号 234 頁以下（2006 年）などがある。
5) 本件では，保険金詐欺も問題となっているが，殺人に関する事実のみを採り上げることにする。

と考え，被告人Bに殺害の実行を依頼した。被告人Bは，報酬欲しさからこれを引き受けたが，他の者に殺害を実行させようと考え，C, D及びE（以下「実行犯3名」という）を仲間に加えた。なお，被告人Aは，殺人の実行の方法については被告人Bらにゆだねていた。

　被告人Bは，実行犯3名の乗った自動車（以下「犯人使用車」という）をVの運転する自動車（以下「V使用車」という）に衝突させ，示談交渉を装ってVを犯人使用車に誘い込み，クロロホルムを使ってVを失神させた上，最上川付近まで運びV使用車ごと崖から川に転落させてでき死させるという計画を立て，平成7年8月18日，実行犯3名にこれを実行するよう指示した。実行犯3名は，助手席側ドアを内側から開けることのできないように改造した犯人使用車にクロロホルム等を積んで出発したが，Vをでき死させる場所を自動車で1時間以上かかる当初の予定地から近くの石巻工業港に変更した。

　同日夜，被告人Bは，被告人Aから，Vが自宅を出たとの連絡を受け，これを実行犯3名に電話で伝えた。実行犯3名は，宮城県石巻市内の路上において，計画どおり，犯人使用車をV使用車に追突させた上，示談交渉を装ってVを犯人使用車の助手席に誘い入れた。同日午後9時30分ころ，Dが，多量のクロロホルムを染み込ませてあるタオルをVの背後からその鼻口部に押し当て，Cもその腕を押さえるなどして，クロロホルムの吸引を続けさせてVを昏倒させた（以下，この行為を「第1行為」という）。その後，実行犯3名は，Vを約2km離れた石巻工業港まで運んだが，被告人Bを呼び寄せた上でVを海中に転落させることとし，被告人Bに電話をかけてその旨伝えた。同日午後11時30分ころ，被告人Bが到着したので，被告人B及び実行犯3名は，ぐったりとして動かないVをV使用車の運転席に運び入れた上，同車を岸壁から海中に転落させて沈めた（以下，この行為を「第2行為」という）。

　以上によりVは死亡したが，その死因は，溺水に基づく窒息であるか，そうでなければ，クロロホルム摂取に基づく呼吸停止，心停止，窒息，ショック又は肺機能不全であるが，いずれであるかは特定できず，Vは，第2行為の前の時点で，第1行為により死亡していた可能性がある。また，被告人B及び実行犯3名は，第1行為自体によってVが死亡する可能性があるとの認

識を有していなかったが、客観的に見れば、第1行為は、人を死に至らしめる危険性の相当高い行為であった。

　以上のような事実について、第1審判決(仙台地判平成14・5・29)は、「Vが昏倒した後の経過の中で、同人をクロロホルム摂取に基づく呼吸停止、心停止、窒息、ショック若しくは肺機能不全又は溺水に基づく窒息により死亡させて殺害した」として殺人罪の成立を肯定した。

　被告人らは、Vはクロロホルム吸引により死亡した可能性が高く、被告人Bらとしては Vを気絶させるだけの認識しかなかったので、殺人罪の故意・実行行為は認められず、殺人未遂罪又は傷害致死罪の成立があるにすぎない等の理由により控訴したが、控訴審判決(仙台高判平成15・7・8判時1847号154頁)は、以下のように判示して控訴を棄却した。すなわち、「被告人ら3名〔C・D・E〕としては、クロロホルムを吸引させる行為は、上記の被害者を拉致し自動車で転落させる場所まで運ぶのを容易にする手段にとどまらず、事故死と見せかけて溺死させるという予定した直接の殺害行為を容易にし、かつ確実に行うための手段にもなるとの考えを有していたものと、容易に推察できるといえる。現に、被告人ら3名は、拉致現場でクロロホルムを吸引させて被害者を失神させると、その後は、被害者が意識を失ったままの状態にあるのを承知しつつ、その状態を利用して予定した殺害行為の海中に転落させる行為を行っているのであり、しかも、クロロホルムを吸引させた場所と海中に転落させた場所は、自動車の走行距離で約2キロメートル余り、走行時間は数分程度しか離れておらず、比較的接近していることからして、被告人ら3名が上記考えを有していたものと推測される。」「そうすると、クロロホルムを吸引させる行為は、単に、被害者を拉致し転落場所に運ぶためのみならず、自動車ごと海中に転落させて溺死させるという予定した直接の殺害行為に密着し、その成否を左右する重要な意味を有するものであって、被告人ら3名の予定した殺人の実行行為の一部をすでに成すとみなしうる行為であるということができる。」「したがって、被告人ら3名は、クロロホルムを吸引させる行為について、それが予定した殺害行為に密着し、それにとって重要な意味を有する行為であると認識しており、殺人の実行行為性の認識に欠けるところはないというべきであり、被告人ら3名がクロロホ

ルムを吸引させる行為を行うことによって，殺人の実行行為があったものと認定することができる。なお，その後，被害者を海中に転落させる殺害行為に及んでいるが，すでにクロロホルムを吸引させる行為により死亡していたとしても，それはすでに実行行為が開始された後の結果発生に至る因果の流れに関する錯誤の問題に過ぎない。」「以上のとおりで，本件では被害者の死亡の原因が，クロロホルム吸引によるものか，その後の海中転落による溺死であるか断定できないとしても，被害者の死亡原因がそのいずれかであることは明白であり，しかも，クロロホルムを吸引させる行為について殺人の実行行為性の認識があり，それをもって殺人の実行行為があったといえるから，被告人Ａ，同Ｂ，同Ｃ，同Ｅについて，殺人罪の共同正犯の成立を認め，刑法60条，199条を適用した原判決の事実認定及び法令の適用に誤りはない。」

　(2)　**最高裁決定**

　被告人らの上告を受けた最高裁は，以下のように判示して，殺人罪の成立を認めた原判断は正当であるとした。

　「実行犯3名の殺害計画は，クロロホルムを吸引させてＶを失神させた上，その失神状態を利用して，Ｖを港まで運び自動車ごと海中に転落させてでき死させるというものであって，第1行為は第2行為を確実かつ容易に行うために必要不可欠なものであったといえること，第1行為に成功した場合，それ以降の殺害計画を遂行する上で障害となるような特段の事情が存しなかったと認められることや，第1行為と第2行為との間の時間的場所的近接性などに照らすと，第1行為は第2行為に密接な行為であり，実行犯3名が第1行為を開始した時点で既に殺人に至る客観的な危険性が明らかに認められるから，その時点において殺人罪の実行の着手があったものと解するのが相当である。また，実行犯3名は，クロロホルムを吸引させてＶを失神させた上自動車ごと海中に転落させるという一連の殺人行為に着手して，その目的を遂げたのであるから，たとえ，実行犯3名の認識と異なり，第2行為の前の時点でＶが第1行為により死亡していたとしても，殺人の故意に欠けるところはなく，実行犯3名については殺人既遂の共同正犯が成立するものと認められる。そして，実行犯3名は被告人両名との共謀に基づいて上記殺

人行為に及んだものであるから，被告人両名もまた殺人既遂の共同正犯の罪責を負うものといわねばならない。」

2 問題の所在

最高裁は，①第1行為後に行われる第2行為によって被害者の殺害を予定していた事案において，第1行為開始の時点で，殺人に至る客観的な危険性が認められ，殺人罪の実行の着手があったとし，その上で，②第1行為・第2行為という一連の殺人行為に着手してその目的を遂げたのだから，第1行為により被害者が死亡していたとしても，殺人の故意に欠けるところはなく，殺人既遂罪（共同正犯）が成立するとしている。これら2点の判断について，従来の判例・裁判例を参照しながら，その意義について考察を加えることにしたい。

Ⅲ 実行の着手

1 従来の判例・裁判例

行為者が法益侵害惹起のため複数の行為を予定している場合に，どの段階で実行の着手を肯定しうるかに関し，従来の判例・裁判例の対応は以下のようなものであった[6]。

まず，殺人罪について，①名古屋地判昭和44・6・25判時589号95頁は，被害者に睡眠薬を飲用させ又は木棒で殴打して昏睡又は気絶させ，その状態を利用して被害者を自動車に乗せて峠まで運び，同人を自動車に乗せたまま峠の崖に衝突させるか又は自動車もろとも谷間に墜落させるかして殺害することを計画し，夕食時に被害者に睡眠薬を酒等に混入して飲ませ，その約4時間後，睡眠中の被害者の顔面をすりこ木で殴打して気絶させようとしたところ，これにより被害者が目をさまして抵抗したために，殺害の目的を遂げなかった事案について，「本件の如く数個の連続且つ殺人行為そのもの

---

[6] 小川・前出注4)9頁以下をも参照。

に向けられた一連の計画的行為（従って茲では例えば本件の場合睡眠薬を入手する行為或は木棒を準備する行為の如きは殺人のための行為であっても殺人そのものに向けられた行為とは謂えない）換言すれば，殺人そのものに向けられたということで限定された一連の計画中の一つの行為の結果によって次の行為を容易ならしめその行為の結果によって更に次の行為を容易ならしめ最終的には現実の殺人行為それ自体を容易ならしめるという因果関係的に関連を持つ犯罪行為の場合においては，これら一連の行為を広く統一的に観察し，最終的な現実の殺人行為そのもの以前の段階において行われる行為についても，それらの行為によってその行為者の期待する結果の発生が客観的に可能である形態，内容を備えている限りにおいては，前述したとおりその行為の結果は後に発生するであろう殺人という結果そのものに密接不可分に結びついているわけであり，従ってその行為は殺人の結果発生について客観的危険のある行為と謂うことができるから，その行為に着手したときに，殺人行為に着手したものということができる」とし，「睡眠中という特殊の条件の下にある人の頭部を殴打すれば，場合によっては気絶するに至ることも充分あり得るものと認められ，右殴打行為は前記危険性を有する行為であった」として殺人未遂の成立を肯定した。これに対し，②大阪地判昭和57・4・6判タ477号221頁は，被害者（女性）をひもで縛り上げて用意した寝袋に入れ，権利証などを強取し，一旦同女をその場に残したまま，同女所有の自動車を持ち出して解体屋に処分した後，再び同女方に戻り，次いで近くの駐車場に預けてある犯人の自動車に寝袋に入れた同女を積み込んで運び出し，同女を始末して失踪したように装う計画を立て，被害者をひもで縛って寝袋に押しこみ，気絶させようとガラス製灰皿で同女の頭部を殴打して傷害を負わせた事案について，同女を灰皿で殴打して気絶させてからこれを運び出すまでには，相当の時間的間隔があり，その間には意識を回復して自ら脱出するなり，知人・顧客が同女方を訪れて異変に気づき，同女が救出される可能性は十分にあった上，同女を運び出した後，これを殺害する手段，方法について具体的な計画が立てられていたとは認められず，「本件殴打行為が，その後に予定されていた同女の殺害という行為そのものに密接不可分に結びついていると評価するのは困難であり，未だ殺人の結果発生について直

接的危険性ないしは現実的危険性のある行為とは認め難く，従って，本件犯行をもって，〔被害者〕殺害の実行の着手とみることはできない」とした。

強姦罪においては，被害者を拉致し，自動車で別の場所に連行した上姦淫する事案において，自動車内に連れ込もうとした段階で実行の着手を認めることができるかが問題とされている。③最決昭和45・7・28刑集24巻7号585頁は，強姦の目的で抵抗する女性をダンプカーの運転席に引きずり込み，約5km離れた護岸工事現場において運転席内で反抗を抑圧して姦淫したが，運転席に引きずり込む際の暴行により傷害を負わせたという事案について，「ダンプカーの運転席に引きずり込もうとした段階においてすでに強姦に至る客観的な危険性が明らかに認められるから，その時点において強姦行為の着手があったと解するのが相当」であるとした（したがって，強姦致傷罪が成立する）。同様に，自動車内に引きずり込む時点で強姦罪の実行の着手を肯定した裁判例としては，名古屋高金沢支判昭和46・12・23刑月3巻12号1613頁，東京高判昭和47・4・26判タ279号362頁，東京高判昭和47・12・18判タ298号441頁などがある[7]。

放火罪においては，ガソリン等の可燃物を撒布等した上で，点火しようとしたが，点火行為以前の段階で引火して焼損の結果が生じた事案において[8]，可燃物の撒布等の時点で実行の着手が認められるかが問題とされている。④静岡地判昭和39・9・1下刑集6巻9＝10号1005頁は，料理店に放火しようと，店舗入口ガラス戸等にガソリンを撒布したところ，店内にあった練炭コンロの火気がガソリンの蒸気に引火した事案について，ガソリン撒布によって「本件建物の焼燬を惹起すべきおそれある客観的状態に到った」として実行の着手を肯定した（放火罪の既遂が成立する）。また，⑤横浜地判昭和58・7・20判時1108号138頁も，自宅を燃やして焼身自殺を遂げようとした者が，室内にガソリンを撒いた後，死ぬ前に最後のタバコを吸おうとしてライターで点火したところ，ガソリンの蒸気に引火した事案について，「被告人はガソリンを撒布することによって放火について企図したところの

---

7) これに対し，自動車の車内に引きずり込むことが困難であった事案において実行の着手を否定したものとしては，京都地判昭和43・11・26判時543号91頁，大阪地判平成15・4・11判タ1126号284頁がある。

8) したがって，後述する早すぎた構成要件の実現が問題となる。

大半を終えたものといってよく，この段階において法益の侵害即ち本件家屋の焼燬を惹起する切迫した危険が生じるに至った」としてガソリン撒布の段階で実行の着手を肯定したのである（放火罪の既遂が成立する）9)。

2　実行の着手時期の画定

判例においては，窃盗罪につき財物の占有移転行為以前の物色行為の段階で実行の着手を肯定するように10)，構成要件的結果を直接惹起する行為以前の段階においても，法益保護の見地から，法益侵害の客観的な危険性を根拠として，実行の着手を肯定しうることがすでに明らかにされている（学説においても，特段，異論はない）。このことは，上記の強姦罪や放火罪に関する判例・裁判例においても十分に窺われるところである。殺人罪においても，このことを認める裁判例があったことは上述したとおりであるが，平成16年最高裁決定の意義は，このことを最高裁としても認めた点にある。そこでは，実行の着手を認めることができるとされる第1行為は，法益侵害行為である第2行為に「密接な行為」であって，その「行為を開始した時点で既に殺人に至る客観的な危険性が明らかに認められる」ことがその理由とされており，このことは，①第1行為が第2行為を確実かつ容易に遂行するために必要不可欠であること，②第1行為の後には，殺害計画を遂行する上で，障害となる事情がないこと，さらに③第1行為と第2行為との時間的場所的近接性により基礎づけられている。ここにおいては，行為者の犯行計画を基礎として，行為者が法益侵害行為に出て，それにより法益侵害が発生することを内容とする「客観的な危険性」が判断されており，それが上記①②③によって限定的に理解されていると解されるのである。これらの基準は，行為者が現実の法益侵害行為に出る危険性を限定的に判断・肯定する上で重要であり，このような具体的な判断基準・指針を示した点において，本決定には重要な意義を認めることができる。

---

9)　さらに，広島地判昭和49・4・3判タ316号289頁，福岡地判平成7・10・12判タ910号242頁参照。

10)　大判昭和9・10・19刑集13巻1473頁，最判昭和23・4・17刑集2巻4号399頁，最決昭和40・3・9刑集19巻2号69頁など参照。

Ⅳ 早すぎた構成要件の実現

1 従来の裁判例

　すでに触れたように，従来の裁判例の中には，行為者が第1行為後の第2行為によって構成要件的結果を惹起することを予定していたところ，第1行為の段階で構成要件的結果が生じてしまった場合，第1行為の時点において実行の着手を肯定した上で，予定よりも早く生じた構成要件的結果について既遂犯の成立を肯定したものが存在した。それは，前出静岡地判昭和39・9・1や前出横浜地判昭和58・7・20など放火罪に関するものである。

　殺人罪に関しては，東京高判平成13・2・20判時1756号162頁がある。これは，被告人が，殺意をもって被害者を包丁で数回突き刺した後，重傷を負って玄関から逃げ出そうとした被害者を連れ戻し，その後，台所へ包丁を置きに行った際に，マンション9階の被告人方ベランダに逃げ出し，手すり伝いに隣家に逃げ込もうとした被害者に掴みかかったところ，それを避けようとした被害者がバランスを崩してベランダから転落して死亡したという事案について，「被告人の犯意の内容は，刺突行為時には刺し殺そうというものであり，刺突行為後においては，自己の支配下に置いて出血死を待つ，更にはガス中毒死させるというものであり，その殺害方法は事態の進展に伴い変容しているものの，殺意としては同一といえ，刺突行為時から被害者を掴まえようとする行為の時まで殺意は継続していたものと解するのが相当である。」「ベランダの手すり上にいる被害者を掴まえようとする行為は，一般には暴行にとどまり，殺害行為とはいい難いが，本件においては，被告人としては，被害者を掴まえ，被告人方に連れ戻しガス中毒死させる意図であり，被害者としても，被告人に掴まえられれば死に至るのは必至と考え，転落の危険も省みず，手で振り払うなどして被告人から逃れようとしたものである。また，刺突行為から被害者を掴まえようとする行為は，一連の行為であり，被告人には具体的内容は異なるものの殺意が継続していたのである上，被害者を掴まえる行為は，ガス中毒死させるためには必要不可欠な行為であ

り，殺害行為の一部と解するのが相当であり，本件包丁を戻した時点で殺害行為が終了したものと解するのは相当でない。」「被告人の被害者を掴まえようとする行為と被害者の転落行為との間に因果関係が存する……以上によれば，被告人が殺人既遂の罪責を負うのは当然である」とした。ここでは，ガス中毒させる行為以前の被害者を掴まえる行為についても，一連の殺人罪の実行行為の一部であるとして，そこから死の結果が生じている以上，殺人既遂が成立するのは当然だとされているのである。

　これらの裁判例においては，第1行為の時点で故意があり，実行の着手が認められる以上，そこから構成要件的結果が生じれば，当然既遂の罪責を問いうるとされている。行為者が予定したのとは異なった態様で結果が生じた点については，故意を阻却しない因果関係の錯誤にすぎないと解されているのである。

2　判例の検討

　平成16年最高裁決定は，最高裁としてはじめて早すぎた構成要件の実現（早すぎた結果の発生）の事案について判断を示したが，そこでは，実行の着手後に構成要件的結果が生じた場合には，行為者が予定していたよりも早く結果が生じたとしても，故意は失われず，既遂の罪責を問うことができるという，上述した従来の裁判例における理解が採用されている。すなわち，（一連の）実行行為から構成要件的結果が発生すれば，既遂の罪責を問いうることを確認した点において，本決定には重要な意義が認められるといえよう。

　学説における通説的見解も，最高裁判例と同様の理解に立つものと思われる[11]。このような理解は当然のものとも思われるが，学説においては，これに疑問を呈する見解も主張されている[12]。そこでは，一体何が問題とされているのであろうか。

---

11)　結論として，このような見解を支持するものとしては，岡野光雄「実行行為後の行為による結果の発生」平成13年度重判解（ジュリ1224号）149頁以下（2002年），堀内捷三『刑法総論〔第2版〕』115頁（2004年），山中敬一「いわゆる早すぎた構成要件実現と結果の帰属」『板倉宏博士古稀祝賀・現代社会型犯罪の諸問題』97頁以下（2004年），西田典之『刑法総論〔第2版〕』229頁（2010年）など参照。

反対説の根拠は，つまるところ，「構成要件的結果を惹起しようとする計画・意図は行為者にあるが，構成要件的結果を惹起した第1行為の時点においては，その行為によって結果を惹起する意思がないのであるから，生じた結果についての故意を肯定することはできない」というものである[13]。すなわち，殺人計画はあるが，行為者は，あくまでも第2行為で殺すつもりであり，第1行為ではまだ殺すつもりがないのであるから，その段階で，殺人という結果についての故意があるとするのは不当だとするものである。なお，ここで，第1行為について実行の着手を肯定できない場合には，判例・通説においても，既遂犯の成立を肯定するわけではないと解されること（この点について異論はないであろう）は確認する必要があろう。したがって，ここで問題となるのは，第1行為について未遂が成立するのに，そこから既遂犯の構成要件的結果が生じた場合，なぜ既遂犯の成立を肯定してはならないのかということである。第1行為について未遂が成立するということは，既遂犯の構成要件的結果を惹起する意思があることを意味するから，その時点で既遂犯についての故意があり，惹起された既遂犯の構成要件的結果について故意があるのではないか，それゆえ，第2行為によって構成要件的結果を惹起しようとした行為者には（故意を阻却しない[14]）因果関係の錯誤があるにすぎないのではないかが問題となるのである（現に，判例・通説はこのように解している）。この点に関し，反対説においては，未遂犯の故意と既遂犯の

12) 既遂犯の成立に疑問を示すものとして，町野朔「因果関係論と錯誤理論」北海学園大学法学研究29巻1号215頁以下（1993年），山口・前出注3）140頁以下，西村秀二「『早まった結果惹起』について」富大経済論集46巻3号115頁以下（2001年），石井徹哉「いわゆる早すぎた構成要件の実現について」奈良法学会雑誌15巻1＝2号1頁以下（2002年），高橋則夫「実行行為と故意の存在時期」現刑33号102頁以下（2002年），松宮孝明『刑法総論講義〔第4版〕』239頁以下（2009年），曽根威彦「遡及禁止論と客観的帰属」前出注11)『板倉宏博士古稀祝賀・現代社会型犯罪の諸問題』135頁以下，林幹人「早過ぎた結果の発生」判時1869号3頁以下（2004年）など参照。
13) 第1行為から結果が発生したことについて，（客観的な）構成要件該当性は肯定することができる。
14) この点について，松宮・前出注12)239頁以下のように，因果関係の錯誤であって故意を阻却する場合だとする見解もある。これは，未遂犯の故意と既遂犯の故意とを区別することなく，既遂犯の成立を否定することを可能とするものであるが，故意を阻却する（方法の錯誤とは区別された）因果関係の錯誤とそうでない因果関係の錯誤を区別しうるとすることに，疑問がある。因果関係の錯誤については，山口厚『刑法総論〔第2版〕』212頁以下（2007年），山口・前出注3）129頁以下参照。

故意とを区別し，第1行為の時点では未遂犯の故意（未遂犯の成立を肯定することができる結果惹起意思）は認められるが，既遂犯の故意（既遂犯の成立を肯定するために必要な結果惹起意思）は認められないとの見解が主張されている。すなわち，既遂犯の故意を肯定するためには，結果惹起のために（行為者として）必要な行為はすべて行ったとの認識（実行未遂の認識，あるいは，「手放し」の認識）が必要だとするのである[15]。問題は，既遂犯の成立要件としての故意についてそのような認識を必要とする根拠がどこにあるかである。

判例・通説は，図式的に表現すれば，実行の着手＋構成要件的結果＝既遂犯とする理解に依拠するものといえる。このような理解は，形式論理としては疑問の余地がないもののように見える。しかし，内実に立ち入って考えるとき，この理解には疑問を容れる余地があると思われる。確かに，既遂犯の構成要件該当性は，構成要件該当行為（実行行為）の危険性が構成要件的結果へ現実化したときに認められる[16]。しかし，この既遂犯の構成要件要素である構成要件該当行為（実行行為）と未遂犯の実行の着手が認められる行為（未遂犯の実行行為）とは同一である必然性はない。なぜなら，未遂犯においては，法益保護の見地から，処罰時期の早期化が図られ，既遂犯の構成要件的結果惹起行為以前の行為にまで実行の着手が繰り上げられているからであり，換言すれば，未遂犯における実行の着手は，未遂処罰の必要性を根拠として，その観点から決められたもので，決して既遂犯の成立要件から導出されたものではないからである。このような視点から見れば，判例・通説は，未遂犯の処罰時期（実行行為とその着手）を既遂犯の構成要件該当行為（法益侵害行為）への着手以前に未遂処罰の必要性から政策的に遡らせつつ，さらに，そればかりではなく，今度は，そのことを根拠として既遂犯の構成要件該当行為（実行行為）自体までをも拡張・前倒ししていると解しうることになる[17]。これは，未遂犯を犯罪の基本型，既遂犯をその結果的加重類型と理解することになるものといえよう。しかし，未遂をすべて処罰してい

---

15) たとえば，林・前出注12) 6 頁参照。
16) この点については，本書第1章Ⅲ参照。
17) これは，たとえは悪いが，「毒を食らわば皿まで」の論理であると評しうる。

るわけではない現行刑法の構成上，このような理解は採りえない。やはり，既遂犯が基本型であり，未遂犯はあくまでも拡張類型であると理解されなければならないのである。このような理解からは，既遂犯の構成要件は未遂犯の構成要件から導出されるのではないから，既遂犯の構成要件該当行為は，未遂犯の成立要件とは別に，あくまでも既遂犯固有の見地から定められなければならないことになる。筆者は，構成要件的結果に直近する行為者の（故意による）惹起行為が本来（故意）既遂犯の構成要件該当行為（実行行為）であって，行為者自身による結果惹起行為（第2行為）を未だ将来に留保している第1行為の段階で（故意）既遂犯の構成要件該当行為（実行行為）を肯定するのは妥当でなく[18]，あくまでも第2行為（法益侵害惹起行為）が既遂犯の構成要件該当行為（実行行為）である以上[19]，それを行うことを内心ではなお留保している第1行為の段階では，既遂犯の構成要件外の行為を行っている認識しかないため，既遂犯の故意はないという見地から，早すぎた構成要件の実現の事案においては，第1行為への着手によって未遂犯は成立しうるが，それにもかかわらず既遂犯は成立しえないと解することができるのではないかと考えている[20]。

　最高裁判例のような事案においては，既遂犯の成立を肯定する解決にも相当の説得力があることは否定しえないが，それは理論的には決して自明の解決ではなく，また，そうした解決を一般化することには疑問の余地がありうることは指摘しておきたい。さらに，判例・通説の立場においては，逆に，実行の着手の限定的理解がさらに要請されることになるともいえよう。早すぎた構成要件の実現の事例において既遂犯の成立を認めることができるとすれば，それは，結果惹起に直接的に向けられた同一の意思に基づく「一連の

---

[18] 未遂犯として処罰されることはさておき，結果惹起行為を行った意思がないのに，惹起された結果について故意があるとすることは，少なくとも行為者の立場（それに同一化する一般人の立場）からすれば，納得しがたいことであるといえる。

[19] 念のためにいえば，このような理解は「遡及禁止」の見地からは容易に説明しうるが，既遂犯の構成要件該当行為を限定する見地からは採りうる理解であり，「遡及禁止」論を採用することが不可欠であるわけではない。

[20] 殺人の場合には，殺人未遂罪と重過失致死罪の成立が考えられるが，後者は前者の刑に吸収される（包括一罪）ことになる。このような解決が，拳銃を連続して発射し，最後に射殺しようとしたような事案は別としても，まさに事柄の実体に即した評価ではなかろうか。

実行行為」と見うる行為が開始され,その過程で結果が発生した場合に限られるように思われる[21]。

---

[21] 山口・前出注14) 216頁以下,山口厚「実行行為と責任非難」『鈴木茂嗣先生古稀祝賀論文集(上)』206頁以下(2007年)を参照。

第7章
共犯の因果性と共犯関係の解消

I はじめに

　過去30年における共犯論の最も重要な理論的成果は、処罰根拠論としての因果的共犯論の浸透である。それ以前の、共犯の従属性に関する議論、共同正犯をめぐる犯罪共同説・行為共同説に関する議論の意義が必ずしも失われたわけではないが、そうした議論の前提ないし根底をなすものとして、共犯の因果性という観点はもはや無視し得ない重要性を備えたものとなっている。問題は、そうした共犯の因果性という視点が、共犯に関する実際の解釈論にどの程度まで反映しているのかということである。因果的共犯論自体、すでに述べたように、共犯論の基礎・根底をなすものだから、具体的な解釈論に反映されているべきものであり、それが当然だともいえるが、そうした観点からの解釈論の検証が必要となる。

　共犯の因果性の影響が顕著に現れているのが、共犯関係の解消に関する議論である。これは、一旦共犯関係が形成されたものの、犯行の開始前又はその途中で離脱した者について、どのような基準・要件で共犯関係からの離脱、共犯関係の解消を肯定するのかという問題であり、近時、注目すべき最高裁判例が出された。共犯関係の解消が認められる場合には、犯罪の実行の着手前であれば、予備罪の成立する可能性があることは別論として、実行された犯罪についての共犯責任が否定され、実行の着手後であれば、未遂犯についての共犯責任のみが肯定され、場合によっては中止犯の成立可能性も生じることになる。この問題は、共犯の因果性が直接結論に影響するものであり、共犯の因果性の意義が直接問われるものである。

以下では，共犯の因果性という視点から，この問題について，近時の最高裁判例を素材としながら，検討を加えることにしたい。

II 最高裁平成 21 年 6 月 30 日決定[1]

1 事　案

　被告人は，本件犯行以前にも，数回にわたり，共犯者らと共に，民家に侵入して家人に暴行を加え，金品を強奪することを実行したことがあった。

　本件犯行に誘われた被告人は，本件犯行の前夜遅く，自動車を運転して行って共犯者らと合流し，同人らと共に，被害者方及びその付近の下見をするなどした後，共犯者 7 名との間で，被害者方の明かりが消えたら，共犯者 2 名が屋内に侵入し，内部から入口のかぎを開けて侵入口を確保した上で，被告人を含む他の共犯者らも屋内に侵入して強盗に及ぶという住居侵入・強盗の共謀を遂げた。

　本件当日午前 2 時ころ，共犯者 2 名は，被害者方の窓から地下 1 階資材置場に侵入したが，住居等につながるドアが施錠されていたため，一旦戸外に出て，別の共犯者に住居等に通じた窓の施錠を外させ，その窓から侵入し，内側から上記ドアの施錠を外して他の共犯者らのための侵入口を確保した。

　見張り役の共犯者は，屋内にいる共犯者 2 名が強盗に着手する前の段階において，現場付近に人が集まってきたのを見て犯行の発覚をおそれ，屋内にいる共犯者らに電話をかけ，「人が集まっている。早くやめて出てきた方がいい」と言ったところ，「もう少し待って」などと言われたので，「危ないから待てない。先に帰る」と一方的に伝えただけで電話を切り，付近に止めてあった自動車に乗り込んだ。その車内では，被告人と他の共犯者 1 名が強盗の実行行為に及ぶべく待機していたが，被告人ら 3 名は話し合って一緒に逃

---

1) 最決平成 21・6・30 刑集 63 巻 5 号 475 頁。解説としては，任介辰哉「共犯者が住居に侵入した後強盗に着手する前に現場から離脱した場合において共謀関係の解消が否定された事例」最判解刑事篇平成 21 年度 165 頁以下，葛原力三「共謀関係の解消が否定された事例」平成 21 年度重判解（ジュリ 1398 号）179 頁以下（2010 年），島田聡一郎「共犯からの離脱・再考」研修 741 号 3 頁以下（2010 年）などがある。

げることとし，被告人が運転する自動車で現場付近から立ち去った。

屋内にいた共犯者2名は，いったん被害者方を出て，被告人ら3名が立ち去ったことを知ったが，本件当日午前2時55分ころ，現場付近に残っていた共犯者3名と共にそのまま強盗を実行し，その際に加えた暴行によって被害者2名を負傷させた。

上記事案について，第1審判決（東京地八王子支判平成19・2・21）は，「被告人は，共犯者らが犯行に着手した後，自らは犯行に及ぶことなく現場を離れているが，被告人が犯行をやめることについて，…ら共犯者が了承した事実はないし，共犯者らが犯行を実行するのを防止する措置を講じてもいないのであるから，被告人と…らとの共犯関係が解消されたとも認められない」として，被告人について，住居侵入・強盗致傷の共同正犯の成立を肯定した。被告人は控訴したが，控訴審判決（東京高判平成19・7・19）は，原判決を是認した。

2 最高裁決定

被告人の上告を受けた最高裁判所は，以下のように判示して，原判決の判断を是認する決定を行った。

「上記事実関係によれば，被告人は，共犯者数名と住居に侵入して強盗に及ぶことを共謀したところ，共犯者の一部が家人の在宅する住居に侵入した後，見張り役の共犯者が既に住居内に侵入していた共犯者に電話で『犯行をやめた方がよい，先に帰る』などと一方的に伝えただけで，被告人において格別それ以後の犯行を防止する措置を講ずることなく待機していた場所から見張り役らと共に離脱したにすぎず，残された共犯者らがそのまま強盗に及んだものと認められる。そうすると，被告人が離脱したのは強盗行為に着手する前であり，たとえ被告人も見張り役の上記電話内容を認識した上で離脱し，残された共犯者らが被告人の離脱をその後知るに至ったという事情があったとしても，当初の共謀関係が解消したということはできず，その後の共犯者らの強盗も当初の共謀に基づいて行われたものと認めるのが相当である。これと同旨の判断に立ち，被告人が住居侵入のみならず強盗致傷についても共同正犯の責任を負うとした原判断は正当である。」

3　本決定の意義

　本決定の事案では，犯罪の遂行を数名で共謀したものの，共謀に加担した被告人が，犯罪が実行されて既遂となる前に現場から離脱した場合，その後に他の共犯者によって遂行された犯罪についてまで共犯としての責任を負うのかが問題となる[2]。この問題について，従来は，実行の着手前の離脱と実行の着手後の離脱とを区別し，前者では，離脱意思の表明と他の共犯者による了承があれば共犯関係の解消が認められるが，後者では，犯罪遂行のおそれを解消する措置が求められる等の理解が有力であったといえる。後述するように，前者については下級審裁判例があり，後者については平成元年の最高裁判例が存在する。本決定は，共謀した住居侵入は既遂となったものの，その目的である強盗についてはいまだ実行の着手が認められないという上記二類型のいわば中間的な事案について，平成元年の最高裁判例と同様の基準を当てはめ，共謀関係の解消を否定する結論を示した点で注目される。一方的に離脱する旨を告げただけの事案であるから，この結論自体は当然のことといえるであろう。

　共犯関係の解消の要件については，因果的共犯論の理解に基づき，因果関係の遮断があったかという基準を用いる立場が有力となっているが，このような立場からは，実行の着手の前後によって，共犯関係の解消を肯定する基準に違いが生じることには疑問のあるところである。また，本決定の事案が示しているように，具体的な事案自体が実行の着手の前後によって截然と区別しうるものでもないといえる。そうした意味で，共犯関係の解消を肯定するために必要となる要件については，本決定を踏まえ，さらなる検討が必要となると思われる。

2）　この問題に関する最も重要な業績として，西田典之『共犯理論の展開』240頁以下（2010年）［初出は，「共犯の中止について」法協100巻2号（1983年）］がある。最近の研究としては，山中敬一「共謀関係からの離脱」『立石二六先生古稀祝賀論文集』539頁以下（2010年）などがある。

III 従来の判例・裁判例

1 教唆の因果性

因果性の観点から共犯の成立を限定したものとして，最高裁昭和25年7月11日判決[3]がある。これは，被告人Xの教唆によりYは強盗をなすことを決意し，昭和22年5月13日午後11時ころZ外2名と共に日本刀，短刀各1振，バール1個等を携え，強盗の目的でA方奥手口から施錠を所携のバールで破壊して屋内に侵入したものの，母屋に侵入する方法を発見し得なかったので断念したが，Z外2名は，「吾々はゴツトン師であるからただでは帰れない」と言い出し，同人等は犯意を継続して，その隣家であるB電気商会に押入ることを謀議した上，Yは同家附近で見張をし，Z等3名は屋内に侵入して強盗をしたという事案についての判例である。最高裁は，「YのF方における犯行は，被告人Xの教唆に基いたものというよりむしろYは一旦右教唆に基く犯意は障碍の為め放棄したが，たまたま，共犯者3名が強硬に判示B電気商会に押入らうと主張したことに動かされて決意を新たにして遂にこれを敢行したものであるとの事実を窺われないでもないのであつて，彼是綜合するときは，原判決の趣旨が果して明確に被告人Xの判示教唆行為と，Yの判示所為との間に，因果関係があるものと認定したものであるか否かは頗る疑問であると言わなければならない」として，Xによる教唆とYらによる強盗行為との間の因果関係を問題として，原判決中被告人Xに関する部分を破棄している。

上記判例は，教唆行為がなされたことと，教唆の対象となった犯罪行為との間に因果関係が必要であることを前提としている。この意味で，共犯の因果性の観点から共犯処罰を限定的に理解したものであって，重要な判例であるといえよう。すでに昭和25年の段階で，こうした理解が最高裁によって示されていたことは注目に値する。

---

3) 最判昭和25・7・11刑集4巻7号1261頁。

2 共犯関係の解消

(1) 事 案

平成21年の最高裁判例との関係で直接的に重要な先例となるのが，最高裁平成元年6月26日決定[4]である。本決定の事案は次のようなものである。

被告人Xは，Yの舎弟分であるが，両名は，昭和61年1月23日深夜スナックで一緒に飲んでいた本件被害者Aの酒癖が悪く，再三たしなめたのに，逆に反抗的な態度を示したことに憤慨し，同人に謝らせるべく，車でY方に連行した。被告人Xは，Yとともに，1階8畳間において，Aの態度などを難詰し，謝ることを強く促したが，同人が頑としてこれに応じないで反抗的な態度をとり続けたことに激昂し，その身体に対して暴行を加える意思をYと相通じた上，翌24日午前3時30分ころから約1時間ないし1時間半にわたり，竹刀や木刀でこもごも同人の顔面，背部等を多数回殴打するなどの暴行を加えた。被告人Xは，同日午前5時過ぎころ，Y方を立ち去ったが，その際「おれ帰る」といっただけで，自分としてはAに対しこれ以上制裁を加えることを止めるという趣旨のことを告げず，Yに対しても，以後はAに暴行を加えることを止めるよう求めたり，あるいは同人を寝かせてやってほしいとか，病院に連れていってほしいなどと頼んだりせずに，現場をそのままにして立ち去った。その後ほどなくして，Yは，Aの言動に再び激昂して，「まだシメ足りないか」と怒鳴って8畳間においてその顔を木刀で突くなどの暴行を加えた。Aは，そのころから同日午後1時ころまでの間に，Y方において甲状軟骨左上角骨折に基づく頸部圧迫等により窒息死したが，その死の結果が，被告人Xが帰る前に被告人XとYがこもごも加えた暴行によって生じたものか，その後のYによる前記暴行により生じたものかは断定できない。

(2) 最高裁決定

最高裁は，「事実関係に照らすと，被告人が帰つた時点では，Yにおいてなお制裁を加えるおそれが消滅していなかつたのに，被告人において格別こ

---

[4] 最決平成元・6・26刑集43巻6号567頁。解説としては，原田國男「共犯関係が解消していないとされた事例」最判解刑事篇平成元年度175頁以下などがある。

れを防止する措置を講ずることなく，成り行きに任せて現場を去つたに過ぎないのであるから，Yとの間の当初の共犯関係が右の時点で解消したということはできず，その後のYの暴行も右の共謀に基づくものと認めるのが相当である。そうすると，原判決がこれと同旨の判断に立ち，かりにAの死の結果が被告人が帰つた後にYが加えた暴行によつて生じていたとしても，被告人は傷害致死の責を負うとしたのは，正当である」と判示し，被告人Xについて共犯関係の解消を認めず，Y方を立ち去った後にYによって加えられた暴行を含め，共犯の責任を肯定したのである。

(3) 問題の所在と検討

本決定では，共犯関係解消の要件として，①共犯者における犯行継続のおそれの有無を問題として，それがないと判断される場合には，離脱によって共犯関係の解消を認めることが可能であるが，②犯行継続のおそれがある場合には，犯行を防止する措置を講ずることが必要となるという判断を示していると解される。本決定の事案では，②が問題となり，犯行防止措置をなんら講ずることなく，「成り行きに任せて現場を去つた」ことから，共犯関係の解消が否定されているのである。そのため，Aの死因となった傷害が，被告人Xの離脱前にX・Y共同で加えた暴行によって生じたのか，被告人Xが離脱した後Yにより加えられた暴行によって生じたのか不明であっても，いずれにせよ，それらの暴行すべてについて，被告人Xも共同正犯としての責任を負うから，傷害致死の共同正犯が成立するとされているわけである。

これまでの学説における，共犯関係解消の要件に関する一般的な理解は，すでに述べたように，実行の着手の前後で区別し，着手前であれば離脱意思の表明と他の共犯者の認識，さらには了承を要件とするが，実行の着手後については，本決定が判示するように，共犯者の犯行継続のおそれがある場合には犯行継続を防止する措置を講ずることを要求することであったといえよう。しかし，このような二分法に理論的根拠があるかには疑問があり，判断の対象となる事実関係自体，上記の二分法で割り切ることができないことを，平成21年の最高裁決定の事案は如実に示しているといえる。平成21年の最高裁決定は，まさに，平成元年の最高裁決定と同様の基準によって共犯関係の解消の有無を判断しているのである。このことは，翻って，実行の着

手前における共犯関係解消の要件についても，離脱意思の表明と認識・了承といった単なる形式的理解ではなく，より実質的な基準，実体に即した再検討が求められることを示唆しているともいえる。

　実行の着手前に共犯関係の解消を肯定した裁判例として，一般にその結論が支持されているものとして，東京高判昭和25・9・14高刑集3巻3号407頁を挙げることができる。これは，被告人は，他の3名と地下足袋を窃盗することを共謀し，途中まで行ったところ，執行猶予中の身であることを思い出したので，犯行を思いとどまり，単身引き返したが，窃盗は他の共犯者によって行われたという事案であるが，東京高裁は，「かくの如く一旦他の者と犯罪の遂行を共謀した者でもその着手前他の共謀者にもこれが実行を中止する旨を明示して他の共謀者がこれが諒承し，同人等だけの共謀に基き犯罪を実行した場合には前の共謀は全くこれなかりしと同一に評価すべきものであつて，他の共犯者の実行した犯罪の責を分担すべきものでない」と判示して，被告人について窃盗の共同正犯の成立を否定したのである。他にも，「数人が強盗を共謀し，該強盗の用に供すべき『匕首』を磨くなど強盗の予備をなした後，そのうちの一人がその非を悟り該犯行から離脱するため現場を立ち去つた場合，たとい，その者が他の共謀者に対し，犯行を阻止せず，又該犯行から離脱すべき旨明示的に表意しなくても，他の共謀者において，右離脱者の離脱の事実を意識して残余の共謀者のみで犯行を遂行せんことを謀つた上該犯行に出でたときは，残余の共謀者は離脱者の離脱すべき黙示の表意を受領したものと認めるのが相当であるから，かかる場合，右離脱者は当初の共謀による強盗の予備の責任を負うに止まり，その後の強盗につき共同正犯の責任を負うべきものではない」として共犯関係の解消を認めた裁判例5)もある。これらの裁判例から，実行の着手前であれば，離脱の意思を表明し，他の共犯者の了承を得れば，その段階で共犯関係の解消を認めることができるという理解が生じてくることになるのである。

　しかし，犯罪の実行を共謀し，犯行現場に赴く途中，「大事な用事を思い出したので，帰らなければならない。後は宜しく頼む」といって，単身立ち

---

5)　福岡高判昭和28・1・12高刑集6巻1号1頁。

去ったような場合には、おそらく共犯関係の解消を認めることができないであろうが、この場合でも、（自分は犯行に加わらないという意味での）離脱意思の表明と他の共犯者による（立ち去りに抵抗しなかったという意味での）了承を認めることが不可能ではない。こうしたことから、単に「離脱の表明と了承」といった外形的な事実による形式的理解では不十分である。つまり、心理的な因果性の切断の有無が問題となる上記事案の判断は、より実質的になされなければならないと思われるのである。そして、それを形式的にあてはめ可能な形で定式化することはそれほど容易でないと思われる。それは、心理的因果性自体が明確な外形的事実を基礎とするものではなく、不明瞭な要素が必然的に伴わざるを得ないことによる。そのため当初の共謀に明らかに含まれていない犯行は別として、犯行の事実的可能性がある以上、犯行継続のおそれを認めることが不可能ではない。したがって、心理的因果性の切断を認めるためには、単に（立ち去るという意味で）離脱を表明し、実際に離脱しただけでは足りず、心理的因果性の切断を支える何らかの積極的な根拠・事実が実際上必要にならざるを得ないのではないかと思われる[6]。そのようなものとしては、犯行継続のおそれを基礎づけている物理的因果性を何らかの意味で解消するか、そのような事情が欠ける場合には、離脱する被告人を除外・排除した上で、さらに犯行を継続しようとする共謀の「更新」が実体として認められることが挙げられよう[7]。この場合には、その後行われた犯行は、当初の共謀とは「別の犯罪」と評価されることになるということができるのである[8]。

このように、心理的因果性の切断の判断が難しいということは、平成元年の最高裁決定における「なお制裁を加えるおそれ」、すなわち犯行継続のおそれの判断自体が決して容易ではなく、その事実的可能性がある以上、それは緩やかに理解されざるを得ないため、何らかの物理的効果の解消が認めら

---

[6]　昭和25年の東京高裁判決の事案では、詳細な事実関係は不明であるが、共犯関係の解消を肯定したことには、執行猶予が離脱の動機となったという刑事政策的観点の影響が大きいのではないかと推測される。

[7]　第1暴行の後に共犯者から殴打されて気絶し、行動を共にできなくなったという事案について、一方的な共犯関係の解消を認め、被告人の意思・関与を排除して犯行を行ったとした裁判例として、名古屋高判平成14・8・29判時1831号158頁が興味深い。

[8]　島田・前出注1)7頁以下にドイツの議論の紹介がある。

れない限り，それが解消されていないという判断をもたらすことになるということを意味する。この意味で，物理的効果の解消が認められることが，実際上決定的に重要な意義を有することになるといえる。平成元年の最高裁決定の事案では，被害者がなお共犯者の住居にとどまっており，共犯者と共同して作り出した，暴行を加えることを可能にする状況が依然として存在したことの意義が大きいように思われる。いずれにせよ，何らかの具体的な措置が講じられなければ，実際上，犯行継続のおそれがあるとされ，そして，それが解消されていないという判断となる可能性が高いように思われる。

なお，共犯関係を解消するために求められる具体的な措置の内容として，離脱しようとする被告人が自ら行った寄与を取り消すことで十分かが問題となっている。しかし，共犯関係に基づく限り，他の共犯者の寄与も自己の寄与と同視されるのであるから，自ら行った寄与を取り消すことで十分だとする一般的な理由があるか疑問である。このような考え方を支える事案・裁判例として言及されるものは，いずれも特殊な事例であって[9]，上記の理解を一般的に支える根拠にはならないのではないかと思われる。もっとも，このような理解も，実行の着手前における共犯関係の解消でとくに問題となる，心理的な因果性の切断を支える論拠にはなりうるであろう。

3 共犯関係の解消か共謀の成立か

(1) 事 案

平成元年の最高裁判例の適用範囲を限界付けるものとして重要なのが，最高裁平成6年12月6日判決[10]である。

本件の被告人は，X及びYと共謀の上，昭和63年10月23日午前1時45分ころ，東京都文京区のP会館前路上及び同区のQビル1階駐車場（以下「本件駐車場」という）において，A（当時45歳）に対し，同人の背部等を足

---

9) 原田・前出注4)184頁以下［集団デモの条例違反の事案において，大群衆の中の末端の参加者が翻意して離脱した場合］参照。さらに，東京地判平成12・7・4判時1769号158頁［離脱者が警察に捜査協力した事案］参照。
10) 最判平成6・12・6刑集48巻8号509頁。解説としては，川口政明「複数人が共同して防衛行為としての暴行に及び侵害終了後になおも一部の者が暴行を続けた場合において侵害終了後に暴行を加えていない者について正当防衛が成立するとされた事例」最判解刑事篇平成6年度212頁以下などがある。

蹴にし，その顔面等を手拳で殴打してその場に転倒させるなどの暴行を加え，よって，同人に入通院加療約7か月半を要する外傷性小脳内血腫，頭蓋骨骨折等の傷害を負わせた，として傷害の共同正犯で起訴された。第1審判決（東京地判平成元・9・12）は，被告人らの本件行為について，その全体を一連の行為として傷害罪が成立するものとし，これが過剰防衛に当たると認め，控訴審判決（東京高判平成2・2・27）も，第1審判決の認定判断を是認した。

　控訴審判決の認定した事実は以下の通りである。被告人は，昭和63年10月22日の夜，中学校時代の同級生であるX，Y，F及びSとともに，近く海外留学するSの友人Mを送別するために集まり，Qビル2階のレストラン「D」で食事をし，翌23日午前1時30分ころ，同ビルとは不忍通りを隔てた反対側にあるP会館前の歩道上で雑談をするなどしていたところ，酩酊して通りかかったAが，付近に駐車してあったXの乗用車のテレビ用アンテナに上着を引っかけ，これを無理に引っ張ってアンテナを曲げておきながら，何ら謝罪等をしないまま通り過ぎようとした。不快に思ったXは，Aに対し，「ちょっと待て」などと声をかけた。Aは，これを無視してP会館に入り，間もなく同会館から出て来たが，被告人らが雑談をしているのを見て，険しい表情で被告人らに近づき，「おれにガンをつけたのはだれだ」などと強い口調で言った上，「おれだ」と答えたXに対し，いきなりつかみかかろうとし，Xの前にいたSの長い髪をつかみ，付近を引き回すなどの乱暴を始めた。被告人，X，Y及びF（以下「被告人ら4名」という）は，これを制止し，Sの髪からAの手を放させようとして，こもごもAの腕，手等をつかんだり，その顔面や身体を殴る蹴るなどし，被告人も，Aの脇腹や肩付近を2度ほど足蹴にした。しかし，Aは，Sの髪を放そうとせず，Xの胃の辺りを蹴ったり，ワイシャツの胸元を破ったりした上，Sの髪をつかんだまま，不忍通り（車道幅員約16.5メートル）を横断して，向かい側にある本件駐車場入口の内側付近までSを引っ張って行った。被告人ら4名は，その後を追いかけて行き，Aの手をSの髪から放させようとしてAを殴る蹴るなどし，被告人においてもAの背中を1回足蹴にし，Aもこれに応戦した。その後，ようやく，Aは，Sの髪から手を放したものの，近くにいた被告人ら4名に向

かって,「馬鹿野郎」などと悪態をつき,なおも応戦する気勢を示しながら,後ずさりするようにして本件駐車場の奥の方に移動し,被告人ら4名もほぼ一団となって,Aを本件駐車場奥に追い詰める格好で追って行った。そして,その間,本件駐車場中央付近で,Yが,応戦の態度を崩さないAに手拳で殴りかかり,顔をかすった程度で終わったため,再度殴りかかろうとしたが,Fがこれを制止し,本件駐車場の奥で,今度はXがAに殴りかかろうとしたため,再びFが2人の間に割って入って制止した。しかし,その直後にXがAの顔面を手拳で殴打し,そのためAは転倒してコンクリート床に頭部を打ちつけ,前記の傷害を負うに至った。なお,AがSの髪から手を放した本件駐車場入口の内側付近からXの殴打により転倒した地点までの距離は,20メートル足らずであり,この間の移動に要した時間も短時間であり,被告人ら4名のうちYやFは,AがいつSの髪から手を放したか正確には認識していなかった。

　控訴審判決は,上記の認定事実に基づき,AがP会館前でSの髪をつかんだ時点から,Xが本件駐車場奥でAを最終的に殴打するまでの間における被告人ら4名の行為は,本件駐車場中央付近でYを制止した後のFの関係を除き,相互の意思連絡のもとに行われた一連一体のものとして,その全体について共同正犯が成立し,これが過剰防衛に当たると判断した。

　　(2) **最高裁判決**

　最高裁は,被告人の上告を受けて,以下のように判示し,被告人に無罪を言い渡している。

　「1　原判決の認定した前記事実関係のうち,本件駐車場の奥の方に移動した際,被告人ら4名が『Aを本件駐車場奥に追い詰める格好で追って行った』とする点については,後述のように,これを是認することはできない。

　2　本件のように,相手方の侵害に対し,複数人が共同して防衛行為としての暴行に及び,相手方からの侵害が終了した後に,なおも一部の者が暴行を続けた場合において,後の暴行を加えていない者について正当防衛の成否を検討するに当たっては,侵害現在時と侵害終了後とに分けて考察するのが相当であり,侵害現在時における暴行が正当防衛と認められる場合には,侵害終了後の暴行については,侵害現在時における防衛行為としての暴行の共

同意思から離脱したかどうかではなく，新たに共謀が成立したかどうかを検討すべきであって，共謀の成立が認められるときに初めて，侵害現在時及び侵害終了後の一連の行為を全体として考察し，防衛行為としての相当性を検討すべきである。

　3　右のような観点から，被告人らの本件行為を，AがSの髪を放すに至るまでの行為（以下，これを「反撃行為」という。）と，その後の行為（以下，これを「追撃行為」という。）とに分けて考察すれば，以下のとおりである。

　（一）　まず，被告人らの反撃行為についてみるに，AのSに対する行為は，女性の長い髪をつかんで幹線道路である不忍通を横断するなどして，少なくとも20メートル以上も引き回すという，常軌を逸した，かつ，危険性の高いものであって，これが急迫不正の侵害に当たることは明らかであるが，これに対する被告人ら4名の反撃行為は，素手で殴打し又は足で蹴るというものであり，また，記録によれば，被告人ら4名は，終始，Aの周りを取り囲むようにしていたものではなく，X及びYがほぼAとともに移動しているのに対して，被告人は，一歩遅れ，Fについては，更に遅れて移動していることが認められ，その間，被告人は，AをSから離そうとしてAを数回蹴っているが，それは六分の力であったというのであり，これを否定すべき事情もない。その他，Aが被告人ら4名の反撃行為によって特段の傷害を負ったという形跡も認められない。以上のような諸事情からすれば，右反撃行為は，いまだ防衛手段としての相当性の範囲を超えたものということはできない。

　（二）　次に，被告人らの追撃行為について検討するに，前示のとおり，X及びYはAに対して暴行を加えており，他方，Fは右両名の暴行を制止しているところ，この中にあって，被告人は，自ら暴行を加えてはいないが，他の者の暴行を制止しているわけでもない。

　被告人は，検察官に対する供述調書において，『Aさんが S から手を放した後，私たち4人は横並びになってAさんを本件駐車場の奥に追い詰めるように進んで行きました。このような態勢でしたから，他の3人も私と同じように，Aさんに対し，暴行を加える意思があったのだと思います。』と供述

しているところ，原判決は，右供述の信用性を肯定し，この供述により，被告人ら4名がAを駐車場奥に追い詰める格好で追って行ったものと認定するとともに，追撃行為に関して被告人の共謀を認めている。しかし，記録によれば，Aを追いかける際，被告人ら4名は，ほぼ一団となっていたということができるにとどまり，横並びになっていたわけではなく，また，本件駐車場は，ビルの不忍通り側と裏通り側とのいずれにも同じ6メートル余の幅の出入口があり，不忍通りから裏通りを見通すことができ，奥が行き詰まりになっているわけではない。そうすると，被告人ら4名が近付いて来たことによって，Aが逃げ場を失った状況に追い込まれたものとは認められないのであり，『被告人ら4名は，Aを駐車場奥に追い詰める格好で追って行った』旨の原判決の事実認定は是認することができない。したがって，また，被告人の右検察官に対する供述中，自分も他の3名もAに暴行を加える意思があったとする部分も，その前提自体が右のとおり客観的な事実関係に沿わないものというべきである以上，その信用性をたやすく肯定することはできない。

　そして，Aを追いかける際，被告人ら4名がほぼ一団となっていたからといって，被告人ら4名の間にAを追撃して暴行を加える意思があり，相互にその旨の意思の連絡があったものと即断することができないことは，この4人の中には，X及びYの暴行を二度にわたって制止したFも含まれていることからしても明らかである。また，X及びYは，第1審公判廷において，Aから『馬鹿野郎』と言われて腹が立った旨供述し，Aの右罵言がXらの追撃行為の直接のきっかけとなったと認められるところ，被告人がAの右罵言を聞いたものと認めるに足りる証拠はない。

　被告人は，追撃行為に関し，第1審公判廷において，『謝罪を期待してAに付いて行っただけであり，暴行を加えようとの気持ちはなかった。Sの方を振り返ったりしていたので，YがAに殴りかかったのは見ていない。FがXとAの間に入ってやめろというふうに制止し，一瞬間があいて，これで終わったな，これから話し合いが始まるな，と思っていたところ，XがAの右ほおを殴り，Aが倒れた。』旨供述しているのであって，右公判供述は，本件の一連の事実経過に照らして特に不自然なところはない。

以上によれば，被告人については，追撃行為に関し，Aに暴行を加える意思を有し，X及びYとの共謀があったものと認定することはできないものというべきである。
　4　以上に検討したところによれば，被告人に関しては，反撃行為については正当防衛が成立し，追撃行為については新たに暴行の共謀が成立したとは認められないのであるから，反撃行為と追撃行為とを一連一体のものとして総合評価する余地はなく，被告人に関して，これらを一連一体のものと認めて，共謀による傷害罪の成立を認め，これが過剰防衛に当たるとした第1審判決を維持した原判決には，判決に影響を及ぼすべき重大な事実誤認があり，これを破棄しなければ著しく正義に反するものと認められる。」

(3)　**本判例の意義**

　上記最高裁判決は，「相手方の侵害に対し，複数人が共同して防衛行為としての暴行に及び，相手方からの侵害が終了した後に，なおも一部の者が暴行を続けた場合において，後の暴行を加えていない者について正当防衛の成否を検討するに当たっては，侵害現在時と侵害終了後とに分けて考察するのが相当であり，侵害現在時における暴行が正当防衛と認められる場合には，侵害終了後の暴行については，侵害現在時における防衛行為としての暴行の共同意思から離脱したかどうかではなく，新たに共謀が成立したかどうかを検討すべきであって，共謀の成立が認められるときに初めて，侵害現在時及び侵害終了後の一連の行為を全体として考察し，防衛行為としての相当性を検討すべきである」とし，正当防衛行為の共謀がある場合，侵害終了後，他の共犯者によって継続された暴行については，（平成元年の最高裁決定に示された）共犯関係の解消の基準を適用するのではなく，新たに共謀が成立したかが問題とされるべきだとしている。これは，正当防衛のために共同の加害意思が形成されたからといって，それが侵害終了後にまで及ぶものとは限らないといえるし，正当な行為をなすにすぎない者に，平成元年の最高裁決定によって要求される犯罪遂行防止措置を講ずるという特別の負担を課する根拠がないからであり，正当な判断であるといえよう。この意味で，平成6年の最高裁判決は平成元年の最高裁決定の射程を限定する重要な意義を有しているのである。

第8章

承継的共犯

I　はじめに

　前章では，因果的共犯論に基づく共犯の因果性の観点から，共犯関係の解消の問題について検討を加えた。本章では，因果的共犯論の真の試金石ともいうべき問題である，承継的共犯を取り扱う。

　承継的共犯の問題とは，実行をすでに開始した先行者の犯罪行為に，途中から加担・関与した後行者の共犯責任の有無・範囲についての議論である。承継的共犯（承継的共同正犯，承継的幇助）とは，先行者の行為，それによる効果・結果についてまで後行者が承継して共犯責任を問われる場合を意味する。しかしながら，因果関係が過去に遡ることはそもそもありえないと考えられるから，先行者の行為・効果・結果を，いかなる意味で後行者が承継して共犯責任を負いうるのかが問われることになる。したがって，この問題については，因果的共犯論が浸透するはるか以前の，承継を全面的に肯定した大審院判例があるものの，近時の裁判例，学説の様相はその時点とは相当異なってきた。しかしながら，学説・裁判例においては，一定の範囲で承継的共犯の成立を肯定する立場がなお有力である。ところが，最近，問題領域の一部である傷害罪に関し，注目される最高裁判例が出されるに至り，これをどのように理解するかが極めて重要である。以下では，これらを素材として，この問題について検討を加えることにする。

II　最高裁平成 24 年 11 月 6 日決定[1]

1　事　案

　A 及び B（以下「A ら」という）は，平成 22 年 5 月 26 日午前 3 時ころ，愛媛県伊予市内の携帯電話販売店に隣接する駐車場又はその付近において，同店に誘い出した C 及び D（以下「C ら」という）に対し，暴行を加えた。その態様は，D に対し，複数回手拳で顔面を殴打し，顔面や腹部を膝蹴りし，足をのぼり旗の支柱で殴打し，背中をドライバーで突くなどし，C に対し，右手の親指辺りを石で殴打したほか，複数回手拳で殴り，足で蹴り，背中をドライバーで突くなどするというものであった。
　A らは，D を車のトランクに押し込み，C も車に乗せ，松山市内の別の駐車場（以下「本件現場」という）に向かった。その際，B は，被告人がかねてより C を捜していたのを知っていたことから，同日午前 3 時 50 分ころ，被告人に対し，これから C を連れて本件現場に行く旨を伝えた。
　A らは，本件現場に到着後，C らに対し，更に暴行を加えた。その態様は，D に対し，ドライバーの柄で頭を殴打し，金属製はしごや角材を上半身に向かって投げつけたほか，複数回手拳で殴ったり足で蹴ったりし，C に対し，金属製はしごを投げつけたほか，複数回手拳で殴ったり足で蹴ったりするというものであった。これらの一連の暴行により，C らは，被告人の本件現場到着前から流血し，負傷していた。
　同日午前 4 時過ぎころ，被告人は，本件現場に到着し，C らが A らから暴行を受けて逃走や抵抗が困難であることを認識しつつ A らと共謀の上，C らに対し，暴行を加えた。その態様は，D に対し，被告人が，角材で背中，

---

[1]　最決平成 24・11・6 刑集 66 巻 11 号 1281 頁。解説として，「最高裁新判例紹介」法律時報 85 巻 12 号 151 頁以下（2013 年），高橋則夫「傷害の事案について承継的共同正犯の成立を否定した事例」刑事法ジャーナル 39 号 85 頁以下（2014 年），照沼亮介「共謀加担後の暴行が傷害を相当程度重篤化させた場合の傷害罪の共同正犯の成立範囲」平成 25 年度重判解（ジュリ 1466 号）164 頁以下（2014 年），小林憲太郎「いわゆる承継的共犯をめぐって」研修 791 号 3 頁以下（2014 年）などがある。

腹，足などを殴打し，頭や腹を足で蹴り，金属製はしごを何度も投げつけるなどしたほか，Aらが足で蹴ったり，Bが金属製はしごで叩いたりし，Cに対し，被告人が，金属製はしごや角材や手拳で頭，肩，背中などを多数回殴打し，Aに押さえさせたCの足を金属製はしごで殴打するなどしたほか，Aが角材で肩を叩くなどするというものであった。被告人らの暴行は同日午前5時ころまで続いたが，共謀加担後に加えられた被告人の暴行の方がそれ以前のAらの暴行よりも激しいものであった。

　被告人の共謀加担前後にわたる一連の前記暴行の結果，Dは，約3週間の安静加療を要する見込みの頭部外傷擦過打撲，顔面両耳鼻部打撲擦過，両上肢・背部右肋骨・右肩甲部打撲擦過，両膝両下腿右足打撲擦過，頚椎捻挫，腰椎捻挫の傷害を負い，Cは，約6週間の安静加療を要する見込みの右母指基節骨骨折，全身打撲，頭部切挫創，両膝挫創の傷害を負った。

　上記事実について，第1審判決（松山地判平成23・3・24）は，「被告人が本件現場に到着してからは，A及びBとともに，D及びCに対して暴行を加えているところ，被告人が，加担後の行為についてA及びBとの共同責任を負うことは明らかである。しかるに，D及びCの傷害の大半は，被告人が本件現場に到着する前のA及びBの加えた暴行によるものか，あるいは被告人が加わった後の暴行によるものかが，証拠上必ずしも明らかではなく，傷害罪の成立を考える上で，いわゆる承継的共同正犯の成否が問題となる。」「当裁判所は，承継的共同正犯は，後行者において，先行者の行為及びこれによって生じた結果を認識・認容するにとどまらず，これを自己の犯罪遂行の手段として積極的に利用する意思の下に，実体法上の一罪（狭義の単純一罪に限らない。）を構成する先行者の犯罪に途中から共謀加担し，上記行為等を現にそのような手段として利用した場合に限られると解するのを相当とし（大阪高判昭和62年7月10日高刑集40巻3号720頁同旨），このような観点から，本件事案に即して検討を加える。」とした上で，「以上のとおり，A及びBによる先行行為としての暴行と，被告人加担後の暴行とは，一体性が強いこと，A及びBとしても，本件現場において本格的な暴行を振るうことを予定し，本件現場に向かう途中，Bから被告人にCを捕まえたことを連絡したこと，その時点で，Aらは，被告人が本件現場到着後にCらに暴行を加

えることを予測して被告人に協力しようと，被告人も，Aらが，Cに対して暴行を加えていることを予測してこれに加担しようと考えていたこと，被告人が本件現場に到着し，D及びCの様子を見て，両名が負傷していることを認識した上で，A及びBと共謀の上，両名に対し暴行を加えたこと，被告人は，加担後は，終始積極的に激しい暴行を加えており，これにより，両名の傷害は相当程度重篤化したことなどからすれば，被告人は，A及びBが，自らが本件現場に到着するまでの間に，D及びCを捕まえて暴行を加え，その暴行の結果両名が負傷していることを認識，認容の上，D及びCがこれらの暴行等により抵抗できなくなった状態を，制裁目的での暴行という，自己の犯罪遂行に積極的に利用する意思の下に，A及びBの暴行に途中から共謀加担したものと認められる。」「したがって，被告人は，被告人が加担する以前の，AやBによる傷害も含めた全体について，承継的共同正犯としてその責任を負うというべきである。」「なお，前記昭和62年大阪高裁判決は，傷害事犯について，当裁判所と同じ一般論に立ちつつ，結論として承継的共同正犯の成立を否定している。しかし，同判決の事案は，後行者が加えた暴行が，被害者の顎を二，三回突き上げる程度で，被害者の傷害結果の大部分が後行者の加担前に生じており，その暴行に至る経過をみても，先行者の行為を積極的に利用しようとする意図までは見出し得ない事案であって，同列に扱うことはできないというべきである。」として，被告人について，加担前の傷害を含め傷害罪の共同正犯の成立を肯定した。

　控訴審判決（高松高判平成23・11・15）も，「後行者において，先行者の行為及びこれによって生じた結果を認識，認容するにとどまらず，自己の犯罪遂行の手段として積極的に利用する意思のもとに，実体法上の一罪を構成する先行者の犯罪に途中から共謀加担し，上記行為等を現にそのような手段として利用した場合に限り，共謀成立以前の先行者の行為についても責任を負うものと解される。」として，「被告人は，Aらの行為及びこれによって生じた結果を認識，認容し，さらに，これを制裁目的による暴行という自己の犯罪遂行の手段として積極的に利用する意思の下に，一罪関係にある傷害に途中から共謀加担し，上記行為等を現にそのような制裁の手段として利用したものであると認定した。その上で，控訴審判決は，被告人は，被告人の共謀

加担前のAらの暴行による傷害を含めた全体について，承継的共同正犯として責任を負うとの判断を示した」[2]。

2　最高裁決定

被告人による上告を受けた最高裁は，上告棄却の決定を行ったが，以下のように判示した。

「所論は，被告人の共謀加担前のAらの暴行による傷害を含めて傷害罪の共同正犯の成立を認めた原判決には責任主義に反する違法があるという。

そこで検討すると，前記1〔上記「1　事　案」を参照〕の事実関係によれば，被告人は，Aらが共謀してCらに暴行を加えて傷害を負わせた後に，Aらに共謀加担した上，金属製はしごや角材を用いて，Dの背中や足，Cの頭，肩，背中や足を殴打し，Dの頭を蹴るなど更に強度の暴行を加えており，少なくとも，共謀加担後に暴行を加えた上記部位についてはCらの傷害（したがって，第1審判決が認定した傷害のうちDの顔面両耳鼻部打撲擦過とCの右母指基節骨骨折は除かれる。以下同じ。）を相当程度重篤化させたものと認められる。この場合，被告人は，共謀加担前にAらが既に生じさせていた傷害結果については，被告人の共謀及びそれに基づく行為がこれと因果関係を有することはないから，傷害罪の共同正犯としての責任を負うことはなく，共謀加担後の傷害を引き起こすに足りる暴行によってCらの傷害の発生に寄与したことについてのみ，傷害罪の共同正犯としての責任を負うと解するのが相当である。原判決の上記2〔上記「1　事　案」の最後の引用部分を参照〕の認定は，被告人において，CらがAらの暴行を受けて負傷し，逃亡や抵抗が困難になっている状態を利用して更に暴行に及んだ趣旨をいうものと解されるが，そのような事実があったとしても，それは，被告人が共謀加担後に更に暴行を行った動機ないし契機にすぎず，共謀加担前の傷害結果について刑事責任を問い得る理由とはいえないものであって，傷害罪の共同正犯の成立範囲に関する上記判断を左右するものではない。そうすると，被告人の共謀加担前にAらが既に生じさせていた傷害結果を含めて被告人に傷

2）　最後の括弧内は最高裁決定による要約を引用した。

害罪の共同正犯の成立を認めた原判決には,傷害罪の共同正犯の成立範囲に関する刑法60条,204条の解釈適用を誤った法令違反があるものといわざるを得ない。」

なお,本決定には,以下の千葉裁判官の補足意見が付されている。

「1 法廷意見の述べるとおり,被告人は,共謀加担前に他の共犯者らによって既に被害者らに生じさせていた傷害結果については,被告人の共謀及びそれに基づく行為がこれと因果関係を有することはないから,傷害罪の共同正犯としての責任を負うことはなく,共謀加担後の暴行によって傷害の発生に寄与したこと(共謀加担後の傷害)についてのみ責任を負うべきであるが,その場合,共謀加担後の傷害の認定・特定をどのようにすべきかが問題となる。

一般的には,共謀加担前後の一連の暴行により生じた傷害の中から,後行者の共謀加担後の暴行によって傷害の発生に寄与したことのみを取り出して検察官に主張立証させてその内容を特定させることになるが,実際にはそれが具体的に特定できない場合も容易に想定されよう。その場合の処理としては,安易に暴行罪の限度で犯罪の成立を認めるのではなく,また,逆に,この点の立証の困難性への便宜的な対処として,因果関係を超えて共謀加担前の傷害結果まで含めた傷害罪についての承継的共同正犯の成立を認めるようなことをすべきでもない。」「仮に,共謀加担後の暴行により傷害の発生に寄与したか不明な場合(共謀加担前の暴行による傷害とは別個の傷害が発生したとは認定できない場合)には,傷害罪ではなく,暴行罪の限度での共同正犯の成立に止めることになるのは当然である。

2 なお,このように考えると,いわゆる承継的共同正犯において後行者が共同正犯としての責任を負うかどうかについては,強盗,恐喝,詐欺等の罪責を負わせる場合には,共謀加担前の先行者の行為の効果を利用することによって犯罪の結果について因果関係を持ち,犯罪が成立する場合があり得るので,承継的共同正犯の成立を認め得るであろうが,少なくとも傷害罪については,このような因果関係は認め難いので(法廷意見が指摘するように,先行者による暴行・傷害が,単に,後行者の暴行の動機や契機になることがあるに過ぎない。),承継的共同正犯の成立を認め得る場合は,容易には

想定し難いところである。」

3　本決定の意義

　本決定の最大の意義は，傷害罪の事案について，近時有力となっており，本件の第1審判決及び控訴審判決も採用する，承継的共犯に関する中間説を「否定」したことである。傷害罪の事案においては，単に暴行・傷害が一定の時間にわたって行われ，その場合，死因となる，あるいは重大な傷害が，後行者の加担後に生じたのか加担前に生じていたのかが不明なことがあるが，先行者が生じさせた暴行・傷害を利用して後行者が暴行・傷害を生じさせる事案が多く存在するわけではないので，中間説を適用しても，承継的共同正犯として生じさせた傷害全体についての刑責を問えないことが多いと思われる。しかしながら，本件では，「CらがAらの暴行を受けて負傷し，逃亡や抵抗が困難になっている状態を利用して更に暴行に及んだ」という場合であって，第1審判決及び控訴審判決は，中間説を適用することによって傷害全体についての承継的共同正犯を認めていた。それに対し，最高裁は，「共謀加担前にAらが既に生じさせていた傷害結果については，被告人の共謀及びそれに基づく行為がこれと因果関係を有することはないから，傷害罪の共同正犯としての責任を負うことはな」いとして，承継的共同正犯の成立を否定している。これは，因果関係を問題としていることから明らかなように，傷害罪については，共犯の因果性の観点から，中間説を適用することによる承継的共同正犯の成立を否定したものである。なお，「共謀加担前の先行者の行為の効果を利用することによって犯罪の結果について因果関係を持ち，犯罪が成立する場合があり得る」ことを認める千葉裁判官の補足意見は，加担後の犯罪結果への因果関係を問題とされ，したがって，「少なくとも傷害罪については，このような因果関係は認め難い」とされるものの，それと同時に，本件と全く無関係であるにもかかわらず，加担後に犯罪の結果が生じる強盗罪，恐喝罪，詐欺罪等に言及され，これらの犯罪については中間説の適用の余地を認めようとする。これは，本決定が承継的共同正犯の成立をおよそ否定するものとして理解され，実務上過度の影響が生じることを危惧されたものであろう。したがって，判例の理解としてはあまりにも当然

のことではあるが，本決定の論理は傷害罪に関するものとして限定的に理解される必要があることを確認しておきたい。

なお，千葉裁判官の補足意見は，「共謀加担後の傷害の認定・特定」について詳しく言及しており，本件のような事案を解決するに当たり，承継的共犯にいわば逃げることを戒める以上，実務上は極めて重要な論点といえるが，承継的共犯を検討する本章では検討の対象外としたい。

III 共犯の因果性（実質論）と従属性（形式論）の交錯

1 従来の判例・裁判例

平成24年の最高裁決定以前に，承継的共犯について判断を示した最上級審判決として重要なのが，大審院昭和13年11月18日判決[3]である。これは，被告人の夫が深夜地下足袋をはき，ません棒を持って自宅を出て行ったので，心配して後を追ったところ，夫から強盗のために人を殺したと告げられ，金員の奪取について協力を求められたので，被害者宅に侵入してろうそくで夫による奪取を容易にしたという事案について，強盗殺人罪の幇助の成立を肯定したものである。本判決は，「刑法第二百四十條後段ノ罪ハ強盗罪ト殺人罪若ハ傷害致死罪ヨリ組成セラレ右各罪種カ結合セラレテ單純一罪ヲ構成スルモノナルヲ以テ他人カ強盗ノ目的ヲ以テ人ヲ殺害シタル事實ヲ知悉シ其ノ企圖スル犯行ヲ容易ナラシムル意思ノ下ニ該強盗殺人罪ノ一部タル強取行爲ニ加擔シ之ヲ幇助シタルトキハ其ノ所爲ニ對シテハ強盗殺人罪ノ從犯ヲ以テ問擬スルヲ相當トシ之ヲ以テ單ニ強盗罪若ハ窃盗罪ノ從犯ヲ構成スルニ止マルモノト爲スヘキニアラス」とした。要するに，強盗殺人罪は結合犯として単純一罪であり，その一部である強取に加担した以上，強盗殺人罪の幇助が成立するとしたのである。

上記判決は，幇助犯の事案であり，単純一罪の一部行為に加担した以上，正犯による犯罪事実全体についての認識がある限り，犯罪全体についての幇

---

[3] 大判昭和13・11・18刑集17巻839頁。

助犯が成立するとしたものといえる。これは，幇助について全面的な承継肯定説を採用したものであるが，現在では，全面的承継肯定説が一般化しているとはいえず，裁判例の状況は相当に異なっており，現時点における上記判決の先例としての実際上の意義には疑問があるといえる。なお，本件が共同正犯の事案であれば，完全犯罪共同説の立場からは，共同正犯の成立をおよそ否定するのでない限り，全面的承継肯定説の結論が採られることになろうが，現在，判例は，部分的犯罪共同説を採用していると解されるから[4]，強盗殺人罪の共同正犯が成立するという結論が現在も維持されるかには疑問の生じるところである。

こうしたことから，承継的共犯に関する最高裁の判断が待たれていたところであり，傷害罪の事案について示された，平成24年の最高裁決定は極めて重要な意義を有するものである。とくに，傷害罪について承継肯定説に立つ裁判例[5]が存在していたところでもあり，平成24年の最高裁決定は，これを否定した点で極めて重要である。

最高裁判例としては，平成24年の最高裁決定以前に，最高裁昭和32年10月18日決定[6]がある。これは，XとYが共同してAに暴行を加えているうちに，強盗の意思をもったXがAの腕時計を奪ったところ，Yもその気になり，XとYが共同して暴行・脅迫を加えてAから現金を奪取したが，その暴行により顔面打撲症を生じさせ，また逃げるAを追いかけて民家のガラス戸を割って飛び込ませて右手背に挫傷を生じさせたという事案についてのものであるが，最高裁は，「判示腕時計の奪取も現金の奪取も包括的に観察して一個の強盗と認めるのが相当であり，本件打撲傷はそれが腕時計奪取前の暴行によるものであろうと，その後の暴行によるものであろうと，また挫傷は民家に逃げ込んだ際被つたものだとしても，強盗傷人罪の傷害たるに妨げはない」として，X・Yに強盗傷人罪一罪の成立を肯定した。本決定は，Yに関し，腕時計についても強盗の成立を肯定したこと，さらに，顔面打撲症がXとの強盗の共謀成立後の暴行によって生じたか不明であるにもかかわら

---

4) 最決平成17・7・4刑集59巻6号403頁参照。
5) 名古屋高判昭和50・7・1判時806号108頁などをも参照。
6) 最決昭和32・10・18刑集11巻10号2675頁。

ず，それについても強盗傷人の事実を認めている点において，先行者Xによって生じさせた事実の承継を後行者Yに認めているといえるが，先行行為者の上告に対する判断であり，承継的共同正犯の成否が争点ではなく，強盗の決意前の暴行によって顔面打撲症が生じた場合であっても強盗傷人罪が成立するかが主要な争点であったことから，「承継的共犯に関する先例としての価値は乏しい」という評価がなされているところである[7]。

　近年有力な考え方を示した裁判例として重要なのが，平成24年の最高裁決定の原々審・第1審判決にも引用されている大阪高裁昭和62年7月10日判決[8]である。これは，傷害の事案であって，一連の暴行によって各傷害が生じたが，後行者である被告人が加担後には，被告人による顎の突き上げ（2, 3回）と他の共犯者による顔面殴打（1回）のみが行われたというものである。大阪高裁は，「一般に，先行者の犯罪にその途中から共謀加担した後行者に対し加担前の先行者の行為及びこれによつて生じた結果（以下，『先行者の行為等』という。）をも含めた当該犯罪全体につき共同正犯の刑責を問い得るのかどうかについては，これをすべて否定する見解（所論及び弁護人の当審弁論は，この見解を採る。以下『全面否定説』という。）や，後行者において，先行者の行為等を認識・認容して一罪の一部に途中から共謀加担した以上常に全体につき共同正犯の刑責を免れないとする見解（検察官の当審弁論の見解であり，原判決もこれによると思われる。以下『全面肯定説』という。）もあるが，当裁判所としては，右いずれの見解にも賛同し難い。右のうち，全面否定説は，刑法における個人責任の原則を重視する見解として注目に値するが，後行者において，先行者の行為等を認識・認容するに止まらず，積極的にこれを自己の犯罪遂行の手段として利用したと認められる場合には，先行者の行為等を実質上後行者の行為と同視し得るというべきであるのに，このような場合まで承継的共同正犯の成立を否定する見解は，妥当でないと考えられる。他方，全面肯定説は，実体法上の一罪は，分割不可能な一個の犯罪であるから，このような犯罪に後行者が共謀加担したものである以上，加担前の先行者の行為等を含む不可分的全体につき当然に

---

[7]　西田典之『共犯理論の展開』217頁（2010年）。
[8]　大阪高判昭和62・7・10高刑集40巻3号720頁。

共同正犯の成立を認めるほかないとする点に論拠を有すると考えられる。右見解が，承継的共同正犯の成立を実体法上の一罪に限定する点は正当であり，また，実体法上の一罪の中に分割不可能なものの存することも明らかなところであるが，実体法上一罪とされるものの中にも，これを構成する個々の行為自体が，形式的にはそれぞれ一個の構成要件を充足するものであるけれども，実質的にみてその全体を一個の構成要件により一回的に評価すれば足りるとして一罪とされるもの（接続犯，包括一罪等）があることを考えると，実体法上の一罪のすべてが絶対に分割不可能であるということは，独断であるといわなければならない。しかも，右見解においては，たとえ分割不可能な狭義の単純一罪に加担した場合であつても，後行者が先行者の行為等を認識・認容していたに止まるのであれば，何故に，先行者の行為による結果についてまで後行者に刑責を問い得るのかについての納得し得る説明がなされていない。」として，承継肯定説及び承継否定説の双方を批判し，以下のような見解（中間説）を展開した。すなわち，「思うに，先行者の犯罪遂行の途中からこれに共謀加担した後行者に対し先行者の行為等を含む当該犯罪の全体につき共同正犯の成立を認め得る実質的根拠は，後行者において，先行者の行為等を自己の犯罪遂行の手段として積極的に利用したということにあり，これ以外には根拠はないと考えられる。従つて，いわゆる承継的共同正犯が成立するのは，後行者において，先行者の行為及びこれによつて生じた結果を認識・認容するに止まらず，これを自己の犯罪遂行の手段として積極的に利用する意思のもとに，実体法上の一罪（狭義の単純一罪に限らない。）を構成する先行者の犯罪に途中から共謀加担し，右行為等を現にそのような手段として利用した場合に限られると解するのが相当である。

　もつとも，例えば，『暴行又ハ脅迫』により被害者の反抗を抑圧した状態に置き，その所持する財物を『強取スル』ことによつて成立する強盗罪のように，一罪であつても一連の行為により一定の結果を発生させる犯罪（強姦，殺人等についても同様である。）については，後行者が，先行者の行為等を認識・認容して犯行に共謀加担すれば（例えば，先行者が強盗目的で暴行中，自らも同様の目的で右暴行に加わり，あるいは，反抗抑圧の結果を生じた段階でこれに加わつて，自ら金品を強取するなど），多くの場合，先行

者の行為等を自己の犯罪遂行の手段として積極的に利用したと認めるのが相当であるといい得るから，これらの犯罪については，当裁判所の見解によつても，全面肯定説によつた場合と（特異な場合を除き）おおむね結論を異にしないと考えられる。しかし，例えば，先行者が遂行中の一連の暴行に，後行者がやはり暴行の故意をもつて途中から共謀加担したような場合には，一個の暴行行為がもともと一個の犯罪を構成するもので，後行者は一個の暴行そのものに加担するのではない上に，後行者には，被害者に暴行を加えること以外の目的はないのであるから，後行者が先行者の行為等を認識・認容していても，他に特段の事情のない限り，先行者の暴行を，自己の犯罪遂行の手段として積極的に利用したものと認めることができず，このような場合，当裁判所の見解によれば，共謀加担後の行為についてのみ共同正犯の成立を認めるべきこととなり，全面肯定説とは結論を異にすることになる。なお，検察官の当審弁論の援用する各判例は，おおむね，後行者において，先行者の行為等を自己の犯罪遂行の手段として積極的に利用する意思で加担し，現にこれをそのようなものとして利用していると認め得る事案に関するものであり，当裁判所の見解と正面から対立するものではない」。

　大阪高裁は，当該事案の解決としては，先行者の「行為等を自己の犯罪遂行の手段として利用する意思であつたとか，これを現実にそのようなものとして利用したと認めることは困難である」として，加担前の先行者の行為等を含む犯罪全体について承継的共同正犯の成立を否定している。なお，さらに，刑法207条の同時傷害の規定に言及して，その適用を肯定しようとする見解の可能性に触れながらも，少なくとも先行者には「傷害罪の刑責を問うことができるのであつて，刑法の右特則の適用によつて解消しなければならないような著しい不合理は生じない」として，その適用を否定する見解を示していた。

2　問題の所在と解決の方向性

(1)　承継的共犯論の諸相

　承継的共犯に関しては，①昭和13年の大審院判決と同様の完全な承継肯定説，②因果的共犯論に基づく承継否定説[9]を両端として，③昭和62年の

大阪高裁判決のような中間説[10]，④共同正犯・幇助犯区別説[11]など諸説が展開されている。このうち，最後の④説は，共同正犯と幇助犯の処罰原理を異なって解することを前提に，共同正犯については承継否定説，幇助犯については中間説等の承継肯定説を採用するものであるが，因果的共犯論の見地からは，共同正犯と幇助犯の区別は共犯者の因果的寄与における正犯性の有無に求められる以上，承継の有無について，共同正犯と幇助犯とで異なった基準を採用することは難しいと思われる。とくに，幇助犯の処罰範囲を，それが幇助犯であるという理由で，犯罪事実への因果性を越えて拡張してよい根拠は必ずしも明らかではない。いずれにせよ，この見解においても，幇助犯について中間説等の承継を肯定する基準を採用することの根拠が問われることになろう。以下では，近時有力な③中間説についてとくに検討を加えることにする。

中間説といっても，それには異なった立場に立つ見解が含まれていると思われるが，まず，昭和62年の大阪高裁判決のように，先行者の行為・結果を認識・認容し，自己の犯罪遂行の手段として積極的に利用する意思で，実体法上の一罪を構成する先行者の犯罪に途中から共謀加担して，先行者の行為等を現にそのような手段として利用した場合には，承継的共同正犯が成立すると解する見解を取り上げることにする。この見解は，後行者が，先行者が生じさせた結果を認識・認容して，それを積極的に利用した場合には，実体法上の一罪の範囲で承継的共犯が成立すると解するものであるが，とくに上記判決のように，傷害罪についてもこの基準の適用可能性を肯定する場合，利用の対象となった傷害についても承継的共犯として責任を負うと解することになるから，過去に生じた法益侵害・犯罪についての刑責を正面から

---

9) 山口厚『刑法総論〔第2版〕』350頁以下（2007年）参照。近時の見解として，たとえば松原芳博『刑法総論』386頁（2013年）などがある。
10) 平野龍一『刑法総論Ⅱ』382頁以下（1975年），西田典之『刑法総論〔第2版〕』366頁以下（2010年），前田雅英『刑法総論講義〔第5版〕』500頁（2011年），佐伯仁志『刑法総論の考え方・楽しみ方』387頁（2013年）参照。さらに，近時の研究として，髙橋直哉「承継的共犯に関する一考察」法学新報113巻3＝4号119頁以下（2007年），十河太朗「承継的共犯の一考察」同志社法学64巻3号345頁以下（2012年）などがある。
11) 高橋則夫『刑法総論〔第2版〕』447頁（2013年），井田良『講義刑法学・総論』473頁・491頁注（29）（2008年），照沼亮介『体系的共犯論と刑事不法論』244頁・247頁（2005年）など参照。

認めることになる。したがって，昭和13年の大審院判決の事案についてみると，財物奪取においては，殺人によって生じた反抗抑圧状態を積極的に利用するのであるから，強盗罪の共犯にとどまらず，実体法上の一罪である強盗殺人罪の共犯の成立を肯定しうることになるものと思われる。この結論は，後に言及する学説における近時の有力中間説（限定中間説）の採らないところであり，したがって，限定中間説の理解からは，昭和62年の大阪高裁判決が，強盗罪や詐欺罪・恐喝罪といった，当該処罰規定が保護しようとする法益の侵害が加担後に生じうる事案ではなく，加担前の傷害を含む傷害罪の事案について中間説の適用可能性を認めたことに，そもそも問題があったことになる。この意味で，平成24年の最高裁決定の原々判決・原判決が，傷害罪の事案に中間説の基準を適用したこと自体に疑問があったといえ，それを最高裁が正したことには重要な意義があることになる。

　近時の学説における有力中間説（限定中間説）は，後述する学説に明らかなように，強盗罪や詐欺罪・恐喝罪といった，加担後に結果が発生する事案を念頭において，この基準の適用を考えており，昭和13年の大審院判決の事案では，加担前に生じた殺人の事実については，すでに生じ終わったものであって責任を問えないとし，後行者について（窃盗罪又は遺失物等横領罪の共犯ではなく）強盗罪の共犯の成立を肯定するのである。それは，殺人による反抗抑圧状態を認識・認容し，強盗の手段として積極的に利用し，財産侵害を生じさせたからである。このような限定中間説は，平成24年の最高裁決定にも示されていたように，関与行為と結果との間に因果関係を要求する考え方に立っており，また，千葉裁判官の補足意見にも述べられているように，「強盗，恐喝，詐欺等の罪責を負わせる場合には，共謀加担前の先行者の行為の効果を利用することによって犯罪の結果について因果関係を持ち，犯罪が成立する場合があり得る」と解しているのである。決して，因果関係のない過去の法益侵害についての刑責を負わせようとするものではない。

　そこで問題は，強盗罪等の事案において，先行者の行為・結果を認識・認容し，それを積極的に利用して犯罪結果を生じさせると，なぜ，結果として，当初から共同して犯行を行っていたと同様の結論を認めることができるのかということになる。すなわち，「積極的に利用したことにより〔当初か

らの先行者による〕暴行脅迫に関与したのと同視し得る」とする結論が[12]，いかなる意味で理解され，いかなる理由から承認しうるのかが問われているのである。なお，ここで，「積極的な利用」という要件は，共同正犯を念頭におき，正犯性を担保する見地から要求されているのではないかと思われ，そうだとすると，幇助犯については，そのような要件は必ずしも必要ないことになるのではないかという問題があることに言及しておきたい。

　過去の法益侵害についての刑責は否定する，近時有力となっている限定中間説の根拠については，強盗の事案の場合，反抗を抑圧した者から財物を奪取・受領する行為は先行者から見れば強取であり，後行者はこれに関与するから強盗罪の共犯が成立するとの説明が行われている[13]。しかし，他人が暴行を加えて反抗抑圧状態を生じさせた後に，財物奪取の意思を生じて，単独で財物を奪取した場合，強盗罪は成立しないというのが一般的な理解である[14]。この意味で，反抗抑圧状態を「積極的に利用した」財物奪取それ自体が，直ちに強取として評価されるわけではない。承継的共犯の成否が問題となる事案では，あくまでも，反抗抑圧状態を生じさせ，それによる財物奪取が強取として評価される先行者がおり，後行者はそのような先行者と共犯関係があることによってはじめて強取に加担したとして，強盗罪の共犯と評価されることになるにすぎないのである。この意味で，後行者の共犯としての行為の評価は，先行者の犯罪行為の評価に「従属」してなされていることになる。このような罪名従属性に通じる「従属思考[15]」は，共犯の因果性で説明することは不可能であり，それとは異なった正当化の論理であるといえよう。この意味で，限定中間説は，共犯の因果性の枠内にとどまるかの説明を行っているが，それは，成立が問題となる犯罪（たとえば強盗罪）の，最も重要であるとはいえ，一部をなすにすぎない法益侵害に対する因果性を

---

12) 前田・前出注10)参照.
13) 平野・前出注10)，西田・前出注10)，佐伯・前出注10)参照.
14) 自己が暴行脅迫した後に財物奪取の意思を生じた場合にも，強盗罪の成立を肯定するためには，その後に暴行脅迫がなされることが必要だと解されることについては，山口厚『刑法各論〔第2版〕』221頁以下（2010年）参照．ただし，不作為による脅迫という構成を介した強盗罪の可能性，詐欺の場合には不作為の欺罔による詐欺罪の可能性が，場合によってありうるであろう．
15) 松宮孝明「『承継的』共犯について」立命館法学352号378頁（2013年）参照．

いうものにすぎず，共犯の因果性を全く無視していないとはいえても，因果的共犯論の枠を越えていることは否定しがたいのではないかと思われる。なぜなら，なにゆえ，犯罪事実の一部に対する因果性で，犯罪事実全体に対する共犯の成立を肯定してよいか，因果的共犯論の立場からは説明することができないからである。これは，処罰の間隙を埋めるため，あるいは必要と思われる相当な処罰を実現するために，共犯処罰を政策的に拡張しているものであるように思われる。この見解の評価は，このことを直視した上でなされるべきである。

とはいえ，このような限定中間説によると，因果性を持ち得ない法益侵害に係る犯罪については共犯の成立を肯定することができず，平成24年の最高裁決定の事案のように傷害罪の場合，後行者の加担前にすでに生じた傷害については，後行者の共犯としての責任は生じないという積極的な意義が認められる。これに対して，昭和62年の大阪高裁判決のように，上述した一定の要件を課するにせよ，「実体法上の一罪（狭義の単純一罪に限らない。）」の範囲で承継を認める場合には，加担前に生じた傷害についても共犯としての刑責を認めることからも明らかなように，昭和13年の大審院判決の事案では，強盗殺人罪の共犯の成立を肯定しうることになるものと思われ，この意味で，共犯の因果性を完全に離れ，結論の正当化は罪名の従属性に専ら依拠することになろう。平成24年の最高裁決定が，傷害罪の事案において承継的共犯の成立を否定したことは，このような観点からは，高く評価されるべきである。

検討されるべき実質的な問題は，因果的共犯論の枠を越える政策的な処罰の拡張が本当に必要なのかということである。以下では，この点について若干検討することにしたい。

(2) 後行者の処罰の観点から

承継的共犯は，後行者がどの範囲で共犯として処罰しうるのか，あるいは処罰し得ないのかという問題である。かつては，承継的共同正犯の成否について，犯罪共同説・行為共同説の対立という観点から議論されることが多かったが，近時は，因果的共犯論の見地が主要な観点となっている。しかし，承継的共同正犯については，犯罪共同説との関係を完全に無視することは依

然としてできないように思われる。なぜなら，すでに述べたように，承継的共犯という議論は，処罰の間隙，不十分と思われる処罰の回避のためのものである以上，処罰の拡張が必要となる不都合さがどの程度存在するかを明らかにすることが必要であるが，とくに，判例が採用する（部分的）犯罪共同説の立場から，処罰の制限がどの程度まで存在するのかを見極めることが求められるからである。

完全犯罪共同説の立場からは，昭和13年の大審院判決の事案では，後行者が共同正犯となる場合には，強盗殺人罪の共同正犯が成立する。完全犯罪共同説の立場からは，後行者にも強盗殺人罪の共同正犯を成立させなければ，後行者は不可罰となってしまうからである。これに対し，部分的犯罪共同説の立場からは，後行者について何らかの犯罪の共同正犯が成立しうる以上，その限度で共同正犯としての処罰を肯定することが可能である。たとえば，窃盗罪ないし遺失物等横領罪の限度で，後行者は先行者と共同正犯となるという解決が可能となり，処罰の間隙を回避するために，承継的共同正犯の成立を肯定する必要は必ずしもなくなる。この意味で，現在，犯罪共同説と承継的共同正犯の議論の関連性は強調されなくなっているのである。

先行者によって人を欺く行為が行われ，その後，先行者と意思を通じた後行者が錯誤に陥った被害者から財物の交付を受けたという場合が問題となる。この場合には，錯誤に陥っている者から財物の交付を受ける行為自体，一般的には処罰の対象とならないからである。正にこの場合について，処罰の間隙を埋めるため，承継的共同正犯の成立が必要となると考えられているといえよう。もしもこの場合，本当に後行者が不可罰となるのだとすると，政策的に処罰の拡張が必要となることが十分に考えられるが，（昭和62年の大阪高裁判決が示す中間説の基準に従い）被害者が欺かれて錯誤に陥った状態を積極的に利用して財物の交付を受ける後行者には，欺かれた者が錯誤に基づいて財物を交付するかを専ら左右しうる地位が認められる以上，その錯誤を解消すべき作為義務が認められ，不作為による詐欺罪が成立しうると思われる。したがって，この場合には，異なった犯罪事実に関することにはなるが，先行者と後行者とに詐欺罪の共同正犯が成立しうるであろう。この意味で処罰の間隙は生じないと解され，承継的共同正犯といった構成を無理に採

用する必要はないと思われる。後行者の加担行為を詐取とみることができるという見解，あるいは，それと同視しうると解する見解は，見方によっては，後行者の加担行為を（作為による詐欺と同視しうる）不作為による詐欺と解しうることを承認する見解であるともいえる。そうだとすれば，このことを承継的共同正犯といった疑問のある構成ではなく，端的に不作為による詐欺として，先行者・後行者に共同正犯の成立を肯定することの方がよいように思われる。

　むしろ問題は詐欺罪というよりも強盗罪の方にあるともいえる。それは，反抗が抑圧された被害者から財物を取得する後行者については，不作為の暴行を認めることは困難だから，それは論外として，不作為の脅迫を認めることができる場合には，不作為の強盗を肯定することが可能であり，それによって先行者・後行者に共同正犯の成立を肯定することができる。しかし，被害者が失神していた場合にはあるいは不可能ではないかもしれないが，被害者が死亡していた場合には，およそ不作為による脅迫を認めることはできず，財物取得自体について強盗罪の成立を肯定することはできないからである。この場合には，先行者と後行者とは窃盗罪又は遺失物等横領罪の限度で共同正犯が成立することにならざるを得ない。これを不十分な処罰と考えるかどうかが問題である。中間説はこれを不十分と考えていることになるが，先行者と後行者との間に共犯関係がない場合には，後行者には窃盗罪又は遺失物等横領罪が成立するにすぎないことを考えれば，不十分ではないと判断する余地は十分にあると思われる。途中からの共謀の存在が，これと異なる処罰を実質的に正当化しうるかについては，再考の余地があるのではなかろうか。

(3) 先行者の処罰の観点から

　処罰の間隙の有無については，先行者の処罰の観点からも検討する必要がある。強盗罪の事案であれば，反抗抑圧後の財物奪取を専ら後行者に委ねた場合，少なくとも後行者には窃盗罪又は遺失物等横領罪が成立しうるであろうから，「何らの構成要件にも該当しない行為」との共同正犯の成立を肯定する必要はなくなる。すなわち，後行者に財物奪取を行わせた先行者については財物の奪取についての共同，したがって強盗罪の共同正犯の成立が認め

られる。

　これに対し，詐欺罪の事案であれば，錯誤に陥っている被害者から財物の交付を受ける行為は，もしもそれ自体が不作為による詐欺とならないと解する場合には，構成要件に該当しないことになり，そのような行為を共同した先行者に詐欺罪の成立を肯定しうるかという点に，疑問が生じることになる。先行者について，事情を知る後行者の行為を利用した間接正犯を認める構成にも問題があるであろうから，ここでは処罰の間隙が生じうるといえよう。しかし，すでに述べたように，この場合には，不作為による詐欺の成立を肯定することは可能であるから，先行者についても，詐欺罪の共同正犯の成立を肯定することは可能であると解されるのである。すでに言及したように，これを詐欺罪の承継的共同正犯として説明することの実質的な根拠は，後行者の行為を詐欺と評価しうるということであるが，それは不作為の詐欺の成立を認めていることと同じである。あえて，理論的に疑問のある構成をわざわざ採用することが必要か，それが望ましいかについては再検討する必要があるように思われる。

(4) 傷害罪の場合と刑法 207 条

　傷害罪の事案については，承継的共犯としての解決のほかに，刑法 207 条の同時傷害の特例の適用による解決が問題となる。平成 24 年の最高裁決定は，刑法 207 条の適用可能性について，それが争点になっていない以上，何らの判断・評価も示していないと解することが適切であるが，この点をどう考えるかについて，若干言及しておきたい。

　後行者の加担の前後，いずれの暴行によって傷害が生じたのか，あるいは死因となる傷害が生じたのかが不明の場合，刑法 207 条の適用を肯定するかについては考え方が分かれている。裁判例ではそれを肯定するもの[16]と否定するもの[17]がある。

　確かに刑法 207 条は例外規定であり，立法論としての妥当性には疑問があるとしても，それが違憲無効ではない以上，適用可能であれば適用しうると解するほかはない。適用を否定する裁判例は，承継的共犯が問題となる事例

---

16)　大阪地判平成 9・8・20 判タ 995 号 286 頁。
17)　前出注 8) 大阪高判昭和 62・7・10。

では，先行者がいずれにせよ傷害についての刑責を負い，誰も傷害についての刑責を負う者がいなくなるわけではないという理由でその適用を否定するが，これは刑法 207 条の規定を可能な限り制限的に適用しようとする見地に立脚するものであろう。しかし，こうした「特殊な動機」によるのでない限り，先行者・後行者に共犯関係がなくとも適用されて，いずれも傷害罪・傷害致死罪の刑責を負うのであれば，それよりも重い評価に値する先行者・後行者に共犯関係がある場合には，それは当然適用されることになると解することにも十分な理由があると思われる。このように解する場合，刑法 207 条の時間的・場所的適用範囲という問題はあるが，処罰の間隙の回避，十分に重くない刑責の回避という観点からも，傷害罪について承継的共犯の成立を肯定する実際上の必要性に乏しいことになろう。

第 9 章

罪数論

I はじめに

　罪数論は，通常犯罪論の最後において検討されるが，そのことはその重要性が低く評価されるべきことを意味しない。罪数は処断刑を画定するにあたって重要な意義を有するのであり，理論的にも興味深い問題がそこには含まれている。以下では，近時の最高裁判例 2 件を採り上げて，そこに含まれている罪数に関する問題を検討することにしたい。そこで具体的に問題とされているのは，不可罰的事後行為の理解及び牽連犯の要件であり，いずれも従来の判例の立場・理解に変更を加えた点において重要な意義を有する判例である。

II 最近の最高裁判例

1 最高裁平成 15 年 4 月 23 日大法廷判決[1]

(1) 事　案

　被告人は宗教法人 S 寺の責任役員であり，同寺の代表役員である父の委任

---

[1] 最大判平成 15・4・23 刑集 57 巻 4 号 467 頁。解説としては，福崎伸一郎・最判解刑事篇平成 15 年度 277 頁以下，佐久間達哉・研修 661 号 13 頁以下（2003 年），野村稔・現刑 63 号 75 頁以下（2004 年），浅田和茂・平成 15 年度重判解（ジュリ 1269 号）168 頁以下（2004 年），髙木俊夫・ジュリ 1281 号 167 頁以下（2004 年），鈴木左斗志・判タ 1207 号 45 頁以下（2006 年）などがある。本判決について詳しくは，山口厚「『横領行為後の横領』に関する大法廷判決をめぐって」法教 278 号 34 頁以下（2003 年）参照。

を受け、同寺が所有する不動産等の資産を管理、保管する業務に従事していたもの（その傍ら、同寺所有の不動産等の資産を運用・管理する目的で設立されたSK商事及びSK地所の代表取締役として両社を経営）であるが、平成4年4月から平成6年6月までの間、S寺所有の土地（土地1～土地6）をほしいままに売却し、その所有権移転登記手続を了して横領したという6件の業務上横領の事実によって起訴された。このうち、本大法廷判決との関係で重要なのは、売却前に抵当権が設定されていた土地1及び土地2の横領の事実である。すなわち、土地1については、昭和55年4月11日にSK商事を債務者とする極度額2500万円の順位1番の根抵当権（抵当権①）が設定・登記され、さらに、平成4年3月31日にSK商事を債務者とする債権額4300万円の順位2番の抵当権（抵当権②）が設定・登記されていたところ、平成4年4月30日にK商事に1億324万円で売却され、同日所有権移転登記が行われた（抵当権①②は抹消）。また、土地2については、平成元年1月13日にSK商事を債務者とする債権額3億円の抵当権（抵当権③）が設定・登記されていたが、平成4年9月24日にT商事に1500万円で売却され、同年10月6日に所有権移転登記が行われている（抵当権③は抹消）。土地1及び土地2に関する横領罪による起訴は、先行する抵当権設定行為についてではなく、後行する売却行為のみについてなされた。

　弁護人は、土地1及び2については、先行する抵当権設定行為の時点で横領罪が成立しているから、後行する売却行為は不可罰的事後行為に該当し、横領罪は成立しないと主張した。これに対し、第1審判決（横浜地川崎支判平成12・3・27[2]）は、土地1及び2の売却行為について業務上横領罪の成立を肯定した。すなわち、不可罰的事後行為とは、窃盗犯人が盗品を損壊する行為のように、それだけを切り離せば、別罪（器物損壊罪）が成立するように見えるが、損壊行為が元の犯罪行為（窃盗）に対する違法評価に包含し尽くされているため、別罪（器物損壊罪）として成立しないとするものであるが、本件先行行為は、土地を担保に入れる行為で、土地が有する経済的価値のみを侵害する犯罪が成立するにとどまるのに対して、本件後行行為は、

---

[2]　横浜地川崎支判平成12・3・27（刑集57巻4号477頁参照）。

土地所有権（経済的価値を含め，土地が有する価値のすべて）を第三者に譲渡する行為で，後行行為は先行行為に対する違法評価に包含し尽くされていないから，不可罰的事後行為ではない。

　第1審判決に対し被告人は控訴したところ，控訴審判決（東京高判平成13・3・22 3)）は，以下のように詳細に判示して，土地1及び2の売却行為は，抵当権①②③の設定との関係で，不可罰的事後行為とはいえず，業務上横領罪は成立するとした。

　抵当権①③の設定行為については，すでに公訴時効が完成しており，また，抵当権設定の経緯等が明らかでなく横領罪を構成するかが明瞭でない。起訴された後行行為が不可罰的事後行為であるというためには，先行行為についての犯罪成立がすでに取り調べられた証拠により明白に認められるか，若干の追加立証により明白に立証できる確実な見込みがある場合に限るから4)，土地1及び2の売却行為は抵当権①③の設定行為との関係で不可罰的事後行為とはいえない。仮に抵当権①③の設定行為が横領罪を構成することが証拠上明らかでも，すでに公訴時効が完成しているから，被告人を処罰することは不可能であるが，このように，先行行為について，公訴時効の完成その他の訴訟条件の欠如や責任能力の欠如等の事由により，犯罪（横領罪）として処罰できないときは，後行行為がそれ自体として犯罪（横領罪）の成立要件を充足している限り，不可罰的事後行為とするのは不合理で，後行行為を処罰することは許される。土地1及び2の売却行為について見ると，先行する抵当権設定行為が当該土地の横領にあたる場合でも，常にその土地に関する委託に基づく信任関係が直ちに全面的に破壊されるとは限らず，本件では，従前からの土地の占有関係には変動がなく，被告人は依然としてS寺の責任役員としてS寺の土地を管理する業務に従事しており，被告人とS寺との間の委託信任関係は，各抵当権設定後も基本的には継続していると認め

---

3)　東京高判平成13・3・22高刑集54巻1号13頁。本判決の解説として，森本和明・研修640号25頁以下（2001年），西田典之・研修657号3頁以下（2003年），小林憲太郎・セレクト'02（法教270号別冊付録）36頁（2003年）などがある。

4)　そうでないと，先行行為につき犯罪の成立する可能性が相当程度あるというだけで，後行行為は不可罰的事後行為ではないかとの疑いが残るとしてこれを無罪とすれば，先行行為と後行行為のいずれにも犯罪の成立を認めることができないという，余りにも不合理な結果を招来することになる，とする。

られるから，上記売却行為はいずれも横領罪の成立要件を充足しており，抵当権①③設定の不可罰的事後行為とはいえない。同様に，抵当権②の設定も不可罰的事後行為とはいえない。

　抵当権②の設定は土地１売却の直前の時期になされており，不動産についての抵当権設定が当該不動産の横領にあたるとする判例の立場に従えば，被告人は抵当権②の設定により土地１を横領したものと認めるべきことになりそうである。土地１の売却経緯と抵当権②の設定の関係を見ると，抵当権②の設定より土地売却の方がはるかに重要で，抵当権設定は，土地代金の支払時期との関係で派生的に行われ，土地売却の実行と同時に予定通り解消されたもので，被告人らにとっては実質的には土地代金の一部先払いを受けるためのものと見られる。他人の土地の売却による横領は，その所有権移転登記が完了した時点で既遂になるが，遅くとも売買契約の内容が確定しその実現が確実となった時点では横領行為の着手があったものと解する余地もあるから，本件では，土地売却による横領行為が開始されて継続中に，担保余力を大きく残した抵当権設定がなされ，その後当該行為が既遂に達したことになる。土地所有者であるＳ寺にとっても，土地売却による損害の方が抵当権②の設定による損害よりもはるかに大きい。このような本件事実関係に照らすと，抵当権②の設定の方を重視して，土地１の売却行為をその不可罰的事後行為と見るのは本末転倒の感を免れない。検察官が，土地１につき，その売却を横領行為と捉えて公訴提起したのは，極めて合理的なものとして理解でき，裁判所としては，売却を横領行為と見ることができる以上は，その訴因に基づき横領罪の成立を認めるのは当然である。本件のような不動産の横領の場合，先行する抵当権設定を横領行為とする訴因を構成しうるが，売却を横領行為と見うる以上，裁判所としては，訴因変更を促すことなく，横領罪の成立を認めてよいし，また，認めるべきである。もっとも，本件事案において，検察官は抵当権②の設定を横領行為として訴因構成することも可能で，その場合には裁判所もそのとおりの横領罪を認定すべきことになる。いずれにせよ，このように密接な関係にある売却と抵当権設定については，１回しか処罰できないものと解すべきである（なお，双方が包括的に１個の横領行為を構成すると解することも検討に値する）。なお，不動産に対する抵当権設

定は，交換価値のほぼ全部を把握するものでない限りは，横領罪ではなく背任罪を構成するものと解する方が，さらに背任罪や横領罪の成立を無理なく認めうるので妥当のようにも思われ，慎重な検討に値する。こうして，土地1の売却行為は，抵当権②の設定との関係でも不可罰的事後行為とはいえず，業務上横領罪にあたる。

(2) **最高裁判決**

被告人は上告し，原判決は最判昭和31・6・26刑集10巻6号874頁（甲が，所有する不動産を第三者に売却し所有権を移転したものの，その旨の登記を了していないことを奇貨とし，乙に対し当該不動産に抵当権を設定・登記したときは横領罪が成立し，甲がその後さらに乙に代物弁済として当該不動産の所有権を移転・登記しても，別に横領罪を構成しないと判示）等に違反すると主張したが，最高裁は，以下のように判示して判例変更を行い，原判決を維持した。

「委託を受けて他人の不動産を占有する者が，これにほしいままに抵当権を設定してその旨の登記を了した後においても，その不動産は他人の物であり，受託者がこれを占有していることに変わりはなく，受託者が，その後，その不動産につき，ほしいままに売却等による所有権移転行為を行いその旨の登記を了したときは，委託の任務に背いて，その物につき権限がないのに所有者でなければできないような処分をしたものにほかならない。したがって，売却等による所有権移転行為について，横領罪の成立自体は，これを肯定することができるというべきであり，先行の抵当権設定行為が存在することは，後行の所有権移転行為について犯罪の成立自体を妨げる事情にはならないと解するのが相当である。

このように，所有権移転行為について横領罪が成立する以上，先行する抵当権設定行為について横領罪が成立する場合における同罪と後行の所有権移転による横領罪との罪数評価のいかんにかかわらず，検察官は，事案の軽重，立証の難易等諸般の事情を考慮し，先行の抵当権設定行為ではなく，後行の所有権移転行為をとらえて公訴を提起することができるものと解される。また，そのような公訴の提起を受けた裁判所は，所有権移転の点だけを審判の対象とすべきであり，犯罪の成否を決するに当たり，売却に先立って

横領罪を構成する抵当権設定行為があったかどうかというような訴因外の事情に立ち入って審理判断すべきものではない。このような場合に，被告人に対し，訴因外の犯罪事実を主張立証することによって訴因とされている事実について犯罪の成否を争うことを許容することは，訴因外の犯罪事実をめぐって，被告人が犯罪成立の証明を，検察官が犯罪不成立の証明を志向するなど，当事者双方に不自然な訴訟活動を行わせることにもなりかねず，訴因制度を採る訴訟手続の本旨に沿わないものというべきである。」

「そうすると，本件において，被告人が本件土地１につき本件抵当権①，②を設定し，本件土地２につき本件抵当権③を設定して，それぞれその旨の登記を了していたことは，その後被告人がこれらの土地を売却してその旨の各登記を了したことを業務上横領罪に問うことの妨げになるものではない。」

「以上の次第で，……本件引用判例〔前出最判昭和31・6・26〕を当裁判所の上記見解に反する限度で変更し，原判決を維持するのを相当と認める」。

(3) 本判例の意義・問題の所在

本大法廷判決は，「横領物の横領」の事案における第２の横領行為について，不可罰的事後行為としてその可罰性を否定した従来の最高裁判例を変更し，それを処罰しうることを認めたものであって，不可罰的事後行為という観念について再考・修正を迫るものである。本件では後行行為のみが起訴されているが，先行行為と後行行為が双方起訴された場合の扱いについては，本判例後に残された課題であり，それをいかに解するかが問われることになる。

2　最高裁平成17年４月14日判決[5]

(1) 事　案

被告人は，Ｆらと共謀の上，Ｏを監禁して同人から同人が経営していた風俗店の登録名義貸し料名下に金品を喝取しようと企て，①平成15年３月27日午後１時ころ，大阪府堺市××の路上において，ＦがＯを同所に停車させていた自動車の後部座席に連れ込み，ＦとＧの間に座らせ，ＦがＯに対し脅

---

5) 最判平成17・4・14刑集59巻3号283頁。解説としては，前田巌「恐喝の手段として監禁が行われた場合の罪数関係」最判解刑事篇平成17年度117頁以下などがある。

迫し，Oの顔面等を手拳で多数回殴打する暴行を加えるなどした上，被告人が運転して同車を発進させ，同日午後2時30分ころ，Oを京都市東山区××所在のHビル○○○号室に連行して，同時刻ころから同日午後6時20分ころまでの間同室内に閉じ込めて監視し，さらに，同時刻ころ，同人を同車に乗車させて同市東山区△△先路上まで連行し，同日午後6時30分ころ，同所で同人を解放するまでの間，同人を同車及び同室内から脱出することを著しく困難にし，もって同人を不法に監禁するとともに，その際上記暴行により同人に加療約2週間を要する傷害を負わせた，②同日午後2時30分ころから同日午後6時20分ころまでの間，Hビル○○○号室において，上記暴行脅迫により畏怖しているOに対し，Fが金品の交付方を要求し，もしこの要求に応じなければOの身体等に危害を加えかねない気勢を示して，同人をその旨畏怖させ，同日午後6時30分ころ，同市東山区△△付近路上において，同人から現金約5万9000円及び同人管理の普通乗用自動車1台（時価70万円相当）の交付を受けてこれらを喝取した，として起訴された。

　第1審判決（大阪地判平成16・4・16）及び控訴審判決（大阪高判平成16・9・1）は，①の事実について監禁致傷罪の成立を，②の事実について恐喝罪の成立を肯定し，両者を併合罪とした。

　(2) **最高裁判決**

　弁護人は，恐喝目的で実行された監禁致傷の事案において，監禁致傷罪と恐喝罪の併合罪とした原判決は最高裁判例がない場合であるところの大審院判例（大判大正15・10・14刑集5巻456頁）に反しているとして上告したところ，最高裁は以下のように判示して，上告を棄却した。

　「弁護人……の上告趣意は，判例違反の主張である。そこで検討すると，所論引用の大審院大正15年（れ）第1862号同年10月14日判決・刑集5巻10号456頁は，人を恐喝して財物を交付させるため不法に監禁した場合において，監禁罪と恐喝未遂罪とが刑法54条1項後段所定の牽連犯の関係にあるとしたものと解される。ところが，原判決は，被告人が共犯者らと共謀の上，被害者から風俗店の登録名義貸し料名下に金品を喝取しようと企て，被害者を監禁し，その際に被害者に対して加えた暴行により傷害を負わせ，さらに，これら監禁のための暴行等により畏怖している被害者を更に脅迫し

て現金及び自動車1台を喝取したという監禁致傷, 恐喝の各罪について, これらを併合罪として処断した第1審判決を是認している。してみると, 原判決は, これら各罪が牽連犯となるとする上記大審院判例と相反する判断をしたものといわざるを得ない。

しかしながら, 恐喝の手段として監禁が行われた場合であっても, 両罪は, 犯罪の通常の形態として手段又は結果の関係にあるものとは認められず, 牽連犯の関係にはないと解するのが相当であるから, 上記大審院判例はこれを変更し, 原判決を維持すべきである。」

(3) 本判例の意義・問題の所在

本判例は, 恐喝目的で行われた監禁 (致傷) の事案について, 恐喝罪と監禁致傷罪とを牽連犯とすることなく, 両罪を併合罪としたものであり, 牽連犯の関係を肯定していた大審院判例を変更したものである。そこでは, 牽連犯の一般的要件を踏まえた新たな判断が示されており, 注目される。牽連犯の成立範囲についてはかねて不明瞭なものがあったが, 本判例はその点について再考の機会を与えるものといえよう。

III 不可罰的事後行為

1 犯罪行為後の事後行為の評価

たとえば, 窃盗 (第1行為) が行われた後, 窃盗犯人Tが当該盗品を毀棄 (第2行為) した場合, Tには窃盗罪と器物毀棄罪が成立して両罪が併合罪となるのではないと解するのが一般の理解であり, かつての通説は, 第1行為について窃盗罪が成立するのみで, 第2行為 (器物毀棄) は「不可罰的事後行為」として処罰の対象とはならないと解していた[6]。これは, 構成要件Aにより構成要件Bに該当する行為をも包括的に評価しうる場合で, (数個の構成要件が外観上競合するにすぎず, その中の1つの構成要件の適用が他の適用を排除する) 法条競合 (吸収関係) の事例であるとされた。すなわち, 窃盗

---

6) 団藤重光『刑法綱要総論〔第3版〕』446頁以下 (1990年)。

罪のような状態犯においては，犯罪完成後に違法状態が続くことが予想されており，その違法状態に包含される限り，事後行為が他の構成要件に該当するものでも別罪を構成しないとされたのである（ただし，構成要件を充足する違法行為には違いなく，これに対する共犯の成立は可能とされている）。

　この理解に対しては，①構成要件Aに該当する行為aの存在が立証できない場合には行為aを処罰することはできないが，その不存在を立証できないときには，構成要件Bに該当する行為bの存在が証明されたとしてもそれを処罰することはできず，その結果，aもbも処罰しえないことになってしまい，不都合ではないか，②構成要件Aに該当する行為aについて，違法性阻却事由又は責任阻却事由が存在する場合，それは処罰の対象とならないが，構成要件Bに該当する行為bも（aが存在することによって）常に不可罰でよいのか（たとえば，aの時点では責任能力が欠けていたが，bの時点では責任能力が存在するに至った場合，bは依然として不可罰でよいのか），③構成要件Aに該当する行為aについて公訴時効期間が経過した場合，構成要件Bに該当する行為bも（aが存在することによって）常に不可罰でよいのか（たとえば，窃盗について公訴時効期間が経過した後でも，盗品に対する窃盗被害者の所有権は依然として存在しうるが，盗品の毀棄は不可罰でよいのか）等のことが問題となる。

　このような不可罰的事後行為の理解に対し，現在の学説では異なった理解が有力である。それは，不可罰的事後行為とされる行為も犯罪としては成立しており，事前行為aが該当する重い罪Aの刑に事後行為bが該当する軽い罪Bが吸収され，重い罪Aだけで処断されることになるにすぎないとする見解である（事後行為bは，事前行為aについて成立する罪Aの情状として考慮すれば足りる）。したがって，この理解によれば，事後行為bは，事前行為aの罪の刑に吸収され，事前行為aと共に処罰されるのであるから，不可罰的事後行為ではなく，「共罰的事後行為」と呼ぶことが適切であるとされる[7]。この見解に従えば，事前行為a及び事後行為bのいずれも犯罪としては成立しているから，どちらか一方のみを訴追・処罰することも可能であり，両者

7）　平野龍一『刑法総論Ⅱ』411頁以下（1975年）。

共に訴追された場合には，重い事前行為ａの罪の刑に軽い事後行為ｂの罪は吸収されるにすぎないことになる（したがって，事後行為ｂに関与した者は，事後行為ｂについて成立する罪の共犯となる）。

2　横領物の横領の場合

(1) ３判決の対応

横領物の横領に関する前記事案の３判決（第１審判決・控訴審判決・上告審判決）は，不可罰的事後行為説と異なり，いずれも共通して後行行為を処罰しうるとする結論を採っている。

第１審判決は，先行行為による法益侵害を超えた法益侵害が後行行為によって生じた場合，後行行為は先行行為に対する違法評価に包含されず，不可罰的事後行為とはいえないとする。この考えは，後行行為が侵害する法益・客体が先行行為により侵害されたものと異なる場合に採られてきたが（たとえば，預金通帳と登録印鑑を盗んだ窃盗犯人が，それを使用して銀行窓口で預金の払戻しを行った場合，預金通帳・印鑑の窃盗と預金払戻しについての詐欺が成立し，後行する詐欺は先行する窃盗の不可罰的事後行為とはならない[8]），同一の法益・客体に対して侵害を惹起する場合にも妥当するかが問題となる。不可罰的事後行為（法条競合）説はこれを否定するが，共罰的事後行為（包括一罪）説が主張するように，後行行為自体に構成要件該当性を肯定しうるなら，犯罪の成立を肯定することはできよう[9]。ただし，同一の物・法益に対する侵害であるから，先行行為と後行行為の双方が起訴された場合，両罪の罪数関係が問題となる（併合罪か，包括一罪か）。たとえば，他人の財物を損壊すれば器物損壊罪が成立するが，存在する被害物をさらに損壊した場合，後行行為に器物損壊罪の構成要件該当性を否定する理由はない。したがって，後行行為のみを訴追・処罰することは可能であると考えるべきであろう（そして，一連の過程で一体として行われた先行行為と後行行為の双方が訴追された場合，器物損壊罪の包括一罪となる）。これに対し，横領罪の場合，先行行為により横領罪が成立するとき，後行行為に横領罪の構成要件該当性を肯定

---

[8]　最判昭和25・２・24刑集４巻２号255頁など。
[9]　西田・前出注3)13頁参照。

しうるかが問題となりうる。委託物を一旦横領した後は，なお占有する物の他人性を肯定しえても，委託関係の継続を認めうるとは限らず[10]，それが消滅したと解される場合，後行行為について横領罪の成立を肯定することはできないからである[11]。これに対し，本件事案のように，物の他人性のほか，委託関係の継続を肯定しうる場合，後行行為について横領罪の構成要件該当性を肯定することは可能である。このように解する場合，横領罪を領得罪と解することとの関係で，先行する横領行為については，委託物の価値の一部の侵害しかないことを肯定することになるがそれでよいのか[12]，一旦横領した物の再度の横領をいかなる意味で可能と考えるのかが問われることになる。

控訴審判決は，従来の最高裁判例の枠内における解決を模索したと解されるため，第1審判決とは異なり，この問題に対して訴訟法的視点を加味したやや複雑な対応を示しているが[13]，最高裁大法廷判決は，従来の判例を変更し，後行行為に（物の他人性，占有，委託関係の存在を認め）横領罪の構成要件該当性を肯定することにより，横領罪として処罰しうることを認めた。すでに述べたように，この判断は支持しうるものと思われる。

---

10) 林幹人「横領物の横領」現刑65号88頁（2004年）は，横領後も委託関係が継続することが原則だとするが，一般的・無前提にこのようなことはいえないであろう（横領犯人に物の委託を続けるのはむしろ稀有の例外に属する）。同一物について再度の不正行為が可能であった事例に限ってみれば，委託関係がなお継続していたといいうるにすぎないということである。なお，物の返還を求める地位は所有権から生じるものであり，委託関係とは必ずしも関係しない。委託物横領罪の成立可能性を留保すべきだとの結論以外にいかなる根拠があるか，具体的に検討されなければならない。

11) 平野龍一「包括一罪についての若干のコメント」判時1733号4頁（2001年）は，「店の金を横領して自分の金庫に入れておいたが，しばらくして，これを使おうと思って，金庫からその金を持ち出した」事例について横領罪の構成要件該当性を否定する。この場合には，横領金の所有は店にあると解しても，横領金の占有についての委託関係を肯定することはできないから，後行行為について横領罪の構成要件該当性は否定されることになるのである。

12) そこから，先行行為については，背任罪の成立を肯定するにとどめるべきだとの考えが生じることになるのである（浅田・前出注1）など参照）。しかしながら，横領罪の成立可能性自体を否定することはできないであろう。そうでなければ，横領罪の成立範囲を限定しすぎることになると思われる。後行行為について横領罪で処罰する場合，先行行為については，横領罪ではなく，背任罪で処罰すべきではないかという問題だとして考えるべきである。

13) 訴訟の場における罪数認定の視点からこの問題を論じたものとして，髙木俊夫「訴訟の場から見る不可罰的事後行為」『河上和雄先生古稀祝賀論文集』273頁以下（2003年）参照。

(2) 先行行為・後行行為の罪数評価

　後行行為について横領罪の構成要件該当性を肯定しうる場合，後行行為のみを横領罪により処罰することはできると考えられるが，問題となるのは，先行行為について成立する横領罪と後行行為について成立する横領罪との（双方起訴された場合における）罪数関係である。

　上述したように，後行行為を共罰的事後行為と解する見解は，先行行為について成立する犯罪で処罰する場合，そこで処罰の対象となる違法状態を超えない限り，後行行為は（先行行為について成立する罪の）情状として評価・考慮することで足りるとする。しかし，後行行為自体に独自の法益侵害を肯定する以上，先行行為の罪で処罰するからといって，後行行為は当然に共罰的事後行為として先行行為の罪の刑に吸収される（包括一罪）わけではない。そのためには，先行行為・後行行為について，両者の一体性が必要である[14]。本件事案における，土地1についての抵当権②の設定と売却のように，両行為が一連の過程で行われた場合，それぞれについて成立しうる横領を包括一罪として扱うことが可能であるが，そうした事情が認められない場合，両行為について成立する各罪は本来併合罪となるべきものではないかと思われる（これは，同一物の毀棄の事案について，連続的に行われた複数行為については器物毀棄罪の包括一罪又は単純一罪として評価しうるが，先行行為から数か月後に別の動機から行われた毀棄行為までを包括一罪として包括評価はできず，この場合には併合罪となることと同じである[15]）。

　これは，後行行為について横領罪の構成要件該当性を肯定する以上は当然の帰結ともいいうるが，後行行為を不可罰的事後行為と解する従来の判例の立場とはいわば対極に位置する理解・結論となる。そして，この理解に立つ場合，横領は，効用享受目的での物の不法利用・所有権侵害行為として把握されることになり，領得罪の従来の理解に変容・修正が迫られることになろう（窃盗罪・横領罪は，ともに領得罪であり，占有侵害の有無で区別されるが，「物全体をわがものにする」前者と異なり，後者については「物全体をわがものに

---

14) 山口厚『刑法総論〔第2版〕』371頁以下（2007年）参照。
15) これに対し，窃取した他人の物の毀棄行為は，窃取後別の機会になされたとしても，窃取によって得た地位に基づく行為であり，窃盗の共罰的事後行為として窃盗罪の刑に吸収すると解することができる。

する」必要はないことを正面から認めることになる[16])。こうした理解は，先行行為及び後行行為の双方について同一物に関する横領罪の構成要件該当性を肯定することの中にすでに含まれているともいえるが[17]，横領物の横領の事案について，複数の横領罪の併合罪となるのがむしろ原則であると解するのは，実質的に見て行きすぎであるとの理解にも一定の理由があろう[18]。そうした問題意識からは，先行行為及び後行行為の双方について法益侵害（構成要件該当性）を肯定することと，横領罪は物の利益の領得罪ではなく，物自体の領得罪であるという意味で「全部横領」であり，したがって，「1個の物は1回しか領得できない」という基本的理解とをいかに調和させるかが問題となる。不可罰的事後行為説は，後行行為を不可罰とすることにより，「全部横領」性（領得の1回性）を形式的に確保しようとしたものともいえる。しかしながら，こうした対応に実際上問題がある以上，残る方法は両者を実質的に調和させることとなろう。その場合には，問題を罪数の枠内で扱い，先行行為・後行行為双方について成立する横領罪は，行為の一体性を欠く場合においても，包括一罪となる（併合罪とはならない）と解することになる。これは，「全部横領」性（領得の1回性）という横領罪の罪質の特殊性に基づく特殊な包括一罪であると解するものである。なお，この視点をさらに強調すれば，先行行為・後行行為のいずれをも横領罪で訴追・処罰できるが，「1個の物は1回しか領得できない」ため，横領罪は1罪しか成立しえないことから，両行為の一方を横領罪で処罰する場合には，他方を処罰の対象とすることはできないと解する見解（これは，一種の法条競合の場合として説明することになろう）も考えられよう[19]。

---

16) こうした認識からは，控訴審判決が言及するように，目的物の価値のほぼ全部を把握するのでない限り，背任罪の成立を肯定するにとどめる理解には正しいものがあるといいうることになろう。
17) これは，不動産侵奪後の再度の侵奪について不動産侵奪罪の成立を肯定することと類似の理解だともいえる。この意味では，横領罪の理解自体を修正することは十分に考えうることである。
18) 曽根威彦「不可罰的事後行為の法的性格」研修668号12頁（2004年），西田・前出注3）13頁（前述した横領罪の法益侵害の理解については，「包括一罪として処理される限り」との限定が付されている）など参照。
19) 山口・前出注1)参照。

Ⅳ 牽連犯

1 科刑上一罪としての牽連犯

　刑法54条1項は,「1個の行為が2個以上の罪名に触れ」る場合と並んで「犯罪の手段若しくは結果である行為が他の罪名に触れるとき」を,併合罪(刑45条以下)とは異なった扱いとしている(その最も重い刑により処断する)。後者は牽連犯と呼ばれ,前者の観念的競合と同様に科刑上一罪の場合とされている。1個の行為によって複数の法益侵害を惹起する場合である観念的競合とは異なり,複数の行為であるにもかかわらず観念的競合と同様の法的効果が認められる牽連犯は立法例としてはほとんど類例がない[20]。筆者は,観念的競合と同一の条文に規定され,同一の扱いがなされる牽連犯は,観念的競合と同様にその趣旨が理解されるべきであると解している。観念的競合は,1個の行為,すなわち,1回の意思決定によって複数の法益侵害を惹起した場合であり,複数回の意思決定による場合よりも,相対的に責任が軽いと評価しうるから,併合罪よりも軽い処断刑とされているものと解される[21]。したがって,牽連犯は,1回の意思決定による場合ではないが,手段・目的,原因・結果という関係にある複数の行為の間には1回の意思決定に準じた関係を肯定することができるから,観念的競合の趣旨を拡張し,それと同様の扱いがされていると解しうるように思われる[22]。問題は,手段・目的,原因・結果という関係(密接性・一体性)をどの範囲で肯定するかにある。

---

20) 牽連犯は,旧刑法においては併せて1罪とされていた文書偽造・同行使,住居侵入・窃盗等が分離されて独立の犯罪とされたことが契機となり,設けられたものと推測されている。なお,現行刑法改正作業の過程においては,改正刑法草案(昭和49年)で示されているように,牽連犯の規定は置かれていない。
21) 山口・前出注14) 378頁以下参照。
22) 山口・前出注14) 380頁参照。

2　牽連犯の成立要件

　牽連犯となるためには，複数の行為が，具体的な事例において，手段・目的，原因・結果との関係において行われれば足りるのではなく，罪質上通例そのような関係が認められることが必要であると解するのが判例であり，多数の学説もそれを支持している[23]。たとえば，最大判昭和24・12・21刑集3巻12号2048頁は，「牽連犯は元来数罪の成立があるのであるが，法律がこれを処断上一罪として取扱うこととした所以は，その数罪間にその罪質上通例その一方が他方の手段又は結果となるという関係があり，しかも具体的にも犯人がかゝる関係においてその数罪を実行したような場合にあつては，これを一罪としてその最も重き罪につき定めた刑を以て処断すれば，それによって，軽き罪に対する処罰をも充し得るのを通例とするから，犯行目的の単一性をも考慮して，もはや数罪としてこれを処断するの必要なきものと認めたことによるものである。従って数罪が牽連犯となるためには犯人が主観的にその一方を他方の手段又は結果の関係において実行したというだけでは足らず，その数罪間にその罪質上通例手段結果の関係が存在すべきものたることを必要とするのである。」としている[24]。ここでとくに問題となるのが，「罪質上通例」牽連性が認められるのはどの範囲かということである。「恐喝の手段として監禁が行われた場合であっても，両罪は，犯罪の通常の形態として手段又は結果の関係にあるものとは認められず，牽連犯の関係にはない」とした本件判例においても，まさにその点が問題となっている。

　牽連犯の趣旨を客観的な「犯罪の一体性」に求めるならもちろん，それを1回の意思決定に準じた関係にある行為と理解するとしても，実際には複数回の意思決定によりなされた複数の行為である以上，それらについて併合罪と比べて軽く扱うことを正当化するためには，一方の罪が他方の罪に通常伴うことからそれを情状として評価すれば足りるのか，一方の罪を他方の罪に含めて処罰しても不当でないのかとの考慮が入らざるをえず，この意味で

---

[23]　団藤・前出注6)462頁など参照。
[24]　さらに，最大判昭和44・6・18刑集23巻7号950頁，最判昭和57・3・16刑集36巻3号260頁など参照。

「犯罪の通常の形態として手段又は結果の関係」にあることが複数の行為について要求されるのである[25]。

牽連犯の要件として実際上重要な問題となるのは、上記のように、罪質上通例牽連性が肯定される範囲である。これは、①構成要件上牽連性が予定されている場合には肯定することが容易である。その典型例は、行使の目的でなされることが必要な偽造罪と行使罪である[26]。ところが、判例・学説はこれ以外にも、②一体的な関係が認められる場合に牽連犯を肯定している。その典型例が、窃盗・強盗の目的でなされる住居侵入罪と窃盗罪・強盗罪である[27]。しかしながら、殺人罪と死体遺棄罪については併合罪とされる[28]など、後者の類型②については、その限界は必ずしも明らかではない。これは、「通例」「通常」といっても、双方に併合罪加重を不要とするような関係（一方で処罰すれば足りるような関係）を認めうるかという視点が入らざるをえないことによると思われる。

監禁罪と他罪との関係について見ると、かつて大審院は監禁罪と恐喝罪とを牽連犯と解していたが[29]、最高裁では、監禁罪と強姦致傷罪とは牽連犯ではなく[30]、また、傷害の手段として監禁した事案においても、監禁罪と傷害罪とは牽連犯ではないとされてきた[31]。この延長線上に、監禁致傷罪と恐喝罪について牽連犯性を否定した最高裁判決を位置づけて理解することができる。かつて、最高裁は「牽連犯をなるべく認めない趣旨のもとに、かなりその幅をせまく解しようとする傾向がある……現在の段階になると、監禁罪と恐喝罪とが牽連犯であるとする前記大審院判例の見解が、最高裁によって再検討される可能性がないとはいえない」との指摘がなされていたが[32]、このたびの最高裁判決によってまさにそれが現実化したということ

---

25) 平野・前出注7) 428頁参照。
26) 大判明治42・7・27刑録15輯1048頁、大判明治42・8・31刑録15輯1097頁など参照。
27) 大判明治45・5・23刑録18輯658頁、大判大正11・10・27刑集1巻593頁、最判昭和25・9・21刑集4巻9号1735頁など参照。
28) 大判明治44・7・6刑録17輯1388頁、大判昭和11・1・29刑集15巻30頁など。
29) 大判大正15・10・14刑集5巻456頁。
30) 最判昭和24・7・12刑集3巻8号1237頁。
31) 最決昭和43・9・17刑集22巻9号853頁。
32) 鬼塚賢太郎・最判解刑事篇昭和43年度262頁以下。

ができよう。ともあれ，最高裁においては監禁罪と他罪との間に牽連犯性を肯定することにはきわめて慎重な態度が採られているといいうるのである。

Part 2

各 論

第10章

傷害の意義

I はじめに

　傷害罪（刑204条）における傷害の意義について，判例は，「生活機能ノ毀損即チ健康状態ノ不良変更」とし[1]，あるいは，「生活機能に障がいを与えることであって，あまねく健康状態を不良に変更した場合を含む」との判断を示している[2]。しかしながら，後述するように，判例における傷害の限界の理解にはやや不分明なものがある。学説においては，この点について，生理機能侵害説と完全性侵害説とが基本的に対立しているが，生理機能の侵害及び外貌の重大な変更を傷害と解する折衷説も有力に主張されている（むしろ，それが多数説だともいわれる）のが現状である[3]。

　最近，傷害の意義に関し，興味深い事例判断を示した最高裁判例が出された[4]。この判例を契機として，傷害の意義について改めて検討を加えることにしたい。

1） 大判明治45・6・20刑録18輯896頁。
2） 最決昭和32・4・23刑集11巻4号1393頁。
3） 傷害の意義に関する比較的最近の文献として，河上和雄「傷害概念の再検討」『内田文昭先生古稀祝賀論文集』303頁以下（2002年）参照。さらに，山口厚『刑法各論〔第2版〕』44頁以下（2010年）参照。
4） 最決平成17・3・29刑集59巻2号54頁。解説としては，大野勝則「自宅から隣家の被害者に向けて連日連夜ラジオの音声等を大音量で鳴らし続け被害者に慢性頭痛症等を生じさせた行為が傷害罪の実行行為に当たるとされた事例」最判解刑事篇平成17年度59頁以下，島岡まな「隣家の被害者に朝から深夜までラジオの音声及び目覚まし時計のアラーム音を大音量で鳴らし続けた行為が傷害罪の実行行為に当たるとされた事例」法教301号84頁以下（2005年），内海朋子「自宅から隣家の被害者に向け連日連夜ラジオの音声等を大音量で鳴らし続け慢性頭痛症等を生じさせた行為と傷害罪の成否」ジュリ1330号163頁以下（2007年）などがある。

Ⅱ　最近の最高裁判例

1　事　案

　被告人は，自宅の中で隣家に最も近い位置にある台所の隣家に面した窓の一部を開け，窓際及びその付近にラジオ及び複数の目覚まし時計を置き，約1年半の間にわたり，隣家の被害者らに向けて，精神的ストレスによる障害を生じさせるかもしれないことを認識しながら，連日朝から深夜ないし翌未明まで，上記ラジオの音声及び目覚まし時計のアラーム音を大音量で鳴らし続けるなどして，同人に精神的ストレスを与え，よって，同人に全治不詳の慢性頭痛症，睡眠障害，耳鳴り症を負わせた。

　上記事実について，第1審判決（奈良地判平成16・4・9）は，次のように判示して傷害罪の成立を肯定した（懲役1年の実刑）。「傷害罪の実行行為としての暴行は，暴行罪におけるそれと同義で，人の身体に対する物理的な有形力の行使であるところ，……，被告人の発する騒音の程度が被害者の身体に物理的な影響を与えるものとまではいえないから，被告人の上記行為は暴行にはあたらない」。「傷害罪の実行行為は，人の生理的機能を害する現実的危険性があると社会通念上評価される行為であって，そのような生理的機能を害する手段については限定がなく，物理的有形力の行使のみならず無形的方法によることも含むと解されるところ，……，長時間にわたって過大な音や不快な音を聞かされ続けると精神的ストレスが生じ，過度な精神的ストレスが脳や自律神経に悪影響を与えて，頭痛や睡眠障害，耳鳴り症といった様々な症状が出現することが認められ，このような事実によれば，騒音を発する行為も傷害罪の実行行為たりうるというべきである。そして，〔認定された事実に照らすと〕，被告人の上記行為は，被害者に対して精神的ストレスを生じさせ，さらには睡眠障害，耳鳴り，頭痛等の症状を生じさせる現実的危険性のある行為と十分評価できるから，傷害罪の実行行為にあたる」。「被告人が騒音を発して被害者を困惑させる意図のもとに判示の行為に及んだことは明らかである。そして，判示のような騒音を発する行為は，これを受け

た人にとって相当大きな精神的負担となり，これが継続されれば精神的ストレスにより様々な心身の疾患を生じさせることは社会通念上顕著であって，これをも併せて考えると，被告人は，少なくとも，判示のとおり被害者が精神的ストレスを負ってその身体に障害が生じる可能性があることを認識しつつ，あえて判示行為に及んだと認めるのが相当であり，被告人には被害者に対する傷害罪の未必的故意があったものというべきである。」

被告人は控訴したが，控訴審判決（大阪高判平成16・9・9）は，以下のように判示して控訴を棄却した。被告人の行為は，「それ自体として，被害者に対して精神的ストレスを生じさせ，さらには睡眠障害，耳鳴り，頭痛等の症状を生じさせる現実的危険性のある行為であって，傷害罪にいう実行行為性を有すると評価することができるものというべく，また，被告人が，上記のような行為をするに際し，被害者に上記のような結果を発生させることについての未必的故意があったと認めることができる。」

2　最高裁平成17年3月29日決定

被告人の上告に対し，最高裁第二小法廷は，上告趣意は刑訴法405条の上告理由にあたらないとしながら，「なお」として次のような判断を示し，上告棄却の決定を行った。

「以上のような〔上記「1　事　案」の冒頭で示した〕事実関係の下において，被告人の行為が傷害罪の実行行為に当たるとして，同罪の成立を認めた原判断は正当である。」

3　本判例の意義

傷害罪は，故意犯のみならず暴行罪の結果的加重犯を含むと解するのが，判例[5]・通説[6]である。ここで，暴行とは，判例によれば，人の身体に対する不法な攻撃をいうが[7]，より正確にいえば，人に対する物理力の行使をいう[8]。したがって，物理力により傷害を惹起した場合には，暴行の故意があ

---

5) 最判昭和25・11・9刑集4巻11号2239頁参照。
6) 山口・前出注3)47頁参照。
7) 大判昭和8・4・15刑集12巻427頁。
8) 山口・前出注3)42頁参照。

れば，傷害罪が成立することになる。これに対し，物理力によらずに傷害を惹起した場合には，傷害の故意があることが傷害罪の成立要件となるのである。

　以上からすると，傷害罪の成否については，まず，暴行の故意があれば足りる，暴行による傷害にあたるかを検討することが考えられる。暴行による傷害の典型事例は，手拳により殴打して打撲傷を負わせる場合や，刃物を使用して刺傷を負わせる場合である。音声についても，大太鼓，鉦等を連打して意識朦朧とした気分を与え又は息詰まる程度にさせた事例におけるように，音声自体が直接物理力として作用した場合には[9]，それによって生理機能の障害が生じたとき，物理力としての音声により傷害を生じさせたことになる。これに対し，本件においては，ラジオの音声，目覚まし時計のアラーム音が用いられ，それによって慢性頭痛症，睡眠障害，耳鳴り症の傷害が惹起されたのであるが，音声自体の直接的な物理的影響によりこれらの障害がもたらされたのではないから，本件は暴行による傷害の事例ではなく，暴行によらずに傷害を惹起した事例であるといえる。本件第1審判決・控訴審判決ともに，このような判断を示しており，最高裁決定も同様の理解に立つものと解することができよう。

　暴行によらない傷害については，行為手段それ自体による限定を欠くため，暴行による傷害の場合に比べて，より慎重な成立要件の判断が必要となる。本判例は，ラジオの音声及び目覚まし時計のアラーム音を大音量で鳴らし続けた本件行為について傷害罪の実行行為性を肯定したものであり，結論としては異論のないところと思われるが，長期間・長時間にわたる音声の非物理的な（物理力の作用にいたらない）作用について傷害罪の実行行為性を肯定した点に，事例判断として重要な意義があるといえよう。

9）　最判昭和29・8・20刑集8巻8号1277頁（暴行にあたることを肯定）。

Ⅲ 傷害の意義

1 傷害の限界

　傷害の意義については，本章冒頭で述べたように，生理機能侵害説と完全性侵害説の基本的対立があるが，判例は，そのうち，生理機能侵害説に立つものと一応は理解することができる[10]。しかしながら，その内実は必ずしも自明ではない。以下では，まず，判例における傷害概念の実状を示すことにしたい[11]。

　判例においては，生活機能・生理的機能の毀損，健康状態の不良変更が認められる場合に，傷害が肯定される。まず，傷害であるためには，身体内部の変化で足り[12]，身体の外見上変化が認められることを要せず，胸部疼痛[13]や腰部圧痛[14]など身体的な苦痛を感じることにより健康状態の不良変更が認められれば足りる。したがって，病菌の感染[15]やメチルアルコールの中毒症状としての全身倦怠[16]等も，当然，傷害である。次に，外傷（身体組織の物質的破壊[17]）が認められれば，毛髪・ひげ・爪の端の切除などの例外的な場合を除き[18]，傷害が認められている。すなわち，表皮剥離[19]，処女膜裂傷[20]などは傷害であるとされ，キスマーク[21]についても傷害にあ

---

10) 完全性侵害に言及する判例も存在した。大判大正 3・7・4 刑録 20 輯 1403 頁，最判昭和 24・7・7 集刑 12 号 132 頁など参照。
11) 大谷實「暴行と傷害」西原春夫ほか編『判例刑法研究(5)』29 頁以下（1980 年），渡辺咲子『大コンメンタール刑法〔第 2 版〕(10)』393 頁以下（2006 年），松本時夫「傷害の意義」石川弘ほか編『身体的刑法犯』278 頁以下（1992 年）など参照。
12) 大判明治 43・4・4 刑録 16 輯 516 頁。
13) 前出注 2) 最決昭和 32・4・23。
14) 福岡高宮崎支判昭和 62・6・23 判時 1255 号 38 頁。
15) 大判明治 41・2・25 刑録 14 輯 134 頁。
16) 最判昭和 26・9・25 集刑 53 号 313 頁。
17) 大判明治 44・4・28 刑録 17 輯 712 頁は，これを不要とする。
18) 前出注 1) 大判明治 45・6・20 は，毛髪の切除は暴行となるにすぎないと解している。これに対し，傷害罪の成立を肯定したものとして，東京地判昭和 38・3・23 判タ 147 号 92 頁がある。
19) 大判大正 11・12・16 刑集 1 巻 799 頁。
20) 前出注 10) 大判大正 3・7・4 など。

たることが肯定されているのである。これらの事例も，健康状態の不良変更という枠内で何とか捉えることができよう（毛髪やひげ，爪の端の切除については，健康状態の不良変更と解することはできない）。このような意味で，判例の立場は，健康状態の不良変更を傷害の要件とする見解（そのように理解された生理機能侵害説）[22]であると整理することができるのである。

　生理機能には身体的機能のみならず精神的機能も含まれる。言い換えれば，健康状態には身体的健康のみならず，精神的健康も含まれるから，精神的なストレス等を与えることにより精神的機能を害し，精神的健康を不良に変更することも傷害にあたると解されるのは当然のことである。したがって，無言電話等により精神衰弱症に陥らせた事案[23]，被害者方に向かって怒号するなど，嫌がらせ行為により不安及び抑うつ状態に陥らせた事案[24]については，傷害にあたるとすることができる。なお，精神的なストレスが原因であるとはいえ，睡眠障害のほか，頭痛や耳鳴りなどの身体的症状が認められる本件事例において，傷害と認めることができることは当然であろう。

　近年裁判例で問題とされているのが，PTSD（Post-Traumatic Stress Disorder〔心的外傷後ストレス症候群，外傷後ストレス障害〕）である[25]。これは，強い精神的外傷の後に生じてくる精神症状であり，犯罪被害者等に認められることがあるものである。PTSD は，すでに，精神的健康を害することも傷害となりうるとする従来の理解から，また，PTSD が現在確立した疾患概念であることからも，当然，傷害にあたりうると解される。現に，下級審判決には，PTSD が傷害にあたることを肯定するものがすでにいくつか存在するのである[26]。このこと自体は取り立てて議論する必要がないともいい

---

21) 東京高判昭和 46・2・2 判時 636 号 95 頁，東京地判昭和 45・10・22 判時 612 号 103 頁（原審）。
22) 生理機能とは区別された生活機能の障害を傷害と解する見解として，河上・前出注 3) 305 頁参照。
23) 東京地判昭和 54・8・10 判時 943 号 122 頁。
24) 名古屋地判平成 6・1・18 判タ 858 号 272 頁。
25) 甲斐行夫「心的外傷後ストレス症候群（PTSD）による傷害罪の成立が否定された事例」研修 639 号 29 頁以下（2001 年），杉田雅彦「PTSD（心的外傷後ストレス障害）と刑事事件」判タ 1072 号 52 頁（2001 年）など参照。

うるが，問題となるのは，何らかの精神的ストレスを感じさせることがすべて傷害であるとすることは明らかに妥当でないことから，一定程度の症状が認められるときに初めて傷害にあたると解するべきではないかということである。この点については，犯罪被害を受けたことにより，「ある程度のストレス状態になること……は，仮にそれが厳密には傷害の概念それ自体に当てはまる程度のものといえる場合においても，それはそれぞれの犯罪の本来の構成要件自体にそのような結果がある程度予想されていて，それがいわばその中に織り込み済みになっていると解する余地があり，致傷罪の定めのない窃盗，脅迫罪等の場合にそれが情状として量刑上考慮されるのは当然であるが，これと同様に，致傷罪の定めのある罪の場合や暴行罪（傷害罪には暴行致傷としての傷害が含まれる。）の場合にも，心理的なストレス状態については，その程度に照らして，致傷罪を構成せず，したがって，暴行罪の場合にも，同様にその情状として量刑上考慮するのを相当とする場合があると考えられる。殊に，致傷罪の設けられている強盗，強姦，強制わいせつ等の被害者の場合には，被害を受けたことにより多かれ少なかれ心理的ストレス状態を生ずるのがむしろ通常といえるのであって，これを生じない場合の方が稀であるといえる以上，通常予想されるようなストレス状態をすべて致傷に当たるとすれば，これらの罪のほとんどないしはかなりの場合がその致傷罪を構成することになり，これを構成しない場合がむしろ稀になるということにもなりかねないと思われるが，そのような結果になることは，我が国の刑法の体系が予想しているところとは必ずしも思われないことからして，相当でないと考えられる」とし，「いわゆる犯罪の被害者としての恐怖による二次的かつ一般的なストレス状態を超えたもの」ではない場合には，傷害罪の成立を認めるのは相当でないとする判決[27]が興味深い。なお，近時，最高裁は，監禁致傷罪の事案において，「一時的な精神的苦痛やストレスを感じ

---

26) 奈良地判平成13・4・5公刊物未登載（約半年間にわたり，数百回，深夜から早朝にかけて無言電話をかけた事案），富山地判平成13・4・19判タ1081号291頁（約3年半にわたり，ほぼ連日脅迫電話・無言電話をかけた事案），山口地判平成13・5・30公刊物未登載（乗用車内で強制わいせつ行為を受けた事案），福岡高判平成12・5・9判時1728号159頁（暴行を受けた事案。ただし，具体的事案としては，傷害にあたることを否定した），東京地判平成16・4・20判時1877号154頁（約2000回にわたり無言電話等をかけた事案）など参照。

27) 前出注26)福岡高判平成12・5・9。

たという程度にとどまらず,いわゆる再体験症状,回避・精神麻痺症状及び過覚醒症状といった医学的な診断基準において求められている特徴的な精神症状が継続して発現している」ことから,このような精神的機能の障害(外傷後ストレス障害〔PTSD〕)を傷害とする判断を示している[28]。

関連して,一時的な失神,昏睡が傷害といいうるかも問題となる。この問題については,約30分間人事不省に陥らせた事案について,直ちに回復し障害が残らない場合には傷害罪は成立しないとした判例[29]がある一方で,湖に突き落として失神状態にした場合には傷害罪が成立するとした判例[30]が存在する。失神,昏睡とは別に生理機能の障害が認められ,又は失神,昏睡の後に何らかの障害が残る場合には,その障害を生じさせたことにより傷害罪の成立を肯定することが当然できるが,失神,昏睡自体については,それを傷害と評価することができるかがそもそも問題となりうるほか[31],その持続性の程度が傷害にあたるか否かの重要な判断基準となるものと思われる。なお,近時,最高裁は,2度にわたり睡眠薬等を摂取させて,約6時間又は約2時間にわたる意識障害及び筋弛緩作用を伴う急性薬物中毒症状を生じさせた事案について,傷害罪の成立を肯定した[32]。

2 暴行によらない傷害

飲み物に毒物を混入してそれを飲ませ中毒症状(さらに,死亡)を生じさせる場合,腐敗した飲食物を提供して飲食させ,下痢や嘔吐の症状を生じさ

---

28) 最決平成24・7・24刑集66巻8号709頁。解説としては,島岡まな「外傷後ストレス障害(PTSD)の惹起と監禁致傷罪」平成24年度重判解(ジュリ1453号)157頁以下(2013年)などがある。
29) 大決大正15・7・20新聞2598号9頁。
30) 大判昭和8・9・6刑集12巻1593頁。
31) すなわち,心神喪失(失神)が構成要件要素となっている準強姦罪等においては,それ自体を加重結果としての傷害と見ることには問題がある(これは,後述する昏酔と同様の問題である)。こうしたことから,河上・前出注3)307頁は,刑法自体が失神を傷害概念から除外していると解するべきではないかとする。
32) 最決平成24・1・30刑集66巻1号36頁。解説としては,辻川靖夫「睡眠薬等を摂取させて数時間にわたり意識障害及び筋弛緩作用を伴う急性薬物中毒の症状を生じさせた行為につき傷害罪の成立が認められた事例」ジュリ1448号100頁以下(2012年),辰井聡子「意識障害及び筋弛緩作用を伴う急性薬物中毒症状の惹起と傷害罪」平成24年度重判解(ジュリ1453号)155頁以下(2013年)などがある。

せる場合には，傷害の結果が発生していることは明らかであるが，それは暴行によるものか，そうでないのかが問題となる。暴行による傷害であれば，暴行の故意があれば，傷害罪・傷害致死罪が成立しうるほか，さらに，たとえば強盗致死傷罪が成立しうることになる。これに対し，暴行によらない傷害であれば，傷害の故意がなければ，傷害罪・傷害致死罪は成立しえず，また，強盗致死傷罪の成立の余地はない[33]。したがって，暴行による傷害の事案と認めることができるかが，実際上も重要な意味を有することになるのである。

判例は，性交により相手を病毒に感染させた事例において，暴行によらない傷害の事案であると解している[34]。学説においては，この事案について，①病毒の感染は暴行であり，暴行による傷害と解する見解[35]，②欺罔等の相手の心理に働きかける手段を認めうるにすぎず，有形力の行使としての暴行ではなく，暴行によらない傷害と解する見解[36]，③有形力の行使としての暴行には同意があるから，暴行によらない傷害と解する見解[37]，④有形力の行使としての暴行には同意があるが，病毒への感染について不知で同意したものであり，同意は無効だから，暴行による傷害となると解する見解が存在し，又は存在しうるところである。まず，病毒への感染を，そのための手段とは切り離して，それ自体暴行と解することには無理があると思われる。なぜなら，そこに有形力が働いているとすることは社会通念に反するほか，言葉の意味による作用等も，物理的過程が身体において認められる以上，有形力の行使によるものと解されることになり，結局，あらゆる傷害の事例が，暴行による傷害とされることになりかねないからである。ここでは，感染の手段が暴行にあたるかを問題とする必要があり，その点に同意があることをいかに解するかが問われることになる。同意を与えた動機に錯誤があり，錯誤がなければ同意しなかったであろうという場合には同意は無効

---

33) ただし，人の死を究極の昏酔状態と解して，昏酔強盗致死罪の成立を肯定する余地はある。
34) 最判昭和27・6・6刑集6巻6号795頁。
35) 大塚仁『刑法概説（各論）〔第3版増補版〕』27頁（2005年），大谷實『刑法講義各論〔新版第4版〕』26頁（2013年），曽根威彦『刑法各論〔第5版〕』17頁（20012年），西田典之『刑法各論〔第6版〕』43頁（2012年）。
36) 中森喜彦『刑法各論〔第3版〕』15頁（2011年）。
37) 山中敬一『刑法各論〔第2版〕』42頁（2009年）。

となるとする判例の立場[38]によれば，病毒の感染について不知で与えた同意は，感染の可能性を知っていたのであれば同意しなかったといえる限りにおいて無効であり，したがって，暴行による傷害の事案と解しうることになる（ただし，それにしても，社会通念上，有形力の行使と解することに無理はないかという問題は残る）。これに対し，不知・錯誤により与えた同意は，その錯誤が法益に関係する場合，実際に生じた侵害については不存在であり，同意の効果は認められないとの立場（法益関係的錯誤説）からは，物理力の行使に対しては同意が存在するので，暴行の法益侵害性は否定され，暴行によらない傷害の事案と解されることになるものと思われる。ただし，法益関係的錯誤説からも，法益処分の自由も法益の構成要素をなすとの見地から，法益処分の自由にとって重要な事実に錯誤がある場合には，与えた同意は無効であると解して，暴行についての法益侵害性を肯定し，暴行による傷害の事案と解することが不可能ではないであろう（逆にいえば，このような法益関係的錯誤の理解に立たない限り，法益関係的錯誤説から暴行による傷害の事案と解することは困難である）。

IV　加重結果としての傷害

強盗致傷罪（刑240条）については，かつて，その法定刑の下限が懲役7年と重いことから（酌量減軽しても，執行猶予を付することができない），その適用範囲を限定することを意図して，そこにおける傷害は傷害罪における傷害よりも重いものでなければならないとの見解が主張され，最高裁はこうしたことを認めないにもかかわらず[39]，下級審判決においては，そのような限定的理解を採るものが存在していた[40]。その理由として挙げられるのは，強盗罪における暴行は，相手方の反抗を抑圧しうる程度のものである必要があり，相当に強度のものであることが要求されるから，その結果として軽微な傷害が生じることは見込まれるところで，したがって，そうした傷害につ

---

[38]　最判昭和33・11・21刑集12巻15号3519頁。
[39]　最決平成6・3・4集刑263号101頁など。
[40]　大阪地判昭和54・6・21判時948号128頁など。

いては，すでに強盗罪において評価済みであるということである[41]。これは，それ自体としては，理由のある見解であるが，強盗致傷罪の法定刑の下限が懲役6年に引き下げられたことから，現在，こうした主張の実際上の意義は以前より乏しくなったといえよう。

しかしながら，傷害の内容によっては，依然として，強盗致傷罪における傷害としての評価を行うことに疑問のあるものは存在する。そうしたものとして，すでに述べた，犯罪被害者の軽微な精神的ストレスが問題となる。さらに，たとえば，昏酔強盗罪（刑239条）における昏酔の結果が挙げられる。昏酔強盗罪においては昏酔が生じることがその成立要件であり，昏酔をそれ自体として傷害と評価することには疑問があるからである（すなわち，昏酔強盗罪はすべて昏酔強盗致傷罪となるのは，明らかに不当だからである）[42]。それゆえ，昏酔強盗致傷罪の成立を肯定するためには，単なる一時的昏酔を超えた，独立して傷害と評価しうるだけの生理機能の障害がさらに必要になるものと解される。

---

41) 山口・前出注3) 235頁参照。
42) 中森・前出注36) 113頁，山口・前出注3) 231頁参照。

第11章

住居侵入罪の成立要件

I　はじめに

　刑法130条は，正当な理由がないのに，人の住居もしくは人の看守する邸宅，建造物もしくは艦船に侵入した者，又は要求を受けたにもかかわらずこれらの場所から退去しなかった者を処罰している（3年以下の懲役又は10万円以下の罰金）。後段の罪は不退去罪と呼ばれる真正不作為犯であるが，前段の住居侵入罪（本章では，邸宅・建造物・艦船侵入罪をも含める意味でこの用語を用いることがある）については，とくに多くの解釈問題が存在し，実際にも住居侵入罪の成否が争われることは多い。

　住居侵入罪は，その規定が刑法典に規定された位置からすると，社会的法益に対する罪であるかのように思われるが，現在では，個人的法益に対する罪であることに異論はないものと思われる。かねて議論があり，最近，実際の適用面から再度問題とされているのが，住居侵入罪の保護法益である。この点については，周知のように，住居の平穏と解するいわゆる平穏説と住居への立入りを認めるか否かを決定する自由と解するいわゆる住居権説との間で争いがある[1]。犯罪の保護法益は，成立要件の前提，解釈指針としての意味を持つものであり，具体的な成立要件をめぐる解釈において意義を有するものとなる。つまり，保護法益論の真価は成立要件をめぐる解釈論において問われることになるのである。最近，住居侵入罪の解釈・成否が問題とされた注目される最高裁判例が2つ出されたので，本章では，それを紹介しなが

1）　山口厚『問題探究 刑法各論』61頁以下（1999年）参照。

ら，住居侵入罪の解釈について検討を加えることにする。

Ⅱ 最近の最高裁判例

1 最高裁平成19年7月2日決定[2]

(1) 事 案

　被告人は，共犯者らと，本件銀行の現金自動預払機を利用する客のカードの暗証番号，名義人氏名，口座番号等を盗撮するため，現金自動預払機が複数台設置されており，行員が常駐しない同銀行支店出張所（看守者は支店長）に営業中に立ち入り，うち1台の現金自動預払機を相当時間にわたって占拠し続けることを共謀した。
　共謀の内容は，次のようなものであった。
　ア　同銀行の現金自動預払機には，正面に広告用カードを入れておくための紙箱（以下「広告用カードホルダー」という）が設置されていたところ，これに入れる広告用カードの束に似せたビデオカメラで現金自動預払機利用客のカードの暗証番号等を盗撮する。盗撮された映像は，受信機に無線で送られ，それがさらに受像機に送られて記録される。
　イ　被告人らは，盗撮用ビデオカメラと受信機及び受像機の入った紙袋を持って，目標の出張所に立ち入り，1台の現金自動預払機の前に行き，広告用カードホルダーに入っている広告用カードを取り出し，同ホルダーに盗撮用ビデオカメラを設置する。そして，その隣の現金自動預払機の前の床に受信機等の入った紙袋を置く。盗撮用ビデオカメラを設置した現金自動預払機の前からは離れ，隣の受信機等の入った紙袋を置いた現金自動預払機の前

---

2) 最決平成19・7・2刑集61巻5号379頁。解説としては，山口裕之・最判解刑事篇平成19年度193頁以下，川端博「建造物侵入罪における『侵入』の意義及び偽計業務妨害罪における『妨害』の意義」研修718号3頁以下（2008年），塩谷毅「ATM盗撮と建造物侵入罪・業務妨害罪の成否」平成19年度重判解（ジュリ1354号）175頁以下（2008年），伊藤栄二「現金自動預払機利用客のカードの暗証番号等を盗撮する目的で，営業中の銀行支店出張所へ立ち入った行為について，その立入りの外観が一般の現金自動預払機利用客のそれと特に異なるものでなくても，建造物侵入罪が成立するとした事例」研修712号15頁以下（2007年）などがある。

に，交替で立ち続けて，これを占拠し続ける。このように隣の現金自動預払機を占拠し続けるのは，受信機等の入った紙袋が置いてあるのを不審に思われないようにするためと，盗撮用ビデオカメラを設置した現金自動預払機に客を誘導するためである。その間，被告人らは，入出金や振込み等を行う一般の利用客のように装い，受信機等の入った紙袋を置いた現金自動預払機で適当な操作を繰り返すなどする。

ウ　相当時間経過後，被告人らは，再び盗撮用ビデオカメラを設置した現金自動預払機の前に行き，盗撮用ビデオカメラを回収し，受信機等の入った紙袋も持って，出張所を出る。

被告人らは，前記共謀に基づき，前記盗撮目的で，平成17年9月5日午後0時9分ころ，現金自動預払機が6台設置されており，行員が常駐しない同銀行支店出張所に営業中に立ち入り，1台の現金自動預払機の広告用カードホルダーに盗撮用ビデオカメラを設置し，その隣の現金自動預払機の前の床に受信機等の入った紙袋を置き，そのころから同日午後1時47分ころまでの1時間30分間以上，適宜交替しつつ，同現金自動預払機の前に立ってこれを占拠し続け，その間，入出金や振込み等を行う一般の利用客のように装い，同現金自動預払機で適当な操作を繰り返すなどした。また，被告人らは，前記共謀に基づき，翌6日にも，現金自動預払機が2台設置されており，行員が常駐しない同銀行支店の別の出張所で，午後3時57分ころから午後5時47分ころまでの約1時間50分間にわたって，同様の行為に及んだ。なお，被告人らがそれぞれの銀行支店出張所で上記の行為に及んでいた間には，被告人ら以外に他に客がいない時もあった。

第1審判決（東京地判平成18・7・28）は，上記事実について，建造物侵入罪（刑130条）及び偽計業務妨害罪（同233条）の成立を肯定し，控訴審判決（東京高判平成18・11・21）もその結論を是認した。

(2)　**最高裁決定**

被告人の上告を受けた最高裁は，以下のように判示して，上告を棄却した（被告人らの行為は，「偽計を用いて銀行が同現金自動預払機を客の利用に供して入出金や振込等をさせる業務を妨害するものとして，偽計業務妨害罪に当たる」とした部分は割愛する）。

「被告人らは，現金自動預払機利用客のカードの暗証番号等を盗撮する目的で，現金自動預払機が設置された銀行支店出張所に営業中に立ち入ったものであり，そのような立入りが同所の管理権者である銀行支店長の意思に反するものであることは明らかであるから，その立入りの外観が一般の現金自動預払機利用客のそれと特に異なるものでなくても，建造物侵入罪が成立するものというべきである。」

(3) 本判例の意義

本件では，被告人らの盗撮目的での銀行支店出張所への立入りが，「管理権者である銀行支店長の意思に反する」ものであるとして，建造物侵入罪の成立が肯定されている。この判断方法は，後述するように，従来の最高裁判例の立場を踏襲するものであるが，本件でとくに注目されるのが，「立入りの外観が一般の現金自動預払機利用客のそれと特に異なるものでなくても」建造物侵入罪が成立すると，最高裁として明確に判示した点である。これも，従来の下級審裁判例の基本的な立場を是認するものであり，重要な判断であるといえる。

2　最高裁平成20年4月11日判決[3]

(1) 事　案

被告人らは，「自衛隊のイラク派兵反対！」などと記載したビラを，防衛庁（当時）Q宿舎の各室玄関ドアの新聞受けに投かんする目的で，午前11時30分過ぎころから午後0時ころまでの間，Q宿舎の敷地内に立ち入った上，分担して，集合住宅各棟1階出入口から4階の各室玄関前まで立ち入り，各室玄関ドアの新聞受けに上記ビラを投かんするなどした（平成16年1月17日には被告人A・B・Cの3名により4棟［3号棟，5号棟，6号棟，7号棟］においてビラの投かんが行われ，平成16年2月22日には被告人B・Cの2名により3棟［3号棟，5号棟，7号棟］においてビラの投かんが行われている）。この事実について，被告人らは住居侵入罪を犯したとして起訴された。

---

[3]　最判平成20・4・11刑集62巻5号1217頁。解説としては，山口裕之・最判解刑事篇平成20年度203頁以下，関哲夫「集合住宅の敷地・共用部分への立入りが邸宅侵入罪に当たるとされた事例」平成20年度重判解（ジュリ1376号）186頁以下（2009年）などがある。

Q宿舎の敷地は，南北に細長い長方形（以下「南側敷地」という）の北端に東西に細長い長方形（以下「北側敷地」という）が西側に伸びる形で付いた逆L字形をしており，南側敷地の東側，北側敷地の東側と北側が，一般道路に面し，南側敷地の西側，北側敷地の西側と南側の西半分が，自衛隊P駐屯地と接している。南側敷地の南半分（北半分は空き地）には，南から北へ順に1号棟ないし8号棟の集合住宅（鉄筋4階建て，各階6室）が建っている。北側敷地には9号棟，10号棟の集合住宅が建っている。1号棟ないし8号棟の敷地は，約1.5mから2m程度の鉄製フェンスなどで囲まれているが，東側のフェンスは，各号棟の北側通路に通じる出入口となる部分がそれぞれ幅約5mから約9m程度にわたって開口しており，各開口部に門扉はない。同フェンスの各号棟の北側通路に通じる出入口となる各開口部左のフェンス部分に，いずれも，「宿舎地域内の禁止事項　一　関係者以外，地域内に立ち入ること　一　ビラ貼り・配り等の宣伝活動　〔略〕　一　その他，人に迷惑をかける行為　管理者」と印刷されてビニールカバーが掛けられた禁止事項表示板（A3判大）が設置されている（9号棟及び10号棟の敷地にも同様の禁止事項表示板が設置されている）。

　各号棟には3か所（10号棟は4か所）の階段があって，その1階には，北側に各階段に通じる門扉のない出入口があり，そこには，それぞれ集合郵便受けが設置されている。各階段に面して各階2室ずつの玄関があり，各室玄関ドアには新聞受けが設置されている。各号棟の1階出入口にある掲示板又は集合郵便受けの上部の壁等には，前記禁止事項表示板と同じ文言が印刷された禁止事項表示物（A4判大）が掲示されていた。

　Q宿舎は，防衛庁（当時）の職員及びその家族が居住するための国が設置する宿舎である（本件当時，1号棟ないし8号棟は，ほぼ全室に居住者が入居していた）。国家公務員宿舎法，同法施行令等により，敷地及び5号棟ないし8号棟は陸上自衛隊P駐屯地業務隊長の管理，1号棟ないし4号棟は航空自衛隊第1補給処Q支処長の管理となっており，9号棟，10号棟は防衛庁契約本部ないし同庁技術研究本部第3研究所の管理下にある。

　被告人らは，反戦平和を課題とし，示威運動，駅頭情報宣伝活動，駐屯地に対する申入れ活動等を行っている「Q自衛隊監視テント村」（以下「テント

村」という）の構成員として活動している者である。テント村は，平成15年夏に関連法律が成立して自衛隊のイラク派遣が迫ってきたころから，これに反対する活動として，駅頭情報宣伝活動やデモを積極的に行うようになり，自衛官及びその家族に向けて，平成15年10月中ごろ，同年11月終わりころ，同年12月13日と月1回の割合で，自衛隊のイラク派遣に反対し，かつ，自衛官に対しイラク派兵に反対するよう促し，自衛官のためのホットラインの存在を知らせる内容のA4判大のビラを，Q宿舎の各号棟の1階出入口の集合郵便受け又は各室玄関ドアの新聞受けに投かんした。前記平成15年12月13日のビラの投かん後，陸上自衛隊P駐屯地業務隊長の職務を補佐する同業務隊厚生科長，航空自衛隊第1補給処Q支処長の職務を補佐する同支処業務課長らQ宿舎の管理業務に携わっていた者は，連絡を取り合った上，管理者の意を受けて，それぞれの管理部分ごとに分担するなどして，禁止事項表示板をQ宿舎の敷地の一般道路に面するフェンスの各号棟の出入口となる各開口部のすぐわきのフェンス部分に設置し，禁止事項表示物を各号棟の1階出入口に掲示した。また，そのころ，平成15年12月13日のビラの投かんについて，Q宿舎の管理業務に携わっていた者により管理者の意を受けて警察に住居侵入の被害届が提出された。本件で起訴された2回のビラ投かん（立入り）については，Q宿舎の管理業務に携わっていた者により管理者の意を受けて警察に住居侵入の被害届が提出されている。

　上記事実について，第1審判決（東京地八王子支判平成16・12・16[4]）は，被告人らのQ宿舎敷地及び各棟1階入口から各室玄関前に至る通路部分への本件立入りは住居侵入罪の構成要件に該当するとした。なぜなら，Q宿舎の敷地はフェンスで囲まれており，外部から明確に区画されていること，敷地及び通路部分は外界と各居室を結ぶ道などとして同宿舎の居住者らの日常生活上不可欠なものといえ，また，専ら同人らやその関係者らの用に供されていると推認できるから，敷地等はいずれも同宿舎居室と一体をなして「住居」に該当する。Q宿舎の構造，敷地の利用状況及び管理形態に照らすと，同宿舎への「侵入」とは，同宿舎の居住者及び管理者の意思に反して立ち入

4）東京地八王子支判平成16・12・16判時1892号150頁。

ることをいうと解すべきであるが，被告人らは定型的に他人の住居への立入りが許容されている者にあたらず，Q宿舎の関係者ではなく，同宿舎内に立ち入ることにつき，居住者及び管理者いずれの承諾も得ていないから，被告人らの立入りは居住者及び管理者の意思に反するというべきで「侵入」に該当する。しかし，被告人らがQ宿舎に立ち入った動機は正当なものといえ，その態様も相当性を逸脱したものとはいえず，結果として生じた居住者及び管理者の法益侵害も極めて軽微なものにすぎない。被告人らによるビラの投かん自体は憲法21条の保障する政治的表現活動の一態様であり，商業的宣伝ビラの投かんに比して，いわゆる優越的地位が認められる。Q宿舎への商業的宣伝ビラの投かんに伴う立入り行為が刑事責任を問われずに放置されていることに照らすと，被告人らの立入り行為につき従前同種の行為を不問に付してきた経緯がありながら，防衛庁ないし自衛隊又は警察から正式な抗議や警告といった事前連絡なしにいきなり検挙して刑事責任を問うことは，憲法21条1項の趣旨に照らして疑問の余地なしとしない。以上，諸般の事情に照らせば，被告人らがQ宿舎に立ち入った行為は，法秩序全体の見地からして，刑事罰に処するに値する程度の違法性があるものとは認められないとして，無罪としたのである。

　検察官による控訴を受けて，控訴審判決（東京高判平成17・12・9 [5]）は，以下のように判示して，原判決を破棄して住居侵入罪の成立を肯定した。すなわち，被告人らが立ち入った敷地は，隣接の土地又は道路と明確に区画され，道路との開口部を除いてはフェンス等で囲繞されているから，住居である各号棟の各居室に付属し，主として居住者の利用に供されるために区画された場所というべきであり，通路（建物共用部分）についても同様である。敷地は，陸上自衛隊P駐屯地業務隊長が管理し，建物共用部分については，各集合住宅建物の管理権者（航空自衛隊第1補給処Q支処長，陸上自衛隊P駐屯地業務隊長）が管理している。したがって，敷地及び建物共用部分は，集合住宅建物である1号棟ないし8号棟の囲繞地あるいは集合住宅建物の各居室に付属する共用の通路部分として，刑法130条にいう「人の看守する邸

---

[5]　東京高判平成17・12・9判時1949号169頁。

宅」に該当する。また，「侵入」とは，他人の看守する邸宅等に管理権者の意思に反して立ち入ることをいうが，本件立入り行為は管理権者の意思に反するものであることが明らかである。また，被告人らの立入り行為はいわゆる可罰的違法性を欠くものではない。

(2) 最高裁判決

被告人らの上告を受けた最高裁は，以下のように判示して，住居侵入罪の成立を認め，上告を棄却した。

「(1) ……被告人らは，Q宿舎の敷地内に入り込み，各号棟の1階出入口から各室玄関前まで立ち入ったものであり，当該立入りについて刑法130条前段の罪に問われているので，まず，被告人らが立ち入った場所が同条にいう『人の住居』，『人の看守する邸宅』，『人の看守する建造物』のいずれかに当たるのかを検討する。

(2) ……Q宿舎の各号棟の構造及び出入口の状況，その敷地と周辺土地や道路との囲障等の状況，その管理の状況等によれば，各号棟の1階出入口から各室玄関前までの部分は，居住用の建物である宿舎の各号棟の建物の一部であり，宿舎管理者の管理に係るものであるから，居住用の建物の一部として刑法130条にいう『人の看守する邸宅』に当たるものと解され，また，各号棟の敷地のうち建築物が建築されている部分を除く部分は，各号棟の建物に接してその周辺に存在し，かつ，管理者が外部との境界に門塀等の囲障を設置することにより，これが各号棟の建物の付属地として建物利用のために供されるものであることを明示していると認められるから，上記部分は，『人の看守する邸宅』の囲にょう地として，邸宅侵入罪の客体になるものというべきである（最高裁昭和49年(あ)第736号同51年3月4日第一小法廷判決・刑集30巻2号79頁参照）。

(3) そして，刑法130条前段にいう『侵入し』とは，他人の看守する邸宅等に管理権者の意思に反して立ち入ることをいうものであるところ（最高裁昭和55年(あ)第906号同58年4月8日第二小法廷判決・刑集37巻3号215頁参照），Q宿舎の管理権者は，前記……のとおりであり，被告人らの立入りがこれらの管理権者の意思に反するものであったことは，……事実関係から明らかである。

(4) そうすると，被告人らの本件Q宿舎の敷地及び各号棟の1階出入口から各室玄関前までへの立入りは，刑法130条前段に該当するものと解すべきである。なお，本件被告人らの立入りの態様，程度は……事実関係のとおりであって，管理者からその都度被害届が提出されていることなどに照らすと，所論のように法益侵害の程度が極めて軽微なものであったなどということもできない。」

なお，本件被告人らの行為をもって刑法130条前段の罪に問うことは憲法21条1項に違反するという主張に対しては，次のように判示している。

「確かに，表現の自由は，民主主義社会において特に重要な権利として尊重されなければならず，被告人らによるその政治的意見を記載したビラの配布は，表現の自由の行使ということができる。しかしながら，憲法21条1項も，表現の自由を絶対無制限に保障したものではなく，公共の福祉のため必要かつ合理的な制限を是認するものであって，たとえ思想を外部に発表するための手段であっても，その手段が他人の権利を不当に害するようなものは許されないというべきである（最高裁昭和59年（あ）第206号同年12月18日第三小法廷判決・刑集38巻12号3026頁参照）。本件では，表現そのものを処罰することの憲法適合性が問われているのではなく，表現の手段すなわちビラの配布のために『人の看守する邸宅』に管理権者の承諾なく立ち入ったことを処罰することの憲法適合性が問われているところ，本件で被告人らが立ち入った場所は，防衛庁の職員及びその家族が私的生活を営む場所である集合住宅の共用部分及びその敷地であり，自衛隊・防衛庁当局がそのような場所として管理していたもので，一般に人が自由に出入りすることのできる場所ではない。たとえ表現の自由の行使のためとはいっても，このような場所に管理権者の意思に反して立ち入ることは，管理権者の管理権を侵害するのみならず，そこで私的生活を営む者の私生活の平穏を侵害するものといわざるを得ない。したがって，本件被告人らの行為をもって刑法130条前段の罪に問うことは，憲法21条1項に違反するものではない。このように解することができることは，当裁判所の判例（昭和41年（あ）第536号同43年12月18日大法廷判決・刑集22巻13号1549頁，昭和42年（あ）第1626号同45年6月17日大法廷判決・刑集24巻6号280頁）の趣旨に徴

して明らかである。」

(3) 本判例の意義

本判例は，集合住宅の敷地及び共用部分に立ち入った事案について，「住居」への侵入ではなく，「邸宅」への侵入を認めている。敷地については従来の判例においてもそのような判断が示されていたが，集合住宅の共用部分は「住居」ではなく「邸宅」にあたることを最高裁として初めて明らかにしたものであり，この点において意義があるといえよう。ちなみに，本件第1審判決は，この点を「住居」と解していた。また，「侵入」についても，従来の判例に従い，管理権者の意思に反する立入りとして理解している。多数の人が居住する集合住宅について，「侵入」をいかに判断するかは1個の問題であるが，本件で問題となった防衛庁宿舎については，敷地及び共用部分に関する限り，個別の居住者の意思ではなく，管理権者の意思を問題として判断されていることが注目される。

III 侵入の意義

1 判例の動向

住居侵入罪における侵入の意義を明らかにする前提として，住居侵入罪の保護法益をどのように理解するかが問題となる。すなわち，住居などの建造物に対する管理権，その具体的な内容となる「誰に立入りを認めるか」についての自由を保護法益と解する（住居権説）か，住居などの事実上の平穏を保護法益と解する（平穏説）かが問われることになるのである。

大審院判例は，住居侵入罪を「他人ノ住居権ヲ侵害」する犯罪として，住居権を保護法益として理解していた[6]。そして，その住居権は家長としての夫にだけ帰属するという理解から，夫の不在中妻と姦通する目的で住居に立ち入る場合（姦通事例）には，妻の承諾があっても，夫の住居権を侵害するため，住居侵入罪が成立すると解されていたのである[7]。戦後になると，姦

---

6) 大判大正7・12・6録録24輯1506頁。
7) 前出注6) 大判大正7・12・6，大判昭和14・12・22刑集18巻565頁など。

通事例について住居侵入罪の成立を認めることに対する批判から平穏説が主張され，その影響が裁判例にも及ぶに至った。すなわち，姦通事例について，事実上の住居の平穏を害するものでないという理由から住居侵入罪の成立を否定する下級審判決が現れ[8]，一般論としてではあるが，「住居等の事実上の平穏」を保護法益と解する判例[9]が出されるに至ったのである。さらに，「人の看守する建造物」とは，建物ばかりではなく，その囲繞地も含むとされる理由として，その部分への侵入によって「建造物自体への侵入若しくはこれに準ずる程度に建造物利用の平穏が害され又は脅かされることからこれを保護しようとする趣旨にほかならない」とされているが[10]，そこにも平穏説の考えが窺われるといえよう。

しかし，最高裁は，大槌郵便局事件において，「刑法130条前段にいう『侵入シ』とは，他人の看守する建造物等に管理権者の意思に反して立ち入ることをいう」と解するに至った。そして，さらに，「管理権者が予め立入り拒否の意思を積極的に明示していない場合であっても，該建造物の性質，使用目的，管理状況，管理権者の態度，立入りの目的などからみて，現に行われた立入り行為を管理権者が容認していないと合理的に判断されるときは，他に犯罪の成立を阻却すべき事情が認められない以上，同条の罪の成立を免れない」とされたのである[11]。ここでは，保護法益についての言及はなく，直接，「侵入」の意義についての解釈が示されている。管理権者の意思に反する立入りを侵入と解することは住居権説からは当然の帰結となるが，平穏説からも，管理権者の意思に反する立入りにより住居の平穏は害されると解する場合には，同様の解釈が可能となるのである。ただし，とくに大槌郵便局事件のような事案において建造物の平穏が害されていると解する場合，そこで理解された平穏とは一体いかなる内容のものかが問題になると

---

8) 尼崎簡判昭和43・2・29下刑集10巻2号211頁など。
9) 最決昭和49・5・31集刑192号571頁（王子病院事件）。居住者又は看守者が法律上正当な権限を有するか否かは犯罪の成立を左右しないとする理由として判示された。
10) 最判昭和51・3・4刑集30巻2号79頁。解説として，松本光雄「建造物侵入罪の客体となるいわゆる囲繞地にあたるとされた事例」最判解刑事篇昭和51年度30頁以下などがある。
11) 最判昭和58・4・8刑集37巻3号215頁。解説として，森岡茂「一 刑法130条前段にいう「侵入」の意義 二 建造物の管理権者が立入り拒否の意思を積極的に明示していない場合と建造物侵入罪の成否」最判解刑事篇昭和58年度63頁以下などがある。

いえよう。さらにいえば，平穏侵害といっても管理権侵害を単に言い換えたにすぎないのではないかという疑問を避けることができないように思われる。平穏説からは，管理権者の意思に反する立入りであっても，外見上異常さがなく，平穏を害さない態様で行われたものであれば，「侵入」にあたらないと解することになるべきものと思われるが，このような帰結を認めるかが問題の核心であるといえよう。住居権説の立場からも，一般に人の立入りが認められている場所については，立入りの外観・態様に異常さがない場合，それは管理権者の包括的承諾の範囲内での立入りであるとして住居侵入罪の成立を否定するかが問われることになるのである。

2 侵　入

(1) 平成19年判例

平成19年判例で扱われている，銀行支店出張所へのカード番号等を盗撮する目的での立入りの事案においては，一般の現金自動預払機利用客の立入りが認められた場所への立入りが問題となっている。したがって，この場合には，管理権者である銀行支店長が包括的に与えた承諾の範囲内での立入りかどうかが問われることになる。従来の下級審裁判例では，外観からは判明しない立入り目的をも考慮して，その立入りが管理権者の意思に反するかどうかが判断されてきたといえよう。たとえば，陸上競技場に国民体育大会開会式を妨害する目的で一般観客を装って立ち入った事例について，建造物侵入罪の成立が肯定されており[12]，また，禁止事項を行う目的といった立入り目的が外見上明らかにならない限り一般人と識別することは不可能で，事実上その立入りを阻止することはできないが，管理権者の意思に反する立入りであることは否定できないとされている[13][14]。平成19年判例においても，同様の判断が示されているといえよう。なぜなら，「その立入りの外観が一般の現金自動預払機利用客のそれと特に異なるものでなくても」「管理

---

12) 仙台高判平成6・3・31判時1513号175頁。
13) 東京高判昭和48・3・27東高刑時報24巻3号41頁。
14) さらに，東京地判昭和44・9・1刑月1巻9号865頁（皇居一般参賀会場），大阪地判昭和46・1・30刑月3巻1号59頁（大阪万博中華民国館），東京高判平成5・2・1判時1476号163頁（参議院）など。

権者である銀行支店長の意思に反するものであることは明らかである」とされているが，そのような判断は外見からは明らかでない立入り目的を考慮しなくてはなしえないからである。このような理解の前提として，たとえ管理権者が現実に立入りに承諾を与えたとしても，立入り目的について錯誤に陥っており，真の立入り目的を知ったならば立入りを認めなかったであろうという場合にも建造物侵入罪の成立は肯定されることになるものと思われる。そうでなければ，管理権者が立入りの現場にいない方が，建造物侵入罪の規定による保護がより厚くなるという奇妙なことになるし，さらには，判例は，錯誤に基づいて承諾を与えた事例において，錯誤がなければ承諾を与えなかったであろうという場合には承諾を無効と解している[15]ことからも，このような理解が導かれることになるのである。

　このような判例の立場に対しては，学説上異論が出されてきた[16]。一般に公開された場所については，真の目的が外見上判明しない場合には，包括的承諾の範囲内の立入りであり，真の目的が明らかになった段階で不退去罪の成否を問題とすれば足りると解するのである。もっとも，平成19年判例の事案のような場合には不退去罪で対処することは困難であり，また，不退去罪で対応することを認めるのであれば，住居権説の立場からは，この考慮を「前倒し」して，立入りの時点で建造物侵入罪の成立を肯定することも認めるべきだとの議論も可能であろう。

(2) 平成20年判例

　平成20年判例で扱われているのは，集合住宅の敷地及び共用部分への立入りである。このような事案について問題となるのは，「侵入」を管理権者の意思に反する立入りと理解する立場から，管理権者は誰であり，誰の意思を基準に判断するのかということである。

　本件第1審判決は，検察官の主張と同じく，集合住宅の敷地及び共用部分を「住居」として，住居侵入罪の構成要件該当性を認めたことから，居住者及び管理者の意思に反する立入りを「侵入」と解している。Q宿舎の居住者の意思だけではなく，管理者（航空自衛隊第1補給処Q支処長，陸上自衛隊P

---

15) 最判昭和33・11・21刑集12巻15号3519頁参照。
16) 山口厚『刑法各論〔第2版〕』125頁以下（2010年）などを参照。

駐屯地業務隊長）の意思が問題となる理由としては，管理者が宿舎の維持管理にあたっていること，居住者の意思は，通常，管理者を通じて外部に示されることが挙げられている。そして，郵便や宅配便の配達員，電気会社やガス会社の検針担当者等，いわば定型的に他人の住居への立入りが許容されているとみられる者以外，Q宿舎と関係のない者が無断で同宿舎の敷地内に立ち入ること自体，居住者及び管理者の意思に反すると解している。そこから，居住者及び管理者のいずれの承諾も得ていない立入りは「侵入」にあたるとしているのである。そこでは居住者又は管理者のいずれの承諾もないとされているために問題とはならないが，個々の居住者相互間，あるいは居住者と管理者の意思が異なった場合に，「侵入」にあたるか否かをどのように判断するのかという問題が生じるであろう。この場合，居住者1人の承諾があれば「侵入」にあたらない，しかも，その承諾は現実に与えられるものでなくとも，推定されるもの（推定的承諾）でよいと解するときには，そのような推定的承諾すら存在しないことを明らかにする必要があるのではないかが問われうるように思われる[17]。

これに対して，本件控訴審判決は，宿舎の敷地及び共用部分を「邸宅」であると解して，「侵入」の判断の基準となるのは，管理権者の意思のみであり，本件立入りは管理権者の意思に反することが明らかであるとしている[18]。本件最高裁判例も，管理権者の意思のみを問題として，明らかにそれに反する立入りであり，邸宅侵入罪が成立するとしているのである。

Ⅳ 侵入の客体

(1) 問題の所在

刑法130条の住居侵入罪は，「人の住居」，「人の看守する邸宅，建造物若しくは艦船」に侵入した場合に成立する。このうち，「住居」とは，人の起臥寝食に使用される場所をいうとする見解[19]と，それよりも広く，人の日

---

[17] 安達光治「住居・建造物侵入罪における住居権者の意思侵害の意義」立命館法学300＝301号13頁（2005年）はこの点を問題としている。

[18] さらに，居住者の中に立入りを承諾していた者がいるとは証拠上うかがわれないともしている。

常生活に利用される場所をいうとする見解[20]とが対立しているが，前者のように限定的に理解しても，それから漏れるものは「人の看守する建造物」といいうるであろうと思われるから，あまり実益のある議論とはいえないともいえる。また，「邸宅」とは居住用の建造物で住居以外のものを指し，「建造物」とは住居，邸宅以外の建物を広く含むと理解されている[21]。なお，「邸宅」及び「建造物」については，人の看守するものであることが必要とされているが，それは，人（管理権者）が事実上支配・管理することを意味しているのである[22]。

　平成20年判例の事案で宿舎の各居室が住居にあたることは当然であるとして，問題となるのは，宿舎の敷地及び共用部分である。この事案に関する第1審判決は，いずれも「住居」にあたると解している。その理由は，敷地はフェンスにより外部から明確に区画されていること，敷地及び通路部分（共用部分）は，外界と各居室を結ぶ道などとして宿舎の居住者らの日常生活上不可欠なものといえ，専ら同人らやその関係者らの用に供されていると推認できるから，敷地及び通路部分（共用部分）はいずれも宿舎居室と一体をなしているというところにある。これに対し，控訴審判決は，これらは「人の看守する邸宅」にあたると理解している。そして，平成20年判例は，共用部分は「人の看守する邸宅」にあたり，敷地は「人の看守する邸宅」の囲繞地として邸宅侵入罪の客体になるとの判断を示したのである。これは，いずれも重要な判断であり，次に，これらの点についてやや詳しく検討することにしたい。

(2) 集合住宅共用部分

　集合住宅の通路・階段などの共用部分については，刑法130条の住居侵入罪の客体のいずれにあたるのかについて，平成20年判例以前においては，下級審裁判例において見解が分かれていた。すなわち，共用部分も住居であ

---

19)　たとえば，団藤重光『刑法綱要各論〔第3版〕』503頁（1990年），中森喜彦『刑法各論〔第3版〕』68頁以下（2011年），曽根威彦『刑法各論〔第5版〕』79頁（2012年）など。

20)　大塚仁『刑法概説（各論）〔第3版増補版〕』112頁（2005年），大谷實『刑法講義各論〔新版第4版〕』135頁（2013年），西田典之『刑法各論〔第6版〕』99頁（2012年）など。

21)　「艦船」の意義を含め，山口・前出注16) 121頁参照。

22)　最判昭和59・12・18刑集38巻12号3026頁（井の頭線吉祥寺駅南口1階階段付近について，「人の看守する建造物」にあたるとした）。

る居室と一体をなすものとして「住居」にあたるとするもの[23]がある一方で，住居の一部とみることはできないが，全体として住居に使用されている建物に付属する施設として「邸宅」にあたるとするもの[24]があったのである。平成20年判例は，これは「人の看守する邸宅」にあたると判断した最高裁として初めての判例であり，あくまでも本件事案（国が設置する職員用の宿舎）についての判断であるとはいえ，重要である。この最高裁判決は，各号棟の構造及び出入口の状況などから，各号棟の1階出入口から各室玄関前までの部分は，居住用の建物（宿舎）の一部（＝邸宅）であり，宿舎管理者の管理に係るもの（＝看守）であるという理由から，「人の看守する邸宅」にあたるとしたのである。

このような平成20年判例の理解からは，宿舎建物の全体は居住用の建物として「邸宅」となり，現に人が居住している居室部分はとくに「住居」として保護の対象となることになるといえよう。

(3) 付属地（敷地）

建物の付属地（敷地）に侵入した場合に住居侵入罪が成立するかはかねて問題とされてきた[25]。大審院判例は，刑法130条にいう「邸宅」とは，人の住居の用に供せられる家屋に付属し，主として住居者の利用に供せられる区画された場所をいうとして，居住用家屋の付属地は邸宅として侵入から保護されるとしていた[26]。最高裁判例には，社宅20数戸を含む社宅街構内全体が邸宅にあたるとしたものもある[27]。また，「建造物」についても，最高裁は，刑法130条にいう「建造物」とは，単に家屋を指すばかりでなく，その囲繞地を包含するとの解釈を示し，工場の付属地として門塀を設け，外部との交通を制限し守衛警備員等を置き，外来者がみだりに出入りすることを

---

23) 広島高判昭和51・4・1高刑集29巻2号240頁，名古屋地判平成7・10・31判時1552号153頁。
24) 広島高判昭和63・12・15判タ709号269頁。
25) この問題に詳細な検討を加えたものとして，関哲夫『続・住居侵入罪の研究』51頁以下（2001年）がある。
26) 大判昭和7・4・21刑集11巻407頁。もっとも，本判決は，炭鉱内の1区域であって，区域内には1棟について約10戸からなる長屋が27棟あり，外に合宿所，購買会，浴場，その他の建物がある社宅納屋構内は，多数人の住居せる一廓に外ならず，邸宅にあたらないとしていた。
27) 最判昭和32・4・4刑集11巻4号1327頁。

禁止していた工場敷地は「人の看守する建造物」にあたると解している[28]。

学説には,「住居」の付属地（敷地）を「住居」と解する見解も有力であるが[29],判例のように,少なくとも職員用宿舎については,居住用建物及びその付属地（敷地）が「邸宅」であり,現に住居となっている部分については「住居」となると解することが可能であろう[30][31]。また,建造物については,その文言上及び要保護性といった実質的考慮から,付属地（敷地）を含まないという見解もあるが[32],判例同様付属地を含むと解するのが一般であり,確かに文言上疑問の余地はあるが,保護の必要性・相当性の観点からもこれを肯定することができると思われる。

平成 20 年判例は,集合住宅の敷地（建築物が建築されている部分を除く部分）を,周辺土地や道路との囲障等の状況,管理の状況等から,「各号棟の建物に接してその周辺に存在し,かつ,管理者が外部との境界に門塀等の囲障を設置することにより,これが各号棟の建物の付属地として建物利用のために供されるものであることを明示していると認められる」から,「『人の看守する邸宅』の囲にょう地として,邸宅侵入罪の客体になる」としている。平成 20 年判例が宿舎の共用部分を「人の看守する邸宅」と解する以上,その付属地はそれに準じるものであり,「住居」ではなく,「人の看守する邸宅」として,邸宅侵入罪の客体となると理解されることになるのである。「建造物」の付属地（敷地）がその囲繞地として建造物侵入罪の客体となるためには,判例は,「その土地が,建物に接してその周辺に存在し,かつ,管理者が外部との境界に門塀等の囲障を設置することにより,建物の付属地

---

28) 最大判昭和 25・9・27 刑集 4 巻 9 号 1783 頁。さらに,最大判昭和 44・4・2 刑集 23 巻 5 号 685 頁,前出注 10) 最判昭和 51・3・4 など参照。
29) 団藤・前出注 19) 503 頁など参照。
30) 関・前出注 25) 74 頁以下参照。
31) 分譲マンションの廊下等への立入りについて,最判平成 21・11・30 刑集 63 巻 9 号 1765 頁は,「刑法 130 条前段の罪」と,含みをもつ判断を示している。この判決の解説しては,西野吾一「1 分譲マンションの各住戸にビラ等を投かんする目的で,同マンションの共用部分に立ち入った行為につき,刑法 130 条前段の罪が成立するとされた事例 2 分譲マンションの各住戸に政党の活動報告等を記載したビラ等を投かんする目的で,同マンションの共用部分に管理組合の意思に反して立ち入った行為をもって刑法 130 条前段の罪に問うことが,憲法 21 条 1 項に違反しないとされた事例」最判解刑事篇平成 21 年度 532 頁以下などがある。
32) 松宮孝明『刑法各論講義〔第 3 版〕』128 頁以下（2012 年）,関・前出注 25) 74 頁以下参照。

として，建物利用のために供されるものであることが明示され」ることを要件としていたが，平成20年判例もそうした立場から，本件敷地を「人の看守する邸宅」に含まれる囲繞地と判断したのである。敷地のフェンスに開口部があることは，このような理解の妨げにはならないと解されている。

第12章

窃盗罪における占有の意義

I はじめに

　窃盗罪（刑235条）は,「他人の財物を窃取した」ときに成立しうる。ここで「窃取」といいうるためには, 他人が占有する「他人の財物」[1]の占有を取得する[2]必要があることになる。すなわち, 窃盗罪が成立しうるためには, 取得の対象となる財物が他人の占有下にある必要があるのである。そうでなければ, その財物を取得しても, 横領罪（遺失物等横領罪・委託物横領罪・業務上横領罪）が成立しうるにすぎない[3]。ここで, 窃盗罪の成立要件となる他人の占有の意義・範囲が問題となる。

　最近, この問題について判断を示した最高裁判例が出されたので, それを素材としながら, 窃盗罪における占有の意義・範囲について検討を加えることにしたい。なお, 関連して, 占有の有無について行為者が誤認していた事案もありうるところであり, この場合における罪責の考え方についても, 補足的に解説を加えることにする。

---

[1] 「他人の財物」における「の」とは所有を意味するから,「他人の財物」とは他人が所有する財物を意味し, 他人が占有する財物のことをいうのではない。他人が所有しない財物に対する窃盗罪も成立しうるが, それは, 刑法242条の拡張規定により認められるものである。この規定における「占有」が占有一般を指すのか, それとも民事法上認められる占有に限られるかが, 窃盗罪の保護法益の理解をめぐる占有説と本権説との争いである。
[2] 第三者に取得させる場合においても窃盗罪は成立しうるが（最決昭和31・7・3刑集10巻7号955頁）, このときには, 窃盗罪の成立要件である不法領得の意思を肯定しうるかが問題となる。
[3] 当該財物を委託に基づき占有している場合には, 委託物横領罪・業務上横領罪が, そうでない場合には, 遺失物等横領罪が成立しうる。

II 窃盗罪における他人の占有

1 最高裁平成 16 年 8 月 25 日決定[4]

(1) 事　案

①被害者は，本件当日午後3時30分ころから，大阪府内の私鉄駅近くの公園において，ベンチに座り，傍らに自身のポシェット（以下「本件ポシェット」という）を置いて，友人と話をするなどしていた。②被告人は，前刑出所後いわゆるホームレス生活をし，置き引きで金を得るなどしていたものであるが，午後5時40分ころ，上記公園のベンチに座った際に，隣のベンチで被害者らが本件ポシェットをベンチ上に置いたまま話し込んでいるのを見掛け，もし置き忘れたら持ち去ろうと考えて，本を読むふりをしながら様子をうかがっていた。③被害者は，午後6時20分ころ，本件ポシェットをベンチの上に置き忘れたまま，友人を駅の改札口まで送るため，友人と共にその場を離れた。被告人は，被害者らがもう少し離れたら本件ポシェットを取ろうと思って注視していたところ，被害者らは，置き忘れに全く気づかないまま，駅の方向に向かって歩いて行った。④被告人は，被害者らが，公園出口にある横断歩道橋を上り，上記ベンチから約27mの距離にあるその階段踊り場まで行ったのを見たとき，自身の周りに人もいなかったことから，今だと思って本件ポシェットを取り上げ，それを持ってその場を離れ，公園内の公衆トイレ内に入り，本件ポシェットを開けて中から現金を抜き取った。⑤他方，被害者は，上記歩道橋を渡り，約200m離れた私鉄駅の改札口付近まで2分ほど歩いたところで，本件ポシェットを置き忘れたことに気づき，上記ベンチの所まで走って戻ったものの，すでに本件ポシェットはなくなっていた。⑥午後6時24分ころ，被害者の跡を追って公園に戻ってきた

---

4) 最決平成16・8・25刑集58巻6号515頁。解説として，上田哲「公園のベンチ上に置き忘れられたポシェットを領得した行為が窃盗罪に当たるとされた事例」最判解刑事篇平成16年度354頁以下，園田寿「公園のベンチに置き忘れた物と窃盗罪の占有」平成16年度重判解（ジュリ1291号）163頁以下（2005年），東雪見「公園のベンチ上に置き忘れられたポシェットを領得した行為と窃盗罪」ジュリ1323号191頁以下（2006年）などがある。

友人が，機転を利かせて自身の携帯電話で本件ポシェットの中にあるはずの被害者の携帯電話に架電したため，トイレ内で携帯電話が鳴り始め，被告人は，慌ててトイレから出たが，被害者に問い詰められて犯行を認め，通報により駆けつけた警察官に引き渡された。

　第1審判決（大阪地判平成15・11・11）は，以上のような事実について，本件ポシェットに対する窃盗罪の成立を肯定した。

　これに対して被告人が控訴し，被害者は本件ポシェットを公園のベンチに置き忘れていたものであって，占有離脱物横領罪が成立するにすぎないと弁護人が主張したところ，控訴審判決（大阪高判平成16・3・11）は，次のように判示して，窃盗罪の成立を肯定した。「上記のとおり，被害者は，本件ポシェットを，公園のベンチ上に置き忘れたものではあるが，被害者が本件ポシェットの現実的握持から離れた距離及び時間は，極めて短かった上，この間，公園内はそれほど人通りがなく，被害者において，置き忘れた場所を明確に認識していたばかりでなく，持ち去った者についての心当たりを有していたものである上，実際にも，すぐさま携帯電話を使ってその所在を探り出す工夫をするなどして，まもなく本件ポシェットを被告人から取り戻すことができているのであって，これらの事実関係に徴すると，被告人が本件ポシェットを不法に領得した際，被害者の本件ポシェットに対する実力支配は失われておらず，その占有を保持し続けていたと認めることができる。」

(2) 最高裁決定

　被告人による上告を受けた最高裁は，次のように判示して，上告を棄却した。

　「被告人が本件ポシェットを領得したのは，被害者がこれを置き忘れてベンチから約27mしか離れていない場所まで歩いて行った時点であったことなど本件の事実関係の下では，その時点において，被害者が本件ポシェットのことを一時的に失念したまま現場から立ち去りつつあったことを考慮しても，被害者の本件ポシェットに対する占有はなお失われておらず，被告人の本件領得行為は窃盗罪に当たる」。

2 問題の所在

上記判例（以下，「本件判例」ともいう）においては，被害者が「一時置き忘れた物」について，被害者の占有の有無が判断され，それが肯定されている。ここでまず注目されるのは，その具体的な結論もさることながら，その判断方法である。占有の有無を判断する際に従来多く用いられた方法は，本件の控訴審判決においても採られているように，被害者が財物から離れた時点から，それを置き忘れたことに気づき，置き忘れた場所に戻るまでの全状況を総合的に検討して，当該財物がいまだ被害者の支配下にあったかを判断するというものであった。これに対し，本件判例においては，被告人により財物の領得行為が行われた時点における状況を直接問題として，被害者による占有の有無が判断されている。このことは，控訴審判決には示されていない，「被告人が本件ポシェットを領得したのは，被害者がこれを置き忘れてベンチから約27mしか離れていない場所まで歩いて行った時点であった」という事実を記録により認定して，被害者の占有を肯定していることからわかる。こうした判断方法の相違は，次のような事情によるものと思われる。すなわち，従来の判例・裁判例が，上記の全状況を問題とする方法を採用したのは，被告人により領得行為が行われた時点を十分に特定することができなかったため，「疑わしきは被告人の利益に」という刑事裁判の鉄則から，想定される被害者と財物との時間的・場所的離隔を最大限に考慮した場合においても被害者の占有を肯定しうるか，を問題としたことによると解されるのである。これに対し，本件判例では，被告人による領得行為の時点を特定した上で，端的に，その時点における被害者の占有の有無が判断されている。これこそが本来の占有判断の方法であるということができよう。なぜなら，領得行為の時点において被害者の占有があったかだけが問題であり，その後，占有が失われたとしても，いったん成立した窃盗罪が不成立になるいわれはないからである。

被害者による占有の有無を判断する時点については上記のように解することができるとして，実体的により問題となるのは，いかなる理由によって占有の存在を肯定するかである。本件判例は，上記①から⑥までの事実を前提

として,「被害者が本件ポシェットのことを一時的に失念したまま現場から立ち去りつつあったことを考慮しても」, 被害者には占有があったとしている。ここでは, 本件財物との時間的・場所的離隔が僅かであることが, 被害者の占有を肯定するにあたり, 重要な意味を持っている。

以下では, 従来の判例・裁判例を参照しながら, 本件判例の判断について, その位置づけを試みることにしたい。

3 従来の判例・裁判例との関係

(1) 占有の意義

窃盗罪の占有の意義について判断を示した最高裁判例として重要性を有するのが, 最判昭和32・11・8刑集11巻12号3061頁である。同判決は, 占有の意義について,「刑法上の占有は人が物を実力的に支配する関係であって, その支配の態様は物の形状その他の具体的事情によって一様ではないが, 必ずしも物の現実の所持又は監視を必要とするものではなく, 物が占有者の支配力の及ぶ場所に存在するを以て足りると解すべきである。しかして, その物がなお占有者の支配内にあるというを得るか否かは, 通常人ならば何人も首肯するであろうところの社会通念によって決するの外はない。」とする。

学説においても, このような理解が基本的に採られているように思われる。すなわち, 刑法上の占有は, 事実上の支配を意味し, それは民法上の占有よりも狭く, あくまでも事実的な関係であるとされる。そして, それは, 財物に対する支配という客観的要件(占有の事実)と支配意思という主観的要件(占有の意思)とを総合して, 社会通念に従って判断されるべきものと解されているのである[5]。問題は, 社会通念に従って判断するといっても, その基準は必ずしも明瞭ではないところにあり, したがって, その具体化, いわば下位基準の画定が要請されることになる。

財物を現実に握持している場合, 又は, 自ら支配する閉鎖的空間内に財物を置いている場合には, 当該財物に対して占有が認められることに疑問の余

---

5) 山口厚『刑法各論〔第2版〕』177頁以下(2010年)参照。

地はない。これらの場合においては，財物を直接又は（当該閉鎖空間の支配を通して）間接に支配しているといいうるからである。問題は，このような関係が認められない場合における占有の判断である。すなわち，財物に対する事実的な支配が弱いが，それにもかかわらず，社会通念上支配しているということができる場合をいかに画するかが問われることになる[6]。

(2) 占有の範囲

学説においては，占有の有無が問題となる事例を，物の所在する場所によって，①住居のように排他性の強い場所にある場合，②ゴルフ場のようにある程度の排他性のある場所にある場合，③駐輪場のように排他性のない場所にあるが，物と場所との間に特別な関係のある場合，④公道のように排他性のない一般的な場所にある場合，に区別する見解が存在する[7]。これは重要な視点であり，①の場合には当然占有が認められると解されるが，その他の場合において，いかなる観点・理由から占有が肯定されるかが問題である。それは，単なる財物の所在場所だけではなく，財物がそこに置かれた経緯・状況を考慮することなしには判断しがたいであろう。たとえば，自転車を公道に置いた場合であっても，その脇の店舗で一時買い物をしている場合と，酔っぱらって自転車を放置し，どこに置いたかも失念している場合[8]とで，同じ判断を行うことはできないと解されるのである。

財物が所在場所に置かれた経緯を考慮したとき，当該財物に対する占有の有無が問われるのは，①当該財物を自己の所在地から離れた場所にとくに置いた場合，②当該財物を一時置き忘れた場合である。本件判例は②の事案に関するものであるが，これら両者の場合について，従来の判例・裁判例の動向を見ることにしたい。

まず，①当該財物を自己の所在地から離れた場所にとくに置いた場合に関する判例・裁判例を見ることにする。この場合でも，駐輪場に施錠せずに[9]置かれた自転車に対する占有のように，置かれた場所の特殊性によって，そ

---

[6] この判断にあたっては，遺失物等横領罪（刑254条）の法定刑が著しく軽い（上限は懲役1年であり，科料も含まれている）ことの影響がないとはいえないであろう。
[7] 田中利幸「刑法における『占有』の概念」芝原邦爾ほか編『刑法理論の現代的展開 各論』189頁以下（1996年）参照。
[8] 東京高判昭和36・8・8高刑集14巻5号316頁（占有を否定）参照。

れを肯定することは可能である。この場合には，当該財物は所有者により一時当該場所に保管されているのであり，しかも当該場所はそのためのものであるから，財物は所有者になお帰属している（判例の用語法によれば，社会通念上，所有者の支配内にある）との評価が可能となるからである[10]。この考え方の延長線上に，人道専用橋であるものの，事実上市場に来る客の自転車置場ともなっており，終夜自転車を置いたままにしておくことも度々見受けられる場所に置かれた自転車[11]についても被害者の占有を肯定する[12]余地が生じるであろう[13]。さらに，何人の占有にも属さない堂宇に置かれた仏像についても，その保管用の場所にまさに保管されているのであるから，所有者の占有を肯定することができる[14]。なお，これらの場合においては，持去りを防ぐための物理的措置が施されていることは（被害防止という観点からは意義のあることではあるが）占有を肯定するために必要とされる絶対的

9) 施錠されていれば占有を肯定することが一層容易であるが，自転車くらいなら施錠されているまま持ち去ることもかなり容易であり，いずれにせよ，施錠の有無は事実的な支配という観点からも決定的な意味は有しないと考えることができよう。
10) この判断は，当日，自転車を駐輪場から乗って帰ることを失念した場合であっても，変わらないであろう。
11) さらに，①同所には本件自転車のほかに1台の自転車が置かれていた，②本件自転車は購入後1年くらいしか経っていない新しいもので，名前がペンキで鮮明に記入されていた，③かごの中には折りたたみ傘1本とタオルが入れられ，通行の邪魔にならないように置かれていた，という事情が認められた事案である。
12) 福岡高判昭和58・2・28判時1083号156頁。さらに，夜間屋内に取り込むことを失念したため，自家北側角から1.55m離れた隣家の公道上の看板のそばに立てかけておいた自転車について占有を肯定したものとして，福岡高判昭和30・4・25高刑集8巻3号418頁がある。同判決は，「所有者において其の所在を意識し且つ客観的に見て該物件が其の所有者を推知できる場所に存するときは其の物件は常に所有者の占有に属するものと認められる」としている。
13) 駅構内にあるハイウエイバス待合室に旅行鞄を置いたまま，午後8時15分ころ，待合室から約203m離れた同駅構内にある食堂に食事に行き，午後8時50分ころ待合室に引き返したところ，旅行鞄が誰かに持ち去られていたという事案において，被害者の旅行鞄に対する占有を肯定したものとして，名古屋高判昭和52・5・10判時852号124頁がある。これは，被害者が旅行鞄を置いて待合室を出て行った直後に領得行為が行われた事案であり，領得行為と被害者との間の場所的・時間的離隔は僅かなものであったという事情がある。この点を捉えれば，被害者の占有を肯定することができる。ただし，被害者はしばらく旅行鞄をそこに置くつもりであったのであるから，その意味では，後述する②一時的置き忘れの事案に関する基準を適用することには問題があると解する余地のある事案であり，旅行鞄が置かれた場所の特殊性（待合室においては，旅行者が鞄を一時置いて用を足しに行くことがあり，その間においても，鞄は旅行者に帰属するものと認められる）を考慮することが考えられる。
14) 大判大正3・10・21刑録20輯1898頁。

な要件ではないであろう。これらに対し，関東大震災に際して，道路に搬出した物を置いて他所に避難した場合において，その物に対する被害者の占有を肯定すること[15]は，震災という特殊な状況についての判断として認めうるにすぎないと解されるべきであると思われる。こうした事例に関する判例の結論を当然のこととして正当化しようとする見地から，占有概念を過度に一般化・主観化することは避けるべきであろう[16]。占有の範囲を一定の視点から広範に認めることによって，判例の結論を説明しきることはでき，それは説明の論理的整合性という観点からは理解しうる考えではあるが，それは過度の正当化であり，また，それによって，占有の本来の意義が変質してしまうという問題が生じるように思われる[17]。

　次に，②当該財物を一時置き忘れた場合に関する判例・裁判例を検討することにしたい。とくに，これが本件判例の事案であることから，やや詳しく見ることにする。まず，a）前出最判昭和32・11・8が重要である。これは，被害者がバスを待つ間に写真機を身辺約30cmの箇所に置き，行列の移動につれて改札口の方に進んだが，改札口の手前約3.66mの所に来たとき，写真機を置き忘れたことに気づき直ちに引き返したところ，すでにその場から持ち去られていたもので，行列が動き始めてからその場所に引き返すまでの時間は約5分，写真機を置いた場所と引き返した地点との距離は約19.58mにすぎないという事案において，「写真機はなお被害者の実力的支

---

[15] 大判大正13・6・10刑集3巻473頁。
[16] 鈴木左斗志「刑法における『占有』概念の再構成」学習院大学法学会雑誌34巻2号158頁以下（1999年）は，財物が被害者の「利用過程」にとどまっているかを問題とすることにより，占有を広範に肯定する独自の見解を展開する。「利用過程」の意義が多義的であることはさておき，ここでは，論者の視点がもっぱら強調され，通説が行っている考慮が排除されている。
[17] このような解釈の基本的スタンスに関わる問題はここにとどまらない。たとえば，故意・錯誤論においても，さまざまな場面における整合的処理のみを重視する場合には，いわゆる抽象的法定符合説におそらく至らざるをえないものと思われる。具体的法定符合説を批判する論者は，いかに同説が，一定の典型的場合のみを視野においたもので，限界事例では適切な判断がなしえないかを論難するが，しかしながら，限界事例の整合的解釈を可能にするために，致命的な犠牲を払うことになることを考える必要があろう。すなわち，限界事例の解釈のみを気にすることによって，典型事例（眼前にいるAを狙ったところ，隣にいたBに命中したという場合）における判断をまさに「誤る」ことは本末転倒なのであり，ここに形式的思考の限界がある。

配のうちにあった」として，被害者の占有を肯定したものである。次に，b）東京高判昭和54・4・12刑月11巻4号277頁は，駅出札所の4番カウンターに財布を置き忘れたまま，そこから約15,6m離れた13番カウンターに行ったところ，財布を置き忘れたことに気づき，4番カウンターに戻ったが，すでに財布は持ち去られていた（その間，約1,2分であった）という事案について，「被害者は4番カウンターから離れた直後に本件財布を置いて来たことに気付いており，しかも13番カウンターに至った時点においても4番カウンター上の本件財布に対し，被害者の目が届き，その支配力を推し及ぼすについて相当な場所的区域内にあったものと認められるから，かかる時間的，場所的状況下にあった本件財布は，依然として被害者の実力的支配のうちにあったと認めるのが相当であ」るとして，被害者の占有を肯定した。これらに対し，c）東京高判平成3・4・1判時1400号128頁は，大規模なスーパーマーケットの6階のベンチの上に本件札入れを置き忘れたままその場を立ち去って，エスカレーターを利用しても片道で約2分20秒を要する地下1階にまで移動し，約10分余り経過した後に本件札入れを置き忘れたことに気づき引き返してきたが，その間に被告人により本件札入れが不法に領得されていた事案について，「被害者が本件札入れを置き忘れた場所を明確に記憶していたことや，右ベンチの近くに居あわせたA子が本件札入れの存在に気付いており，持ち主が取りに戻るのを予期してこれを注視していたことなどを考慮しても，社会通念上，被告人が本件札入れを不法に領得した時点において，客観的にみて，被害者の本件札入れに対する支配力が及んでいたとはたやすく断じ得ない」として被害者の占有を否定した。以上の判例・裁判例から見ると，一時的な置き忘れの事例においては，財物と被害者との場所的・時間的離隔が決定的な意味を有していることがわかる。すなわち，これらの事例においては，場所的・時間的な関係から，財物の置き忘れに気づき，それによって現実的支配を回復する可能性が高いことによって，当該財物に対する占有が基礎づけられているのである。具体的に見ると，場所的離隔，置き忘れに気づいて引き返すまでの時間が，それぞれ，a）約19.58m，約5分，b）約15,6m，約1,2分の場合に占有が肯定され，c）エスカレーター利用で約2分20秒かかる距離，約10分の場合に占有が否定

されている。これと本件判例の事案を比較するとき（ただし，すでに述べたように，判断方法が異なるから単純な比較はできない），（約27m離れ，ごく僅かな時間しか経っていない時点で領得行為が行われ，しかも，約2分で置き忘れに気づいた）本件において占有を肯定しうるとすることに問題はないであろう。とくに，本件においては，被告人による領得行為の時点において，被害者には当該財物が置かれた場所を見通すことが可能であったと認められるから，その時点における被害者の占有を肯定することがより容易であると思われるのである。こうした事案においては，置き忘れに気づき，他者による妨害を排除して財物を確保する可能性が占有を基礎づけるのであり[18]，「他人の事実的支配を推認せしめる状況[19]」の存在は不要である。このような要素は，妨害を排除して現実的支配を回復する可能性が認めがたい場合（前述①の場合）においても占有を肯定するためには意味がありうるものであるが，すでに現実的支配の可能性によって占有を肯定しうる本件判例のような事案において，そうした要素の欠如を理由に占有を否定することは理由のないことであると思われる[20]。

III 窃盗罪と遺失物等横領罪の錯誤

1 問題の所在

これまで述べてきたように，被害者の占有は現実的な財物の握持がなくとも肯定され，その有無は当該事案における具体的な状況に依存するから，その限界は必ずしも明瞭ではない。そうしたこともあって，当該財物を領得した行為者について，占有の有無についての錯誤，ひいては，窃盗と遺失物等横領についての錯誤が認められることがある[21]。こうした場合，いかなる

---

[18] この場合には，場所的離隔又は時間的離隔のいずれかが僅かであることが占有を肯定する最低限の要件となろう。
[19] 西田典之『刑法各論〔第6版〕』143頁以下（2012年）は，これを要求する立場から，本件判例について「なお疑問がある」とする。
[20] 鈴木・前出注16) 153頁，深町晋也「窃盗罪」法教290号72頁（2004年）など参照。
[21] 東京高判昭和35・7・15下刑集2巻7=8号989頁参照。

解決を与えるべきかが問題となるのである。これは，抽象的事実の錯誤と呼ばれる問題であるが，以下では，この問題について，若干の解説を行うことにしたい。

問題となるのは，①被害者に占有がある（窃盗）と思ったら，なかった（遺失物等横領）場合，②被害者に占有がない（遺失物等横領）と思ったら，あった（窃盗）場合である。

2 解決の方向

抽象的事実の錯誤の問題は，行為者が認識していた事実が該当すべき構成要件（以下，Sともいう）と実際に生じた事実が該当する構成要件（以下，Oともいう）との重なり合い（構成要件的符合）の有無によって解決するのが判例・通説である[22]。両者に形式的な重なり合いがある場合（たとえば，殺人罪と旧尊属殺人罪，殺人罪と同意殺人罪）には，重なり合いの限度で故意犯の成立を肯定することができることは明らかである。すなわち，①SがOより重い罪に係る場合には，行為者にはS罪の故意はあるが，構成要件該当事実であるOについての故意があるかが問題となり，S罪の故意の中にはO罪の故意が含まれているから，したがって，構成要件該当事実Oについての故意があることとなって，O罪が成立する。これに対し，②SがOより軽い罪に係る場合には，重いO罪の成立を肯定することはできないところ（刑38条2項参照），行為者にはS罪の故意はあるが，S罪の構成要件該当事実があるかが問題となり，O罪の構成要件該当事実にはS罪の構成要件該当事実が含まれているから，S罪が成立することになるのである。

問題は，S罪とO罪とが形式的には重なり合わない場合にあり，窃盗と遺失物等横領はこのような関係にある。こうした問題が生じるのは，軽い罪の構成要件と重い罪の構成要件とが重ならないように規定されていることによる（そのために形式的な重なり合いが認められない）。そもそも，窃盗罪（刑235条）は，242条を度外視すれば，占有侵害と所有権侵害からなる罪であり，これに対し，遺失物等横領罪（刑254条）は所有権侵害からなる罪で，

---

[22] 山口厚『刑法総論〔第2版〕』219頁以下（2007年）参照。

両者の間には「重い・軽い」という関係が認められる。すなわち，両者は所有権侵害の限度で実質的には重なり合い，占有侵害の有無によって重さが異なっているのである。しかしながら，遺失物等横領罪は，その客体から，他人の占有下にある財物を除外する形（軽い罪の客体から，重い罪の客体が除外される形）で法文が書かれており，その結果として，両罪は，その客体が他人の占有下にあるか否かによって排他的に規定・区別されることになっている。そのために両罪の規定は形式的には重なり合わないことになるのである。しかしながら，これは法文の書き方という技術的な問題に由来することであり[23]，両罪の関係が「重い・軽い」というものであることは否定できないところである。この意味で，両罪が形式的に重なり合う形で規定されている場合と同様の扱いをすることが正当化されるものと思われる。こうして，両罪の間には「実質的な重なり合い」を肯定することができることから，そのことを根拠として，窃盗の認識で遺失物等横領を実現した場合，及び，逆の場合のいずれにおいても，軽い遺失物等横領罪の成立を肯定することができることになるのである。これは，判例・通説が採用する法定的符合説[24]の立場から当然肯定しうる範囲の解釈であるといえよう。

抽象的事実の錯誤を法定的符合説の立場から解決する場合，故意は構成要件該当事実の認識・予見であるから，行為者に認識されていた事実が該当すべき構成要件と実際に生じた事実が該当する構成要件とが異なる以上，実際に生じた構成要件該当事実について故意が認められないのが「原則」ではあるが，構成要件の形式的重なり合いがある場合ばかりでなく，それがない場合でも，その実質的重なり合いによって，故意を当然に肯定しうる場合はあるのである。問題は，このような構成要件の実質的重なり合いをどこまで緩やかに肯定すべきかにあることになる[25]。この点については，少なくとも，死体遺棄罪（刑190条）と遺棄罪（刑217・218条）のように，保護法益が異

---

[23] たとえば，殺人罪・旧尊属殺人罪の関係では，殺人罪の客体が「尊属以外の人」と書かれていれば，両罪は形式的に重なり合うことはないことになるのである。
[24] 抽象的法定符合説，具体的法定符合説の違いを問わない。
[25] 判例が認めるように（最決昭和54・3・27刑集33巻2号140頁，最決昭和61・6・9刑集40巻4号269頁参照），異なった法に規定された構成要件間についても肯定すべきかが問われることになる。

なる場合[26]に肯定することは困難であるといえよう。

[26] 死体を遺棄する死体遺棄罪の法定刑（3年以下の懲役）の方が，生きている人を遺棄する遺棄罪の法定刑（1年以下の懲役）よりも重いところにこのことは現れている。

第13章

不法領得の意思

I　はじめに

　財産犯のうち，窃盗罪などの領得罪については，書かれざる成立要件として不法領得の意思が必要であると解するのが判例[1]・通説である。この問題は，とくに，財産犯諸規定の冒頭に位置する窃盗罪において議論されているが，不法領得の意思不要説も，少数ながら強力に主張されており[2]，さらに，不法領得の意思必要説においても，その内容の理解についてはなお見解が分かれているのが現状である。すなわち，判例は，窃盗罪における不法領得の意思について，「権利者を排除して他人の物を自己の所有物として〔あるいは，自己の所有物と同様に〕その経済的用法に従い利用，処分する意思」と解し[3]，権利者を排除して，他人の物を自己の所有物として（自己の所有物と同様に）扱う意思（以下，「排除意思」という），及び，他人の物を，その経済的用法に従い利用又は処分する意思（以下，「利用意思」という）の双方を要求する立場に立っているが，学説においては，①判例同様，排除意思及び利用意思の双方を要求する見解[4]，②排除意思のみを要求する見解[5]，③

---

[1]　大判大正4・5・21刑録21輯663頁（教育勅語事件），最判昭和26・7・13刑集5巻8号1437頁など。

[2]　大塚仁『刑法概説（各論）〔第3版増補版〕』197頁（2005年），内田文昭『刑法各論〔第3版〕』255頁（1996年），曽根威彦『刑法各論〔第5版〕』121頁以下（2012年），川端博『刑法各論講義〔第2版〕』282頁以下（2010年）など。不要説からする包括的研究として，林美月子「窃盗罪における不法領得の意思についての一考察」警研53巻2号・4号・6号・7号（1982年）所収が詳細である。

[3]　前出注1)大判大正4・5・21，前出注1)最判昭和26・7・13参照（文言は双方において若干異なるが，その内容は本文に記したとおりである）。

利用意思のみを要求する見解6)が対立しているのである。

　不法領得の意思は法文上示された要件ではないから，そのようなものを要求するためには，特別の根拠・理由が必要である。筆者は，窃盗と不可罰とされるべき軽微な一時使用とを区別し，窃盗と器物損壊とを区別することが必要となること（規定の解釈上，とくに後者が重要である）を，そのような理由として理解している。そして，軽微な一時使用の事例を不可罰とすることを可能とするため，窃盗罪が既遂となる占有移転の時点において，軽微な利用妨害を，それに向けた主観的意思として考慮すること（排除意思の要件がこれを果たす），また，法益侵害の点においてはより重いとも解される器物損壊罪と窃盗罪とを適切に区別し，窃盗罪の法定刑が器物損壊罪のそれよりも重いことを基礎づけること（利用意思の要件がそれを基礎づける）から，判例と同様に，排除意思及び利用意思の双方を不法領得の意思として要求する見解が妥当であると解しているのである7)。学説の多数も，こうした理解から，排除意思及び利用意思を不法領得の意思として要求する立場に立っているが，この要件の具体的な適用にあたってはなお問題が残されており，とくに，排除意思・利用意思の限界をどこに求めるかについては，具体的な事案の解決にあたり，なお検討を要するものがあるのである。

　こうした中，近時注目すべき判例が出された。それは，欺罔により交付させた物を廃棄する意図であった場合に，詐欺罪における不法領得の意思を否定した最高裁決定である。そこには，①詐欺罪における不法領得の意思の要否とその内容，さらに，②廃棄（毀棄・隠匿）目的の場合における不法領得の意思の存否について，重要な判断が含まれている。本章においては，この判例を契機・素材として，不法領得の意思について，若干の検討を加えるこ

4） 平野龍一『刑法概説』207頁（1977年），藤木英雄『刑法講義各論』280頁（1976年），大谷實『刑法講義各論〔新版第4版〕』197頁以下（2013年），中森喜彦『刑法各論〔第3版〕』100頁（2011年），西田典之『刑法各論〔第6版〕』156頁以下（2012年），林幹人『刑法各論〔第2版〕』190頁以下（2007年）など。

5） 団藤重光『刑法綱要各論〔第3版〕』563頁（1990年），福田平『全訂刑法各論〔第3版〕』230頁（1996年）など。

6） 前田雅英『刑法各論講義〔第5版〕』239頁以下（2011年），伊東研祐『現代社会と刑法各論〔第2版〕』209頁（2002年）など。

7） 山口厚『刑法各論〔第2版〕』197頁以下（2010年）参照。

とにしたい。

Ⅱ 最近の最高裁判例

1 最高裁平成 16 年 11 月 30 日決定[8]

(1) 事　案[9]

　被告人は，金員に窮し，支払督促制度[10]を悪用して叔父の財産を不正に差し押さえ，強制執行することなどにより金員を得ようと考え，被告人が叔父に対して6000万円を超える立替金債権を有する旨内容虚偽の支払督促を申し立てた上，裁判所から債務者とされた叔父あてに発送される支払督促正本及び仮執行宣言付支払督促正本について，共犯者が叔父を装って郵便配達員から受け取ることで適式に送達されたように外形を整え，叔父に督促異議申立ての機会を与えることなく支払督促の効力を確定させようと企てた。そこで，共犯者において，2回にわたり，あらかじめ被告人から連絡を受けた日時ころに叔父方付近で待ち受け，支払督促正本等の送達に赴いた郵便配達員に対して，自ら叔父の氏名を名乗り出て受送達者本人であるように装い，

---

8) 　最決平成16・11・30刑集58巻8号1005頁。解説としては，井上弘通「1　郵便送達報告書の受領者の押印又は署名欄に他人の氏名を冒書する行為と有印私文書偽造罪の成否　2　他人あての送達書類を廃棄するだけの意図で他人を装って受領する行為について詐欺罪における不法領得の意思が認められないとされた事例」最判解刑事篇平成16年度560頁以下，林美月子「財産的利益を得る目的で財物を廃棄する意図と不法領得の意思」平成16年度重判解（ジュリ1291号）161頁以下（2005年）などがある。
9) 　第1審判決及び控訴審判決の解説として，浦田啓一「支払督促正本に対する財物詐欺が認められた事例」研修676号15頁以下（2004年）があり，第1審判決について検討を加えた研究として，松宮孝明「詐欺罪における不法領得の意思について」立命館法学292号304頁以下（2003年）がある。
10) 　支払督促は，金銭その他の代替物又は有価証券の一定の数量の給付を目的とする請求について，債権者の申立てにより，債務者を審尋せずに，裁判所書記官により発せられる。支払督促は債務者に送達され，送達を受けた日から2週間以内に債務者が督促異議の申立てをしないときは，裁判所書記官は，債権者の申立てにより仮執行の宣言をし，支払督促に記載して当事者に送達する。債務者が仮執行宣言を付した支払督促の送達を受けた日から2週間以内に督促異議の申立てをしないとき，又は督促異議の申立てを却下する決定が確定したときは，支払督促は確定判決と同一の効力を持つとされる（民訴382条以下参照）。仮執行宣言付支払督促の正本により，債権者は，債務者の財産に対して強制執行を実施することができる（民執25条）。

郵便配達員の求めに応じて郵便送達報告書の受領者の押印又は署名欄に叔父の氏名を記載して郵便配達員に提出し，共犯者を受送達者本人であると誤信した郵便配達員から支払督促正本等を受け取った。なお，被告人は，当初から叔父あての支払督促正本等を何らかの用途に利用するつもりはなく速やかに廃棄する意図であり，現に共犯者から当日中に受け取った支払督促正本はすぐに廃棄している。

　上記事実のうち[11]，廃棄目的で支払督促正本及び仮執行宣言付支払督促正本を郵便配達員を欺罔して取得した点について，第1審判決（神戸地判平成15・8・19）[12]は，詐欺罪が成立するには不法領得の意思が必要であるが，その不存在ないし利用を妨げることがそのまま特定の者の利益になる財物については，それを廃棄することが「その経済的ないし本来的用法に従いこれを利用もしくは処分する」ことになるから，それを廃棄するつもりであっても不法領得の意思はあるとした。そして，本件では，支払督促正本等を債務者に送達されないようにして，その利用を妨げることにより，仮執行宣言付支払督促正本に基づき財産を差し押さえることが可能な経済的利益を得ようとしていたから，騙取した支払督促正本等について廃棄するつもりであっても，不法領得の意思を認めることができるとしたのである。

　控訴審判決（大阪高判平成16・3・5）[13]も，被告人らは，債務者とされた叔父の財産を差し押さえるために，支払督促正本等を債務者本人を装って騙し取って，支払督促の効力を生じさせるとともに，債務者から督促異議申立ての機会を奪いながら，仮執行宣言を付すための期間の計算を開始させ，仮執行宣言により強制執行力を得，仮執行宣言付支払督促の確定する期間の計算を開始させるなど，支払督促正本等の本来の法的，経済的効用を発現させようとしていたのだから，被告人らが債務者本人を装って郵便配達員から支払督促正本等を騙し取ったのは，その財物の経済的ないし本来的用法に従いこれを利用もしくは処分するという積極的な利用・処分目的に基づくものと

11）　郵便送達報告書の受領者の押印又は署名欄に他人である受送達者本人の氏名を冒書する行為については，有印私文書偽造・同行使罪が成立するが，この点については本書では取り扱わない。
12）　浦田・前出注9)17頁以下参照。
13）　浦田・前出注9)18頁以下参照。

いえ，不法領得の意思を認めることができるとした。

  (2) **最高裁決定**

最高裁は，以下のように判示し，不法領得の意思の存在，したがって，詐欺罪の成立を否定した[14]。

「本件において，被告人は，前記のとおり，郵便配達員から正規の受送達者を装って債務者あての支払督促正本等を受領することにより，送達が適式にされたものとして支払督促の効力を生じさせ，債務者から督促異議申立ての機会を奪ったまま支払督促の効力を確定させて，債務名義を取得して債務者の財産を差し押さえようとしたものであって，受領した支払督促正本等はそのまま廃棄する意図であった。このように，郵便配達員を欺いて交付を受けた支払督促正本等について，廃棄するだけで外に何らかの用途に利用，処分する意思がなかった場合には，支払督促正本等に対する不法領得の意思を認めることはできないというべきであり，このことは，郵便配達員からの受領行為を財産的利得を得るための手段の一つとして行ったときであっても異ならないと解するのが相当である。そうすると，被告人に不法領得の意思が認められるとして詐欺罪の成立を認めた原判決は，法令の解釈適用を誤ったものといわざるを得ない。」

2　問題の所在

本件においては，詐欺罪における不法領得の意思の意義及び範囲が問題となるところであるが，最高裁は，詐欺罪において不法領得の意思が必要であるとの前提の下，郵便配達員から詐取した支払督促正本等について「廃棄するだけで外に何らかの用途に利用，処分する意思がなかった」として不法領得の意思を否定したことが重要である。ことに，毀棄・隠匿の目的があった場合において不法領得の意思を肯定しうるか否かについては，以下で見るように，窃盗罪における不法領得の意思の範囲を拡張的に解する動きがあったところでもあり，また，本件の第1審判決及び控訴審判決がその存在を肯定

---

14)「しかしながら，本件事実中，有印私文書偽造，同行使罪の成立は認められる外，第1審判決の認定判示したその余の各犯行の罪質，動機，態様，結果及びその量刑などに照らすと，本件においては，上記法令の解釈適用の誤りを理由として原判決を破棄しなければ著しく正義に反するものとは認められない」として，上告は棄却した。

したのに対し，最高裁が詐欺罪における事例判断とはいえ，それを否定する決定を下したことには，拡張傾向に一定の歯止めをかけるものとして，重要な意義を認めることができるといえよう。

以下では，まず，窃盗罪における不法領得の意思について検討を加え，その後に，詐欺罪における不法領得の意思の意義，さらには，本件を念頭におきながら，廃棄（毀棄・隠匿）目的の場合における不法領得の意思の有無について考察を行うこととしたい。

Ⅲ 窃盗罪における不法領得の意思

1 一時使用の可罰性

判例は，すでに述べたように，窃盗罪の成立要件として，不法領得の意思が必要であるとし，その内容として，排除意思及び利用意思を要求している。このうち，排除意思は，軽微な一時使用の事例を，権利者を排除する意思がないとして，窃盗罪の処罰範囲から除外する意義を有している。すなわち，窃盗罪は財物の占有が移転した段階で既遂になるが，行為者がその後予定する利用の程度（言い換えれば，被害者の利用妨害の程度）は，既遂以後の事態として窃盗罪の成否の判断にそれ自体としては考慮することはできないから，それを行為者の意思（利用の意思）として行為時に繰り上げて考慮し，主観的に予定した利用妨害の程度が軽微な場合に，排除意思がないとして窃盗罪の成立を否定するのである（したがって，結果として返還できたか否かは，不法領得の意思とは無関係である）。

判例は，当初，自転車の一時使用の事案に関し，単なる一時使用の意思の場合には，不法領得の意思は否定されるが，無断使用の末破壊し乗り捨てる意思がある場合には，不法領得の意思は肯定されると解していた[15]。ここでは，単なる一時使用の意思で返還意思がある場合には，被害者の所有権をいわば否定するものではなく，一時的な利用妨害を認めうるにすぎないか

---

15) 大判大正9・2・4刑録26輯26頁。

ら，窃盗罪の成立は否定されるものの，破壊・乗り捨ての意思の場合には，一時的な利用妨害にとどまらず永続的な侵害が認められるから，窃盗罪の成立は肯定しうると解されていたといえる[16]。しかしながら，その後，判例は，自動車の無断使用の事例について，一時使用の意思で返還意思がある場合においても，不法領得の意思を肯定するに至った[17]。さらに，情報の不正取得の意思で，情報が記載された記録媒体を持ち出して複写した後に返還する事例については，利用妨害の程度を問わず，不法領得の意思を肯定しているのである[18]。

2　毀棄罪との関係

判例においては，早い時期から，毀棄・隠匿目的の場合に不法領得の意思を肯定しうるかが問題とされ，利用意思を要求する立場から，それを否定する態度が採られてきた。しかし，この点については，近年，利用意思の範囲をやや拡張するかの動きが下級審に見られることが注目されるのである。

判例は，当初，尋常高等小学校の教員が，校長に対する不満から，その失脚を図り，勅語奉置所に保管されていた教育勅語等を持ち出して，受持ち教室の天井裏に隠匿した事案（教育勅語事件）[19]，世話になった弁護士のために競売を延期させようとして，競売記録を持ち出し隠匿した事案（競売妨害事件）[20]において，経済的用法に従って利用する意思を認めることができな

---

[16]　他人の肥料船を無断使用し，乗り捨てる意思であった場合に，窃盗罪の成立を肯定したものとして，前出注1）最判昭和 26・7・13 がある。

[17]　最決昭和 43・9・17 判時 534 号 85 頁（自動車を相当長時間乗り回していることを，不法領得の意思肯定の根拠として挙げている），最決昭和 55・10・30 刑集 34 巻 5 号 357 頁（自動車を数時間にわたり完全に自己の支配下に置く意図で，約 4 時間余り乗り回した事案）参照。これに対し，自転車を最大限 2，3 時間無断使用することを繰り返していた事案について不法領得の意思を否定したものとして，京都地判昭和 51・12・17 判時 847 号 112 頁がある。

[18]　東京地判昭和 55・2・14 刑月 12 巻 1＝2 号 47 頁（建設調査会事件），東京地判昭和 59・6・15 刑月 16 巻 5＝6 号 459 頁（新薬産業スパイ事件），札幌地判平成 5・6・28 判タ 838 号 268 頁など。これらにおいては，利用妨害の程度は問題とされず，情報に関する利益侵害が重視され，それを根拠に，窃盗罪の成立が肯定されるに至っているといえよう。営業秘密については，秘密の漏洩によりその価値が下落するから，単なる一時使用にとどまらないともいえるが，住民基本台帳データについては，そうした論理は使えず，排除意思を要求しつつ窃盗罪の成立を説明することはかなり困難である。

[19]　前出注1）大判大正 4・5・21。

[20]　大判昭和 9・12・22 刑集 13 巻 1789 頁。

いとして,窃盗罪の成立を否定していた。さらに,その後,報復目的で動力鋸を持ち出して海中に投棄した事案では,「物の本来の用途にかなった方法に従い,あるいはなんらかの形において経済的に利用もしくは処分する意思」がなく,不法領得の意思は認められないとされ[21],犯行発覚を防ぐために殺害後の死体から貴金属を取り去った事案では,「財物から生ずる何らかの効用を享受する意思」がないとして,不法領得の意思は否定されていたのである[22]。

しかしながら,裁判例の中には,犯行隠蔽の目的で手提げ金庫を持ち出して川に投棄した事案について,「自ら所有者の実を挙ぐる意思」としての不法領得の意思があるとしたものがあり[23],さらに,物取りの犯行と装う目的で,金品を奪い自宅の庭に埋めた事案について,「単に物を廃棄したり隠匿したりする意思からではなく」,物取りを装う意図を有していたのであるから,不法領得の意思がある[24]としたものが存在するに至っているのである。これらの事案においては,毀棄・隠匿の意図で物の奪取が行われたにもかかわらず,それだけの目的ではなく,自己の犯行の発覚の防止・隠蔽の目的があることから,不法領得の意思があるとされている。ここでは,単に物を毀棄・隠匿するにとどまらず,そこに何らかの利益追求の意思があれば,不法領得の意思を肯定することが許されるのかが問題となろう。このような考えの行き着く先は,物を毀棄・隠匿することに,人を困らせること等を含めて,何らかの目的・意味を認めうる限り,不法領得の意思を肯定することになりかねず,実際上利用意思不要説に帰着することとなってしまうように思われる[25]。これに対しては,何らかの限界設定がどうしても必要である。すなわち,利用意思を肯定するためには,その物自体を利用(処分もその一

---

21) 仙台高判昭和46・6・21高刑集24巻2号418頁。
22) 東京地判昭和62・10・6判時1259号137頁。
23) 大阪高判昭和24・12・5判特4号3頁。
24) 東京高判平成12・5・15判時1741号157頁。
25) 豊田健「毀棄,隠匿の目的と不法領得の意思」法学研究61巻2号255頁以下(1988年)は,「当該財物の個性に着目してそれを他の物と区別された特定の物と認識している場合」には,物の効用を消滅・除去する意図があるときでも,不法領得の意思があるとするが,それでは「被害者の物」という個性に着目して毀棄・隠匿する事案について不法領得の意思が肯定されることになり,利用意思不要説に実際上至ることになる。

形態である）する意思が必要であり，それをいかに広く緩やかに解するにせよ，最低限度，物自体について将来における利用の可能性を留保する意思は必要とされるべきではないかと思われる[26]。前出平成16年最高裁決定は，詐欺罪の成否が問題となった事案において，他人の財産を差し押さえ，強制執行することなどにより金員を得るという利益を追求する目的があっても，詐取した物について「廃棄するだけで外に何らかの用途に利用，処分する意思がなかった場合」には，不法領得の意思が否定されるとした点において，利用意思を広く理解する傾向・可能性に対し一定の歯止めをかけたものであり，重要な意義があると思われる。問題は，「利用」の内実の理解，限定の程度・内容である。

Ⅳ　詐欺罪と不法領得の意思

1　不法領得の意思の要否

　詐欺罪において不法領得の意思が成立要件として必要かがそもそも問題となりうるが，それについて詳細に検討を加えた文献は極めて少数である。しかし，このことは，詐欺罪において，不法領得の意思は必要ないと解されていることを意味するのではない。窃盗罪における不法領得の意思不要説の立場からは，当然のこととして，詐欺罪においても不法領得の意思は不要と解されることになるが，判例・通説である不法領得の意思必要説からは，詐欺罪においても，窃盗罪と同様に，不法領得の意思は必要であると解され，しかも，その内容は窃盗罪における場合と（基本的に）同じだと解されるから，詐欺罪において特段論じられていないだけのことだと考えられるのである。詐欺罪における不法領得の意思については，まずこのことを指摘する必要があろう。このことは，財産上の利益に関する246条2項の利益詐欺罪についても，財物と財産上の利益という客体の相違に対応する修正はあるとしても，基本的に妥当する。ところが，学説においては，少数ながら，このよ

---

26) 佐伯仁志「窃盗罪をめぐる3つの問題──財物の費消，占有の相続，不法領得の意思」研修645号10頁（2002年）。

うな理解とは異なった見解が主張されている。以下では，それに検討を加えることによって，詐欺罪における不法領得の意思の意義について，改めて確認することにしたい。

　学説の中には，詐欺罪において，財産上の利益に関し，「不法利得の意思」を問題とする見解が主張されている[27]。それは，「領得」というのは物についての観念だと解する立場からのものであり，したがって，物以外の財産をも客体とする詐欺罪においては，とくに「不法利得の意思」が問題とされるべきだとする。しかしながら，これは（領得を物に限る）ドイツ刑法の解釈論を，それとは異なった財産犯規定を持つわが国の刑法の解釈論に導入しようとするものであり，このように議論を進めることは疑問だといわなくてはならない[28]。わが国の財産犯規定中，物のみを客体とする窃盗罪・不動産侵奪罪等とは異なり，強盗罪・詐欺罪・恐喝罪の諸規定は，物以外の利益にまで客体を拡張している。すなわち，これらの処罰規定は，財物を客体とする1項犯罪と，財物に対応する（移転可能な，債権などの）財産上の利益を客体とする2項犯罪とを定めるものであり，客体の違いによって1項と2項とが書き分けられているにすぎない。また，これらの犯罪は，窃盗罪同様，物・利益の占有者から行為者等への移転を成立要件とする財産移転罪であって，利益を客体とする犯罪を，（ドイツ刑法のような）「利得目的の財産侵害罪」の発展形態（財産利得罪）として規定するもの[29]ではないのである。不法領得の意思も，1項犯罪についてそれが必要なのであれば，同様に，客体の相違による修正がありうることは当然として，2項犯罪についても当然必要となると解される。以下で述べるように，1項犯罪において「財物」の取得と領得が異なるように，2項犯罪においても「利益」の取得と領得とは異なるのである。

　上記の学説のように，不法領得の意思を物に限って理解する見解は，実

---

27) 松宮・前出注9) 308頁以下。なお，松宮孝明「暴力団員のゴルフ場利用と詐欺罪」『刑事法理論の探求と発見　斉藤豊治先生古稀祝賀論文集』150頁注6) (2012年) を参照。旧版の記述に誤解があったようなので，問題を再設定した。

28) もっとも，そこから，わが国の刑法解釈論に「間接的な」示唆をうることがあることは別論である。

29) 松宮・前出注9) 311頁参照。

は，わが国の学説においてすでに主張されていた。この見解は，窃盗罪の保護法益である物の所有権を侵害するためには，不法領得の意思が必要であると解し[30]，そこから，財物を客体とする1項詐欺については不法領得の意思を必要とするのである[31]。しかしながら，保護法益をいかに解するかと，不法領得の意思の要否とは関係しないというのが現在の学説の理解であり，このような理由づけにはそもそも疑問があるところである[32]。ともあれ，この見解について注目されるのは，1項詐欺・恐喝については，不法領得の意思なく欺罔・恐喝により財物を交付させても，2項詐欺・恐喝が成立することが多いから，それを要求する実益はないとの指摘を行っていることである。しかしながら，2項詐欺についても処罰に値する法益侵害惹起の有無という観点からの処罰の限定は可能かつ必要であると解されるほか，この見解は，不法領得の意思の内容として排除意思のみを要求し，もっぱら一時使用との関係で問題を捉えている点に留意する必要があると思われる。不法領得の意思の内容として，排除意思のほかに利用意思を要求する判例・通説の立場からは，上記の指摘を認めるとしても，毀棄・隠匿目的で財物を詐取する事例については不法領得の意思が欠けるとして詐欺罪の成立が否定されるという意味において，なお，不法領得の意思を詐欺罪について要求する意義は十分認められるのである。

こうして，不法領得の意思について，判例と同様に，排除意思のみならず利用意思を要求する立場からは，詐欺罪において不法領得の意思を要求することに意義はあるのであるが，そうだとしても，2項詐欺においては，不法領得の意思はすでに故意の内容となっているのではないかが問題となりうると思われる。なぜなら，2項詐欺においては「財産上……の利益を得」ることが要件とされ，故意を認めるためにはこの認識が必要となるからである。しかしながら，「財産上……の利益を得」ることの認識である故意と不法領得の意思とは区別することはできるし，厳密には区別すべきだと思われる。なぜなら，取得の対象としての「利益」は，「利益を図る目的」などにおけ

---

30) 団藤・前出注5) 562頁以下。
31) 団藤・前出注5) 610頁。
32) 山口厚『問題探究 刑法各論』110頁以下（1999年）参照。

る「利益」と同じではなく，財物に対応する（債権を典型例とする）移転可能な利益であり[33]，財物について，それを取得する意思の外に不法領得の意思が必要であることと同様，利益についても，それを取得する意思の外に不法領得の意思が必要となると解することができるからである。このことは，たとえば，AがBを欺罔し，BがCに対して有する金銭債権を自己に譲渡させた事案を考えれば明らかであろう。この場合，AがCに対する金銭債権を行使して金銭を取得する意思があれば，利益である金銭債権の詐取について不法領得の意思があるが，Cに対する債権を行使する意思はなく，債権を奪ってもっぱらBを害する意図の場合には，利益である金銭債権を詐取しても不法領得の意思は理論上否定されうることになるのである。こうして，利益を客体とする2項詐欺においても，利益の取得と領得とは区別され，利益取得の故意とは別に不法領得の意思を問題とすることはできるし，そうすべきであるといえる。

2 詐欺罪における不法領得の意思

平成16年最高裁決定の事案においては，廃棄（毀棄・隠匿）目的による財物の詐取が問題となっている。この関係で参照されるべきだと思われるのは，借用証書を廃棄して債務の履行を免れるために，債権者から借用証書を詐取する事例である。なぜなら，この事例については，すでに，詐欺罪の成立を肯定する見解が主張されているところだからである[34]。ただし，ここで留意すべきなのは，借用証書を廃棄することによって債権者による債権の取立てが困難・不可能となり，債務を事実上免れる結果となるのであれば，借用証書について1項詐欺の成立を肯定する上記の見解においても，それを越えて，より重い，債務自体についての2項詐欺が成立しうる[35]というこ

---

33) 町野朔『犯罪各論の現在』122頁以下（1996年）をも参照。
34) 松宮・前出注9）313頁，佐伯・前出注26）11頁。さらに，木村烈「窃盗罪における『不法領得の意思』をめぐる理論と実務」『小林充先生・佐藤文哉先生古稀祝賀・刑事裁判論集（上）』404頁（2006年）参照。
35) 最判昭和32・9・13刑集11巻9号2263頁は，債権者を殺害しようとして遂げなかった事例について強盗殺人未遂罪の成立を肯定しているが，これは被害者である債権者が死亡すれば，証書がなく，債務の詳細を知る者がいないため，事実上債務を免れることが可能であることが想定された事案である。

とである。この場合には，より重い2項詐欺に1項詐欺は包括評価されるべきだから，借用証書についての詐欺の成立を肯定する意義は実際上乏しいといえよう。したがって，問題となるのは，そのような状況ではなく，借用証書が手元にないため，他の方法による立証方法を用いる等，債権回収に余計な対応措置が必要となるにすぎない場合である[36)][37)]。このような場合には，債権者の権利行使を妨害したにすぎないと見うることが明瞭であるため，競売記録を持ち出して競売手続の進行を妨害した事案について詐欺罪の成立を否定した大審院判例[38)]との関係が問題となり，不法領得の意思を肯定することができるかが問われることになるのである。

　最高裁決定は，受領した支払督促正本等について「廃棄するだけで外に何らかの用途に利用，処分する意思がなかった場合には」，不法領得の意思を肯定することはできないと判示している。これは，詐取の対象となった物について，それ自体を廃棄する意思があるにすぎない場合には[39)]，財産的利得の手段としてなす意思のときであっても，詐欺罪の成立を肯定することはできない（そして，詐欺罪の成否を問題とするにしても，それは，あくまでも，目的とする財産的利益取得の観点からのみなされるべきもの）としていると解することが可能であるように思われる[40)]。むしろ，これが決定の文面を文字通りに読んだ，その素直な理解だということができよう。このように理解する場合には，債務免脱のために廃棄する目的で借用証書を詐取した事例についても，それにより債務を事実上免脱することになって2項詐欺が成立しうることは別論として，借用証書の詐取については，その廃棄を（最高裁決定

---

36) このような場合がどの程度あるかは定かではないが，その限りで問題となる。さらに，債務免脱可能な場合であっても，借用証書に対する1項詐欺を肯定してよいかは依然として問題となりうるという意味では，この場合をも併せて，廃棄目的での借用証書の詐取一般について検討する意味・必要性がある。
37) 松宮・前出注9) 313頁は，その場合でも詐欺罪の成立を肯定する。これに対し，佐伯・前出注26) は，そのような場合を想定していない。
38) 前出注20) 大判昭和9・12・22参照。
39) 最高裁決定においては，詐取した物を廃棄することを「処分」と解していないことは明らかであろう。ここにいう「処分」とは「利用」の一形態を意味するものと解される。
40) 平成16年最高裁決定の事案は，むしろ債務名義取得に向けた一種の訴訟詐欺が実体であり，その過程における文書の詐取を捉えることには，そもそも事案の実体把握の見地からして，無理があるのではないかとの疑問を呈することができよう。

にいう)「利用, 処分」[41]とはいいがたく, 不法領得の意思を欠くために1項詐欺は成立しないと解することも可能となる[42]。また, このような理解によれば, 廃棄目的で行った借用証書の窃取の事例については, 債務免脱が事実上可能か否かにかかわらず, 私用文書毀棄罪 (刑259条) は成立しうるが, 窃盗罪は成立しないと解されることになると思われる。

　筆者は, このような理解に問題はない, むしろ, 利得の動機から区別し, 不法領得の意思の理解の原点に立ち戻る解釈として積極的に評価しうるものと考えているが, 債務免脱のために廃棄する目的で借用証書を詐取する事例について, 借用証書に対する詐欺罪が成立する余地を認める見解からは, 不法領得の意思を狭く解しすぎるのではないかとの疑問が出されることになろう。こうした立場に鑑みて, 以下では, 平成16年最高裁決定の趣旨を, 上記よりも, 限定的に理解する可能性はないかについて, 補論的に検討しておくことにしたい。

　まず, 平成16年最高裁決定の事案については, 詐取の対象となった物 (支払督促正本等) の特質を考慮することが考えられるであろう。すなわち, 借用証書は債権・債務の存在を証明する文書であり, それを廃棄することは, 債権の行使可能性にかかわる借用証書の価値を直接侵害し, その反面として, 行為者が効用・利益を取得 (領得) するのに対して, ここで問題となっている支払督促正本・仮執行宣言付支払督促正本は, 債務者との関係では, 支払督促等を伝達する文書で, 債務者に督促異議の申立ての機会を与えるものにすぎず, それを廃棄することにより, 債務者から督促異議の申立ての機会が奪われることになるが, 利益取得との関係では送達という手続の結果として, 仮執行宣言付支払督促正本が確定判決と同一の効力を有するに至るにすぎない。この意味で, 支払督促正本等の廃棄と効用・利益取得 (領得) の関係が間接的であるにすぎないと思われるのである。このような点に着目すれば, なお, 同じ廃棄目的であっても, 支払督促正本等の詐取と, 借用証書

---

41)　前出注39)参照。
42)　借用証書については, 私用文書毀棄罪 (刑259条) が成立するにすぎないことになる。また, このような考え方をさらに及ぼせば, 犯行を隠蔽し, 証拠を隠滅するため, 被害者等の物を窃取する行為についても, 器物損壊罪 (刑261条) は成立しうるとしても, 窃盗罪の成立は否定されることになろう。

の詐取とを区別することが不可能とはいえないように思われる。

　このように解したとしても，犯行隠蔽・証拠隠滅目的での物件の窃取・詐取との関係がさらに問題となりうる。犯行隠蔽目的で廃棄する意思の場合には，それは捜査活動の開始を妨害する意義を有するにすぎず，借用証書が債権の証明に直接資するものであり，その廃棄が行為者に効用・利益を直接もたらすこととは異なり，効用・利益取得（領得）との関係が極めて間接的であるから，不法領得の意思は否定されるべきことになろう。

　上記のように，廃棄目的での借用証書の詐取の事例の処罰可能性は残るとして最高裁決定を限定的に解釈することが全く不可能とはいえないとしても，最高裁決定によって不可罰とされた事例との区別・限界は所詮程度問題であり，その線引きにはかなり微妙なものがあるといわざるをえない。こうしたことから，処罰範囲の明確性という見地を踏まえ，判例は，詐取した物自体を廃棄するにすぎない場合には，債務免脱等の利得目的があっても不法領得の意思を否定したとして，その限定的な意義を重視したい。

第14章

不動産の占有とその侵奪

I はじめに

　刑法235条の2は，不動産侵奪罪を規定している。これは，境界損壊罪（刑262条の2）とともに，昭和35年に新設されたものである。この規定は，不動産の不法占拠問題，すなわち，裁判所の仮処分による対処が事実上困難な週末・年末を狙って即座に造り上げる「土曜建築」等の方法によりなされる土地の不法占拠[1]に対処すべく導入された。それ以前においては，不動産の不法占拠に対し，刑事法上十分な対応がなしえていなかったのである。なぜなら，不動産の不法占拠については，窃盗罪の成否が問題となるところ，不動産が窃盗罪の客体になりうるかについて学説上議論があり，それを肯定する見解が存在した（学説においては，①隣地の取込み等，不動産の事実的な占有侵害について窃盗罪の成立を肯定する見解，さらに加えて，②偽造文書の行使等による，登記名義の不正取得について窃盗罪の成立を肯定する見解があった）ものの，検察・裁判実務では，不動産を窃盗罪の客体に含めないという態度が採られ，不動産の窃盗として訴追された例が全く存在しなかったからである。このような実務の態度を考慮して，解釈の変更により不動産を窃盗罪の客体に含めることは，法的安定性を害するとされたため，立法による対応が執られることとなった[2]。

---

[1] このようなものとして，梅田村事件が知られている。これは，大阪駅前の繁華街である梅田所在の土地160坪（当時の時価にして1億6000万円以上）の不法占拠に原因して，土地の占有を回復するために被害者によりなされた建造物損壊事件である。第1審では有罪とされたが，控訴審で正当防衛・自救行為により無罪となった（大阪高判昭和31・12・11高刑集9巻12号1263頁）。

こうした立法の経緯から，不動産侵奪罪は，客体が不動産である点を除いては，罪質・構成要件は窃盗罪と同じであると解されている[3]。したがって，構成要件的行為である「侵奪」とは，不法領得の意思をもって，不動産に対する他人の占有を排除し，自己又は第三者の占有に移すことをいうことになる[4]。なお，侵奪といいうるためには，積極的かつ新たな占有排除行為が必要で，従来から有する占有が単に不法になっただけでは足りないとされ，たとえば，賃借期間の満了や賃貸借契約の解除等によって賃借権を失った賃借人が，目的不動産（土地・建物）の占有を継続して，その明渡しに応じないといった場合は侵奪とはいえないと解されているのである[5]。また，不動産侵奪罪は，窃盗罪と同様状態犯で，継続犯ではないと解されており，不法占拠が続く間持続的に成立するわけではない。継続犯と解したのでは，賃貸借終了後の継続使用や「坐り込み」などにも適用される余地が生じ，処罰範囲が広くなりすぎるとともに，保護法益において，建造物侵入罪との関係が不明瞭になるといった難点が存在するとの指摘がなされているところである[6]。

　かつて，不動産侵奪罪の事案はさほど多くないこともあり，判例において，同罪の解釈が示されることは少なかったが，経済状況の変化を背景として事案が見られるようになり，3つの最高裁判例が出されるに至っている。本章においては，これらの3判例を主たる対象として，不動産侵奪罪の解釈

---

2) 高橋勝好「不動産侵奪罪と境界毀損罪」曹時12巻6号677頁以下（1960年）。
3) 高橋・前出注2)690頁，臼井滋夫「不動産侵奪罪」中川善之助＝兼子一監修『不動産法大系(6)』487頁（1970年）など参照。
4) 高橋・前出注2)692頁，臼井・前出注3)492頁など参照。
5) 高橋・前出注2)692頁，臼井・前出注3)494頁，田宮裕『注釈刑法(6)』78頁以下（1966年），小松進「不動産侵奪罪」西原春夫ほか編『判例刑法研究(6)』115頁（1983年）など参照。
6) 高橋・前出注2)693頁以下，臼井・前出注3)492頁など参照。建造物侵入罪との関係は，これを継続犯とする理解に立つ場合に問題が生じることになるといえる（このような理解に疑問があることについては，山口厚『刑法各論〔第2版〕』119頁以下〔2010年〕）。なお，これによって，新法施行前からの不法占拠は処罰の対象とはならないことになるが，やむをえないこととされた。もっとも，後述するように，占有の態様が変更することによって，新たな侵奪があるとされ，処罰の対象となることがある。近時，不動産侵奪罪を継続犯と解するべきだとする見解として，岩間康夫「公園予定地の一部に無権原で簡易建物を構築するなどした行為が不動産の侵奪に当たるとされた事例」現刑35号90頁（2002年）があるが，こうしたことから疑問がある。

論について検討を加えることにしたい。問題となるのは，不動産の（他人の）占有，不動産の侵奪の意義であるところ，前者に関しては最高裁平成11年12月9日決定が，後者に関しては平成12年12月15日の最高裁の2判例が重要な検討の素材を提供している。

II 不動産の占有

1 最高裁平成11年12月9日決定[7]

(1) 事案

A工務店は，埼玉県東松山市内の宅地1496m^2（本件土地）を地上の作業所兼倉庫等の建物5棟と共に所有していたものであるが，振り出した小切手が不渡りとなったことから，平成8年2月28日，債権者の1人であるB社の要求により，同社に本件土地及び地上建物の管理を委ねた。B社が取得した権利は，地上建物の賃借権及びこれに付随する本件土地の利用権を超えるものではなかった。B社は，同月下旬，この権利を競売物件の売買仲介業を営むC社に譲り渡した。そのころ，A工務店は，代表者が家族共々行方をくらましたため，事実上廃業状態となった。建築解体業を営む被告人Xは，同年3月5日，C社からこの権利を買い受けて，本件土地の引渡しを受けた後，これを廃棄物の集積場にしようと企て，そのころから同月30日ころまでの間に，従業員である被告人Yとともに，本件土地上に建設廃材や廃プラスチック類等の混合物からなる廃棄物約8606.677tを高さ約13.12mに堆積させ，容易に原状回復をすることができないようにした。

上記事実に対し，第1審判決（浦和地熊谷支判平成9・3・17）は不動産侵奪罪の成立を肯定し，控訴審判決（東京高判平成9・9・1）も，次のように，不動産侵奪罪の成立を肯定した。「被告人らが本件土地に関与しはじめた当時，……A工務店も間接占有者としてその占有を保持していたと考えるべき

---

[7] 最決平成11・12・9刑集53巻9号1117頁。解説として，朝山芳史「所有者による現実の支配管理が困難になった土地上に大量の廃棄物を堆積させた行為につき不動産侵奪罪が成立するとされた事例」最判解刑事篇平成11年度181頁以下などがある。

状況にあった。」「被告人は，……，その利用及び原状回復を著しく困難にしたというのであるから，そのような行為は単なる賃貸借契約における用法違反にとどまらず，占有の態様・意味を質的に変化させるもので，所有者であり間接占有者であったＡ工務店の本件土地に対する占有を排除し，その占有を継続的に奪う意思をもってこれを自己の占有に取り込んだものといわざるを得ない。」「不動産侵奪罪の保護法益が不動産に対する事実上の支配と解される……，登記名義があるだけで支配管理の実質をともなわないいわゆる法律上の占有はここでいう事実上の支配には含まれないことになるが，逆にいわゆる間接占有は，多少観念的色彩を有する点がないではないにしても，直接占有者を介して当該不動産を現実に支配管理するものであって，なお現実の占有としての実質を失わないものである限り，ここでいう事実上の支配に含まれると解するのが相当だからである。したがって，間接占有もまた不動産侵奪の対象となり得るというべきであり，被告人らが間接占有者であるＡ工務店の意思に反して本件土地に廃棄物を投棄集積した行為を不動産侵奪に該当するとした原判決の判断は正当であ」る。

　(2)　**最高裁決定**

　最高裁も，以下のように判示して，原判決の判断を是認した。

　「以上のような事実関係の下においては，本件土地の所有者であるＡ工務店は，代表者が行方をくらまして事実上廃業状態となり，本件土地を現実に支配管理することが困難な状態になったけれども，本件土地に対する占有を喪失していたとはいえず，また，被告人らは，本件土地についての一定の利用権を有するとはいえ，その利用権限を超えて地上に大量の廃棄物を堆積させ，容易に原状回復をすることができないようにして本件土地の利用価値を喪失させたというべきである。そうすると，被告人らは，Ａ工務店の占有を排除して自己の支配下に移したものということができるから，被告人両名につき不動産侵奪罪の成立を認めた原判決の判断は，相当である。」

2　不動産占有の特殊性

　上記事案においては，所有権を有する会社の代表者が家族共々行方をくらまし，会社は事実上廃業状態となり，現実に支配管理することが困難な状態

にある土地に対する所有権者の占有が肯定されている。占有についてのこうした判断は，窃盗罪の要件である動産に対する占有と比べると，かなり緩やかなものといえるであろう。学説においては，不動産侵奪罪と窃盗罪とは客体が不動産か動産かの点において違うだけで，その他の構成要件は同じだから，不動産の占有は（窃盗罪における動産の占有と同じく）事実的支配を指す[8]としながら，移動して所在不明になることがないという不動産の特性に照らし，動産の占有とは占有の態様に違いを認めうるとの理解が有力である[9]。すなわち，現実の管理や看守がなくとも，権利者に占有の意思がある限り，占有を認めるべき場合が多いとされているのである[10]。

不動産については，遠隔地の山林等をも保護の対象に含めることがぜひとも必要であり，また，占有の限界は社会通念上の帰属判断により画されるから，登記名義を有することにより法的支配の手段を有する者については，他者が有する事実的支配との関係でその内容は限定されるとはいえ，占有意思を有する限り，不動産に対する占有を肯定することができ，そう解するのが妥当だと思われる[11]。この意味で，本件における所有権者には，与えた利用権の内容が限定されたものであることからしても，本件犯行当時，本件土地の占有はなお残されていると解することができるといえよう。

このことは，換言すれば，不動産（とくに，土地）に対する一定の利用権を有して直接占有を有する者が存在する場合においても，なお，不動産の所

---

8) すなわち，登記済み不動産に対し登記名義を有することによる法律的支配のみでは足りないとされるのが一般である。これに対し，法律的支配を有するにすぎない場合についても不動産の占有を肯定する見解として，中森喜彦『刑法各論〔第3版〕』103頁注（35）（2011年）参照。

9) これに対し，動産・不動産の区別なく，占有意思により，広範囲に占有を肯定する見解として，鈴木左斗志「刑法における『占有』概念の再構成」学習院大学法学会雑誌34巻2号133頁以下（1999年）がある。

10) 田宮・前出注5)79頁，臼井・前出注3)490頁など。間接占有でもよいとするものとして，本件控訴審判決などのほか，丸山雅夫「所有者による現実の支配管理が困難になった土地上に大量の廃棄物を堆積させた行為につき不動産侵奪罪が成立するとされた事例」現刑20号63頁（2000年）など。

11) 朝山・前出注7)187頁以下参照。こう解すると，不動産の占有は事実的支配に限るといっても，法的支配を含むと解する見解と実際上ほとんど差がなくなるのである。これに対し，大塚裕史「大量の廃棄物の堆積と不動産侵奪罪」法教239号127頁（2000年）は，およそ物理的な支配が困難である場合にまで，占有意思の存在により，占有を肯定することに疑問を呈している。

有者には，それを間接占有といいうるか否かは別として，直接占有と並存する占有（重畳的占有）が認められうる[12]ということを意味するのである[13]。こうした所有者の重畳的占有を直接占有者が排除すれば，すでに自ら占有する不動産についても，不動産侵奪罪が成立しうることになる[14]。

3　横領罪と不動産の占有

　不動産について，直接占有と重なる，所有者の重畳的占有が緩やかに認められることの実際上の意義は，不動産に対する委託物横領罪の成立要件を考えるとき，より明らかになる。結論から述べれば，不動産に対する委託物横領罪の成立要件となる不動産の占有は，登記済み不動産の場合，単なる事実的支配では足りず，所有権の登記名義を有することが必要であると解されるから，登記名義なく不動産を事実的に利用・支配している者の不正利用行為については，委託物横領罪は成立せず，不動産侵奪罪の成立が可能なだけなのである（換言すれば，不動産侵奪罪は，不動産の直接占有者による当該不動産の不正利用行為を捕捉する意義を有することになる）。

　委託物横領罪の成立を肯定するためには，所有権の侵害が必要であり，賃借権等所有権以外の権利を侵害することでは足りない[15]。確かに，所有権

---

[12]　高部道彦「不動産侵奪罪の成立が認められた事例」警察学論集53巻4号217頁以下（2000年），島田聡一郎「不動産侵奪罪における『占有』の意義」『刑法判例百選II各論〔第6版〕』70頁以下（2008年）参照。斉藤豊治「不動産侵奪罪における不動産の『占有』と『侵奪』の意義」平成11年度重判解（ジュリ1179号）161頁（2000年）は，平成11年判例の事案において，所有者の支配は微弱化していたとして，不動産侵奪罪の成立を否定することを示唆する。

[13]　なお，動産についても共同占有の場合は存在するが，不動産についてはより緩やかに重畳的占有が肯定されうることになる。鈴木・前出注9）は，動産・不動産の別なく，広範囲に占有を肯定するものであり，その意味では，窃盗罪・不動産侵奪罪の構成要件を同一に解する見解に忠実だともいえる。しかし，動産について，占有意思がある限り，広範囲に占有を肯定する点において，社会通念を超えた占有概念を主張するものであり，疑問である。形式的論理一貫性の追求により，客体の特質が無視されてはならないと思われる。

[14]　自己が占有していても，他人の占有を排除すれば不動産侵奪罪が成立しうるのは，共同占有下にある財物に対する他の共同占有者の占有を排除すれば窃盗罪が成立しうることと同じである。

[15]　山口・前出注6）288頁参照。法文上も「他人の物」，すなわち他人所有の物であることが客体の要件であり，それを拡張する刑法242条の準用はないことが考慮されなくてはならない。

の侵害といっても，一般には，その機能の（事実上の）侵害で足りることは，動産に対する委託物横領罪の場合等を考えれば明らかである。この理解から，不動産についても事実的な横領行為を肯定すべきだとの見解も主張されており，法定刑の均衡（委託物横領罪であれば，5年以下の懲役であるが，不動産侵奪罪であれば，10年以下の懲役となること）がその理由として挙げられている[16]。しかし，不動産について（共同占有等の）重畳的占有の可能性をおよそ否定しない限り，占有者についても不動産侵奪罪が成立する場合があることを否定することはできない。むしろ，場所を移転しない不動産については，事実的行為としての不動産の（契約違反等による）不正な利用行為を広く委託物横領罪として処罰の対象とすることには疑問があるというべきであろう。登記済み不動産については，登記名義の移転という形での所有権侵害に，委託物横領罪としての処罰は限定されるべきであり，実務でもそのように解されていると思われる。

　こうしたことから，委託物横領罪の関係では，登記済み不動産についての占有は，登記名義人にあると解すべきであり，したがって，不動産に対する利用権を有するにすぎない者には，当該不動産に対する（委託物横領罪にいう）占有はなく，委託物横領罪の主体となりえないと解されることになる[17]。そうだとすると，不動産侵奪罪の規定は，不動産の利用権を有する者により行われる不法領得行為を（侵奪といいうる限りにおいて）捕捉する意義を有するものであることになり[18]，所有者に不動産に対する重畳的占有を肯定することは，不動産の事実的な不正利用行為を不動産侵奪罪により捕捉することを可能とするものとして，重要な実際上の意義を有することになる（そして，このようなものとしても正当化されることになる）のである。

4　不動産の占有の限界

　所有者の不動産に対する（直接利用者の占有と並ぶ）重畳的占有を肯定し，

---

[16]　鈴木左斗志「所有者による現実の支配管理が困難になった土地に大量の廃棄物を堆積させた行為につき不動産侵奪罪が成立するとされた事例」ジュリ1196号139頁（2001年）参照。
[17]　山口・前出注6) 294頁参照。
[18]　そうでなければ，建造物侵入罪が成立しない限り，犯罪の成立が否定されることになりかねない。

直接利用者の不正利用行為について不動産侵奪罪の成立可能性を認める場合に，そこで問題となるのが，重畳的占有の限界（所有者の重畳的占有が否定され，不動産侵奪罪の適用可能性が否定されるのはいかなる場合か）である[19]。

すなわち，所有権者が直接の利用者に与えた権利の内容によっては，所有権者の重畳的占有が否定されるのではないかが問題となるのである。具体的には，不動産の利用者に賃借権を与えた場合においても，所有権者にはなお（賃借権者の占有と並ぶ）重畳的占有が残るかが問われることになる[20]。この点については，私法上有効な賃借権を有する者は，契約の範囲内においては，不動産を排他的に自由に利用できるのだから，所有権者にはもはや重畳的占有は存在しないとの見解が主張されている[21]。しかし，この見解も「契約の範囲内」との限定を付しており，侵奪態様の如何にかかわらず不動産侵奪の余地はないということはできない（たとえば，資材置場用地として賃借した土地に，堅牢な建造物を構築したような場合）と思われることからも，とくに土地については，賃借権があれば，所有者には重畳的占有はもはや残らないとまではいえないと思われる[22]。あとは，認められた権利との関係で，占有者の行為を侵奪といいうるかが判断されるべきことになろう。

なお，いったん不動産侵奪罪が成立した後に，同一不動産について，さらに不動産侵奪罪が成立しうるかも問題となりうる。たとえば，ある土地の所有者Aがその利用権をBに与えた場合，Aに（Bの権利との関係で限定された）重畳的な占有が残り，したがって，Bがその重畳的占有を排除すれば，不動産侵奪罪が成立しうると解されるが，当初の利用状態が不法に得られた（その結果，不動産侵奪罪が成立した）場合，その後さらになされた不法行為についてさらに不動産侵奪罪が成立する余地を肯定しうるかが問題となるのである。ここでは，「横領行為後の横領」の場合[23]と類似のことが問題になっているといえよう。すなわち，不動産侵奪罪は，窃盗罪と同様移転罪であ

19) 所有者が法律的支配を有する場合，あるいは，支配の意思を有する限り所有者は占有を失わないと解するのであれば，その限りで重畳的占有が否定されることはないことになる。
20) 朝山・前出注7) 189頁参照。
21) 橋爪隆「不動産侵奪罪における『占有』の意義」『刑法判例百選Ⅱ各論〔第5版〕』66頁以下（2003年）参照。
22) 高部・前出注12) 224頁参照。
23) この問題については，本書第9章Ⅲ参照。

るといっても，すでに述べたように，所有者の占有が緩やかに認められるため，侵奪行為後においても，なお所有者には当該不動産に対する占有が残ることとなり，これを排除する行為については，それ自体として，不動産侵奪罪の構成要件該当性を肯定することが不可能ではないと思われる。しかし，不動産侵奪罪の移転罪としての性格から，第1の侵奪行為を不動産侵奪として処罰の対象にしながら，第2の侵奪行為をも処罰の対象とすることは，同一不動産が2回行為者へ移転したとの評価をなすこととなってしまうのではないか（二重評価）という疑問がある[24]。すなわち，「横領行為後の横領」の場合と同様に，双方の侵奪行為を共に不動産侵奪罪により処罰しうると解することにはなお検討の余地があるように思われるのである。ただし，不動産については，所有者に占有の意思がある限り，当該不動産に対する占有が失われないという理解から，不動産侵奪罪においてはそもそも「一部・部分侵奪」の処罰が予定されている（いわば全部移転は不要）と解することが不可能ではなく（委託物横領罪についても，登記名義を有する者に不動産の占有があると解する限り，同じ問題がありうる），したがって，第1・第2の侵奪行為を双方処罰の対象とすることを肯定する余地はありうるように思われる（この場合には，第1・第2の侵奪行為は，包括一罪として処理されることになる）。

III 侵奪の意義

1 侵奪の意義に関する最高裁判例

不動産侵奪罪における侵奪の意義に関し，平成12年12月15日，最高裁は重要な2つの判例を出した。それは，公園予定地の一部に無権原で簡易建物を構築するなどした行為について不動産侵奪罪の成立を肯定した判決[25]（以下，平成12年判決という）と，使用貸借の目的とされた土地の無断転借人

---

[24] 事実的には一部侵奪だから，再度の侵奪が可能であるが，一部侵奪が不動産侵奪罪を構成するという以上，全部侵奪と評価されなければならないのではないかということである。

[25] 最判平成12・12・15刑集54巻9号923頁。解説として，福崎伸一郎「公園予定地の一部に無権原で簡易建物を構築するなどした行為が不動産の侵奪に当たるとされた事例」最判解刑事篇平成12年度264頁以下などがある。

が土地上の簡易施設を改造して本格的店舗を構築した行為について不動産侵奪罪の成立を肯定した決定[26]（以下，平成12年決定という）である。以下，これら2つの最高裁判例について，検討を加えることにする。

2 平成12年判決

(1) 事案

被告人は，Yと共謀の上，中古家庭電器製品等の売場として利用する目的で，東京都が所有する東京都葛飾区東金町所在の土地の一部合計約110.75m^2の空き地を侵奪することを企て，平成8年12月中旬ころ，同所において，東京都に無断で空き地中央東寄り部分に木造ビニールシート葺平屋建簡易建物（建築面積約37m^2）を建築し，さらに引き続いて，そのころ，同所において，簡易建物の西端に接続して同様の簡易建物（建築面積約27.3m^2）を増築し，もって同都有地約110.75m^2を侵奪した，というのが公訴事実である。

第1審判決（東京地判平成11・3・30）は，以上のような事実を認定して，不動産侵奪罪の成立を肯定した。これに対し，控訴審判決（東京高判平成12・2・18）は，以下の判断を示し，不動産侵奪罪の成立を否定したのである。「不動産侵奪罪にいう『侵奪』があったか否かについては，具体的事案に応じて，不動産の種類，占有侵奪の方法，態様，占有期間の長短，原状回復の難易，占有排除及び占有設定の意思の強弱，相手方に与えた損害の有無などを総合的に判断し，社会通念に従って決定すべきであるところ，前認定の事実によれば，本件簡易建物は，本格建築とはほど遠く，解体も容易なものであったから，占有侵害の態様は必ずしも高度のものとはいえない。東京都の本件土地の管理状況は比較的緩やかなものであり，その職員らは，平成8年10月ころ被告人らが本件土地を不法占有するようになって以降，時折警告を与えていたが，その内容は，本件簡易建物建築の前後を通じて，本件土地を明け渡すようにとの趣旨にとどまり，不動産侵奪をいうものではなか

---

[26] 最決平成12・12・15刑集54巻9号1049頁。解説として，福崎伸一郎「使用貸借の目的とされた土地の無断転借人が土地上の簡易施設を改造して本格的店舗を構築した行為が不動産の侵奪に当たるとされた事例」最判解刑事篇平成12年度280頁以下などがある。

った。また，本件簡易建物は居住目的のものでなかったから，占有排除及び占有設定の意思，相手方に与えた損害，原状回復の困難性も，さほど大きいものとはいえない。そうすると，前記検証時の本件簡易建物の性状を前提にしても，同建物の建築をもって不動産侵奪罪にいう侵奪行為があったとするには，重大な疑問が残る。本件公訴事実のいう平成8年12月当時の本件簡易建物の形状は，右検証時のそれよりも更に規模が小さく，あるいは構造が強固でないものであった可能性があるから，不動産侵奪罪の成立を認めるには合理的疑いが残り，犯罪の証明がない。」

(2) **最高裁判決**

最高裁は，以下のように判示して，不動産侵奪罪の成立を肯定する判断を示した。

「1 刑法235条の2の不動産侵奪罪にいう『侵奪』とは，不法領得の意思をもって，不動産に対する他人の占有を排除し，これを自己又は第三者の占有に移すことをいうものである。そして，当該行為が侵奪行為に当たるかどうかは，具体的事案に応じて，不動産の種類，占有侵害の方法，態様，占有期間の長短，原状回復の難易，占有排除及び占有設定の意思の強弱，相手方に与えた損害の有無などを総合的に判断し，社会通念に従って決定すべきものであることは，原判決の摘示するとおりである。

2 本件で起訴の対象となっている平成8年12月中旬ころの時点あるいはそれに引き続いて西側に増築された時点における本件簡易建物の性状を示す的確な証拠がないことも，原判決の指摘するとおりである。

しかし，捜査段階において検証が行われた平成9年8月1日当時の本件土地の状況について見ると，本件簡易建物は，約110.75平方メートルの本件土地の中心部に，建築面積約64.3平方メートルを占めて構築されたものであって，原判決の認定した前記構造等からすると，容易に倒壊しない骨組みを有するものとなっており，そのため，本件簡易建物により本件土地の有効利用は阻害され，その回復も決して容易なものではなかったということができる。加えて，被告人らは，本件土地の所有者である東京都の職員の警告を無視して，本件簡易建物を構築し，相当期間退去要求にも応じなかったというのであるから，占有侵害の態様は高度で，占有排除及び占有設定の意思も

強固であり，相手方に与えた損害も小さくなかったと認められる。そして，被告人らは，本件土地につき何ら権原がないのに，右行為を行ったのであるから，本件土地は，遅くとも，右検証時までには，被告人らによって侵奪されていたものというべきである。」

(3) 「使用侵奪」との区別

窃盗罪において不可罰とされる「使用窃盗」が存在するように，不動産侵奪罪においても不可罰となる「使用侵奪」が存在すると解される。そこで，可罰的な侵奪はいかなる場合に肯定されるかが，問題となる。本判決は，侵奪の定義を「不法領得の意思をもって，不動産に対する他人の占有を排除し，これを自己又は第三者の占有に移すことをいう」とし，「当該行為が侵奪行為に当たるかどうかは，具体的事案に応じて，不動産の種類，占有侵害の方法，態様，占有期間の長短，原状回復の難易，占有排除及び占有設定の意思の強弱，相手方に与えた損害の有無などを総合的に判断し，社会通念に従って決定すべきものである」と判示した点において，重要な意義を有している。具体的には，建物の規模・配置・構造，土地の有効利用の阻害と回復の非容易性，占有侵害態様の高度さ，占有排除・占有設定の意思の強固さ，損害の程度から，侵奪があったことを肯定しているのである。

不動産は場所的に移転しないから，返還が問題となる財物に関する使用窃盗とは態様が異なるものの，窃盗罪と同様，（当該不動産につき）利用可能性排除の想定される程度が，不可罰である「使用侵奪」と可罰的な侵奪を区別する基準となる。動産については，占有移転はいわば即時になされる（即時的な占有移転により既遂が成立する）ため，これらの（既遂後の）事情は不法領得の意思という，もっぱら主観的意思の枠内で考慮されることが明らかであるが，不動産については，本件においても明らかなように，占有移転はいわばなし崩し的になされる（占有排除による既遂成立が一定の時間経過後認められる）ことがあるため，利用可能性の妨害という事実とその可能性とが実際上一体として判断されることにならざるをえないことがあると解されるのである[27]。

3 平成12年決定

(1) 事　案

　A不動産は，平成4年12月ころ，その所有する大阪市中央区所在の宅地126.15m² (本件土地) を，転貸を禁止し，直ちに撤去可能な屋台営業だけを認めるとの約定で，Bに無償で貸し渡した。Bは，そのころ，本件土地上に，(1)約36本の鉄パイプをアスファルト面に穴を開けて差し込み，これにねじ締め式器具を使って，長さ約3mの鉄パイプを縦につないで支柱とし，(2)支柱の上部，下部及び高さ約1.5mの部分に，右器具を使って鉄パイプを横に渡し，(3)以上の骨組みの上面に，鉄パイプを網の目状に配して右器具でつなぎ，その上に角材を載せて針金で固定した上，トタンの波板等をくぎ付けして屋根にし，(4)側面にビニールシートを垂らし鉄パイプにひもで結び付けて壁面とするという方法により，L字型の仮設の店舗を構築した。Bは，その後，さらに，(1)約4本の鉄パイプを埋設してセメントで固定し，(2)右パイプの上部から既存の鉄パイプに鉄パイプを渡して溶接して固定し，(3)その上部に塩化ビニール樹脂の波板を張って屋根にし，側面にビニールシートを垂らして壁面とするという方法により，これをく形にするための増築を加えた。Bは，前記施設 (本件施設) で飲食業を営んでいたが，平成6年6月ころ，Cに対し，本件土地を転貸や直ちに撤去できる屋台以外の営業が禁止されていることを伝えて賃貸し，本件土地及び本件施設を引き渡した。Cもまた，本件施設で飲食業を営んでいたが，同年11月ころ，被告人に対し，本件土地を転貸や直ぐ撤去できる屋台以外の営業が禁止されていることを伝えて賃貸し，本件土地及び本件施設を引き渡した。被告人は，同月下旬ころから同年12月1日ころにかけて，(1)本件施設の側面の鉄パイプにたる木を縦にくくり付けるなどした上，これに化粧ベニヤを張り付けて内壁を作り，(2)本件土地上にブロックを置き，その上に角材を約1m間隔で敷き，これにたる木を約45cm間隔で打ち付け，その上にコンクリートパネルを張って床面

---

27)　鈴木左斗志「不動産侵奪罪における『侵奪』の意義」平成12年度重判解 (ジュリ1202号) 159頁 (2001年) をも参照。ただし，動産について，占有移転後の行為者の意思を考慮して，窃盗罪の成立を論じることには，窃盗の既遂時期との関係で，疑問があるが，この問題については，別の機会に譲る。

を作り，(3)上部の鉄パイプにたる木をくくり付けるなどした上，天井ボードを張り付けて天井を作り，(4)たる木に化粧ベニヤを両面から張り付けて作った壁面で内部を区切って8個の個室を作り，各室にシャワーや便器を設置するという方法により，風俗営業のための店舗（本件建物）を作った。本件建物は，本件施設の骨組みを利用して作られたものであるが，同施設に比べて，撤去の困難さは，格段に増加していた。

第1審判決（大阪地判平成11・11・15）は，「土地所有者に対して速やかな返還が可能な状態で単なる一時的な使用目的に限り不動産が占有されていたような場合に，そのような土地所有者の意図に反して使用することを目的として，速やかな返還が困難となるような状態に変更して不動産の占有を行ったようなときには，占有の態様が質的な変化を遂げたことにより土地所有者が不動産に対して有する支配を新たに排除したものとして，その占有の侵害があったものと認め，不動産侵奪罪が成立すると解するのが相当である」とし，「直ちに撤去可能な屋台の建築のみ認められ，B及びCはこれに従い本件テント小屋での屋台経営を行っていたのに対し，Cから本件土地を借り受けた被告人が本件土地の所有者の意向に反してでもその使用を続けることなどを目的として，速やかな撤去が困難となる本件風俗店舗を建築したものであるから，これによって本件土地の所有者であるA不動産の本件土地に対する支配を新たに排除したものといえ，本件風俗店舗の建築によってA不動産による本件土地の占有を侵害したものと認めるのが相当であ」るとした。

控訴審判決（大阪高判平成12・5・16）も，「本件店舗が堅固かつ半永久的なものとはいえないとしても，元のテント小屋からは，その撤去の困難さが格段に増している」として，不動産侵奪罪の成立を肯定したのである。

(2) **最高裁決定**

最高裁は，以下のように判示して，不動産侵奪罪の成立を肯定した。

「Bが本件土地上に構築した本件施設は，増築前のものは，A不動産との使用貸借契約の約旨に従ったものであることが明らかであり，また，増築後のものは，当初のものに比べて堅固さが増しているとはいうものの，増築の範囲が小規模なものである上，鉄パイプの骨組みをビニールシートで覆うというその基本構造には変化がなかった。ところが，被告人が構築した本件建

物は，本件施設の骨組みを利用したものではあるが，内壁，床面，天井を有し，シャワーや便器を設置した8個の個室からなる本格的店舗であり，本件施設とは大いに構造が異なる上，同施設に比べて解体・撤去の困難さも格段に増加していたというのであるから，被告人は，本件建物の構築により，所有者であるA不動産の本件土地に対する占有を新たに排除したものというべきである。したがって，被告人の行為について不動産侵奪罪が成立するとした原判断は，正当である。」

(3) 占有態様の質的変更

すでに述べたように，不動産について，利用権を有して占有する者が存在する場合でも，所有者の重畳的占有がなお存在しうるため，その重畳的占有をさらに排除すれば，不動産侵奪罪の成立を肯定することは可能である。これは，以前より，占有の態様の質的変更が認められる場合であるとされてきたのであり[28]，本件では，こうしたことから不動産の侵奪が認められている。なお，このことは，不可罰な「使用侵奪」を認めうるにすぎない場合において，占有者が，所有者に認められる当該不動産に対する占有を排除したとき，不動産侵奪罪を肯定しうることと同じである[29]。

---

28) 田宮・前出注5) 79頁，小松・前出注5) 115頁など。裁判例については，福崎・前出注25) 270頁以下など参照。
29) 最決昭和42・11・2刑集21巻9号1179頁参照。

第15章

事後強盗罪の成立範囲

I はじめに

　刑法238条は,「窃盗が,財物を得てこれを取り返されることを防ぎ,逮捕を免れ,又は罪跡を隠滅するために,暴行又は脅迫をしたときは,強盗として論ずる。」と規定している。同条が規定する事後強盗罪は,強盗罪(刑236条)そのものではなく,そのいわば拡張形態であるが,強盗罪に近似した罪質を有するため,法定刑及び強盗致死傷罪の成否などの点において,強盗罪と同じ扱いを受けているのである(これが「強盗罪として論ずる」の具体的な意味である)。したがって,事後強盗罪の構成要件解釈は,強盗罪との近似性を担保するようなされなければならないことになる。このことは,具体的には,事後強盗罪の成立要件である暴行・脅迫は,強盗罪におけるそれ(相手方の反抗を抑圧するに足りる程度)と同程度のもの,すなわち,財物の取り返しや逮捕の行為を抑圧するに足りる程度のものでなければならないと解されていること[1]にも現れている。さらに,より基本的には,事後強盗罪の成立要件である暴行・脅迫は,窃盗の犯行現場又は窃盗の機会の継続中に行われなければならないということである。そのような状況において,財物の取り返しを防ぐ等の法所定の目的で暴行・脅迫を加えた場合に,強盗罪に近い犯罪としての実質を肯定することができるにすぎないからである。たとえば,窃盗の犯行の1週間後,被害者が街中で盗品を手にした窃盗犯人をた

---

[1] 大判昭和19・2・8刑集23巻1頁参照。暴行がこの程度に達していなかったとして事後強盗(致傷)罪の成立を否定した(窃盗罪と傷害罪の成立を肯定するにとどめた)近時の判決として,東京地判平成15・3・31判タ1126号287頁などがある。このような理由により事後強盗罪の成立を否定した下級審判決は散見される。

またま発見し，同人に盗品について問いただし，その刑事責任を追及しようとした場合において，窃盗犯人が逃げるために被害者に暴行を加えたとしても，事後強盗罪は成立しないことにおそらく疑問の余地はない。そうだとすると，一体いかなる場合であれば，法所定の目的による暴行・脅迫に強盗罪に近似した罪質を肯定することができ，いかなる範囲において事後強盗罪の成立を認めることができるのかが重要な問題となるのである。近時，この問題に関する注目すべき最高裁判例が2つ出されるに至った。本章においては，これらの判例を検討の対象としながら，事後強盗罪の成立範囲の問題を中心として，事後強盗罪の解釈の一端について考察を加えることにしたい。

II 最近の最高裁判例

1 最高裁平成14年2月14日決定[2]

(1) 事 案[3]

　被告人は，平成11年3月5日午後3時過ぎころ，A方居宅内において，同人所有の指輪1個を窃取した上，同家屋の天井裏に潜んでいたところ，同日午後6時10分過ぎころ，同人に気づかれ，通報を受けて臨場した警察官Kほか2名に発見されるや，その逮捕を免れるため，同天井裏において，持っていた手工用切出しナイフで，Kの顔面などに切りつけるなどの暴行を加え，よって，同人に加療約3週間を要する顔面，左手，胸部切創の傷害を負わせた。なお，被告人は，Aの不在時に同日昼過ぎころA宅に侵入したものであり，指輪を窃取した後，逃走することは十分に可能であったが，家出中で行く場所がなく，外は寒かったので，数日間くらい被害者宅の天井裏に隠れ，家人が外出したときに天井裏から出てきて食べ物などを盗んだりしよう

---

[2] 最決平成14・2・14刑集56巻2号86頁。解説・評釈としては，朝山芳史・最判解刑事篇平成14年度55頁以下，井上宏・警察学論集55巻7号216頁以下（2002年），林陽一・法教265号142頁以下（2002年），大久保隆志・現刑49号66頁以下（2003年），杉山徳明・研修661号23頁以下（2003年），安田拓人・平成14年度重判解（ジュリ1246号）151頁以下（2003年），嶋矢貴之・ジュリ1247号166頁以下（2003年）などがあり，原判決の評釈として，長井圓・現刑26号80頁以下（2001年）などがある。

[3] 最高裁判例に関連する部分のみを採り上げる。

と考え，A宅にとどまったものである。Aは午後4時30分ころ帰宅し，茶の間のテレビの音量等から留守中に誰か家に侵入していると疑い，さらに，午後5時30分ころ，天井裏で人が移動するような物音がするのに気がつき，泥棒が天井裏にいると思い，警察に通報したものである。

第1審判決（仙台地判平成11・8・23）は，上記事実について，（事後）強盗致傷罪（刑238条・240条）の成立を否定した（窃盗罪及び傷害罪の成立を肯定）。それは，事後強盗罪が成立するためには，暴行が窃盗の機会継続中になされなければならないが，以下の理由から，それを認めることができないとしたためである。すなわち，「被告人の本件暴行が行われたのは，本件指輪の窃盗行為完了から約3時間後という相当の時間的隔たりがあり，その間に被告人が配線に細工をし飲食や睡眠をとるなどの窃盗とは無関係の行動をする時間経過を経た時点であること，被告人が窃盗の犯行現場であるA宅に居続けたのは，被害者や警察官に発見されて追跡され逃げ場を失うなど全く逃走が不可能な状態にあったことから隠れたわけではなく，誰にも見つかることなく容易に犯行現場から逃走できたのに，たまたま家出中であったことから，単に当座寝泊まりする場所を確保するために天井裏に潜んでいたにすぎないこと，警察官の逮捕行為当時，本件指輪の窃盗の事実は被害者にも警察官にも一切判明していない状況にあったこと，天井裏は構造上家人も頻繁に上がるような場所でないうえ，物音を立てるなどしない限りは天井裏に人が存在することは容易に判明するとはいえないことから，窃盗行為が行われた居室内と天井裏とは距離的には近接しているものの隔絶した空間であると評価できることなどからすれば，本件窃盗と本件暴行との間に時間的にはもちろん場所的にも接着しているとは認められず，逮捕行為や暴行も本件窃盗と関連性があるとも認められないので，被告人の本件暴行はもはや窃盗の機会継続中になされたものと解することはできない。」

検察官控訴に対し，控訴審判決（仙台高判平成12・2・22高刑集53巻1号21頁）は，事後強盗罪が成立するためには，窃盗の機会継続中に暴行・脅迫が行われたことを要するが，それは，「暴行又は脅迫がなされた場所的，時間的，人的関係などを総合的に判断の上，犯人が窃盗の犯行に着手し，又はその犯行終了後いまだ被害者側の追及から離脱することなく，これらの者に

よって直ちに財物を取り返されるか，あるいは逮捕される可能性が残されているなどの状況の下で右の暴行又は脅迫が行われたかどうかを検討して決すべきものと解される」とし，以下のように判示して（事後）強盗致傷罪の成立を肯定した。すなわち，「本件窃盗の犯行場所は，A方6畳寝室内であるのに対し，被告人が潜んでいた場所は，その部屋の真上の天井裏という，右犯行場所と一体としてAの管理下にある場所であって，前記のとおりの天井裏の広さや構造等に照らせば，窃盗現場との場所的な接着性は明らかである。また，時間的な接着性についても，窃盗の犯行後，約3時間程度経過しているとはいえ，その事情は……であって，被告人は，本件窃取行為から1時間ほどした後に帰宅した被害者から，泥棒が侵入した形跡があり，かつ出て行った様子も窺われない状況を察知され，その後，天井裏の物音から天井裏に潜んでいるのを覚知されているのであって，本件窃取行為を終えた後においても，盗品である右指輪を所持しながら窃盗の現場であるA方居宅内にとどまり続け，その間更なる窃盗の犯意を持ち続けていたことなどを考えると，窃盗の犯行との時間的接着性があり，被告人が，被害者からの通報により駆け付けた警察官に対して暴行を振るった時点においては，いまだ被害者らの追及から離脱してはおらず，これらの者によって直ちに盗品を取り返されるか，あるいは逮捕される可能性が残されている段階にあったと言えるのであって，被告人によって警察官に加えられた本件暴行は，前記窃盗の機会継続中に行われたものと認められ，したがって，被告人には，本件公訴事実記載のとおりの強盗致傷罪が成立するものと解される。」

(2) **最高裁決定**

被告人の上告を受けた最高裁は，以下のように判示して，原判決を維持した。

「原判決の認定によれば，被告人は，被害者方で指輪を窃取した後も犯行現場の真上の天井裏に潜んでいたところ，犯行の約1時間後に帰宅した被害者から，窃盗の被害に遭ったこと及びその犯人が天井裏に潜んでいることを察知され，上記犯行の約3時間後に被害者の通報により駆け付けた警察官に発見されたことから，逮捕を免れるため，持っていた切出しナイフでその顔面等を切り付け，よって，同人に傷害を負わせたというのである。このよう

な事実関係によれば，被告人は，上記窃盗の犯行後も，犯行現場の直近の場所にとどまり，被害者等から容易に発見されて，財物を取り返され，あるいは逮捕され得る状況が継続していたのであるから，上記暴行は，窃盗の機会の継続中に行われたものというべきである。したがって，被告人に強盗致傷罪の成立を認めた原判断は，相当である。」

2 最高裁平成16年12月10日判決[4]

(1) 事 案

被告人は，金品窃取の目的で，平成15年1月27日午後0時50分ころ，B方住宅に，1階居間の無施錠の掃出し窓から侵入し，同居間で現金等の入った財布及び封筒を窃取し，侵入の数分後に玄関扉の施錠を外して戸外に出て，だれからも発見，追跡されることなく，自転車で約1km離れた公園に向かった。被告人は，同公園で盗んだ現金を数えたが，3万円余りしかなかったため少ないと考え，再度B方に盗みに入ることにして自転車で引き返し，午後1時20分ころ，同人方玄関の扉を開けたところ，室内に家人がいると気づき，扉を閉めて門扉外の駐車場に出たが，帰宅していた家人のCに発見され，逮捕を免れるため，ポケットからボウイナイフを取り出し，Cに刃先を示し，左右に振って近づき，Cがひるんで後退したすきを見て逃走した。

控訴審判決（東京高判平成15・11・27）は，被告人が，盗品をポケットに入れたまま，当初の窃盗の目的を達成するため約30分後に同じ家に引き返したこと，家人は，被告人が玄関を開け閉めした時点で泥棒に入られたことに気づき，これを追ったものであることを理由に，被告人の上記脅迫は，窃盗の機会継続中のものというべきであると判断し，被告人に事後強盗罪の成立を認めた。

(2) 最高裁判決

被告人の上告を受けた最高裁は，以下のように判示して，原判決破棄・差

---

4) 最判平成16・12・10刑集58巻9号1047頁。解説としては，大野勝則「窃盗の犯人による事後の脅迫が窃盗の機会の継続中に行われたとはいえないとされた事例」最判解刑事篇平成16年度587頁以下，高橋則夫「事後強盗罪の成立が否定された事例」平成16年度重判解（ジュリ1291号）165頁以下（2005年）などがある。

戻しの判決を行った。

「上記事実によれば，被告人は，財布等を窃取した後，だれからも発見，追跡されることなく，いったん犯行現場を離れ，ある程度の時間を過ごしており，この間に，被告人が被害者等から容易に発見されて，財物を取り返され，あるいは逮捕され得る状況はなくなったものというべきである。そうすると，被告人が，その後に，再度窃盗をする目的で犯行現場に戻ったとしても，その際に行われた上記脅迫が，窃盗の機会の継続中に行われたものということはできない。」

3　判例の意義

上記平成14年判例は，事後強盗罪の成立要件である暴行・脅迫は，窃盗の機会の継続中になされることが必要であることを前提とした上で，「被害者等から容易に発見されて，財物を取り返され，あるいは逮捕され得る状況が継続していた」ことから，それにあたるとしている。ここでは，「窃盗の機会の継続中」の意義・趣旨がより具体化されて示されている。また，平成16年判例は，平成14年判例を受け，「被害者等から容易に発見されて，財物を取り返され，あるいは逮捕され得る状況」の存在を否定する判断を示すことによって，平成14年判例と共に事例判例としての意義を認めることができる。こうして，これらの判例によって，事後強盗罪の成立範囲を画する「窃盗の機会の継続中」という要件の内容・判断方法が事例判断を通じて示されたのであり，この意味で，これら2判例は事後強盗罪の解釈にとって基本的な重要性を有しているといえよう。以下では，これらの判例で示された基準の意義について，従来の判例・裁判例との関係，さらに，それぞれの具体的事案との関係を踏まえながら，検討を加えることにしたい。

Ⅲ　「窃盗の機会の継続中」の解釈

1　従来の判例・裁判例

窃盗の犯行現場で，かつ犯行直後に，法所定の目的（財物の取り返しを防

ぐ目的，逮捕免脱目的又は罪跡隠滅目的）で暴行・脅迫がなされた場合，事後強盗罪の成立を肯定することは容易である。このような緊迫した（犯人と被害者等の間における）対立状況においては，先行する窃盗が既遂であれば，財物の確保に向けられた暴行・脅迫については，財物奪取目的での暴行・脅迫に近似した罪質を肯定することができ，それ以外の目的の場合も，それに準じたものと理解することができる。また，窃盗未遂の場合についても，強盗未遂罪と同じ取扱いを正当化する実質的根拠の内容についての理解は問題となるものの，結論としては，窃盗既遂の場合に準じて事後強盗（未遂）罪の成立を肯定することができることには疑いを容れないと思われる。問題は，これ以外の場合，すなわち，場所的・時間的関係においてより犯行との接着度が低い場合に，どこまで事後強盗罪の成立を肯定することができるかである。その基本的な視点は，犯行現場・犯行直後に準じる緊迫した対立状況[5]が持続しているかということになると思われる。

判例・裁判例においてよく見られる典型的事案類型が，窃盗犯人が犯行現場から被害者等に追跡され，逃走の過程で暴行・脅迫を行った事例である。窃盗犯人が犯行を目撃されて追跡され，犯行現場からさほど離れていない地点で取り押さえられそうになったため，逃れるために暴行を加えた事案においては，事後強盗罪の成立が肯定されている[6]。この場合には，緊迫した対立状況は，犯行時から継続しているといえるのである。また，いったんは私人によって現行犯逮捕されても，いまだ警察官に引き渡される前であれば，身柄が完全に確保される以前の段階といえ，したがってそこから逃れるために暴行を加える場合には，事後強盗罪が成立しうる（このことは，被逮捕状態から脱するための暴行も，「逮捕を免れ」るための暴行といえることを意味する）[7]。同様に，電車内のスリ行為により乗務車掌に現行犯逮捕され，次の停車駅ホームを警察官に引き渡すべく連行中，逃走を企て車掌に暴行を加え

---

[5] 嶋矢・前出注2) 167頁は「衝突状況」と表現する。なお，このような状況を認めるためには，窃盗の犯行が被害者側に認識されていることを通常は要するであろう。もっとも，窃盗の認識は概括的なものでもよく，さらに，場合によっては，住居侵入等の別の犯罪事実の認識でも足りると解する余地があると思われる。

[6] 大判昭和8・6・5刑集12巻648頁など。

[7] 最決昭和33・10・31刑集12巻14号3421頁など。

た場合，事後強盗罪の成立は肯定されることになる[8]。さらに，判例によれば，窃盗の犯行現場近くで発見・追跡された警察官にいったん捕まっても，連行される途中に暴行を加えた場合，なお事後強盗罪が成立しうる[9]。いずれも，身柄の確保が確実になされる状態以前の段階では，緊迫した対立状況はなお継続しているといいうるということである。

　なお，窃盗の現場（自動車専門学校）から自動車で逃走した犯人を，学校の教官が自動車で追跡したが，犯人を発見できず現場（学校）に戻ったところ，犯行の約20分後，道に迷った犯人が再び現場（学校）付近に現れ，教官らの再度の追跡を受けて追いつかれ，逮捕を免れるため暴行を加えた（包丁で刺殺）事案について，事後強盗罪（強盗致死罪）の成立が肯定されている[10]。この事案では，いったん追跡は途絶えたが，犯行より時間的に近い時点で，犯行現場付近から再度追跡の対象となったため，犯人は追跡から離脱して安全な状態になったとまでは見られないことが，事後強盗罪の成立を肯定する根拠となるものと思われる。また，工場構内で窃盗を犯した犯人が，盗品を侵入口から約13mの場所に運び出し，用意したリヤカーに積んだところそれが破損したため，盗品をその場に置き，別のリヤカーを盗んでその場所に戻った上（この間，25分から35分を要した）盗品を積み替えて運搬する途中，守衛に発見されて追跡され，同人に暴行を加えた事案においても，事後強盗罪の成立が肯定されている[11]。この事案では，現場付近で（盗品運搬の意思は持続していたものの）盗品の運搬を一時中断せざるをえなかったにすぎず（すなわち，盗品を運び去るのに手間取り，時間がかかったというにすぎない），リヤカーを調達後再開し，その後に追跡されていることから，事後強盗罪の成立を肯定することができるのである。さらに，被害者と一緒に自宅で飲酒し，寝入った被害者から現金在中の財布を窃取した後，まもなく罪跡隠滅のため被害者を殺害する意思が生じたが，友人らが来訪したため

---

[8］最決昭和34・3・23刑集13巻3号391頁。
[9］最決昭和34・6・12刑集13巻6号960頁。なお，本件では，警察官に捕まる前の段階で暴行を加えており，他の要件が備われば，その時点において事後強盗罪の成立を肯定することが可能である。本件では，いったん捕まった後の暴行により傷害の結果を生じさせたため，その段階での暴行を捉え，より重い強盗致傷罪として訴追・処罰された。
[10］福岡高判昭和42・6・22下刑集9巻6号784頁。
[11］仙台高秋田支判昭和33・4・23高刑集11巻4号188頁。

に殺害行為に移ることができないまま時間が経過し，友人らが帰った後，窃盗から約11時間後に，寝入ったままの被害者を殺害した事案においても，事後強盗罪（強盗殺人罪）の成立が肯定されている[12]。この事案では，被害者が寝たままの状態で犯人の自宅にいたという特殊事情があり，殺害意思が継続していたことから，事後強盗罪の成立を肯定することが可能となるものと解される。

以上の肯定判例・裁判例に対し，事後強盗罪の成立を否定したものとしては，次のような判決がある。まず，窃盗の犯行現場から約200m離れた路上で，犯行とは無関係に警ら中の警察官に呼び止められ，職務質問されそうになったところ，同人に暴行を加えたという事案において，事後強盗罪の成立は否定されている[13]。本事案においては，犯行とは無関係に職務質問されそうになったという事情が重要であり，窃盗の犯行について追及されるような対立状況が存在しないため，事後強盗罪の成立が否定されることになるものと解される。また，窃盗未遂の犯行後，追跡を受けることなく犯行現場から約100m離れた崖下まで逃げ，1時間くらい休んだ後，帰途につき，そこから約百数十m離れた地点にさしかかった際，届出により捜査中の警察官に誰何されて逃走し，警察官を殺害した事案において，事後強盗罪（強盗殺人罪）の成立は否定されている[14]。犯行現場からそれほど離れていない地点での暴行（殺害行為）であり，犯人は警察の追及を未だかわしきっていないと解すれば，事後強盗罪の成立を肯定することも不可能ではないであろうが，犯人は追跡されることなく逃走しており，その後，緊迫した状況は一応解消したと解されることが事後強盗罪否定の理由となったものと思われる。さらに，窃盗犯人が，犯行後，誰にも発見されることなく盗品を持って自動車で現場を立ち去り，約1km離れた場所で盗品を山分けし，約30分後再び窃盗の意思を生じて犯行現場に立ち戻り，被害者方に侵入したが，金品物色のいとまもなく家人に発見され，同人に対して脅迫を行ったとの事案では，事後強盗罪の成立が否定されている[15]。これは，犯行を終え，盗品を持っ

12) 千葉地木更津支判昭和53・3・16判時903号109頁。
13) 東京高判昭和27・6・26判特34号86頁。
14) 福岡高判昭和29・5・29高刑集7巻6号866頁。
15) 東京高判昭和45・12・25高刑集23巻4号903頁。

て誰にも発見されることなく犯行現場をいったんは離れており，被害者等から犯行の追及を受けることのない状況となった以上，事後強盗罪の成立は否定されることになるものと思われる。

　こうして見ると，従来の判例・裁判例においては，窃盗の犯行の場所・時点より犯行についての追及を受ける緊迫した対立状況が継続していたかが問題とされ，それが肯定しうる事案について事後強盗罪の成立が肯定されていると思われる。このような未だ平穏化していない，緊迫した対立状況の下において法所定の目的で暴行・脅迫を行うことが，強盗罪と近似した罪責を基礎づけることになるのである。平成14年判例及び16年判例で問題とされている「被害者等から容易に発見されて，財物を取り返され，あるいは逮捕され得る状況」はまさにこのようなことを指すものにほかならないと解することができる。この意味で，平成14年及び16年判例は，従来の判例・裁判例をいわば集大成した基準に立脚するものと評価することができるであろう。

2　平成14年判例の検討

　本件事案の特殊性は，犯人が犯行現場の天井裏にとどまり続けたことである。第1審判決は，天井裏は「距離的には近接しているものの隔絶した空間」であるとしているが，控訴審判決のいうように「窃盗現場との場所的な接着性は明らか」だといえよう。また，暴行が窃盗の犯行後約3時間経過している点について，控訴審判決は，「更なる窃盗の犯意を持ち続けていたこと」を「犯行との時間的接着性」を肯定する1つの根拠としているが，すでに指摘されているように，別の窃盗を行おうとする意思は，それ自体としては，すでに犯された窃盗の機会の継続中か否かの判断にあたって独立した重要性[16]を認めることに疑問があり，それ自体で「時間的接着性」を肯定する根拠とは必ずしもならないように思われる。本件では，犯行の約1時間後

16）　他人の店舗等に侵入後，金品を盗み，さらに盗む物はないかと考えていた際に発見され，法所定の目的で暴行・脅迫を行えば，事後強盗罪が成立する（後の行為について，窃盗未遂が成立すれば，その行為との関係でも，事後強盗罪は成立するから，窃盗未遂の成立を肯定しえない場合が問題となる）。この意味では，さらなる窃盗の意思の存在が，窃盗の機会継続中との判断にあたり，無関係とまではいえないが，すでに犯した窃盗と切り離して，さらなる窃盗の意思だけで，それを肯定することには疑問がある。

に帰宅した被害者からすでに犯行を察知されたことが重要であり，犯人が犯行現場の天井裏にとどまり続けたことと相まって，緊迫した対立状況の存在・継続を肯定することができるであろう。

　なお，本判例の理解として，窃盗犯人が犯行現場にとどまり続ける場合には，時間の経過にかかわりなく「窃盗の機会の継続中」といいうるかが問題となる[17]。確かに，窃盗犯人が犯行現場にとどまる限りは，被害者から犯行について追及される可能性は継続しているということもできるが，犯行後1日以上の時間が経過したような場合においても，なお「窃盗の機会の継続中」ということができるかについては，（日常用語の理解としても）やはり無理があろう。「窃盗の機会の継続中」といいうるためには，単に犯行について追及される可能性があるにとどまらず，窃盗の犯行により生じた撹乱状況・緊迫した対立状況の継続が必要で，それがいったん平穏化した場合にはもはや「窃盗の機会の継続中」ということはできないように思われる。犯行時・犯行現場と同様の緊迫した対立状況下で暴行等が行われるとき，財物奪取等の目的で暴行等がなされる場合と近似した罪質を肯定することができるのである。

3　平成16年判例の検討

　事後強盗罪の成立を肯定した原判決は，窃盗犯人が盗品をポケットに入れたまま「当初の窃盗の目的を達成するため約30分後に同じ家に引き返したこと」から，窃盗犯人が，窃盗の犯行後，盗品が取り返される状況がある上，さらに盗むべき物を物色するため犯行現場にとどまり続けたのと実質的に同視しうる事案であり，まさに「窃盗の機会の継続中」であると解したのではないかと思われる（したがって，その後，家人に発見・追跡された犯人が脅迫を行ったことを事後強盗罪と解している）。しかし，最高裁は，被告人は窃盗の犯行後，「だれからも発見，追跡されることなく，自転車で約1km離れた公園」に行ったことを重視し，「だれからも発見，追跡されることなく，いったん犯行現場を離れ，ある程度の時間を過ごして」いることから，被害者

---

[17]　井上・前出注2) 222頁はこれを肯定するが，朝山・前出注2) 69頁はこのような理解に疑問を呈している。

等から追及されうる状況はいったん解消したと判断したものと解される。被告人が当初からまたすぐ戻るつもりで公園に一時向かったにすぎないのであれば別の判断がありえたようにも思われるが、そうでない本件事案においては、公園に向かった段階で窃盗の犯行はいったん終わったと見ることが可能であり、そのような事実の評価に不合理さはないであろう。このような場合であれば、従来の判例・裁判例に照らしても[18]、いったん安全な場所に移動し、被害者等から追及される状況は解消したと判断されることになるものと思われる。

IV　その他の問題

最後に、事後強盗罪に関連して非常によく議論されている解釈問題について、簡単にコメントしておくこととしたい。それは、窃盗行為後、窃盗犯人による法所定目的での暴行・脅迫にのみ関与した者の罪責に関連して議論されている、「事後強盗罪は身分犯か」という問題である。

まず、確認しておく必要があるのは、事後強盗罪を身分犯と解する理解は、もっぱら上記の共犯の罪責との関係で問題とされており、その他の解釈論とは関係していないということである。というのは、事後強盗罪は先行する窃盗が未遂の場合に未遂となると一般に解されているが[19]、事後強盗罪を身分犯と解する立場からこの結論を導くことは不可能だからである。なぜなら、事後強盗罪を身分犯と解する場合、同罪の「身分」である「窃盗」が窃盗既遂犯人に限られるなら、先行する窃盗が未遂の場合には事後強盗罪の成立する余地はなくなる。これに対し、「窃盗」には窃盗未遂犯人も含むのであれば、先行する窃盗が未遂の場合でも、法所定の目的での暴行・脅迫により事後強盗罪は既遂となる。いずれにしても、事後強盗未遂罪の結論を導出することはできないのである。

事後強盗罪を身分犯と解する見解は、上記の共犯の罪責を、刑法65条の適用によって形式的に処理することをねらったものと解することができる。

---

18)　前出注15) 東京高判昭和45・12・25参照。
19)　最判昭和24・7・9刑集3巻8号1188頁など参照。通説もこれを採用している。

本来，形式的な処理がねらいであると解されるから，身分犯と解する実質的な裏づけがなく，したがって，「窃盗」という身分は65条1項の身分なのか同条2項の身分なのかを決することができない。それを解決するためには，そもそも，65条の身分の意義を（違法・責任に関係させて）実質的に理解した上で[20]，「窃盗」という身分を有する者が，法所定の目的で暴行・脅迫を行うと，強盗罪と同様の処罰をなしうる実質的な根拠を問題とする必要があることになる。しかしながら，そのとき，とくに先行する窃盗が未遂の場合に，強盗未遂と同様に処罰することの実質的な説明に窮することになるのである[21]。事後強盗罪は身分犯のような形式で規定されてはいるが，先行する窃盗罪・窃盗未遂罪の違法性が事後強盗罪の違法性の重要な構成要素となっていることを否定することはできないのであり，それを単なる身分犯と解することでは，そのことを解釈に反映することができないのである[22]。

---

20) これに対し，65条の身分の意義を構成的身分・加減的身分と形式的に理解するのでは，どちらの身分と解してよいか，理論的には決着がつかない。「どちらの方がよさそうか」という感覚に依拠するしかない。

21) この点については，山口厚『刑法各論〔第2版〕』227頁以下（2010年）参照。その理由を簡潔に述べれば，窃盗未遂犯人による暴行・脅迫自体に強盗未遂罪と同様の違法性を（窃盗未遂に係る違法性が考慮されないため）肯定することはできないし，また，その場合には，単なる一般の暴行・脅迫よりも責任が重いと解するとしても，強盗未遂罪と同様の重い処罰に値するとはおよそいいえないということである。

22) 山口厚「『共犯の因果性』の一断面」『神山敏雄先生古稀祝賀論文集(1)』349頁以下（2006年）参照。

第16章
詐欺罪における交付行為

I　はじめに

　刑法246条に規定されている詐欺罪は,「人を欺いて財物を交付させた」場合（同条1項）又はこれと同じ方法により「財産上不法の利益を得,又は他人にこれを得させた」場合（同条2項）に成立する。前者は財物を客体とする詐欺罪（財物詐欺罪・詐欺取財罪・1項詐欺罪）であり,後者は財産上の利益を客体とする詐欺罪（利益詐欺罪・詐欺利得罪・2項詐欺罪）である。法文上,1項詐欺については,財物を「交付させる」ことが必要であり,2項詐欺についても,財産上の利益取得の方法は財物の場合と同じだから,財産上の利益を「交付させる」ことが必要となる。こうして,詐欺罪が成立するためには,財物・財産上の利益は被欺罔者により「交付」されることが必要であり,欺罔に基づく交付行為（処分行為ともいう）の存在が詐欺罪の成立要件となっているのである。平成7年改正前の刑法246条1項は「人ヲ欺罔シテ財物ヲ騙取シタ」とのみ規定しており,交付行為は「書かれざる要件」であったが,現在においては,明文で要求されていることに,まず留意したい。
　こうして,被欺罔者による交付行為の存在が詐欺罪の成立要件であることは明らかであるが,これがいかなる場合に認められるのかが問題となる。また,たとえば,会社の役員が欺罔されて会社の財産を交付した場合においても,財産の帰属主体である会社保護のため,詐欺罪の成立を肯定すべきである（またそう解しうる）と思われるが,財産の帰属主体として損害を被る被害者以外の者により財物の占有移転行為等が行われた場合,いかなる要件の

下で詐欺罪の成立を肯定しうるかも問題となる（この場合，欺罔行為者，被欺罔者，被害者という異なる三者が関係することから，三角詐欺と呼ばれている）。後述するように，この三角詐欺の場合においては，被欺罔者と被害者とは別人となるが，被欺罔者と交付行為者とは同一人であることが必要となるところ，いかなる者が交付行為者となりうるかが問われることになるのである。

最近，これらの問題を含む詐欺罪における交付行為について再考する契機を与える判例が出された。この事例における交付行為の構成・理解を念頭におきながら，交付行為の意義・要件について考えることにしたい。

II 最高裁平成 15 年 12 月 9 日決定[1]

1 事　案

本件（以下，「本件」というときは，本決定に係る被告事件を指す）では，いくつかの事実に関し，詐欺罪の成立が肯定されているが，最高裁判例との関係で問題となる事実は次のようなものである。

宗教的組織の主宰者である被告人は，Kと共謀の上，病気などの悩みを抱えている被害者らに対し，真実は，被害者らの病気などの原因がいわゆる霊障などではなく，「釜焚き」と称する儀式には直接かつ確実に病気などを治癒させる効果がないにもかかわらず，病気などの原因が霊障であり，釜焚きの儀式には上記の効果があるかのように装い，虚偽の事実を申し向けてその旨誤信させ，釜焚き料名下に金員を要求した。そして，被告人らは，釜焚き料を直ちに支払うことができない被害者らに対し，被害者らが被告人らの経営する薬局から商品を購入したように仮装し，その購入代金につき信販業者とクレジット契約（立替払契約）を締結し，これに基づいて信販業者に立替

---

[1] 最決平成 15・12・9 刑集 57 巻 11 号 1088 頁。解説としては，多和田隆史「甲が乙を欺いて金員を交付させるに当たり甲及び乙が別途丙を欺いて丙から甲に上記金員を交付させた場合と甲の乙に対する詐欺罪の成否」最判解刑事篇平成 15 年度 605 頁以下，林美月子「詐欺の被騙取金の新たな詐欺による支払」法教 287 号 104 頁以下（2004 年），木村光江「被害者に信販会社を介して金員を交付させた場合と詐欺罪の成否」平成 16 年度重判解（ジュリ 1291 号）169 頁以下（2005 年），和田俊憲「第三者による被詐取金の立替払と詐欺罪の構造」ジュリ 1303 号 166 頁以下（2005 年）などがある。

払いをさせる方法により，釜焚き料を支払うように勧めた。これに応じた被害者らが上記薬局からの商品売買を仮装の上クレジット契約を締結し，これに基づいて信販業者が被告人らの管理する普通預金口座へ代金相当額を振込入金した。

第1審において，上記事実に関し，弁護人は，商品の引渡しがないからクレジット契約は不成立であり，立替払いはできないはずである，また，契約者らは支払停止の抗弁権を行使できたはずである，それにもかかわらず契約者らが抗弁権を行使しないのは，信販業者を騙して偽りの契約をした詐欺の当事者だからであり，詐欺の被害者が騙取金の詐欺犯なのだから，その限りで公訴が棄却されるべきだと主張した。これに対し，第1審判決（青森地判平成11・11・18）は，「右被害者らは，Kに支払うための代金を信販会社に立て替えさせて，薬代の名目で信販会社に債務を負担したのであって，かかる場合に各被害者らがクレジット会社に債務を負担することによって信販会社に立替払いさせた金員が詐欺の被害に該当することは明らかである」として詐欺罪の成立を肯定した。

控訴審においては，クレジット契約による振込入金分は，K及び一部被害者による信販業者に対する詐欺の騙取金として評価されるべきであるから，被告人とKの共謀による詐欺の騙取金とは評価しえないとの主張が弁護人によりなされたが，控訴審判決（仙台高判平成13・4・26）は，「原判示騙取金のうちクレジット契約による振込入金分については，客に対する本件釜焚きの有効性を偽った本件詐欺の結果として，客が，釜焚きの対価を支払うため，クレジット会社に対し漢方薬購入代金の名目で立替払をしてもらっているものであり，言い換えれば，客が本件詐欺によってだまされた結果，その支払を決意した代金の支払方法として，クレジット会社を利用したというにすぎず，客がそもそも釜焚きを受けることを決意し，その代金を支払うことを決意することと，その代金の調達方法として新たな行動をすることとは別個のことであるから，後者についてクレジット会社に対する詐欺罪が成立するかどうかいかんにかかわらず，前者について客に対する釜焚きの詐欺罪が成立するというべきである」として，これを退けている。

被告人は上告し，弁護人は，上告趣意において，以下の主張を行った。①

クレジット契約による振込入金分については，K及び一部被害者による信販業者に対する詐欺と評価されるべきで，被告人とKの共謀による詐欺と評価する余地はない。②一部の被害者が商品の仮装売買によって信販業者に釜焚きの対価を出捐させる行為は信販業者に対する新たな法益侵害行為であり，釜焚きの対価を支払うため，信販業者に対して立替払いをしてもらっていると解する余地はない。③本件被害者とKの行為は信販業者に対する詐欺であり，Kは被害者から直接金員を騙取していないのであるから，信販業者に対する詐欺既遂が成立する以上，Kと被告人の共謀による被害者に対する詐欺既遂が成立すると解することは，騙取金を二重評価することになる。原判決は，信販業者から仮装売買による漢方薬代金名下に金員を取得する行為を，被欺罔者（被害者）と財産上の被害者（信販業者）とが同一人でない場合と捉え，詐欺既遂の成立を認めていると思われるが，被欺罔者はKと共謀ないしKの道具として，財産上の被害者から金員を騙取しているにすぎず，詐欺の目的物について処分することができる権限又は地位がないから，原判決の判示は失当である。

2　最高裁決定

　最高裁は，以下のように判示して，詐欺罪の成立を肯定した。
「以上の事実関係の下では，被告人らは，被害者らを欺き，釜焚き料名下に金員をだまし取るため，被害者らに上記クレジット契約に基づき信販業者をして立替払をさせて金員を交付させたものと認めるのが相当である。
　この場合，被告人ら及び被害者らが商品売買を仮装して信販業者をして立替金を交付させた行為が信販業者に対する別個の詐欺罪を構成するか否かは，本件詐欺罪の成否を左右するものではない。
　したがって，被告人に対し本件詐欺罪の成立を認めた原判断は，正当である。」

3　問題の所在

　本件で問題となっている事実関係を単純化・簡略化して示せば，XがAを欺罔して金員を詐取しようとし，金員支払の方法として，AにBと仮装売買

に基づくクレジット契約を締結させ，それによりBからXに立替払いがなされたというものである。Xが欺罔行為者であり，Aが被害者であるが，金員はA・B間の契約により，BからXに支払われている点（さらにAがBに立替払いさせたことが詐欺罪を構成する可能性があること）に特徴がある。すなわち，Xの欺罔に基づくAの錯誤と，Bによる立替払いとの関係をいかに捉えるのか，交付行為をいかに構成するのかが問題である。もしも，本件事案を変えて，AがBから金員を受領し，その後，それをXに移転したとすれば，その移転行為がXの欺罔行為に基づく交付行為であり，詐欺罪の成立を肯定しうることに疑いはないものと思われるが，金員がAを経由せずに直接Xに支払われた本件の場合も，上述の設例と実質的には同様の評価に値すると解されるところ[2]，いかに交付行為を捉えて詐欺罪の成立を肯定しうるかが問われているということもできる。

このような類型の事案について，従来の下級審判決には，「欺罔される者とその欺罔の結果財産上の処分を行う者（財産上の被害者）とは必ずしも同一人である必要はなく，被欺罔者が財産上の処分者（被害者）に対し，事実上又は法律上その被害財産の処分を為し又は為さしめ得る可能的地位にあることをもって足りる」として，輸入業者を欺罔して取引銀行に商業信用状を開設させて支払保証の利益を得ようとした行為について，詐欺未遂罪の成立を肯定したものがある[3]。しかし，このように被欺罔者と交付行為者とが異なってもよいとする理解には，後述するように疑問があるところである。また，Cが，Dを恐喝して，DにE信販会社との間に空ローンを組ませて，Eから金員を領得したという事例において，Dが債務不存在の抗弁を提出すれば，ローン代金の支払義務を負担しないこと，Dの支配しうる利益をCが喝取したとはいいがたいこと，空ローンを組んで立替金を信販会社に振り込ませることは新たな法益侵害であって，因果の流れとは評価できず，また，DとEの間には特殊な関係がないからEからの振込みをDからの交付と評価できないこと等により，Dに対する恐喝罪は成立しない（Eに対する詐欺罪が

---

[2] このことは，立替払いをさせる行為が詐欺罪を構成しない場合には，明白であろう。
[3] 大阪高判昭和60・11・28刑月17巻11号1090頁。解説として，垣口克彦「信用状取引と詐欺罪――被欺罔者と処分行為者が異なる場合の詐欺罪の成否」佐々木史朗編『判例経済刑法大系(3)刑法』19頁以下（2000年）。

成立する）との見解も検察実務家から主張されていたところである[4]。こうして，本件のような事実関係の場合，詐欺罪の成立を肯定するためにはいくつかの検討を要すべき問題が存在するといえよう。

III　交付行為の要件

本件事案に対する解決・評価を行う前提として，詐欺罪の成立要件である交付行為について，その意義・要件に関する検討を行うことにしたい[5]。

1　交付意思

物（財産上の利益については，物のみを客体とする窃盗罪等を除き，物に準じて考えれば足りる）の占有の移転を捕捉する移転罪は，それが占有者の意思に反する盗取罪（窃盗罪・強盗罪）と占有者の意思に基づく交付罪（詐欺罪・恐喝罪）に区別されるが，双方の限界を画するのが，交付行為の要件である[6]。ここから，物の移転に関する「占有者の意思」のあり方が交付行為の重要な基準となる（これが，交付行為における交付意思の問題であり，学説上，その要否・内容が争われている[7]）。物の占有の移転が占有者の意思に反する場合には窃盗罪が成立するから，少なくとも，占有の移転が占有者の意思に反しないという限度において，交付行為の要件として交付意思が必要となると解される。

4）　小黒和明「脅迫して自動車等のいわゆる空ローンを組ませて金員を領得した場合の擬律」研修597号87頁以下（1998年）。さらに，本江威憙監修『民商事と交錯する経済犯罪III』14頁以下（1997年）参照。

5）　近時，交付行為について検討を加えた研究として，山中敬一「詐欺罪における『処分行為』に関する一考察」『阿部純二先生古稀祝賀論文集・刑事法学の現代的課題』315頁以下（2004年），同「詐欺罪における他人の財産に対する処分行為について」関西大学法学論集52巻4 = 5号475頁以下（2003年）がある。なお，交付行為に関する筆者の理解については，山口厚「詐欺罪における処分行為」『平野龍一先生古稀祝賀論文集（上）』441頁以下（1990年），同『問題探究　刑法各論』146頁以下（1999年），同『刑法各論〔第2版〕』254頁以下（2010年）参照。

6）　客体が物の場合には，交付行為の有無により，窃盗罪と詐欺罪が区別され，客体が財産上の利益の場合には，詐欺罪と不可罰な利益窃盗とが区別される。

7）　この問題を独自の視点から整理・検討したものとして，鈴木左斗志「詐欺罪における『交付』について」『松尾浩也先生古稀祝賀論文集（上）』515頁以下（1998年）参照。

存在が認識された客体の移転が占有者の意思に基づく場合，占有者の意思に反する占有移転，したがって窃盗罪の成立は否定され，交付行為が認められるべきことに疑問はない。さらに，本書では紙幅の関係から詳論は避けるが，詐欺罪の意義[8]を踏まえ，交付行為を明白に肯定しうる事例との実質的均衡を考えるとき[9]，移転する客体の存在が完全に認識されていない場合であっても，物の移転について「占有者の意思に基づく」側面が肯定される限りにおいて，（交付意思の要件を緩和して）交付行為を肯定する考え方が生じることになる[10]。現に，学説においては，このように，交付意思の要件を緩和して，交付行為の概念を広く捉える見解が有力であるといえよう[11]。なお，このように交付行為の範囲を広く捉える場合，認識されていない物の移転は「占有者の意思に反する」ことになる側面をも有するといいうるから，この点を捉えて窃盗罪が成立しないかが問題となりうる。この点については，窃盗罪と詐欺罪とが競合的に成立する可能性を肯定する場合，法益侵害が1つであることから，法条競合となるが，いずれの規定を優先適用するかという問題が生じることになる。この場合，かつて両者の法定刑が同じであり，優先する罰条を決めがたいという問題があった。その際，「どちらの罪でもよい」[12]とはいえないから，交付行為の適切な解釈により，結果とし

---

8) 筆者は，詐欺罪を，①欺罔による被欺罔者の錯誤を利用した（間接正犯的）「自己加害罪」であって，そのうち，②占有移転が交付行為に基づくものと理解している。②の要件が要求されるのは，窃盗罪の間接正犯形態と区別する必要があるからである。この意味で，②交付行為の要件は，①の理解とは独立して問題とされる必要があることになる。

9) このこと自体，議論の対象となることであるが，移転する物の価値について（たとえば，販売の対象物の価値が100万円ではなく10万円と）欺罔された場合，詐欺罪は成立しうるが，欺罔の対象が移転する物の価値ではなく，量の場合（たとえば，箱に入った販売の対象がA100個ではなく，A10個と欺罔された場合）にも，均衡上詐欺罪の成立を肯定することが考えられる。さらに，量の欺罔について詐欺罪の成立を肯定するのであれば，異質の物が混入していた場合（たとえば，箱に入った販売の対象がA100個ではなく，そこにより高価なB10個が混入していた場合）でも，均衡上詐欺罪の成立を肯定すべきでないかが問題となるのである。

10) 林幹人『刑法各論〔第2版〕』235頁（2007年）は，交付行為により詐欺罪と窃盗罪とを区別する見解を，詐欺罪の本質から交付行為の意義を解しないものと論難するが，これは誤解である。その見解も，両罪の意義を考慮して適切な結論を導出しようとしているのであり，両罪がとにかく区別されさえすればよいと解するものではない。

11) このことは，厳格な交付意思を要求する一部の見解を除き，いわゆる無意識的交付行為の肯定説・否定説のいずれであるかを問わない。こうした見解の対立が生じているのは，交付意思をおよそ厳格なものとして捉えるか，緩和しうるものとして捉えるかの相違に由来する。

て，両罪の競合自体を回避することが要請されたのである。現在は，両者の法定刑の上限は同一であるものの，罰金刑の追加により窃盗罪の法定刑の下限が軽くなったため，詐欺罪が優先するとの理解が不可能ではないが，いずれにしても，交付行為の意義を適切に解釈し，その存在により窃盗罪の成立は否定されると解するべきことになる。この意味で，交付行為は詐欺罪と窃盗罪（又は不可罰な利益窃盗）との限界を画するものと理解されなければならない。

2 三角詐欺における交付行為

(1) 交付行為者の範囲の拡張の必要性

欺罔されて物・財産上の利益を交付する者は，それによって物・財産上の利益を喪失する被害者であることが多いが，そうとは限らない。経済活動が活発化すると，財産処分は財産権の主体のみによってなされるだけでなく，その者から権限を与えられた者によってもなされることになる。これらの者が欺罔されて誤った財産処分がなされた場合においても，欺罔による財産侵害から財産権の主体を保護する必要がある。こうしたことから，詐欺罪における交付行為の主体は，それにより被害を被る財産権の主体よりも拡張されることになるのである。

こうして，被害者と交付行為者とが同一人でないときでも，詐欺罪の成立が肯定されることになる（三角詐欺）。この場合，従来の判例・通説によれば，被欺罔者と交付行為者とは同一人でなければならないと解されている。そうでなければ，「欺罔により交付する」という，詐欺罪成立に必要となる直接的な関係を肯定できないからである。学説の中には，訴訟詐欺事例を念頭におき，被欺罔者と交付行為者とは同一人でなくともよいが[13]，その場合には，「処分行為者の行為が被欺罔者の意思の支配のもとにある」ことを要するとの見解[14]も主張されている。この見解は，現実に物等を移転する事実的行為を交付行為と捉える[15]ものであるが，しかしながら，三角詐欺

---

12) 林幹人「詐欺罪における処分行為」芝原邦爾ほか編『刑法理論の現代的展開 各論』214頁（1996年）。
13) 団藤重光『刑法綱要各論〔第3版〕』614頁（1990年）参照。
14) 福田平『全訂刑法各論〔第3版〕』249頁（1996年）。

の場合において，被欺罔者と（このように捉えられた）交付行為者との間に「意思の支配」の関係の存在を必要とするのは，過多の要求である（財産処分の権限を授与する場合に，授権者と被授権者との間に「意思の支配」の関係があるとは限らないが，被授権者は交付行為の主体となりうると解される）ばかりでなく，上述したように，被欺罔者と交付行為者とが一致しないことを肯定すること自体がそもそも適当でないのである。

(2) 三角詐欺における交付行為者の範囲・要件

では，三角詐欺の場合において，いかなる者が交付行為者となりうるのであろうか。ここでは，詐欺罪と窃盗罪の間接正犯との区別が問題となるのである（たとえば，他人の家の庭にある他人のサッカーボールを，「自分のものだから，取ってきてほしい。」と，通りがかりの若者に頼んで，柵を乗り越えて取ってもらった場合には，窃盗罪の間接正犯が成立するにすぎないが，このことは被害者以外の者を欺罔して被害者の財産を取得する行為が詐欺罪になるとは限らないことを示しており，いかなる場合に詐欺罪が成立するかが問題となることを示している）。

判例は，裁判所を欺罔して自己に有利な判決を得て，これにより他人の物等を取得するといった訴訟詐欺事例に関し，被欺罔者と被害者とは同一人でなくともよいが，その場合には，「被欺罔者において被害者のためその財産を処分しうる権能または地位のあることを要する」との判断を示している[16]。

学説においては，こうした判例の立場を是認するにとどまる見解が多いと

---

15) 大塚仁『刑法概説（各論）〔第3版増補版〕』252頁（2005年），高橋省吾『大コンメンタール刑法〔第2版〕(13)』74頁（2000年）は，交付行為を事実的行為と捉えているが，財産の処分行為の概念を別途肯定している。後者こそが本章で問題としている交付行為である。したがって，これらの論者における「交付行為」は法的に意味のない事実概念にすぎない。林（美）・前出注1)104頁にも，このような記述が窺われるが，議論に混乱を招くおそれなしとしないように思われる。この点については，山中・前出注5)「詐欺罪における他人の財産に対する処分行為について」480頁参照。
16) 最判昭和45・3・26刑集24巻3号55頁。訴訟詐欺の問題について詳論することはできないが，とりあえず，芝原邦爾「詐欺罪における欺罔と騙取」西原春夫ほか編『判例刑法研究(6)』237頁以下（1983年），柳俊夫「いわゆる訴訟詐欺と詐欺罪の成否」『事例解説経営刑事法Ⅰ』96頁以下（1986年），京藤哲久「三者間詐欺」阿部純二ほか編『刑法基本講座(5)財産犯論』199頁以下（1993年）などを参照。

思われるが，この問題について可能な見解としては，大別すると，①被害者の「陣営」に属する者であることで足りると解する陣営説[17]，②被害者から財産処分についての権限を授与された者であることを要すると解する授権説[18]，③財産処分の効果を被害者に及ばせることが可能な者を指すと解する効果説が考えられる。まず，①陣営説は，とくに被欺罔者の主観を基礎に交付行為者の範囲を拡張しようとする議論であり，感覚的には理解可能な面もあるものの，そのように範囲を拡張しうる規範的根拠は必ずしも明らかではない。これに対し，②③は，端的に規範的側面に着目するものであり，交付行為者に要求される地位の性質を，権限の側面から見るか，効果の側面から見るかの違いによるものである点において近似した見解であるともいえる。しかし，そこにはなお相違がある。それは，②授権説によれば，（a）被害者から財産処分を授権された場合，（b）訴訟詐欺事例における裁判所のように，法により財産処分の権限が与えられている場合について，交付行為をなしうる地位を肯定しうるが，③効果説によれば，それに加えて，（c）善意者保護規定等により他人の財産を結果として処分しうる地位にある場合（たとえば，㋐債権の譲渡人Aが，それを秘して，債務者Bに履行請求して弁済を受け，その結果として，債権の譲受人Cが債務者に対する債権を失う場合。㋑預金通帳・印鑑の保管を依頼された者Aが，不正に銀行Bから預金を払い戻し，銀行が免責されて，預金者Cが預金債権を失う場合）についても交付行為が肯定されることになる。筆者は，授権説を支持しているが，（c）類型についても，（Bを被害者とする詐欺ではなく，Cを被害者とする）三角詐欺の成立を肯定すべきか（すなわち，効果説を正面から採用すべきか）については，経済的な被害者を法的にも被害者と扱うことを可能とするものとして（すなわち，上記設例で，Bではなく，Cを被害者として扱うことを可能とするものとして），その採用の可能性を検討してみる価値はありうるものと考えている。

　(3)　**本件事案における交付行為**

　本件事案においては，金員の移転を行ったのは信販業者であるが，被害者

---

17)　中森喜彦『刑法各論〔第3版〕』122頁（2011年）など。
18)　西田典之『刑法各論〔第6版〕』200頁（2012年），山口・前出注5)「詐欺罪における処分行為」459頁以下など。前述した判例の立場もここに位置づけることが可能である。

に信販業者の「財産を処分しうる権能または地位」[19]を認めると信販業者こそが被害者となるから，詐欺罪の構成としては，被害者自身が信販業者に財産を交付させることにより自ら被害を受けたと解することがよいように思われる。最高裁判例も，「被害者らに……金員を交付させた」として，被害者が信販業者を介して金員を振込送金させたことを交付行為と捉えているものと思われる。

3 直 接 性

交付行為は，物・財産上の利益を直接移転する行為でなければならない。これを直接性の要件と呼ぶ[20]。本件事案においては，この要件の理解も関係することになる。

交付行為を認めるためには，客体が物であれば，その占有を移転させる行為であることが必要であり，占有を保持しながら単に「弛緩」する行為では足りない。たとえば，Aが欺罔により物の占有者Bの注意を逸らして，その間に物の占有を取得する場合には，詐欺罪ではなく窃盗罪が成立する。なぜなら，Bの注意を逸らす行為は，物の占有をAに移転する行為ではなく，物に対してBが保持する占有を弛緩させる行為にすぎず，物の占有を移転するためには，さらに欺罔行為者Aによる物の占有移転・取得行為が必要であり，この占有移転は占有者Bの意思に基づかず，その意思に反することだからである[21]。このように，被欺罔者の行為後，物の占有を現実に移転するために，①欺罔行為者の移転行為がさらに必要な場合には，被欺罔者の行為は物の占有を移転する交付行為とはいえないのであるが，問題となりうるのは，被欺罔者の行為後，②第三者の行為が必要となる場合，③被欺罔者のさ

---

19) 林（美）・前出注1)104頁は，これを肯定するかのようであるが，三角詐欺とは異なるとしており，その理解は不明瞭である（さらに，前出注15)参照）。交付行為自体と交付の方法・手段とを明瞭に区別する必要があろう。
20) 林（幹）・前出注12) 237頁はこの要件自体に疑問を呈するが，本文でも述べるように，重要な意義を有するものである。
21) したがって，被欺罔者が自ら持参するつもりで，現金を入れた風呂敷包みを家の奥から持ち出して玄関の上がり口に置き，被告人だけを残して便所に行ったところ，被告人はその隙に現金を持ち逃げしたという事案において，欺罔により財物を犯人の自由支配内に置かせたから詐欺罪が成立するとした最判昭和26・12・14刑集5巻13号2518頁には疑問がある。

らなる行為が必要となる場合である。

　結論からいうと，上記②の場合も，先行する被欺罔者の行為を交付行為と見る妨げにはならないと思われる。たとえば，代金を支払うと欺罔されて欺罔行為者に商品を引き渡すという設例において，被欺罔者が自ら商品を持参するのではなく，宅配便業者に商品の配送を依頼する場合においても，詐欺罪の成立を肯定しうることは当然のことであろう（この場合は，被欺罔者が商品の配送を依頼する行為が交付行為であり，宅配業者の行為は占有移転に向けた因果経過を構成する事情にすぎないと解することができる）。これに対し，③の場合については，若干の検討が必要である。上記設例において，欺罔行為者と被欺罔者とが商品の売買契約を締結し，被欺罔者が商品の引渡義務を負担することを交付行為と解する場合には，宅配便業者に配送を依頼するという被欺罔者の行為が物の移転にはさらに必要となる。しかし，このような構成を採る場合には，欺罔行為者が被欺罔者に対する商品の引渡請求権を取得したことをもって，2項詐欺既遂が成立すると解するべきであろう。物の現実の移転により詐欺既遂を肯定するべきと解する（原則として，このように解することが妥当である）のであれば，②の場合におけるように，物の現実の引渡しに向けた行為を交付行為と捉えることが可能であり，そのように解すべきだと思われる。いずれにせよ，交付行為の要件としての直接性との関係では第三者の行為の介入はそれに反することにはならないと解される。

　本件における被害者の交付行為は，信販業者に立替払いをさせる行為であり，その後信販業者による振込入金という行為が行われるが，このことは，直接性の要件との関係において，被害者の上記行為を交付行為と認める妨げとはならないのである。

　以上から，本件における被欺罔者の交付行為は，被欺罔者が信販業者に対して返済債務を負担する反面として金員の貸付けを受け，その金員を，信販業者を介して欺罔行為者らの管理する預金口座へ直接振込入金させた行為である。振込入金により金員が移転したことにより詐欺既遂（本件では，振込入金についても，第1審判決は1項詐欺の成立を肯定しており，その点が争点とならなかったこともあり，その解釈は変更されていない）が成立し，その反面として，被欺罔者が信販業者に対して返済債務を負担したことが実質的な被害

である。ここで，信販業者は被欺罔者＝交付行為者のいわば「道具」として，金員の移転を行っているにすぎない。

IV　本件事案についての若干の検討

　欺罔されて支払うべき金員の支払方法として，信販業者に立替払いをさせること自体は，その依頼者について交付行為を肯定することの妨げにならないことはすでに述べたところであるが，本件事案の特殊性は，被欺罔者＝被害者による（信販業者に立替払いをさせるという）交付行為が，それ自体，詐欺罪を構成しうる行為だということである。最高裁は，この点について，交付行為である「商品売買を仮装して信販業者をして立替金を交付させた行為が信販業者に対する別個の詐欺罪を構成するか否かは，本件詐欺罪の成否を左右するものではない」と判示した。

　仮に被欺罔者が信販業者から金員を受領して，それを欺罔行為者に交付した場合においては，信販業者から金員を取得することが犯罪を構成するか否かにかかわらず，欺罔行為者について詐欺罪の成立を肯定しうることに疑いはないであろう。交付する金員の調達方法として，別途，被欺罔者が犯罪を行ったというにすぎないからである。この意味で，結論として，本件事案においても，被欺罔者による交付行為が別途詐欺罪を構成するからとして，欺罔行為者について詐欺罪の成立を否定する結論は採りがたいように思われる。ただし，ここで重要なのは，成立が問題となっているのは，信販業者ではなく，被欺罔者に生じた法益侵害を理由とする詐欺罪だということである。この法益侵害惹起を理由に詐欺罪の成否を考えるにあたって，（信販業者に対する）別個の法益侵害が惹起されたかは，別の法益侵害についての構成要件該当性の問題であるにすぎず，被欺罔者に生じた法益侵害についての構成要件該当性を問題とする場合には，直接的には無関係だと思われる。なお，このような評価は，あくまでも被欺罔者を被害者として捉えることが実質的に正当だということを前提とするものである。本件におけるクレジット契約の詳細は不明であるが，架空売買であることを理由として，被欺罔者は支払義務を負担しないといった事情がある場合には，端的に信販業者に対す

る詐欺罪の成否を問題とすべきではないかという問題がありうるであろう。

　なお，本件では，信販業者に対する詐欺は起訴されていないようであるが，仮に（妥当か否かは別として）それを起訴した場合，被欺罔者に対する詐欺罪と信販業者に対する詐欺罪との関係が問題となる。弁護人が上告趣意で主張していたように，この場合，両罪の成立を肯定するときには，1つの騙取金を両罪の成立を基礎づけるために二重評価することになるのではないかとの問題が生じることになる。この点については，信販業者の立替金，被欺罔者の支払債務が，それぞれ別個の法益侵害であるから，両罪の罪数関係（併合罪か，包括一罪か）は問題となりうるとしても，両罪の成立を肯定することは不可能ではないであろう[22]。

---

22) 林（美）・前出注1）105頁は，「立替払させる地位」を問題とする立場から，両罪の成立を肯定することは，いわば形式的に矛盾すると解するものと思われる。

第17章

クレジットカードの不正使用と詐欺罪の成否

I はじめに

　クレジットカード会社と会員契約を結び，クレジットカードの交付を受けた者は，カード会社と加盟店契約を結んだ加盟店において，クレジットカードを呈示することによって，現金を支払うことなく，商品の購入等を行うことができる。それは，加盟店において，商品の購入等の際に作成される売上票をカード会社に送付することにより，加盟店はカード会社から代金相当額（正確には，代金相当額から一定率の手数料を控除した金額）の立替払いを受けることができるからである（カード会社はカード会員に対して，代金相当額の請求を行う）[1]。今日では，このような仕組みによるクレジットカード，そしてそれを利用した商品の購入等の取引（信用販売取引）は極めて普及するに至っている。手元に現金がなくとも商品の購入等がなしうることは（消費者にとって，また，加盟店にとっても販売促進という点において）便利・利益になることであるが[2]，その制度を濫用し，クレジットカードを不正に利用して商品の購入等を行う事案が生じ，それに対する法的対応の一環として，犯罪（とくに，詐欺罪）の成否が問題となるのである。

　クレジットカードの不正使用事例は，大別すると，①他人名義のクレジットカードの不正使用事例，②自己名義のクレジットカードの不正使用事例に分かれる。このうち，後者②は，カード会社に商品の購入等の代金相当額を

---

[1] 佐伯仁志＝道垣内弘人『刑法と民法の対話』182頁以下（2001年）参照。
[2] そうしたことの反面として，自己の資力以上に商品の購入等を行うことによりもたらされる，多重債務問題があることは別論である。

支払う能力・意思がないのに，クレジットカードを呈示して加盟店で商品の購入等を行った事例であり，カード会社から代金相当額の立替払いを受けることのできる加盟店に対して詐欺罪が成立するかが問題となり，詐欺罪不成立説の主張をはじめとして，学説において盛んに議論が展開された。これに対し，前者①については，窃取や偽造した他人名義のクレジットカードの不正使用について，詐欺罪の成立を肯定すること自体には特段疑問が呈されてこなかったといえる。しかしながら，詐欺罪の成立を肯定する理由については，なお検討すべき問題は残されているように思われる。また，カードの名義人から使用を許された他人名義のクレジットカードの使用事例に関して，このことは一層妥当する。最近この問題に関係した興味深い最高裁判例が出されたので，それを契機として，若干の検討を加えることにしたい。

以下では，まず，②自己名義のクレジットカードの不正使用事例について検討を加え，その後，①他人名義のクレジットカードの不正使用事例について検討を行うことにする。

II　自己名義のクレジットカードの不正使用

代金相当額の支払能力・意思がないのに，加盟店において自己名義のクレジットカードを呈示して商品の購入を行った場合には，加盟店を欺罔し，商品を詐取した1項詐欺罪が成立する[3]というのが，下級審裁判例の態度である[4]。この事例における詐欺罪の成否に関して問題となるのは，加盟店としては，呈示されたクレジットカードが盗難等の事故による無効カードではないこと，カード裏面に記された署名と売上票の署名とが同一であること（カードを機器に読み取りさせることで足り，署名が不要とされる場合もある）等を確認するだけで足り，顧客の資力については，それを調査・確認する能力も義務もないから，自己名義のクレジットカードの呈示を欺罔行為とすることはできず，顧客が代金の支払能力・意思を欠く点についての不知を錯誤と見

---

[3]　もちろん，財物を詐取したのではなく，欺罔により，宿泊等のサービスを不正取得した場合には，1項詐欺罪ではなく，2項詐欺罪が成立する。

[4]　福岡高判昭和56・9・21刑月13巻8＝9号527頁，名古屋高判昭和59・7・3判時1129号155頁，東京高判昭和59・11・19判タ544号251頁など。

ることはできないのではないかということである。現に，このことを理由として詐欺罪の成立を否定する見解が学説において主張されている[5]。この点について，裁判例は，利用客が代金の支払能力・意思を欠くことを加盟店が知れば，クレジットカードによる取引を拒絶しうるし，そうしなければならないことは信義則上又は加盟店規約の趣旨から当然であり，したがって，代金の支払能力・意思を欠く者が自己名義のクレジットカードを呈示して商品の購入を申し込むことは詐欺罪における欺罔行為にあたり，支払能力・意思を欠くことについての加盟店の不知は詐欺罪における錯誤にあたると解している。

このような裁判例の立場（A説）は，欺罔されなければ財物等を交付しなかった場合に詐欺罪の成立を肯定する理解を前提とするものであるが，その理論構成は簡明であり，また，詐取された商品は盗品等関与罪（刑256条）の客体となるから，資力を欠く者がクレジットカードを利用して商品を購入し，それを即座に売却して現金を手に入れる事案において，クレジットカードの不正利用者について詐欺罪が成立するばかりでなく，そうした事情を知りつつ商品を買い取る者に盗品等有償譲受け罪（刑256条2項）が成立するという実際上の意義をも有している。しかしながら，学説においては，詐欺罪の成立を肯定するとしても，加盟店に対する詐欺罪ではなく[6]，カード会社に対する詐欺罪の成立を肯定すべきだとする見解が有力である[7]。それは，加盟店はカード会社から代金相当額の立替払いを受けることができるから経済的損害はないことに基づくものであるが，それだけの理由で加盟店に対する詐欺罪の成立を否定する[8]ことはできないとしても[9]，以下のことが問題となるからである。すなわち，クレジットカード制度の意義は，カード

---

5) 神山敏雄『経済犯罪の研究(1)』285頁以下（1991年），山中敬一「自己名義のクレジット・カードの不正使用に関する一考察（2・完）」関西大学法学論集37巻1号94頁以下（1987年）など。

6) これに対し，加盟店に対する詐欺罪の成立を基礎づけようとする見解として，林美月子「クレジットカードの不正使用と詐欺罪」『平野龍一先生古稀祝賀論文集（上）』465頁以下（1990年）参照。なお，利得目的での財産侵害を詐欺罪として規定するドイツ法の解釈を，「欺いて財物を交付させた」等として規定する日本の詐欺罪にそのまま導入することはできないと思われる。

7) 学説の概況については，山口厚『刑法各論〔第2版〕』264頁以下（2010年）参照。

会員は，現金を持たずに商品の購入ができ，加盟店としては，信用販売取引であるにもかかわらず，顧客の資力についての危険から解放されることにあるから，加盟店としては，加盟店規約に従って商品を販売し，カード会社から代金相当額の立替払いを受ける以上，その立場においては，取引の目的を達しており，それゆえ，商品を交付したことに何の法益侵害性もなく[10]，交付した商品に関する，加盟店に対する詐欺罪の成立を肯定することができないのではないかと解されるからである[11]。そこで，学説においては，加盟店を被欺罔者・交付行為者，カード会社を被害者とする三角詐欺の構成によって，カード会社に対する詐欺罪の成立を肯定するべきだとの見解も有力になっている（B説）。すなわち，三角詐欺の成立を肯定するためには，被欺罔者に被害者の「財産を処分しうる権能または地位」があることが必要であるが[12]，被欺罔者である加盟店は，売上票の作成とカード会社への送付によって，カード会社から代金相当額の支払を受けることができるから，加盟店にはカード会社のため「その財産を処分しうる権能または地位」を肯定することができるというのである。そして，加盟店は，そのような特別の地位においては，カード会社のために，支払能力・意思を欠くカード利用者に商品を販売しないことに関心があるとして，その点に関するカード利用者の欺罔行為及びそれに基づく加盟店の錯誤・交付行為，さらにはカード会社が加盟店に対して代金相当額を支払うべき地位に立たされたことについて法益侵害性を肯定することができるとするのである。このような理解には極めて説得力があると思われる。しかしながら，そうだとすると，このような理解

8) 林幹人『刑法各論〔第2版〕』142頁以下，247頁以下（2007年），同「詐欺罪の新動向」曹時57巻3号14頁以下（2005年）。これは，詐欺罪をいわば「全体財産に対する罪」と同様に解釈するものである。
9) 詐欺罪は，背任罪とは異なり，「全体財産に対する罪」として規定されていないから，詐取された財産に見あうだけの財産を取得したとして，それだけで詐欺罪の成立を否定することはできない。解釈論としては，もう「一工夫」必要である。
10) 詐欺罪における法益侵害性の理解については，山口・前出注7) 266頁以下及び本書第19章参照。
11) ここでは，ある事実を知っていたら財物を交付しなかったであろうというだけで，その事実と異なる事実の告知（又はその事実の不告知）による財物の交付について詐欺罪の成立を肯定することはできず，欺罔による財物の交付について実質的な法益侵害性が認められることを要するとの立場が前提となっている。
12) 最判昭和45・3・26刑集24巻3号55頁。

からは，それをさらに「半歩進めて」，欺罔による財物等の交付に法益侵害性を肯定しうることが必要であるとの見解からも，加盟店固有の立場として，クレジットカードを使用する信用販売取引はカード会社に対してカード利用者が代金を支払う能力・意思を有するという前提で行われるのであるから，代金支払能力・意思のない者には商品を販売し（て，カード会社に損害を与え）ないことにクレジットカード取引の重要な意義があるとして，裁判例の結論と同様に，そうした重要な事実についての錯誤による商品の交付自体に（取引目的不達成による）法益侵害性を認め，1項詐欺罪の成立を肯定することも考えられるように思われるのである（C説）[13]。

III 他人名義のクレジットカードの不正使用

1 問題となる事例

他人名義のクレジットカードの不正使用事例としては，まず，偽造や窃取等により不正に取得した他人のクレジットカードの不正使用が問題となる。クレジットカードは，カード会員の個人的信用力に基づき，無担保での信用供与を可能にするものであるから，それはカード会社と会員契約を結ぶカード会員の支払能力・意思の確認を前提として交付されるものである。したがって，クレジットカードを利用する信用販売取引はそうした会員にのみ認められるものであることは当然のことで，会員でない者が会員になりすましてカードを利用した場合には，クレジットカードを利用する取引の前提条件を欺罔したものとして，詐欺罪の成立を肯定すること自体にはおそらく問題がない[14]。しかし，この場合，いかなる意味で詐欺罪が成立するのかについては，検討の余地がある。ここでも，自己名義のクレジットカードの不正使用事例における解決についての考え方（IIのAないしC説）に対応して，いくつかの考え方がありうる。

---

13) このような理解は，経済的損害がないことにより詐欺罪を否定する立場からは採りえないと思われるが，取引目的の達成の有無を問題とする場合には可能である。
14) 東京高判昭和60・5・9刑月17巻5＝6号519頁。

①自己名義のクレジットカードの不正使用に関する裁判例の立場（ⅡのA説）からは，ここでも，加盟店に対する詐欺罪（商品を詐取すれば，1項詐欺罪）が成立することは明らかである。これに対し，②詐欺罪の成立を肯定するためには欺罔による財物等の交付について実質的な法益侵害性が必要であるとの立場から，加盟店としては加盟店規約上の義務を履行する限り，カード会社から代金相当額の立替払いを受けることができることを重視して，その限りで加盟店としては商品交付（信用販売取引）の目的を達していると解すれば（ⅡのB説），この場合も，会員規約・加盟店規約に基づき，加盟店にカード会社の「財産を処分しうる権能または地位」を認め，カード会社に対する詐欺罪の成立を肯定する考えが生じうることになろう[15]。しかしながら，詐欺罪に関し②と同様の立場からも，③信用販売取引を行う加盟店としても，クレジットカードについて正当な使用権限のない者に商品を販売することによっては，信用力が確認されたカードの名義人に対してのみクレジットカードを利用した販売を行うという信用販売取引の目的が達成されないと解すれば（ⅡのC説），商品を交付することに法益侵害性を肯定することができ，加盟店に対する詐欺罪（商品を詐取すれば，1項詐欺罪）の成立を肯定することができることになると思われる。

なお，詐欺罪の成立に欺罔による財物等の交付に実質的な法益侵害性を要求する立場からは，上記②の考え（ⅡのB説）をさらに進め，④加盟店・カード会社は損害を被らず，最終的な実質的被害者となりうるのはカード会員であるとの見地から，カード会員に対する詐欺罪の成立を肯定することが考えられる。その際，そこには解決を要する1つの問題がある。それは，カード会員は欺罔されたわけではないから，被欺罔者は加盟店又はカード会社に求めるほかなく，カード会社は偽造等であることを事後的に知ったとしても加盟店規約上支払義務があるとすれば，カード会社について錯誤に基づく交付行為を認めることはできないため，結局，交付行為を行う被欺罔者は加盟店に求めるほかないところ，被欺罔者にカード会員の「財産を処分しうる権能または地位」を認めることができるかが問題となるということである。こ

---

[15] もっともこの場合，会員規約上代金相当額を支払う義務を負うことにより，実質的に被害を受けるのはカード会員である（ただし，その被害は，保険により填補等されることがある）。

れを肯定するためには，加盟店規約及び会員規約上，加盟店に，売上票の作成により，a）カード会社に代金相当額の立替払いをさせうるとともに，b）立替払いを行ったカード会社に対して代金の支払義務をカード会員に負担させうることとなる地位を認める必要がある。これは技巧的な解釈かもしれないが，被害の実態に即した解釈を可能とする見地からは，②説の考えをさらに進めるものとして，その可能性を検討する余地はあると思われる。

以上とは異なり，他人名義のクレジットカードを使用したが，その使用について，カードの名義人から許諾が与えられていた場合はどうであろうか。カード会社とカード会員との間の契約（会員規約）上，クレジットカードを他人に貸与することは禁じられているが，実際には，たとえば妻が夫名義のクレジットカードで商品を購入することを加盟店は事実上認めることがあるといわれる。こうした実情を考慮するとき，名義人以外の者による不正使用として，偽造・窃取等された他人名義のクレジットカードの不正使用の場合と同様に，詐欺罪の成立を肯定することができるかが問題となるのである。最近，これに関連した問題を取り扱った最高裁判例[16]が出された。そこで，この判例を採り上げて，この問題について検討を加えることにしたい。

2 最高裁判例

(1) 事 案

Aは，友人のBから，同人名義のクレジットカード（以下，「本件クレジットカード」という）を預かって使用を許され，その利用代金については，Bに交付したり，所定の預金口座に振り込んだりしていた。その後，本件クレジットカードを被告人が入手した。その入手の経緯はつまびらかではないが[17]，当時，Aは，バカラ賭博の店に客として出入りしており，暴力団関係者である被告人も，同店を拠点に賭金の貸付けなどをしていたものであっ

---

16) 最決平成16・2・9刑集58巻2号89頁。解説・評釈としては，多和田隆史「クレジットカードの名義人に成り済まし同カードを利用して商品を購入する行為が詐欺罪に当たるとされた事例」最判解刑事篇平成16年度66頁以下，石山宏樹・研修675号25頁以下（2004年），野村稔・現刑68号79頁以下（2004年），葛原力三・セレクト '04（法教294号別冊付録）36頁（2005年），橋爪隆「クレジットカードの不正使用」平成16年度重判解（ジュリ1291号）171頁以下（2005年）などがある。

て，両者が接点を有していたことなどの状況から，本件クレジットカードは，Aが自発的に被告人を含む第三者に対し交付したものである可能性も排除できない。なお，被告人とBとの間に面識はなく，BはA以外の第三者が本件クレジットカードを使用することを許諾したことはなかった。

被告人は，本件クレジットカードを入手した直後，加盟店であるガソリンスタンドにおいて，本件クレジットカードを示し，名義人のBに成り済まして自動車への給油を申し込み，被告人がB本人であると従業員を誤信させてガソリンの給油を受けた。上記ガソリンスタンドでは，名義人以外の者によるクレジットカードの利用行為には応じないこととなっていた。

本件クレジットカードの会員規約上，クレジットカードは，会員である名義人のみが利用でき，他人に同カードを譲渡，貸与，質入れ等することが禁じられている。また，加盟店規約上，加盟店は，クレジットカードの利用者が会員本人であることを善良な管理者の注意義務をもって確認することなどが定められている。

なお，Aは，友人のCからキャッシュカード（残高不足の場合には，一定限度で貸付けを受けることができるもの）を預かり，本件クレジットカードと一緒に所持していたが，被告人は，このキャッシュカードを使用して，D信用金庫のATMにおいて現金20万円を引き出して窃取したとの事実についても，併せて起訴されている。

以上の事実について，第1審判決（京都地判平成13・9・21）は，以下の理由により，B名義のクレジットカードを利用してガソリンの給油を受けた行為について，詐欺罪の成立を肯定した（なお，本件クレジットカードが不正に入手されたものであり，被告人にはその認識があったと認定することはできないとする）。「加盟店は，名義人本人がクレジットカードを提示しているとの前提のもとに商品を交付するのであり，クレジットカードを提示した者が名義人以外の者であることが判明すれば，商品を交付しないのが通常であるから，クレジットカードの名義人であるように偽って，クレジットカードを提

---

17) Aは，当初，強盗被害に遭って本件クレジットカード等を奪われたとして，110番通報しており，検察官も，Aは強盗被害に遭って本件クレジットカード等を奪われ，その後，被告人は，これらのカードについて正当な使用権限がないことを知りながら使用したと主張していた。しかし，第1審判決では，その点に関するAの供述の信用性が否定された。

示し，商品を購入することは，それ自体，原則として詐欺罪に該当する」。「もっとも，別人のクレジットカードを提示して商品を購入しても，当該クレジットカードの名義人によって当該取引にかかる代金債務が弁済されることが明らかである場合は，クレジット取引の構造からみて，加盟店が商品を交付しても，特段の問題は生じないから，このような場合にまで，他人名義のクレジットカードを提示した者に詐欺罪が成立すると解するのは相当でない。すなわち，クレジットカードの名義人が，当該提示者によるクレジットカードの使用を承諾した上，この取引から生じる代金債務を負担することも了解しており，かつ，名義人と当該提示者との間に，このような承諾・了解が客観的にも強く推認される関係がある場合（例えば，同居の親族間等）は，詐欺罪が成立しないと解すべきである。」本件では，「BやAと被告人との間に，被告人に対し同クレジットカードの使用を許し，その代金債務を負担する旨了解したものと強く推認されるような関係はなかったと解される。」「のみならず，……，B自身が，同クレジットカードにより生じた代金債務を負担することまで了解していたとは考えられない。」「そうすると，名義人であることを偽った被告人の本件クレジットカードの使用行為については，詐欺罪の成立を否定する特段の事情は存しないのであるから，被告人の同行為は詐欺罪に該当する。」

なお，同判決は，他人名義のキャッシュカードの使用については，「キャッシュカードの名義人から当該キャッシュカード使用の許諾を受けた者が，名義人に代わって金融機関のATMを操作し，現金を引き出しても，それは正当な権限を有しない者の行為ではないから，窃盗罪は成立しない」とする。このことは金融機関のATMから現金の貸付けを受ける場合でも同様に解されるとし，「被告人が，本件キャッシュカードを使用して，公訴事実第2の各現金を引き出すに際し，同キャッシュカードが不正に入手されたこと及びその旨認識していたことは認定できないから，本件公訴事実中窃盗の点については，犯罪の証明がないことに帰する」とした。

これに対し，弁護人は，「他人によるクレジットカードの使用を名義人が同意している場合には詐欺罪は成立しないと解すべきところ，本件でも，本件クレジットカードの使用及びこれによる代金債務の負担を名義人であるB

や同人から使用権限を与えられていたＡが承諾しているとみられるし，これらの点についてＢらの承諾がなかったとしても，被告人はこの点についてＢらの承諾があるものと誤信していたのであって，事実の錯誤により詐欺の故意を阻却する」等と主張したが，控訴審判決（大阪高判平成14・8・22）は，次のように判示して，詐欺罪の成立を肯定した。「クレジットカードのシステムは，クレジットカードの名義人である会員個人に対する信用を基礎に，クレジット会社が本人に限り無担保で一定限度内の信用を供与する制度である」から，加盟店にはクレジットカードを呈示した者がクレジットカードの名義人であることの確認が求められている。「そうすると，他人名義のクレジットカードを加盟店に呈示し商品の購入やサービスの提供を申し込む行為は，たとえそのクレジットカードが不正に取得されたものでないとしても，クレジットカードの使用者とその名義人との人的関係，クレジットカードの使用についての承諾の具体的内容，クレジットカードの使用状況等の諸般の事情に照らし，当該クレジットカードの名義人による使用と同視しうる特段の事情がある場合を除き，クレジットカードの正当な使用権限を偽るものとして詐欺の欺罔行為にあたり，この行為により使用権限を誤信した加盟店から商品の交付やサービスの提供を受けた場合には，加盟店に対するこれらの財物や財産上の利益についての詐欺罪が成立する」。本件では，「被告人による本件クレジットカードの使用は，その名義人であるＢによるものと同視することはできず，被告人は本件について詐欺罪の罪責を免れない」。また，「上記行為を行った者は，他人名義のクレジットカードを使用することについての認識がある以上，上記特段の事情があると誤信しない限り，詐欺の故意を阻却しないと解すべきである。」上記特段の事情があると被告人が誤信するような状況があったとはいえない。

　(2)　**最高裁決定**

　被告人の上告を受けた最高裁は，次のように判示して上告を棄却した。

　「以上の事実関係の下では，被告人は，本件クレジットカードの名義人本人に成り済まし，同カードの正当な利用権限がないのにこれがあるように装い，その旨従業員を誤信させてガソリンの交付を受けたことが認められるから，被告人の行為は詐欺罪を構成する。仮に，被告人が，本件クレジットカ

ードの名義人から同カードの使用を許されており、かつ、自らの使用に係る同カードの利用代金が会員規約に従い名義人において決済されるものと誤信していたという事情があったとしても、本件詐欺罪の成立は左右されない。したがって、被告人に対し本件詐欺罪の成立を認めた原判断は、正当である。」

3 検 討

　商品を購入するにあたり、名義人の許諾を得て他人名義のクレジットカードを使用することは、会員規約・加盟店規約上禁止されているが[18]、加盟店における商品販売の現場においては、完全にはなくなっていないのが実情であるとされるから、このような場合における詐欺罪の成否をいかに解するかが問題となる。この場合の考え方としては、①他人名義のクレジットカードの使用が禁じられている以上、名義の偽りが欺罔行為であり、それにより詐欺罪が成立すると解する見解（α説）、②原則として、名義の偽りが欺罔行為であり、他人名義のクレジットカードを使用することは詐欺罪となるが、名義人が配偶者に自己のクレジットカードを貸与するといった、名義人による使用と実質的に同視しうるような場合には、例外的に詐欺罪は成立しないと解する見解（β説）、③名義人により代金がカード会社に支払われる限り、実際上の不都合さはないから、名義の偽りでは欺罔行為とするに足りず、代金相当額の決済についての偽りが欺罔行為であり、その限りで詐欺罪が成立すると解する見解（γ説）の3説がありうるところで、それらは現に主張されている[19]。このうち、α説は名義の偽りという形式的虚偽から詐欺罪の成立を肯定するもので、いわゆる形式詐欺の論理によるものであり、γ説は決済可能性という実質を問題とするいわゆる実質詐欺の論理によるものということもできる[20]。

---

18) これに対し、キャッシュカードを他人に渡し、預金の引き出しを委託することには何の問題もない。したがって、本件では、キャッシュカードの不正利用について、窃盗罪の成立は否定されることになる。
19) 野村・前出注16) 82頁以下、石山・前出注16) 31頁以下参照。
20) 形式詐欺・実質詐欺については、伊藤渉「形式詐欺と実質詐欺について」『松尾浩也先生古稀祝賀論文集（上）』479頁以下（1998年）参照。

裁判例では,「名義人の同意がある名義人以外の者によるクレジットカード使用が常に詐欺罪を構成するかについては新たな問題である。どのように考えるべきか明確ではないが,結局は名義人もそのクレジットカードの使用を同意していれば,決済もスムーズになされ,事故届も出ないから,加盟店も損害を受けることはなく,誰も財産的損害を被らないことになる。確かに,名義人の同一性はクレジットカード・システムの根幹をなすから,これを偽ること自体許されないとして処罰するという考え方もありうるが,クレジットカード・システムが私的な経済取引のためのシステムに過ぎず,それ自体強度の公的利益を含まない以上,そこまで保護する必要はないともいえるし,何よりも詐欺罪という財産犯について,実質的な財産的法益侵害が発生していないのにこれを財産犯として処罰するのは行き過ぎであろう。詐欺罪をここまで形式犯化し,実質,名義人以外の使用禁止罪あるいは名義人であることを告知すべき義務違反罪とでもいうべきものとして扱うのは妥当ではない。……結局,クレジットカード・システムは,商品等の私的取引の便法に過ぎないのであるから,最終的に経済的負担を負う者が同意している以上,名義人以外の使用者を詐欺罪として処罰するのは困難である。」としてγ説を採るものもあるが[21],本件第1審判決・控訴審判決同様,β説を採るものが散見される[22]。また,被告人に支払能力・意思に欠けた事案に関するものではあるが,α説を採る裁判例も存在する[23]。

　本件の最高裁判例は,クレジットカードの名義人本人への成り済まし,正当な使用権限の仮装によって詐欺罪の成立を肯定することができるとし,たとえ名義人からの使用許諾があり,また名義人によって代金決済がなされるとしても[24],その結論に変更はないと解しているところから,上記α説又は少なくともそれに近い考え方を採るものであると解することができる。すなわち,本判例はγ説を否定するものではあるが,β説までを否定するもの

21)　東京地八王子支判平成8・2・26カード犯罪・コンピュータ犯罪裁判例集130頁。
22)　大阪高判平成元・11・15カード犯罪・コンピュータ犯罪裁判例集112頁,東京高判平成3・12・26判タ787号272頁。
23)　前出注14)東京高判昭和60・5・9参照。
24)　これは,被告人の誤信の内容として述べられていることであるが,ある事実の誤信により犯罪の成立が否定されるためには,その事実の存在によって犯罪の成立が否定されうることが必要であるため,このような評価が可能となる。

かについては定かでない。というのは，本件は，β説からも詐欺罪の成立が否定されうるような事案ではないため，欺罔に基づく財物等の交付により詐欺罪の成立を肯定する判例の立場からは，γ説に立たない限り，詐欺罪は当然成立することになるからである。この意味で，最高裁判例の立場からも，β説のように例外的に処罰を否定する可能性までが否認されたと解する必要は必ずしもなく，その点については将来になお留保されていると解することができよう。

　ここで問題となっているのは，カードの使用権限の理解である。この理解と，それと関連しつつ，詐欺罪の理解（欺罔されて財物等を交付すれば詐欺罪が成立するか，財物等の交付に実質的な法益侵害性が必要か，誰が被害者か）とが組み合わされることによって，それぞれの結論（詐欺罪の成否及び誰を被害者とする詐欺罪か）が導出されることになる[25]。

　α説によれば，自己名義のクレジットカードの不正使用事例に関する裁判例におけるように，加盟店に対する詐欺罪の成否を問題とする場合，名義人以外の者によるカード使用事例において，加盟店に対するカード会社の立替払い（そして，カード会社に対する名義人の支払）がなされたとしても，厳密にいえば，詐欺罪は成立することになる（なお，名義人でないことを明らかにしていた場合〔たとえば，「これは夫のカードである」と告げている場合〕には，欺罔行為がなく，詐欺罪の成立を肯定することはできない）。しかし，それでは，妻が夫のカードを使用し，夫が代金相当額を現実に決済したような場合にまで，詐欺罪の成立を肯定することになりかねず，行きすぎの感を否めない。そこから一定限度（同居の家族といった，同一の消費生活を営む者の範囲内）でα説を緩和するβ説が主張されることになるが，この説の問題は，名義人以外の者によるカード使用であることを加盟店・カード会社が知らないうちに代金決済が名義人によってなされた場合には事実上何の問題も生じないという事実レベルの問題を超えて，その規範的正当化を考えるとき，カードの使用権限の根拠をもっぱら名義人の許諾に求めるγ説とは異なり，使用を許諾された他人名義のカードについて，一定範囲に限って使用権限を認め

25）　他人名義のカードを名義人の許諾を得て使用する事例について見れば，α説・β説は加盟店又はカード会社を被害者とする理解，γ説はカード会員を被害者とする理解と整合する。

る根拠が必ずしも明瞭ではないことである。ここで，加盟店がこれら名義人以外の者によるカード利用を事実上許容していた場合，その者が自らを名義人であると偽ったとしても，欺罔に基づく交付がなく，詐欺罪は成立しない（ただし，詐欺未遂の可能性は残りうる）。これに対し，そうでない場合には，名義人により経済的に支えられる消費生活を現実に共に営む者が名義人の許諾を得てそのカードを利用したときは，本件控訴審判決がいうように，名義人による利用と同視しうるとして，γ説との区別において理由づけが苦しいながらも，詐欺罪の成立を特別かつ例外的に否定するしかないであろう。

　これに対し，γ説は，カード会員がカードの使用を許諾し，カード会社に対して代金支払義務を負担することについて同意していた場合，カードの使用権限を認める（名義人に支払意思がない場合は，自己名義のクレジットカードの不正使用と同じ問題となる）。クレジットカード制度は，カード会員の個人的信用を基礎とするといっても，その者が使用を許諾し，代金支払に実際に同意している以上，この点は問題とならないと解することもできる。したがって，民事的に禁止されていることが直ちに刑法上の禁止を基礎づけるわけではないから，この見解は明瞭かつ十分成り立ちうるものではある。とはいえ，刑事における判断だとしても，クレジットカードの貸借の許容という，クレジットカード制度の仕組み・趣旨に真っ向から反する事態・結果を是認するかのような解釈を正面から採ることにはやはりためらいがあり，この点においてγ説にはなお疑問があるように思われる。

第18章
文書の不正取得と詐欺罪の成否

I はじめに

　人を欺いて財物又は財産上の利益を交付させると詐欺罪が成立する（刑246条）。このことは、交付させる対象が文書であっても何ら異なるところはない。すなわち、AがBを欺罔して、Bが占有する（B所有に係る）重要書類を交付させた場合に詐欺罪が成立することは当然のことであろう。これに対し、本章において問題とするのは、文書の作成権限者を欺罔して、作成権限に基づき文書（証明書など）を作成させ、その交付を受ける場合においても、欺罔により文書の交付を受けたということから、直ちに詐欺罪の成立を肯定することができるかということである。たとえば、AがBに虚偽の事実を告げて、それに基づきB作成名義の（内容虚偽の）事実証明文書（証明書）などをBに作成させ、その交付を受けた場合、当該文書に関する詐欺罪が成立するかが問題となる。そして、この点については争いがあるのである。後述するように、虚偽の申立てをして、虚偽の記載がなされた旅券の交付を受ける行為は、免状等不実記載罪（刑157条2項）で軽く（1年以下の懲役又は20万円以下の罰金）処罰されるにとどまり（もっとも、旅券法23条1項1号には、不正の行為によって旅券の交付を受ける行為を3年以下の懲役又は30万円以下の罰金に処する特別規定がある）、詐欺罪を構成しないというのが（事案を異にする全くの傍論ではあるが）判例である。また、虚偽の事実を告げて証明書類を作成させ、その交付を受けた場合に詐欺罪が成立するかについて、判例においては、書類の種類によって結論が異なっており、詐欺罪の成否については検討の必要性があるというのが現状である。

こうして，欺罔により財物である文書の交付を受ければ，直ちに詐欺罪の成立が肯定されるわけではないということは，何を意味するのであろうか。詐欺罪の成立は，違法性阻却事由等が存在する場合を除き，明文の適用除外規定等でもない限り，構成要件が充足されていないことを理由としてのみ否定しうるから，そこでは，いかなる詐欺罪の要件が問題となり，それがいかなる意味・理由で否定されることがあるかが明らかにされなくてはならないのである。証明書の不正取得は，詐欺罪における「財産的損害」の問題として一般に学説上取り扱われているが，そうした「財産的損害」の内実の理解と共に，「財産上の損害」を要件とする背任罪（刑247条）とは異なり，そのような明文の規定を欠く詐欺罪において，構成要件のそのような（不文の要件を要求するという意味で）限定的な解釈が果たして可能なのか，問われなくてはならない。
　以下では，この問題について，検討の素材を提供する2つの最高裁判例を対象としながら，考えてみることにしたい。

Ⅱ　2つの最高裁判例

1　最高裁平成14年10月21日決定[1]

(1)　事　案

　被告人は，不正に入手したA名義の国民健康保険被保険者証を使用して同人名義の預金口座を開設し，これに伴って預金通帳を取得しようとの意図の下に，同人名義の「口座開設のお客さま用新規申込書」を偽造し，これが真正に成立し，かつ，自己がA本人であるかのように装って，上記国民健康保

---

1) 最決平成14・10・21刑集56巻8号670頁。解説として，宮崎英一「他人に成り済まして預金口座を開設し銀行窓口係員から預金通帳の交付を受ける行為と刑法246条1項の詐欺罪の成否」最判解刑事篇平成14年度239頁以下，甲斐行夫「他人になりすまして銀行の預金口座を開設し，預金口座通帳の交付を受けた行為について詐欺罪の成立を認めた事例」警察学論集56巻3号200頁以下（2003年），長井圓「刑法246条1項の『財物』と預金通帳」平成14年度重判解（ジュリ1246号）153頁以下（2003年），松原芳博「他人の名前で預金口座を開設し預金通帳の交付を受ける行為と刑法246条1項の詐欺罪の成否」法教274号138頁以下（2003年）などがある。

険被保険者証，Aと刻した印鑑と共に銀行窓口係員に提出して行使し，同係員らをしてその旨誤信させ，同係員から貯蓄総合口座通帳1冊の交付を受けた。

第1審判決（福岡地判平成13・1・22）は，上記事実について，有印私文書偽造罪，同行使罪のほか，詐欺罪の成立を肯定した。これに対し，控訴審判決（福岡高判平成13・6・25）は，次のような理由により，預金通帳の受交付について詐欺罪の成立を否定したのである。すなわち，「確かに，預金口座が開設されることにより，当該口座の名義人としては，銀行が提供する預金の受入れ，保管，振込送金等の銀行業務に伴う利便を利用できる地位を取得するから，一見財産上の利益を得たものと解してよいようにも見える。しかし，単なる他人名義の口座開設が，従来詐欺罪を構成するものとは考えられてこなかったのは，そのことによって銀行は何ら損害を被らず，預金獲得による利益の方が利便の提供という負担より通常上回り，その方が銀行としては利益になるという事情によるものであったと解される。その事実を踏まえ考察すると，最近これが許されなくなったのは，他人ないし架空名義の口座が脱税や不正取引等に利用されることから，その防止のための規制が必要になり，いわば国家的な見地からの規制が加えられたことにより，他人ないし架空名義の口座が禁止されるに至ったと考えられるのであって，この点を除けば，従来と事情は全く変わっておらず，例え他人ないし架空人名義で口座を開設されたとしても，銀行としては，当該口座を利用する預金者との間で取引約款に従った債権債務を取得するにすぎず，このような口座の開設により直ちに財産的な損害を生じるといった関係にはないが，これを許した場合，監督官庁から業務に関する不利益処分を受けたり，脱税や不正な取引等を助長しているとのそしりを受けるのを避けるために，法規に従い証明書の提示等を要求しているものと理解される。したがって，他人名義による預金口座開設の利益は，それにとどまる限り，従来と同様に，詐欺罪の予想する利益の定型性を欠くと解するのが相当であり，その行為は金融秩序に関する規制のための法規に触れることはあり得るにしても，詐欺罪には当たらないと解するのが相当である。」「そして，預金通帳は，口座の開設を証明するとともに，その後の利用状況を記録し，預入や払戻をする際に使用されるもの

として，口座開設に伴い当然に交付される証明書類似の書類にすぎないものであって，銀行との関係においては独立して財産的価値を問題にすべきものとはいえないところ，他人名義による口座開設が詐欺罪の予定する利益としての定型性を欠くと解される以上，それに伴う通帳の取得も，1項詐欺を構成しないというべきである。」

(2) 最高裁決定

検察官からの上告を受けた最高裁は，以下のように判示して，詐欺罪の成立を肯定した。

「預金通帳は，それ自体として所有権の対象となり得るものであるにとどまらず，これを利用して預金の預入れ，払戻しを受けられるなどの財産的な価値を有するものと認められるから，他人名義で預金口座を開設し，それに伴って銀行から交付される場合であっても，刑法246条1項の財物に当たると解するのが相当である。そして，被告人は，上記のとおり，銀行窓口係員に対し，自己がAであるかのように装って預金口座の開設を申し込み，その旨誤信した同係員から貯蓄総合口座通帳1冊の交付を受けたのであるから，被告人に詐欺罪が成立することは明らかである。」（ただし，「本件詐欺罪の対象となった上記通帳自体の価額は少額であることに加え，本件詐欺罪は，有印私文書偽造罪，同行使罪と牽連犯の関係にあるところ，これらの罪については有罪とされており，しかも，以上は，他の9件の窃盗罪等と併合罪の関係にあるとされていることなどを考慮すると，上記法令違反をもって刑訴法411条により原判決を破棄しなければ著しく正義に反するものとは認められない。」として上告棄却の決定を行った。）

2 最高裁平成12年3月27日決定[2]

(1) 事 案

郵政事務官として郵便局に勤務し，簡易生命保険の募集等の業務に従事していた被告人が，①AことBが交通事故による受傷で入院中であり，同人Aを被保険者としてすでに法定保険金最高限度額1000万円を満たす簡易生命保険契約が締結されていたから，同人を被保険者とする簡易生命保険契約を締結することができないことを知りながら，同人と共謀の上，上記事情を秘

して，Bを被保険者名義とする簡易生命保険契約申込書2通を提出し，申込書どおりの簡易生命保険を締結させて，簡易生命保険証書2通を同人に受領させ，②Cが病気入院中であり，同人を被保険者とする簡易生命保険契約を締結することができないことを知りながら，同人と共謀の上，上記事情を秘して，同人を被保険者とする簡易生命保険契約申込書1通を提出し，申込書どおりの簡易生命保険を締結させて，簡易生命保険証書1通を同人に受領させた。

　第1審判決（福岡地小倉支判平成8・2・6）は，上記事実に関し，①被告人には詐欺罪の故意，不法領得の意思があること，②保険証書は，簡易生命保険の締結を証明する重要な文書であり，刑法上の保護を受ける財物であること，③簡易生命保険証書の詐取は，国家的・社会的法益の侵害に向けられた側面を有するとしても，同時に，詐欺罪の保護法益である財産権を侵害し，同罪の構成要件を充足するものである上，関係法規中，詐欺罪の適用を排除する趣旨のものと解される規定はないから，詐欺罪の定型性を欠くことはないこと，④保険証書はそれ自体が刑法上の保護を受ける財物であるから，その詐取について保険金詐欺とは独立して詐欺罪の既遂を認めても差し支えないこと等を理由に詐欺罪の成立を肯定した。

　控訴審判決（福岡高判平成8・11・21）も，①保険証書は保険契約上の重要な文書であり，それ自体経済的価値効用を有するものであって，刑法上保護に値する財物にあたり，欺罔によってこれを騙取した場合には詐欺罪の成立を認めるのが相当であること，②保険証書自体が重要な社会生活上の経済的価値効用を有するものである以上，刑法157条2項所定の公文書の場合と同様に考えることはできず，同規定が存在するからといって，本件において詐欺罪の成立を否定することはできないこと（このような規定のない，私文書である保険証券の騙取については，詐欺罪の成立を認めざるをえないが，これと同

---

2) 最決平成12・3・27刑集54巻3号402頁。解説として，飯田喜信「簡易生命保険証書の騙取と詐欺罪の成否」最判解刑事篇平成12年度100頁以下，伊藤渉「簡易生命保険証書の騙取と詐欺罪の成否」平成12年度重判解（ジュリ1202号）160頁以下（2001年），田中利幸「不正に簡易生命保険証書の交付を受ける行為に詐欺罪の成立を認めた事例」現刑31号91頁以下（2001年），古川伸彦「簡易生命保険証書の騙取と詐欺罪の成否」ジュリ1221号169頁以下（2002年），林美月子「詐欺罪と財産上の損害(3)」『刑法判例百選Ⅱ各論〔第6版〕』98頁以下（2008年）などがある。

様の性質を有する簡易生命保険の保険証書について詐欺罪の成立を否定すると，その間に不均衡が生じること），③保険証書の騙取が，保険金騙取の前段階に位置し，その手段的な行為であるとしても，保険証書は保険金とは別個の刑法上の保護に値する財物であり，その騙取について独立して詐欺罪の成立を認めても差し支えないこと等を理由に，詐欺罪の成立を肯定した。

　　(2)　**最高裁決定**

　被告人の上告を受けた最高裁は，次のように述べて，原判決の判断を是認した。

　「なお，簡易生命保険契約の事務に従事する係員に対し，被保険者が傷病により入院中であること又は被保険者につき既に法定の保険金最高限度額を満たす簡易生命保険契約が締結されていることを秘して契約を申し込み，同係員を欺罔して簡易生命保険契約を締結させ，その保険証書を騙取した行為について，刑法（……）246条1項の詐欺罪の成立を認めた原判決の判断は，正当である。」

3　従来の判例と問題の所在

　上記2判例においては，欺罔により作成権限者に文書を作成させて，その交付を受けた場合に関し，預金通帳，簡易生命保険証書の各事例について，詐欺罪の成立が肯定されている。同様に，判例において詐欺罪の成立が肯定されたものとしては，三食者外食券[3]，家庭用主食購入通帳[4]，硝子の配給を約束する書面[5]等がある。しかしながら，判例においては，類似の場合であっても，詐欺罪の成立を否定したものも存在する。たとえば，建物所有証明書[6]，印鑑証明書[7]，米国旅券[8]等については，詐欺罪の成立が否定され

---

[3]　最判昭和24・5・7刑集3巻6号706頁。
[4]　最判昭和24・11・17刑集3巻11号1808頁。
[5]　最判昭和25・6・1刑集4巻6号909頁。
[6]　大判大正3・6・11録20輯1171頁。
[7]　大判大正12・7・14刑集2巻650頁。
[8]　最判昭和27・12・25刑集6巻12号1387頁。なお，本件では，村長名義の内容虚偽の証明書を作成交付させた事実についても，詐欺罪の成立は肯定されていない（やはり成立が否定された虚偽公文書作成罪で起訴されたものの，詐欺罪では起訴されていなかったものと思われる）。

ているのである。なお，（国民）健康保険被保険者証については，下級審において詐欺罪の成否について争いがあったが，最高裁は詐欺罪の成立を肯定した[9]。

詐欺罪の成立を否定する理由としては，旅券につき，「刑法157条2項には，公務員に対し虚偽の申立を為し免状，鑑札又は旅券に不実の記載を為さしめたる者とあるに過ぎないけれども，免状，鑑札，旅券のような資格証明書は，当該名義人においてこれが下付を受けて所持しなければ効用のないものであるから，同条に規定する犯罪の構成要件は，公務員に対し虚偽の申立を為し免状等に不実の記載をさせるだけで充足すると同時にその性質上不実記載された免状等の下付を受ける事実をも当然に包含するものと解するを正当とする。しかも，同条項の刑罰が1年以下の懲役又は300円以下の罰金に過ぎない点をも参酌すると免状，鑑札，旅券の下付を受ける行為のごときものは，刑法246条の詐欺罪に問擬すべきではなく，右刑法157条2項だけを適用すべきものと解するを相当とする。」との判示（ただし，事案と無関係な全くの傍論）がなされている[10]。

こうして，判例においては，欺罔により作成権限者に証明文書を作成させて，その交付を受ける場合において，常に詐欺罪の成立が肯定されるわけではないとすれば，そこでは，詐欺罪のいかなる要件を問題とし，その存否をどのように判断して，詐欺罪の成否を決すべきなのかが問われることになる。

---

9) 最決平成18・8・21判タ1227号184頁。それ以前で，詐欺罪の成立を肯定したものとしては，大阪高判昭和59・5・23高刑集37巻2号328頁などがあり，否定したものとしては，名古屋地判昭和54・4・27刑月11巻4号358頁，大阪高判昭和60・6・26高刑集38巻2号112頁などがあった。
10) 前出注8)最判昭和27・12・25。ただし，本件は，非公務員を欺罔して内容に虚偽のない米国旅券（刑法上の「旅券」にあたらない）の下付を受けようとした事案であって，全くの傍論である。また，前出注9)大阪高判昭和60・6・26は，事業主が虚偽の報告をすることを禁止（処罰）していた健康保険法（当時）87条1号を詐欺罪の適用を排除する特別の規定と解する理解に依拠している。

Ⅲ 文書の交付と詐欺罪の成否

1 財物性

　平成12年最高裁決定の原原審・原審判決，平成14年最高裁決定においては，簡易生命保険証書，預金通帳の「財物」性が問題とされており，それが肯定されることが詐欺罪成立の主要な根拠とされている。簡易生命保険証書については，財物性肯定の理由として，保険証書の意義・重要性が指摘されているが，預金通帳について，最高裁は，①それ自体として所有権の対象となりうること，②これを利用して預金の預入れ，払戻しを受けられるなどの財産的な価値を有することを理由として，財物性を肯定している。これは，従来の判例が，財産権（ことに所有権）の対象となる物を財物としてきたことに沿う判断であるが[11]，結論としては，当然のことであると思われる。なぜなら，ここで問題となっているのは，一定の法律関係が存在する事実を証明する文書の不正取得であるが，そのような文書も，「証明の利益」という価値を有する物である以上，それ自体としては財物であり，それを名宛人以外の者が不正に取得すれば，窃盗罪・詐欺罪は当然に成立することになるからである。しかし，ここで問題となっているのは，当該文書に一般的な意味において財物性が肯定されるかではない。なぜなら，このようなことだけが問題であるのならば，虚偽の申請により旅券を不正に取得する場合であっても，詐欺罪が成立することになりかねないことになるからである。これを否定する判例・学説の結論が妥当であるとすれば（そして，そう思われるが），そこでは別のことが問題となっており，旅券についてはそれが否定されて詐欺罪の成立が否定されることになると考えなければならないといえよう。この意味で，財物性は，それを肯定することは詐欺罪の成立を認めるためには必要なことであるが，本章で検討している問題を解決するために，核心的・決定的な論点ではなく，それ以上のことが問題とされなければならな

---

[11]　山口厚『刑法各論〔第2版〕』172頁以下（2010年）参照。「財産的な価値」に言及していることは，当然のことではあるが，重要なことである。

いことになるのである。

　なお，旅券等の不正取得について詐欺罪が成立しない理由を，詐欺罪の適用を排除する趣旨の規定の存在に求めるのが従来の判例の立場であり，このことは学説においても支持を得ている[12]。しかし，この理由づけは，実際上重要な意義を有しており，また誤ってはいないまでも，やはり不十分ではないかと思われる。それは，①当該規定は，別の法益を侵害する犯罪の処罰規定にすぎないから，それが明文で詐欺罪の適用を排除していない以上，詐欺罪の適用が排除される理由が必要である（別の法益を侵害する犯罪と詐欺罪との観念的競合になぜならないかが示される必要がある[13]）が，それが示されていないこと（詐欺罪の成立を肯定すると不都合であるというのは，単なる結論の先取りにすぎないこと[14]），②虚偽の申立てにより不実の記載がなされた旅券の交付を受けるあらゆる場合について詐欺罪の成立が否定されるのかについてまでは定まった評価がないが，たとえば，別人名義の（自己の写真入り）旅券を不正に取得するような場合について，詐欺罪成立の余地を残す（少なくともその当否を検討する余地を残す）とすれば，法文の存在という形式論ではなく，詐欺罪の要件論を踏まえた議論が必要となるからである。

　筆者は，旅券等の不正取得について詐欺罪の成立が否定されるのは，自己を名宛人・申請者とする不実の記載がされた旅券等を取得する場合に限られるものと解すべきではないかと考えているが，このような考慮の当否の評価は，詐欺罪の要件論を踏まえなければ，なしえないのである。判例等で問題とされている，詐欺罪の適用を排除する趣旨の規定の存否という判断においても，当該規定と詐欺罪との関係が実質的な見地（保護法益・法益侵害）において問題とならざるをえないと思われる。

12）　西田典之『刑法各論〔第6版〕』206頁（2012年）など参照。
13）　林幹人『刑法各論〔第2版〕』249頁（2007年）参照。
14）　たとえば，他人に殺害された死体を遺棄すれば，死体遺棄罪と証拠隠滅罪の観念的競合となりうると思われる。構成要件に該当する物理的事実の重なり合いは，決して一方の規定の適用を排除することを意味しない。したがって，ここでは詐欺罪の適用を排除する趣旨が，詐欺罪に関連させて説明されなければならないのである。

2　いわゆる財産的損害

　旅券等の証明文書の不正取得について詐欺罪の成立を否定する理由として，上記の観点から考えられるのが，「財産的損害」が欠ける（単なる「証明の利益」の喪失は，実質的に見て，財産的損害にあたらない）ということである。しかし，このような論理については，①「財産上の損害」が明文で要件とされている背任罪と異なり，詐欺罪においては，そのような要件は要求されていないのではないか，いかなる意味で，法文上の根拠がない，財産的損害という要件を要求しうるのか，②（①と関連して）財産的損害といっても，その内容がいかなるものなのか，が直ちに問題となる。

　学説においては，「財産上の損害」を要件とすることによって「全体財産に対する罪」として規定されている背任罪と同様に「全体財産に対する罪」として詐欺罪を理解する見解も主張されている[15]。このような立場からは，旅券等の不正取得の事例について，財産的損害の有無によって詐欺罪の成否が判断されることになるであろうが，旅券についても，発給前に保管中の旅券を盗み出した事例について窃盗罪の成立を否定できないように，「証明の利益」のみが認められる物の喪失についても財産的損害を肯定せざるをえず（「証明の利益」が旅券の財物性を基礎づけ，その喪失が窃盗罪の法益侵害を基礎づけることを意味する）[16]，財産的損害が欠如するとして，直ちに詐欺罪の成立を否定することはできないように思われる[17]。また，そもそも，財産的損害の惹起を要件として（背任罪同様）規定しているドイツ刑法上の詐欺罪とは異なり，わが国の詐欺罪には（背任罪とは異なり）「財産上の損害」は要件として規定されていない。この規定上の相違を無視することはできないか

---

[15]　林・前出注13) 217頁以下，同「詐欺罪における財産上の損害」現刑44号48頁（2002年）など。松宮孝明「証拠証券の受交付と詐欺罪」立命館法学286号240頁（2002年）もこうした方向を志向するものと思われる。

[16]　窃盗罪は（形式的な）所有権に対する罪であり，旅券に対する所有権が侵害されるから窃盗罪が成立すると解するのは，そこに示された窃盗罪と詐欺罪の相違という重要な視点は無視しえないものの，(窃盗罪が，詐欺罪等の全体財産に対する罪とは区別された，所有権に対する罪と解されている）ドイツ刑法においてでもなければ採用できない理解であり，日本刑法とドイツ刑法とを混同するものとして，採りえない解釈である。また，詐欺罪において，何のためらいもなく財産的損害について独立に論じている学説に，こうした他国の刑法解釈論との混同（というのがいいすぎならば，区別の意識の欠如）がなければ幸いである。

ら，詐欺罪について財産的損害を独立した要件として要求すること自体，法文上の根拠を欠くために不可能なのである。

もっとも，このように考えるからといって，詐欺罪の成立を基礎づける法益侵害までも不要であるというわけではない。それは，欺罔により交付した「財物」「財産上の利益」の喪失そのもの，そしてそこに認められる実質的な法益侵害であるというにすぎないのである。

では，旅券等の証明文書についても，財物性を肯定し，その喪失が一般的には財産犯の成立を基礎づける法益侵害となりうることを肯定しながら，いかにして旅券等の証明文書の不正取得の事案について詐欺罪の成立を否定しうるのであろうか。欺罔されなければ当該財物を交付しなかった場合に形式的に詐欺罪の成立を肯定する判例の傾向に照らすと，旅券の不正取得の場合についても，詐欺罪の成立を免れないことになりそうであるが，その結論は判例・学説においても採られていない[18]。詐欺罪不成立の理由は，結論からいえば，やはり，詐欺罪の法益侵害性が否定されることに求められるべきである。しかし，上述したように，それは独立した「財産上の損害」の要件を認め，それを否定することであってはならない。それにもかかわらず，いかにして法益侵害性を否定しうるのであろうか。そのためには，詐欺罪の内実・構造に立ち入った，より「実質的な」法益侵害についての把握が必要となるのである。

問題は，「実質的な」把握の内容をいかに解し，解釈論としてその内容を構成するかである。ここで，「実質的な視点」が必要であるとし，あとは（直

[17) 林・前出注13) 249 頁は，「取引関係」の存在という要件を読み込んで，その不存在を理由に，旅券の不正取得等の事案について詐欺罪の成立を否定する。しかし，「取引関係」の存在という要件をとくに要求する理由はないであろう。それでは，他人を名宛人とする証明書の欺罔による不正取得等の事例が不可罰となってしまい，妥当でない。また，松宮・前出注15) 240 頁は，「証拠証券」の不正取得の事例において，有体物である「証券」には独立した意味はないとする（権利を問題とする）が，上記と同様の帰結をもたらしかねない点において疑問がある。

18) こうしたことから，判例は，詐欺罪の適用を排除する趣旨の規定の存在という，形式的かつ（詐欺罪の見地からは）外在的な理由づけに依拠するものとも思われる。判例においては，踏み込んだ理由を示すことがなくとも，結論を一応担保する理由が示されればよいと解すれば，こうした態度はやむをえないともいえるが，判例を論評の対象とする学説においてはそうはいえない。あくまでも詐欺罪不成立の根拠が探究されなければならない。

感的に得られた）一定の結論を示すにとどまるのは，その実，思考停止の態度であり，優れた解釈論とはいえないであろう[19]。考える出発点は，詐欺罪における法益侵害の特質でなければならないのである。

　窃盗罪においては，占有侵害が要件とされているように，財物はいわば静的な存在として保護され，占有者の意思に反する移転が行われれば同罪は成立する。それに対し，詐欺罪においては，財物・財産上の利益は，それ自体として保護されるばかりではなく，占有者の意思に基づく交付が要件となっているところにも現れているように，「一定の目的達成手段」としても保護され，それが侵害されたときに同罪は成立するのである[20]。この意味で，詐欺罪の法益侵害は，窃盗罪と対比したとき，それとは異なる一種の特殊性を備えたものと解されることになる[21]。すなわち，窃盗罪においては，占有下にある財物の占有を（意思に反して）喪失したことをもって法益侵害を肯定することができるが，詐欺罪においては，財物・財産上の利益を交付することによって達成しようとした目的（通常の取引の場合における反対給付の取得，寄付の場合における寄付目的等）が達成できないこと，それが達成できないにもかかわらず財物・財産上の利益を交付することにより喪失したことによって法益侵害を肯定することができることになるのである。言い換えれば，目的達成にとって本質的に重要な条件が備わっていないのに，その点について欺かれ，財物・財産上の利益を交付し，それを喪失したこと自体に法益侵害性を肯定することができることになる。本章で問題としている事例におけるように，交付する対象自体について十分な認識がある場合，このような意味における法益侵害が肯定しうることが詐欺罪の成立を肯定するためには必要であり，逆に，このような法益侵害を肯定できなければ詐欺罪の成立

---

19) 詐欺罪の項で財産的損害について論じている多数の体系書・教科書には，このような視点が欠落していないかを恐れる。
20) 山口・前出注11) 266頁以下参照。詐欺罪における法益侵害の理解に関しては，伊藤渉「詐欺罪における財産的侵害」警研63巻4号27頁以下，5号28頁以下，6号39頁以下，7号32頁以下，8号30頁以下（1992年）参照。
21) 詐欺罪の重要な領域をなす，反対給付について欺罔された場合，交付する財産についての認識はあるから，財産の喪失自体には（法益関係的）錯誤はなく，財産の喪失に視野を限局する限り，詐欺罪の法益侵害を基礎づけることができない。そこでは，詐欺罪の法益侵害は，財産の喪失自体から目的不達成へと視野を拡張することによって理解されなければならないのである。

は否定されるべきことになる。

　このような詐欺罪の法益侵害をいかなる要件において問題とすべきか（しうるか）については，項を改めて解説することにしたい。

3　錯誤の意義

　詐欺罪は，欺罔により，被欺罔者が（錯誤に陥って）財物・財産上の利益を交付することによって成立する。交付により喪失した財物・財産上の利益が法益侵害を構成する場合に，詐欺罪は成立する。財物・財産上の利益が被欺罔者の意思に基づいて交付される（移転・喪失に同意がある）にもかかわらず，法益侵害の発生を肯定しうるのは，財物・財産上の利益を移転させる意思が瑕疵あるものだからである。言い換えると，財物・財産上の利益を移転する意思があり，それに瑕疵がない場合には，財物・財産上の利益を喪失したにもかかわらず，法益侵害は発生していないことになるのである（同意により，移転・喪失について法益侵害性が否定される）。では，移転意思に瑕疵があるかないかはいかにして判断されるのであろうか。それは，上述した詐欺罪の特質を考慮すると，移転する対象について十分な認識がある場合，財物・財産上の利益を交付する目的との関係で判断されなければならないのである。すなわち，財物・財産上の利益の交付により達成しようとしていた目的が達成された場合には，移転意思に瑕疵はなく，財物・財産上の利益の移転・喪失について法益侵害性が否定されることになり，目的達成にとって本質的に重要な条件について欺かれ，目的が達成できない場合に，移転意思には瑕疵があることになる。言い換えれば，目的不達成という法益侵害の発生に同意がない場合，移転した財物・財産上の利益の喪失について法益侵害性が肯定されることになるのである[22]。こうして，詐欺罪の要件である錯誤の意義は，法益侵害の成立と密接に関係するのであり，また，その内容は法益侵害の観点から理解される必要があるのである（その意味で，それは「法益関係的錯誤」である[23]）。次章（第19章）で検討するように，判例は，近似，「交付の判断の基礎となる重要な事項」について欺かれていたかを問題とし

---

[22]　山口厚「『法益関係的錯誤』説の解釈論的意義」司法研修所論集111号107頁以下（2004年）参照。

ているが，これは，理論的には上記のように理解することが可能であるといえよう。

そこで次の問題は，目的不達成の場合すべてにおいて，詐欺罪の法益侵害を肯定しうるかということである。ここでは，詐欺罪と他の犯罪（又は不可罰の領域）との「住み分け」が要請されることになる。「法益関係的錯誤」説に否定的な見解（欺罔がなければ同意しなかった場合に，同意の有効性を否定する判例等の立場）は，行為者のあらゆる目的不達成をもって法益侵害を肯定し，犯罪の成立を基礎づける見解ということができよう。このような見解においても，他の犯罪・規制（犯罪としては処罰しない，又は当該犯罪の成立にとどめる）の守備範囲との関係において，詐欺罪の法益侵害を基礎づける目的不達成を限定的に解することは可能であり，また必要である。それは，本章において問題としている「証明の利益」を備えた文書については，申請者である名宛人にそれを交付することが達成すべき目的であり，この目的が実現している以上，詐欺罪の成立を基礎づける目的不達成は肯定できないという観点から，「錯誤」を限定的に解し，詐欺罪の成立を否定するということである。すなわち，名宛人に交付された文書の内容的真実性自体は，文書偽造罪等の規定によって保護されるべきものであり，証明文書の不正取得の事例については，そのような形で，偽造罪と詐欺罪とが適用領域の「住み分け」を行うものと解することが，実定法の解釈としては適切であると思われる。

こうして，欺罔がなければ財物・財産上の利益を交付しなかったであろうとしても，（処罰を基礎づける法益侵害の点から理解された）「錯誤」（「交付の判断の基礎となる重要な事項」についての錯誤）がなければ詐欺罪の成立は否定

---

23) いかなる錯誤について詐欺罪の成立を肯定するかから，処罰の対象となる法益侵害の内実が明らかになる。この意味では，犯罪を基礎づける錯誤は，必然的に，法益関係的錯誤であり，いわゆる「法益関係的錯誤」説を否定する論者においても異なることはない。異なるのは，そこで犯罪を基礎づけると考える法益侵害の内容であるにすぎない。すなわち，「法益関係的錯誤」説をめぐる見解の対立は，そうした法益侵害の理解の仕方に原因があり，判例等の見解（錯誤がなければ同意しなかったであろう場合に，同意を無効とする）は，保護すべきでない利益の侵害により法益侵害を肯定する点において広すぎ，従来の「法益関係的錯誤」説は保護されるべき利益の侵害についても法益侵害を否定する点において狭すぎるのである。この点については，山口・前出注22) 97頁以下参照。

されるべきであり，旅券の不正取得等，従来詐欺罪の成立が否定されてきた事例について詐欺罪が成立しないことは，そうした見地から，詐欺罪の法益侵害性を否定することにより，基礎づけられることになるのである。

4 事案の検討

(1) 旅券の不正取得

上記のような考え方を前提として，第1に，旅券の不正取得の事例について検討することにしたい。まず，結論から述べれば，旅券の申請者が自己に関する事実について虚偽の申立てを行い，不実の記載をなした旅券を取得した事例について，詐欺罪の成立を否定する判例・学説は結論として妥当であると思われる。それは，旅券を交付する当局の（偽造罪ではなく，詐欺罪で保護されるべき）目的は，手数料を納付した申請者に旅券を交付することに尽きるのであり，その目的は達成されているから，（法益関係的）錯誤はなく，旅券を交付したことについて法益侵害性を認めることはできないからである。したがって，申請者・名宛人以外の者（名宛人になりすました者を含む）が欺罔により旅券を取得する場合には，交付による目的が達成されていないから詐欺罪は成立することになる（発給前の旅券を盗み出せば，もちろんのこと窃盗罪は成立する）。旅券の記載内容が事実と異なることは，まさしく免状等不実記載罪の規定が対処すべきことがらであり，このような形で詐欺罪と偽造罪（免状等不実記載罪）とは「住み分けている」のである。

これを若干一般化していえば，単に「証明の利益」しかない証明文書であっても財物といいうる（したがって，窃盗罪の客体になるほか，詐欺罪の客体からも直ちには除外されない）が，当該文書の申請者・名宛人が，手数料を納付した上，その交付を受ける限りにおいて，「錯誤」が否定されて，詐欺罪は成立しないことになるのである。これに対し，当該文書の内容の真実性自体は偽造罪の規定によって例外的にのみ保護の対象とされることになる。

(2) 保険証書の不正取得

次に，平成12年最高裁決定の事案を念頭に置きながら，保険証書の不正取得について検討を加えることにする。保険証書は保険契約の存在を証明する「証拠証券」であり，「証明の利益」は当然のこととして，そこに存在す

る。したがって，保険契約者以外の者が欺罔により保険証書を取得する場合には（盗み出す場合に窃盗罪が成立するほか）詐欺罪が成立することは，すでに述べたことから明らかである。問題は，保険契約者が自己宛の保険証書を（保険契約を締結しえないにもかかわらず）不正に取得する場合の処理である。

保険証書について，旅券等の証明書と異なる点は，そこには保険契約に基づいて保険給付を受ける地位の存在が証明されており，単なる「証明の利益」を超えた，それ以上の財産的利益を認めることができる点である（このような利益は，偽造罪による保護の対象とはならないから，間接的無形偽造の限定的処罰を理由として，詐欺罪の領域を限定することはできない）。この点を捉えて，文書の交付により，（財産的価値ある）保険給付を受けうる地位を与えるべきでない者に与えたという意味で，保険証書の発行主体に法益関係的錯誤に基づく法益侵害を肯定することができよう。健康保険被保険者証の不正取得についても同様のことが妥当すると思われる[24]。

なお，学説においては，同様の理解に立ちつつ，重要なのは契約上の地位の不正取得なのであるから，端的に2項詐欺罪の成立を肯定すべきだとする見解が主張されている[25]。こうした考えにも一理あるが，契約上，一定の要件が備わった場合には給付を受けることができる地位を得たこと自体を財産上の利益の受交付として2項詐欺罪の成立を肯定してよいかには，給付の現実性の欠如という見地から，なお疑問の余地があるといえよう。ここでは，そうした地位が示された証書の受交付という外形的事実及び証書自体の存在に重要性を認めて，その限りで1項詐欺罪の成立を限定的に肯定するにとどめるべきではないかと思われる。

(3) 預金通帳の不正取得

最後に，平成14年最高裁決定の事案を念頭に置きながら，預金通帳の不正取得について検討を加えることにする。近時，「振り込め詐欺」等に利用するためにする，預金口座の不正利用が問題となっており[26]，また，預金

---

[24] 伊藤渉「健康保険証の不正取得と詐欺罪」東洋法学38巻2号249頁以下（1995年）参照。
[25] 松宮・前注15）231頁以下。しかし，証書はなくても権利行使できるからといって，証書の存在が無意味であるとはいえないであろう。
[26] 菅原胞治「預金口座の不正利用と金融機関の対応」金融法務事情1709号9頁以下（2004年）等参照。

口座については，マネーロンダリング等の不正行為を防止するために，金融機関による本人確認が義務づけられている（平成14年の最高裁決定当時は，金融機関等による顧客等の本人確認等に関する法律〔金融機関本人確認法〕であったが，現在は，犯罪による収益の移転防止に関する法律〔犯罪収益移転防止法〕により規制されている）。こうした背景において，預金通帳の不正取得の問題を考える必要がある。

　預金通帳は，預金契約の存在等を証明する文書であり，証明の利益は最低限の内容として存在する。それに加えて，預金の預入れや（平成14年最高裁決定の事案におけるように登録印鑑を所持する場合には）払戻し等のサービスを受けられるという意味で，財産的な価値もあるといえよう。問題は，交付する相手方・名宛人の意義に関する理解である。かつて，預金口座開設に厳格な本人確認が求められず，金融機関において預金の受入れというメリットがあることからも，仮名口座・借名口座が事実上横行していた時代においては，預金の出捐者たる現実の口座開設者に預金通帳を交付することだけが，預金通帳交付の目的であったと解する余地がある。このような場合には，仮名・借名口座であっても預金の出捐者たる口座開設者に通帳が交付されることで預金通帳交付の目的は達成されるから，口座開設者以外の者がそうであると偽って通帳を取得するような場合は別として，詐欺罪の成立は否定されることになろう。しかし，厳格な本人確認が法律上要求される現在においては状況が異なり，公的規制のために（もちろん，そうした公的規制を要請する社会的状況の存在が前提となる）預金通帳の意義に変化が生じ，本人確認がなされた者に預金通帳を交付することが，金融機関の目的となっているものと解することが不可能ではないように思われる。したがって，AがBであると偽って，B名義で預金口座を開設し，B名義の預金通帳を取得することは，BにB名義の預金通帳を交付するという金融機関の目的が（Aに交付することによって）達成しえなくなったものとして，詐欺罪の成立を肯定することが考えられるのである。

　平成14年最高裁決定後，金融機関本人確認法は改正され，預金通帳等の不正取得・売買等が処罰の対象となった（同法16条の2第1項・第2項）。その後，同罰則は犯罪収益移転防止法27条に移行した。その法定刑は，現

在，1年以下の懲役若しくは100万円以下又はその併科と詐欺罪と比較して軽い（業として行った場合には、3年以下の懲役若しくは500万円以下の罰金又はその併科となる）。このような状況となった現在においては、詐欺罪と犯罪収益移転防止法の罰則との「住み分け」の見地から、預金通帳の不正取得について詐欺罪の成立を否定することがむしろ妥当ではないかが問題となる。

　しかしながら、最高裁は、近時、預金通帳及びキャッシュカードを第三者に譲渡する意図を秘して、銀行行員に自己名義の普通預金口座の開設及び同口座開設に伴う自己名義の預金通帳及びキャッシュカードの交付を申し込み、預金通帳及びキャッシュカードの交付を受けたという事案において、「預金通帳及びキャッシュカードを第三者に譲渡する意図であるのにこれを秘して上記申込みを行う行為は、詐欺罪にいう人を欺く行為にほかならず、これにより預金通帳及びキャッシュカードの交付を受けた行為が刑法246条1項の詐欺罪を構成することは明らかである。」との判断を示し、上記の「住み分け」論を否定した、というよりは、上記の見解と別のところに「住み分け」の線引きを行うことを明らかにした[27]。犯罪収益移転防止法の罰則は銀行から交付を受けた預金通帳等についての処罰規定であり、銀行から預金通帳等を不正に取得する行為を捕捉するものではないと解されるから、上記最高裁判例は、犯罪収益移転防止法の罰則と相まって、不正使用目的での預金通帳等の不正利用行為をよりいっそう強力に禁圧するものとなっているといえよう。

---

[27] 最決平成19・7・17刑集61巻5号521頁。解説としては、前田巖「預金通帳等を第三者に譲渡する意図を秘して銀行の行員に自己名義の預金口座の開設等を申し込み預金通帳等の交付を受ける行為は、刑法246条1項の詐欺罪に当たるか」最判解刑事篇平成19年度308頁以下、長井圓「第三者に譲渡する意図を秘した自己名義の預金通帳の受交付と『人を欺く』の意義」平成19年度重判解（ジュリ1354号）181頁以下（2008年）などがある。

第19章
欺く対象による詐欺罪処罰の限定

I　はじめに

　第16章からは，詐欺罪の成立要件に関する諸問題を取り扱い，とくに前章（第18章）では，詐欺罪処罰の射程・限界に関する問題を「文書の不正取得」という観点から取り扱った。そこで取り扱った判例が出された後にも，関連問題に関して，重要な判例が次々と出されている。本章では，それらを素材として，詐欺罪処罰の限界に関する問題，とくに従来，学説では「詐欺罪における財産的損害」という観点から取り扱われてきた問題について，新判例を踏まえ，第18章の叙述を補足するべく追加的な検討を行うことにしたい。

　詐欺罪については，欺罔手段が用いられてはいるが，物品を定価ないし相当な価格で取得した一定の事案[1]や，第18章で扱ったように，一定の文書の不正取得の事案[2]について，その成立を否定する見解が学説で展開され，判例・裁判例でもそれに同調する傾向が，一定限度ではあるが，見られるところである。これを「財産的損害」という要件を要求することによって，それが欠けるために詐欺罪は成立しないとして説明する見解が学説では極めて有力であるが，しかしながら，「財産上の損害」を明文の成立要件としている背任罪とは異なり，詐欺罪においては，そうした要件は法文上規定されて

1）　医師でない者が，診察の上で，適応する売薬を所定の代価で購入させた事案（大決昭和3・12・21刑集7巻772頁）や，医師の証明書を偽造して劇薬を購入した事案（東京地判昭和37・11・29判タ140号117頁）などがある。
2）　印鑑証明書（大判大正12・7・14刑集2巻650頁［財産上の損害を否定］，米国旅券（最判昭和27・12・25刑集6巻12号1387頁）などについて詐欺罪の成立が否定されている。

いない。その中で，一体どのようにして詐欺罪の処罰範囲を適切に画することができるのかが問題となる。この点に関する最近の判例の立場について，「財産的損害」を要求することによって解決しようとする有力学説と対比しつつ，検討を加えることにしたい。

以下では，航空機の搭乗券を第三者に譲渡することを秘して取得した事案，暴力団関係者の利用を拒絶しているゴルフ場において，暴力団関係者であることを秘して施設利用を行った事案に関する最高裁判例を検討の素材としながら，上記の問題について検討することにする。

II　最近の最高裁判例

1　最高裁平成22年7月29日決定[3]

(1)　事　案

被告人は，①Aらと共謀の上，航空機によりカナダへの不法入国を企図している中国人のため，航空会社係員を欺いて，関西国際空港発バンクーバー行きの搭乗券を交付させようと企て，平成18年6月7日，関西国際空港旅客ターミナルビル内のP航空チェックインカウンターにおいて，Aが，P航空（以下「本件航空会社」という）から業務委託を受けている会社の係員に対し，真実は，バンクーバー行きP航空36便の搭乗券をカナダに不法入国しようとして関西国際空港のトランジット・エリア内で待機している中国人に交付し，同人を搭乗者として登録されているAとして航空機に搭乗させてカナダに不法入国させる意図であるのにその情を秘し，あたかもAが搭乗するかのように装い，Aに対する航空券及び日本国旅券を呈示して，上記P航空36便の搭乗券の交付を請求し，上記係員をしてその旨誤信させて，同係員

---

3)　最決平成22・7・29刑集64巻5号829頁。解説・評釈としては，増田啓祐「他の者を搭乗させる意図を秘し，航空会社の搭乗業務を担当する係員に外国行きの自己に対する搭乗券の交付を請求してその交付を受けた行為が，詐欺罪に当たるとされた事例」最判解刑事篇平成22年度171頁以下，和田俊憲・平成22年度重判解（ジュリ1420号）212頁以下（2011年），照沼亮介・刑事法ジャーナル27号87頁以下（2011年），田山聡美・判評659号（判時2202号）35頁以下（2014年）などがある。

からAに対する同便の搭乗券1枚の交付を受け，②Bらと共謀の上，同年7月16日，上記チェックインカウンターにおいて，Bが，①と同様の意図及び態様により，Bに対する航空券及び日本国旅券を呈示して，バンクーバー行きP航空36便の搭乗券の交付を請求し，Bに対する同便の搭乗券1枚の交付を受けた。

第1審判決（大阪地岸和田支判平成19・11・20[4]）は，「搭乗者が誰であるのか，その人格の同一性は，搭乗券を発券するかどうかを判断するにあたって重要な要素としている」とし，「航空会社は，本人の同一性を要求している搭乗券について，真実搭乗する意思のない者に対して，運行の利益を受け得るための搭乗券を発券させられたものであり，航空会社には社会的に見て経済的価値のある損害が生じたものということができ，また，被告人には，航空会社が財産的処分行為をするための判断の基礎たる事実である真の搭乗者と航空券・旅券に記載されている者との同一性を偽り，これを誤信させた『欺く』行為があったものと認められる」として，詐欺罪の成立を肯定した。

控訴審判決（大阪高判平成20・3・18[5]）も，「搭乗券は，航空券や乗客名簿に記載され，搭乗者として承認されている者との同一性を示し，それなくしては航空機に搭乗することができないもので，財産罪による保護に値する十分な社会的，経済的価値があることが明らかである上，上記の同一性がない者による搭乗券の使用，すなわち航空機への搭乗は，航空機の運航の安全上重大な弊害をもたらす危険性を含み，航空会社に対する社会的信用の低下，業績の悪化に結び付くものであり，さらに，本件の事案では，航空会社は，自社の発券の不備によって搭乗券の使用者にカナダへの不法入国をさせてしまった場合，同国政府に最高額で3000ドルを支払わなければならないことも認められ，航空会社にとって，搭乗券の不正使用を防ぐ財産的利益は極めて大きい。したがって，搭乗券が詐欺罪の客体としての財物性を満たすことはもとより，その適正な管理は，航空会社にとって重大な財産的関心事であって，搭乗券を交付するかどうかの判断上重要な事項を偽ってその交付を受けようとする行為が，財産的侵害に向けられたものであることは明白で

4）　大阪地岸和田支判平成19・11・20（刑集64巻5号855頁参照）。
5）　大阪高判平成20・3・18（刑集64巻5号859頁参照）。

ある」とし、「航空機を利用しようとする者が乗客名簿に搭乗者として記載されている者と一致していなければ、航空会社は、そのことだけで搭乗券の交付を拒み得るのであり、その実質的理由である上記……諸点に照らしても、この人的一致の点は、搭乗券を交付するかどうかの判断に際して極めて重要な考慮事項であって、この人的一致を偽って搭乗券の交付を求める行為は、重要事実について航空会社の担当者を錯誤に陥れ、搭乗券の交付をするかどうかの判断を誤らせる行為であって、詐欺罪における欺罔行為に該当することに異論の余地がなく、この錯誤に基づいて搭乗券を交付することが、会社財産に損害を与える処分行為に該当することも、既に述べたところから明らかである」として、詐欺罪の成立を肯定した。

(2) 最高裁決定

被告人の上告を受けた最高裁は、次のように判示して、詐欺罪の成立を肯定した。

「本件において、航空券及び搭乗券にはいずれも乗客の氏名が記載されているところ、本件係員らは、搭乗券の交付を請求する者に対して旅券と航空券の呈示を求め、旅券の氏名及び写真と航空券記載の乗客の氏名及び当該請求者の容ぼうとを対照して、当該請求者が当該乗客本人であることを確認した上で、搭乗券を交付することとされていた。このように厳重な本人確認が行われていたのは、航空券に氏名が記載されている乗客以外の者の航空機への搭乗が航空機の運航の安全上重大な弊害をもたらす危険性を含むものであったことや、本件航空会社がカナダ政府から同国への不法入国を防止するために搭乗券の発券を適切に行うことを義務付けられていたこと等の点において、当該乗客以外の者を航空機に搭乗させないことが本件航空会社の航空運送事業の経営上重要性を有していたからであって、本件係員らは、上記確認ができない場合には搭乗券を交付することはなかった。また、これと同様に、本件係員らは、搭乗券の交付を請求する者がこれを更に他の者に渡して当該乗客以外の者を搭乗させる意図を有していることが分かっていれば、その交付に応じることはなかった。」「以上のような事実関係からすれば、搭乗券の交付を請求する者自身が航空機に搭乗するかどうかは、本件係員らにおいてその交付の判断の基礎となる重要な事項であるというべきであるから、

自己に対する搭乗券を他の者に渡してその者を搭乗させる意図であるのにこれを秘して本件係員らに対してその搭乗券の交付を請求する行為は，詐欺罪にいう人を欺く行為にほかならず，これによりその交付を受けた行為が刑法246条1項の詐欺罪を構成することは明らかである。被告人の本件各行為が詐欺罪の共同正犯に当たるとした第1審判決を是認した原判断は正当である。」

(3) 本判例の意義

本判例の重要な意義は，まず，「交付の判断の基礎となる重要な事項」について欺くときに詐欺罪は成立するとしたことである。こうして，欺く行為の対象を明らかにし，錯誤の内容を明確化することによって，詐欺罪の成立範囲を画定しようとしている点が重要である。すなわち，本件事案において，搭乗者の同一性を欺くことが「交付の判断の基礎となる重要な事項」について欺くことといえるかを判断することによって，詐欺罪の成否が判断されている。また，欺く対象となる事項が「交付の判断の基礎となる重要な事項」といえるかを判断するに当たり，本判例は，「当該乗客以外の者を航空機に搭乗させないことが本件航空会社の航空運送事業の経営上重要性を有していた」ことから，それを肯定している点も重要である。というのは，不法入国をさせた場合，カナダ政府に「最高額で3000ドルを支払わなければならない」ことを指摘し，「搭乗券の不正使用を防ぐ財産的利益」が認められることを重要な根拠として詐欺罪の成立を肯定した原判決の，そうした理由付けを採用せず，「当該乗客以外の者を航空機に搭乗させないことが」「経営上重要」であることを詐欺罪成立の根拠としているからである。これは，欺く対象が「交付の判断の基礎となる重要な事項」に当たるかについての判断基準を考える際に重要な意義を有しているといえよう。

2 最高裁平成26年3月28日判決[6]及び同日決定[7]

(1) 無罪判決の事案

① 被告人は，暴力団員であったが，同じ組の副会長であったAらと共

---

6) 最判平成26・3・28刑集68巻3号582頁。
7) 最決平成26・3・28刑集68巻3号646頁。

に，平成23年8月15日，予約したゴルフ場・Q倶楽部に行き，フロントにおいて，それぞれがビジター利用客として，備付けの「ビジター受付表」に氏名，住所，電話番号等を偽りなく記入し，これをフロント係の従業員に提出してゴルフ場の施設利用を申し込んだ。その際，同受付表に暴力団関係者であるか否かを確認する欄はなく，その他暴力団関係者でないことを誓約させる措置は講じられていなかったし，暴力団関係者でないかを従業員が確認したり，被告人らが自ら暴力団関係者でない旨虚偽の申出をしたりすることもなかった。被告人らは，ゴルフをするなどして同倶楽部の施設を利用した後，それぞれ自己の利用料金等を支払った。なお，同倶楽部は，会員制のゴルフ場であるが，会員又はその同伴者，紹介者に限定することなく，ビジター利用客のみによる施設利用を認めていた。

② Bは，同月25日，仕事関係者を宮崎県に招いてゴルフに興じるため，自らが会員となっていたゴルフ場・Rクラブに電話を架け，同年9月28日の予約をした後，組合せ人数を調整するため，被告人らを誘った。被告人は，同月28日，同クラブに行き，フロントにおいて，備付けの「ビジター控え」に氏名を偽りなく記入し，これをフロント係の従業員に提出してゴルフ場の施設利用を申し込んだ。その際，同控えに暴力団関係者であるか否かを確認する欄はなく，その他暴力団関係者でないことを誓約させる措置は講じられていなかったし，暴力団関係者でないかを従業員が確認したり，被告人が自ら暴力団関係者でない旨虚偽の申出をしたりすることもなかった。被告人は，Bらと共にゴルフをするなどして同クラブの施設を利用した後，自己の利用料金等を支払った。なお，同クラブは，会員制のゴルフ場で，原則として，会員又はその同伴者，紹介者に限り，施設利用を認めていた。

なお，Q倶楽部及びRクラブは，いずれもゴルフ場利用細則又は約款で暴力団関係者の施設利用を拒絶する旨規定していたし，九州ゴルフ場連盟，宮崎県ゴルフ場防犯協会等に加盟した上，クラブハウス出入口に「暴力団関係者の立入りプレーはお断りします」などと記載された立看板を設置するなどして，暴力団関係者による施設利用を拒絶する意向を示していた。しかし，それ以上に利用客に対して暴力団関係者でないことを確認する措置は講じていなかった。また，本件各ゴルフ場と同様に暴力団関係者の施設利用を拒絶

する旨の立看板等を設置している周辺のゴルフ場において，暴力団関係者の施設利用を許可，黙認する例が多数あり，被告人らも同様の経験をしていたというのであって，本件当時，警察等の指導を受けて行われていた暴力団排除活動が徹底されていたわけではない。

第1審判決（宮崎地判平成24・5・21[8]）は，「Aらにおいて自己が暴力団員であるのにこれを秘して判示各従業員に対して当該ゴルフ場の利用を申し込む行為は，いわゆる挙動による欺罔行為として，詐欺罪にいう人を欺く行為にほかならず，これによりその利便の提供を受けた行為は刑法246条2項の詐欺罪を構成し，判示のとおり，それぞれ共同正犯が成立する」とし，控訴審判決（福岡高宮崎支判平成24・12・6[9]）も同様に詐欺罪の成立を肯定した。

(2) **最高裁判決**

被告人による上告を受けた最高裁は，以下のように判示して，原判決・第1審判決を破棄し，無罪判決を行った。

「上記の事実関係の下において，暴力団関係者であるビジター利用客が，暴力団関係者であることを申告せずに，一般の利用客と同様に，氏名を含む所定事項を偽りなく記入した『ビジター受付表』等をフロント係の従業員に提出して施設利用を申し込む行為自体は，申込者が当該ゴルフ場の施設を通常の方法で利用し，利用後に所定の料金を支払う旨の意思を表すものではあるが，それ以上に申込者が当然に暴力団関係者でないことまで表しているとは認められない。そうすると，本件における被告人及びAによる本件各ゴルフ場の各施設利用申込み行為は，詐欺罪にいう人を欺く行為には当たらないというべきである。

なお，Rクラブの施設利用についても，ビジター利用客である被告人による申込み行為自体が実行行為とされており，会員であるBの予約等の存在を前提としているが，この予約等に同伴者が暴力団関係者でないことの保証の趣旨を明確に読み取れるかは疑問もあり，また，被告人において，Bに働き掛けて予約等をさせたわけではなく，その他このような予約等がされている

---

[8] 宮崎地判平成24・5・21（刑集68巻3号628頁参照）。
[9] 福岡高宮崎支判平成24・12・6（刑集68巻3号636頁参照）。

状況を積極的に利用したという事情は認められない。これをもって自己が暴力団関係者でないことの意思表示まで包含する挙動があったと評価することは困難である。」

「したがって，被告人及びAによる本件各ゴルフ場の各施設利用申込み行為が挙動による欺罔行為に当たるとして詐欺罪の成立を認めた第1審判決及びこれを是認した原判決には，判決に影響を及ぼすべき重大な事実の誤認があり，これを破棄しなければ著しく正義に反すると認められる。」「そして，……本件各公訴事実については犯罪の証明が十分でないとして，被告人に対し無罪の言渡しをすべきである。」

なお，本判決には，以下の小貫裁判官の反対意見が付されている。

「本件の論点は欺く行為の有無にあり，多数意見はいずれの事件においてもこれを否定するところ，Q倶楽部の事件については多数意見と意見を同じくするが，Rクラブの事件については，以下に述べるとおり，多数意見には賛同できない。

1　詐欺罪にいう人を欺く行為とは，財産的処分行為の判断の基礎となるような重要な事項を偽ることをいう（最高裁平成……19年7月17日第三小法廷決定・刑集61巻5号521頁，最高裁平成……22年7月29日第一小法廷決定・刑集64巻5号829頁参照）。これによれば，欺く行為は，偽る対象（以下「重要事項」という。）と偽る行為との二つの要素から成り，欺く行為に該当するといえるためには各要素を充たす必要があるが，Rクラブの事件についてはこれを充たしていると認められる。以下，順次検討する。

2　まず，重要事項についてみる。

(1)　ゴルフ場にとって暴力団員が施設を利用することは，一般的に，快適なプレー環境を害し，ゴルフクラブの評判を低下させて営業成績に悪い影響を及ぼす可能性が高いので，営業上無視できない事項といえよう。しかし，暴力団排除が法的義務とはされていないゴルフ場においては，暴力団排除をどこまで徹底するかはその経営方針に任されており，暴力団排除が一般的に営業上無視できない事項であるからといって，それは暴力団排除に一応の合理的理由があるというにとどまり，直ちに欺く行為に必要とされる重要事項に当たるとはいえない。重要事項といえるか否かについては，ゴルフク

ラブごとに,暴力団排除がどのように位置づけられているかを客観的に観察し,財産的処分行為の判断の基礎となる重要な事項と評価できるか否かを検討する必要があり,その位置づけは,具体的には,各ゴルフクラブが暴力団排除のためどのような措置を講じていたかによって判断するのが相当であろう。

(2) ゴルフ場の暴力団排除の措置については,①立入禁止の掲示,②会員の紹介・同伴によるビジターについての人物保証,③フロントにおける書面・口頭による暴力団関係者でないことの確認,④その他の排除措置などが考えられる。③のフロント確認については,仮にこれが実施され,フロントにおいて暴力団所属の有無を偽れば,虚偽事実の表明がされることになるので,偽る行為の問題は解消し,重要事項該当性も容易に肯定できることとなろうが,本件当時ほとんどのゴルフ場でフロント確認の措置までは講じられておらず,フロント確認は,顧客を不愉快な気分にさせ,また相手が暴力団員である場合には混乱が生ずる事態も危惧され,ゴルフ場がこの措置を採ることに躊躇させる事情があり,それが暴力団関係者に起因する事情であることからすると,フロント確認を必須の条件とするのは相当ではないであろう。①については,宮崎県において多くのゴルフ場が立入禁止の掲示をしているにもかかわらず,少なからず暴力団員がゴルフ場施設を利用する実態があったことからすると,立入禁止の掲示のみを根拠として,重要事項に該当すると認めるには十分とはいえないように思われる。したがって,具体的に重要事項にあたるか否かを検討する場合には,②と④の措置が中心となろう。

(3) これをRクラブについてみると,同クラブにおいては,玄関に暴力団関係者の立入禁止の掲示をし,原則としてビジターの施設利用を会員の紹介・同伴による場合に限定していた上,本件の数か月前には共犯者であり会員でもあるBに対し暴力団員をプレーメンバーとするゴルフ場利用申込みを拒絶しており,また本件時においても従業員は暴力団員がプレーしているとの疑いを抱き,コースに出向いて視察確認を行っているなどの事情が認められるのであって,Rクラブが暴力団排除を重要な経営方針としていたことは客観的に明らかであり,同クラブについては暴力団関係者に施設を利用させ

ないことが財産的処分行為の判断の基礎となるような重要な事項であったことは優に認めることができる。

3　次に，偽る行為について検討する。

（1）　偽る行為について積極的な虚偽事実の表明がない事案（挙動による欺罔行為事案）においては，実行行為である申込行為に暴力団関係者でないことの意味が含まれていると評価できるかを吟味してみる必要がある。これをゴルフクラブが暴力団排除のために採っている上記の措置との関係で検討すると，①の立入禁止の掲示については，暴力団関係者が自発的に施設利用を断念することを期待するところに重点があると解される余地もあり，それ以上の暴力団排除の措置が講じられていない場合，立入禁止の措置のみが講じられた下での申込みを直ちに偽る行為と評価するのは困難であろう。

（2）　ところで，Rクラブは，その会則及び利用約款により，暴力団関係者の施設利用を拒絶することを明示し，会員が暴力団関係者であるときは除名等の処分をすることとし，会員は暴力団関係者に対する利用拒絶を前提としてビジターを紹介できるが，ビジターのクラブ内における一切の行為について連帯して責任を負うものとしている。その上で，同クラブは，ビジターのゴルフ場施設利用申込みにつき会員による紹介・同伴を原則としており，会員の人物保証によって暴力団排除を実効性あるものにしようとしていた。このような措置を講じているゴルフ場における会員の紹介・同伴によるビジターの施設利用申込みは，フロントにおいて申込みの事実行為をした者が会員であるかビジターであるかにかかわらず，紹介・同伴された者が暴力団関係者でないことを会員によって保証された申込みと評価することができるのであり，このような申込みは偽る行為に当たるといえる。

（3）　他方，Q倶楽部は，同様の規則等を制定していたものの，ビジターは会員による紹介・同伴がなくても施設利用ができ，本件においてもビジターである被告人らは会員の紹介・同伴がないまま施設利用を許されており，このように会員による人物保証がない状況の下での暴力団員の施設利用の申込みを偽る行為と認めるのは困難であろう。

4　多数意見は，Rクラブの偽る行為について，実行行為を行った被告人に，会員であるBによる予約等がされている状況を積極的に利用したような

事情が認められないとして、偽る行為の存在を否定している。しかし、会員でないため単独ではRクラブの施設利用ができず、かつ暴力団員であるため施設利用を拒否されることとなる被告人にとって、プレーをしようとすれば会員の紹介・同伴による人物保証はなくてはならないものであり、このような状況の下における本件の被告人の施設利用申込みは、Bの紹介・同伴による人物保証を積極的に利用したものと評価できるのではなかろうか。また、多数意見が積極的利用の例示として挙げる『被告人において、Bに働き掛けて予約をさせる』ことは、共謀ないし犯意にかかわる事情ではあるが、偽る行為該当性を判断する際の事情といえるかについては疑問なしとしない。

5　Rクラブの事件については、上記のとおり、重要事項及び偽る行為を認めることができ、さらに被告人は同クラブが暴力団関係者の施設利用を拒否していることを知った上で、会員であるBの紹介・同伴を得て、共にゴルフプレーするために、施設利用の申込みをしているのであるから、Bとの共謀を認めるのに欠けるところはない。以上によれば、Rクラブの事件については、これを有罪と認めた原判決は結論において是認できる。」

(3)　有罪決定の事案

暴力団員である被告人は、本件ゴルフ倶楽部の会員であるAと共謀の上、平成22年10月13日、長野県内のゴルフ倶楽部において、同倶楽部はそのゴルフ場利用約款等により暴力団員の入場及び施設利用を禁止しているにもかかわらず、真実は被告人が暴力団員であるのにそれを秘し、Aにおいて、同倶楽部従業員に対し、「○○○○」等と記載した組合せ表を提出し、被告人の署名簿への代署を依頼するなどして、被告人によるゴルフ場の施設利用を申し込み、同倶楽部従業員をして、被告人が暴力団員ではないと誤信させ、よって、被告人と同倶楽部との間でゴルフ場利用契約を成立させた上、被告人において同倶楽部の施設を利用し、もって、人を欺いて財産上不法の利益を得た、として起訴された。

本件ゴルフ倶楽部では、暴力団員及びこれと交友関係のある者の入会を認めておらず、入会の際には「暴力団または暴力団員との交友関係がありますか」という項目を含むアンケートへの回答を求めるとともに、「私は、暴力団等とは一切関係ありません。また、暴力団関係者等を同伴・紹介して貴倶

楽部に迷惑をお掛けするようなことはいたしません」と記載された誓約書に署名押印させた上，提出させていた。ゴルフ場利用約款でも，暴力団員の入場及び施設利用を禁止していた。共犯者のAは，平成21年6月頃，本件ゴルフ倶楽部の入会審査を申請した際，上記アンケートの項目に対し，「ない」と回答した上，上記誓約書に署名押印して提出し，同倶楽部の会員となった。

　被告人は，暴力団員であり，長野県内のゴルフ場では暴力団関係者の施設利用に厳しい姿勢を示しており，施設利用を拒絶される可能性があることを認識していたが，Aから誘われ，本件当日，その同伴者として，本件ゴルフ倶楽部を訪れた。

　本件ゴルフ倶楽部のゴルフ場利用約款では，他のゴルフ場と同様，利用客は，会員，ビジターを問わず，フロントにおいて，「ご署名簿」に自署して施設利用を申し込むこととされていた。しかし，Aは，施設利用の申込みに際し，被告人が暴力団員であることが発覚するのを恐れ，その事実を申告せず，フロントにおいて，自分については，「ご署名簿（メンバー）」に自ら署名しながら，被告人ら同伴者5名については，事前予約の際に本件ゴルフ倶楽部で用意していた「予約承り書」の「組合せ表」欄に，「△△」「○○○○」「××○○××」などと氏又は名を交錯させるなどして乱雑に書き込んだ上，これを同倶楽部従業員に渡して「ご署名簿」への代署を依頼するという異例な方法をとり，被告人がフロントに赴き署名をしないで済むようにし，被告人分の施設利用を申し込み，会員の同伴者である以上暴力団関係者は含まれていないと信じた同倶楽部従業員をして施設利用を許諾させた。なお，Aは，申込みの際，同倶楽部従業員から同伴者に暴力団関係者がいないか改めて確認されたことはなく，自ら同伴者に暴力団関係者はいない旨虚偽の申出をしたこともなかった。

　他方，被告人は，妻と共に本件ゴルフ倶楽部に到着後，クラブハウスに寄らず，車をゴルフ場内の練習場の近くに停めさせ，直接練習場に行って練習を始め，妻から「エントリーせんでええの。どこでするの」と尋ねられても，そのまま放置し，Aに施設利用の申込みを任せていた。その後，結局フロントに立ち寄ることなく，クラブハウスを通過し，プレーを開始した。な

お，被告人の施設利用料金等は，翌日，Aがクレジットカードで精算している。

ゴルフ場が暴力団関係者の施設利用を拒絶するのは，利用客の中に暴力団関係者が混在することにより，一般利用客が畏怖するなどして安全，快適なプレー環境が確保できなくなり，利用客の減少につながることや，ゴルフ倶楽部としての信用，格付け等が損なわれることを未然に防止する意図によるものであって，ゴルフ倶楽部の経営上の観点からとられている措置である。

本件ゴルフ倶楽部においては，ゴルフ場利用約款で暴力団員の入場及び施設利用を禁止する旨規定し，入会審査に当たり上記のとおり暴力団関係者を同伴，紹介しない旨誓約させるなどの方策を講じていたほか，長野県防犯協議会事務局から提供される他の加盟ゴルフ場による暴力団排除情報をデータベース化した上，予約時又は受付時に利用客の氏名がそのデータベースに登録されていないか確認するなどして暴力団関係者の利用を未然に防いでいたところ，本件においても，被告人が暴力団員であることが分かれば，その施設利用に応じることはなかった。

第1審判決（名古屋地判平成24・4・12[10]）は，被告人に詐欺の故意がないとして詐欺罪の成立を否定したが，これに対し，控訴審判決（名古屋高判平成25・4・23[11]）は詐欺の故意及びAとの共謀を認め，詐欺罪の成立を肯定した。

(4) 最高裁決定

被告人の上告を受けた最高裁は，以下のように判示して，詐欺罪の成立を肯定する判断を示した。

「以上のような事実関係からすれば，入会の際に暴力団関係者の同伴，紹介をしない旨誓約していた本件ゴルフ倶楽部の会員であるAが同伴者の施設利用を申し込むこと自体，その同伴者が暴力団関係者でないことを保証する旨の意思を表している上，利用客が暴力団関係者かどうかは，本件ゴルフ倶楽部の従業員において施設利用の許否の判断の基礎となる重要な事項であるから，同伴者が暴力団関係者であるのにこれを申告せずに施設利用を申し込

---

10) 名古屋地判平成24・4・12（刑集68巻3号674頁参照）。
11) 名古屋高判平成25・4・23（刑集68巻3号686頁参照）。

む行為は，その同伴者が暴力団関係者でないことを従業員に誤信させようとするものであり，詐欺罪にいう人を欺く行為にほかならず，これによって施設利用契約を成立させ，Ａと意を通じた被告人において施設利用をした行為が刑法246条2項の詐欺罪を構成することは明らかである。被告人に詐欺罪の共謀共同正犯が成立するとした原判断は，結論において正当である。」

なお，本決定には，「被告人が暴力団員でないとの会員による人物保証の下で申込みがされているので，これをもって偽る行為に該当すると認めることができる」とする小貫裁判官の意見が付されている。

(5) **本判例の意義**

上記2判例においても，「交付の判断の基礎となる重要な事項」について欺かれているかという枠組みで詐欺罪の成否が検討されている。そして，ゴルフ場施設の利用者が暴力団関係者でないことが施設利用許諾の判断にとって有する意義・重要性が暴力団排除活動の実際に照らして判断されており，その評価が詐欺罪の成否を分かつものであることがわかるといえよう。なお，後述するように，欺かれなかったら交付していなかったであろうという事項が，すべて「交付の判断の基礎となる重要な事項」とされているわけではないと解されることが重要である。なぜなら，欺く行為と交付行為との条件関係（欺かれなかったら交付していたであろう）の判断以前に，上記の点が判断されているからである。

暴力団関係者のゴルフ場施設利用という事案類型に関する判断としては，以下の点が注目される。すなわち，詐欺罪の成否が問題となったゴルフ場が所在する，宮崎県・長野県には暴力団排除条例が制定されているものの，ゴルフ場にとって施設利用を拒絶することが条例上義務化されているわけではない。問題となったゴルフ場では，いずれも暴力団関係者の施設利用は規約・約款等で禁止され，その旨の立て看板等が設置されていた。この意味では，暴力団関係者の利用を拒絶する意向自体は示されていたものの，詐欺罪の成立を否定した宮崎県のゴルフ場事案において，暴力団関係者がそのことを明らかにして施設利用を申し込んだ場合，利用が拒絶されたであろうかについて，原判決等と異なり，最高裁は判断していない。それ以前に，周辺のゴルフ場において利用が許可・黙認された事例が多数あったことから，立て

看板等の設置以上のいかなる措置がとられていたかが問題とされているからである。つまり，利用拒絶の可能性（欺く行為と交付行為との条件関係）が問題とされる以前に，利用者が暴力団関係者でないことが「重要な事項」かが，運用の実態を基礎として評価・判断されている。そうだとすると，欺く対象となる事実が「重要な事項」かについては，利用拒絶の可能性（欺く行為と交付行為との条件関係）を超えた独自の評価・判断が予定されていると考えられる。この事案では，それを決めるのは運用の在り方であり，小貫裁判官は人物保証で足りるという見解のようであるが，多数意見はそれよりもやや限定的な理解をとっているように思われる。いずれにせよ，こうした判断の枠組みは詐欺罪に関する判断の在り方，方向性を示す点で極めて重要である。

Ⅲ 詐欺罪処罰の限定

1 判例における手法

Ⅱで見たように，判例は，「交付の判断の基礎となる重要な事項」について欺くことが詐欺罪の成立を肯定するためには必要であると解している。そして，この「重要な事項」に当たるか否かは，すでに述べたように，単に，真実を知ったなら交付を行わなかったであろうかという観点から決められる[12]のではなく，重要性に関する一定の独自の評価が前提とされているものと思われる[13]。もっとも，Ⅱに挙げた判例においては，人を欺く行為として，いわゆる挙動による欺罔が問題となっており，そのため「重要な事項」がとくに限定的に理解されている可能性も考えられる。しかし，第三者譲渡目的を秘して預金口座を開設し，預金通帳及びキャッシュカードを取得した事案でも，挙動による欺罔が人を欺く行為とされているが[14]，判例は，預金規定等による譲渡禁止と，譲渡目的であることを知れば，預金口座の開

---

12) 前田巌・最判解刑事篇平成19年度323頁参照。
13) 上嶌一高「最近の裁判例に見る詐欺罪をめぐる諸問題」刑事法ジャーナル31号20頁以下（2012年）をも参照。
14) 最決平成19・7・17刑集61巻5号521頁。

設及び預金通帳等の交付に応じることはなかったとして，詐欺罪の成立を肯定しているのに対し，搭乗券事案では搭乗者についての本人確認の重要性が航空運送事業の経営上の重要性という観点から基礎づけられており，ゴルフ場事案では，利用約款に言及するにとどまらず，ゴルフ場における暴力団排除活動の実際を判断しており，単に利用者が暴力団関係者であることを知れば施設利用を拒絶したかという判断を行っているわけではない。このような意味で，近時の判例においては，やはり，「重要な事項」に当たるという評価のためには，一定の独自の判断が予定されていると考えることが許されるのではないかと思われる。

こうして，判例では，詐欺罪の成否は，欺く対象となった事項が「交付の判断の基礎となる重要な事項」であるかによって実質的に左右されることになる。すなわち，判例は，人を欺く行為の要件を問題とし，詐欺罪の成立に財産的損害を直接要求する有力学説とは異なる解釈手法によって，詐欺罪の成立範囲を画定しようとしていることになるのである。

2 「重要な事項」についての判断

このような判例の詐欺罪についての判断枠組みについて，問題となるのが，「交付の判断の基礎となる重要な事項」における重要性の判断をどのように行うのかということである。判例は，あくまでも，問題となる個別事案に対する評価を示すために必要な限度で判断を行うことで足りるから，一般的に妥当する基準を示す必要は必ずしもないし，また，そうした一般的に妥当し，具体的に当てはめ可能な基準が実際に示されているわけでもない。しかし，判断の対象となった事案との関係で判示の内容を検討することによって，一定の示唆を得ることができるように思われる。

まず，搭乗券事案について見ることにしたい。すでに見たように，第1審判決は，「真実搭乗する意思のない者に対して，運行の利益を受け得るための搭乗券を発券させられたものであり，航空会社には社会的に見て経済的価値のある損害が生じた」として，財産的損害に言及しており，控訴審判決も，「同一性がない者による搭乗券の使用，すなわち航空機への搭乗は，航空機の運航の安全上重大な弊害をもたらす危険性を含み，航空会社に対する

社会的信用の低下，業績の悪化に結び付くものであり，さらに，本件の事案では，航空会社は，自社の発券の不備によって搭乗券の使用者にカナダへの不法入国をさせてしまった場合，同国政府に最高額で3000ドルを支払わなければならないことも認められ，航空会社にとって，搭乗券の不正使用を防ぐ財産的利益は極めて大きい。」として，同様に，財産的損害に言及している。これに対し，最高裁は，こうした財産的損害にはあえて言及することなく，「厳重な本人確認が行われていたのは，航空券に氏名が記載されている乗客以外の者の航空機への搭乗が航空機の運航の安全上重大な弊害をもたらす危険性を含むものであったことや，本件航空会社がカナダ政府から同国への不法入国を防止するために搭乗券の発券を適切に行うことを義務付けられていたこと等の点において，当該乗客以外の者を航空機に搭乗させないことが本件航空会社の航空運送事業の経営上重要性を有していた」として，搭乗者の同一性が「交付の判断の基礎となる重要な事項」に当たるとしているのである。

ここで重要なのは，財産的損害の可能性によって「重要な事項」に当たることを直接基礎づけていないこと，航空運送事業を営む航空会社にとっての「経営上」の重要性によってそれを基礎づけていることである。なお，あくまでも交付者にとっての重要性が問題であり，決して社会的な重要性が問題とされているわけではないことを見逃すことはできない[15]。さらに，交付者である航空会社にとっては，経営がその存在にかかわる最重要事項であるから，「経営上」の重要性から「交付の判断の基礎となる重要な事項」であることを基礎づけることは十分に理由のあることといえよう。以上から，搭乗者の本人確認が「交付の判断の基礎となる重要な事項」であることが，詐欺罪の枠組みの中で説明されることになるのである。

次に，ゴルフ場事例について見ることにする。詐欺罪の成立を認めた決定は，「ゴルフ場が暴力団関係者の施設利用を拒絶するのは，利用客の中に暴力団関係者が混在することにより，一般利用客が畏怖するなどして安全，快適なプレー環境が確保できなくなり，利用客の減少につながることや，ゴル

---

[15] この意味で詐欺罪が社会的法益に対する罪になってしまっているわけではない。

フ倶楽部としての信用，格付け等が損なわれることを未然に防止する意図によるものであって，ゴルフ倶楽部の経営上の観点からとられている措置である。」として，「経営上の観点」に言及している。この点において，搭乗券事例において航空会社の「経営上」の重要性に言及されていたことと同じである。いずれも，事業者が行う事業に関した「経営上の観点」ないし「経営上（の）重要性」は，欺く対象となった事項が「交付の判断の基礎となる重要な事項」となることを理由づけるものとなっているといえよう。

事案が異なれば違った考慮が可能・必要となるため，交付者が事業者でない事案についての判断に関しては今後の判断に留保されているといわざるを得ないが，少なくとも事業者に関する限り，「経営上の観点」から重要性が認められる場合には，詐欺罪の成立を肯定することが可能となるものと思われる。

3　いわゆる財産的損害の意義・再論

これまで見たように，判例は「交付の判断の基礎となる重要な事項」について欺くことを要件とすることによって，詐欺罪の処罰範囲を画定する手法を採用している。これは，学説との関係では，詐欺罪の要件である錯誤を限定する（ことにより，間接的に実質的な法益侵害性を担保しようとする）法益関係的錯誤説に親和的な手法ということができるが，逆に，有力な学説のように財産的損害を要件として詐欺罪の成立範囲を画定するという方法（実質的個別財産説，全体財産説[16]）を採らないことを意味している。

財産的損害を詐欺罪成立の要件とするのではなく，判例のような解釈手法により詐欺罪の成立範囲を画することが解釈上適切だと思われるのであるが，その理由について，以下で再確認することにしたい[17]。

まず，財産的損害を要件として要求する解釈上の根拠が不明であることを

---

[16] 実質的個別財産説を採るものとしては，西田典之『刑法各論〔第6版〕』203頁（2012年），山中敬一『刑法各論〔第2版〕』340頁（2009年），前田雅英『刑法各論講義〔第5版〕』350頁（2011年），高橋則夫『刑法各論〔第2版〕』323頁以下（2014年），井田良『刑法各論〔第2版〕』128頁（2013年）など。全体財産説を採るものとしては，林幹人『刑法各論〔第2版〕』143頁（2007年）。

[17] 橋爪隆「詐欺罪成立の限界について」『植村立郎判事退官記念論文集・現代刑事法の諸問題（第1巻）』175頁以下（2011年）を参照。

指摘することができる。すなわち，法文上要件とされている「財物・財産上の利益の交付」を超えた，全体財産又は個別財産に関する財産的損害を要求する解釈上の根拠があるのかということである。法文上は，「財産上の損害」を要件とする背任罪とは異なり，財物・財産上の利益の交付・移転があれば詐欺罪は成立するとされているから，有力学説は「書かれざる構成要件要素」として財産的損害を要求することになるが，そのように解する解釈上の根拠に乏しい点がこの見解にとって最大の難点である。詐欺罪が財産犯であることからは，交付によって（交付した）財物・財産上の利益を失うこと以上の要件を導くことはできない。確かに，窃盗罪等では，不法領得の意思という「書かれざる構成要件要素」が要求されているが，それは器物損壊罪等の他の規定等との関係から導出されるものであって，解釈上の根拠が存在する。それと同一に論じることはできないと思われる。

　次に，仮に財産的損害を要件とするとしても，その内容が問題である。背任罪における「財産上の損害」は，経済的見地から本人の財産状態を評価して行うとするのが判例である[18]。しかし，詐欺罪においてこれと同じ考え方を採用することはできない。もしも背任罪と同じ基準が妥当するのだとすると，価格相当の商品が提供された事案では詐欺罪の成立を肯定することができないこととなってしまうが，そのような帰結は一般に承認されていないといえよう[19]。このことは，背任罪と詐欺罪とが同じ財産犯だといっても，法益侵害の内容において，相当異なったものであることを示すものであり，財産犯であることから財産的損害の要件を導くことが軽々にできるものではないことを示すものである。いずれにしても，詐欺罪における財産的損害（法益侵害）の内容をどのように画定するのかが問われるべき課題だということになる。

　このようにして，詐欺罪について財産的損害を要求する立場からも，背任罪のように，経済的見地から明確に評価された損害を要求することはできないことになる。それにもかかわらず経済的な損害に固執しようとする見解は，財産的損害の可能性を援用することによって，詐欺罪の処罰範囲を限定

---

18) 最決昭和58・5・24刑集37巻4号437頁。
19) 最決昭和34・9・28刑集13巻11号2993頁は，詐欺罪の成立を肯定する。

しようとする[20]。しかし，そこにいう財産的損害の可能性が，背任罪における「財産上の損害」と同じように認定しうるものかには多大な疑問があるといえよう。また，そのような財産的損害の可能性は，詐欺罪既遂後の事後的な後続的損害を詐欺罪成立の要件とすることにならないかという疑問も払拭しえないと思われる。こうした見解の問題性は，搭乗券事例の原判決と最高裁判例を対比することによって明らかとなるであろう。実は，これらの見解において財産的損害の可能性として問題とされているのは，交付者にとって，「交付の判断の基礎となる重要な事項」であるかの判断を行うための考慮事項にすぎないもののように思われる。つまり，ここでは，財産的損害を要求しながらも，すでにその議論の枠組みからは離れてしまっているといえよう。

　こうしたことから，財産的損害の有無を問題とするのではなく，欺く対象が「交付の判断の基礎となる重要な事項」といえるかを判断することによって詐欺罪の処罰範囲を画定しようとする判例のアプローチには妥当性が認められると思われる。なお，この判断は，前章で検討したこととの関係では，交付によって達成すべき目的は何かという判断と表裏一体の関係にあるといえよう。すなわち，あくまでも「被害」は交付した財物・財産上の利益の喪失であるが，それに実質的な法益侵害性があることを担保するのが，「交付の判断の基礎となる重要な事項」における重要性判断だということである。実質的な財産的損害を直接要求する見解と，実質的な考慮において近似してはいるが，それを独立した構成要件要素と解するのではなく，実質的な法益侵害性は欺く対象の重要性を通じて間接的に考慮されると解するのである。

---

[20]　西田・前出注16) 209頁，佐伯仁志「詐欺罪(1)」法教372号113頁以下（2011年）など。

第20章

誤振込みと財産犯

I はじめに

　銀行振込みは，振込依頼人がA銀行（仕向銀行）に対し，受取人がB銀行（被仕向銀行）に有する預金口座に対して一定の金額を振り込むよう依頼することによって行われる。この過程で過誤が介在し，振込依頼人が本来意図したのとは異なった入金記帳が受取人の預金口座に行われた場合が誤振込みといわれる事例である[1]。この場合において，誤振込みがあったことを知りつつ，預金口座の名義人（以下「受取人」ともいう）が預金の払戻請求を行うことが犯罪となるかが問題とされている[2]。銀行の過誤により誤振込みが生じた場合には，約款上受取人と無関係に（入金記帳を取り消す）「組戻し」が行われるが，振込依頼人の過誤により誤振込みが生じた場合には，「組戻し」は受取人の同意を得て行われることとされており，（前者とは別に）後者の場合には，受取人に預金債権が成立しているとしても，誤振込みであることを知って払戻しを行ったとき，（窓口の行員を介して払い戻した場合）詐欺罪又は（現金自動預払機で現金を引き出した場合）窃盗罪が成立するかが問題となるのである。本章では，こうした振込依頼人の過誤による誤振込み事例について検討を加える。そこでは，「預金の占有」の理解も関係することになる。

---

[1] 振込取引及び誤振込みに関しては，森田宏樹「振込取引の法的構造──『誤振込』事例の再検討」中田裕康＝道垣内弘人編『金融取引と民法法理』123頁以下（2000年）等参照。

[2] たとえば，預金残高50万円の口座に40万円の誤振込みに基づく入金記帳がなされた場合，払戻金額が50万円以下であれば，犯罪の成否は問題とならない。誤振込みに係る40万円（の全部又は一部）の払戻しがあると認められる場合に初めて問題が生じるのであり，50万円を超えた金額の払戻請求が行われることが必要である。

かつて下級審判決の中には，誤振込みに係る預金をそれと知りつつ払戻しを受けた事案について遺失物等横領罪の成立を肯定したものが存在したが[3]，その後，窓口で行員から払戻しを受けた場合には詐欺罪[4]が，キャッシュカードを用いて現金自動預払機から引き出した場合には窃盗罪[5]が成立するとの判決が出され，肯定的な評価を受けていたと思われる[6]。犯罪成立の理由としては，預金債権の不成立，正当な払戻権限の欠如が挙げられていた。

こうした中，平成8年に注目すべき民事判例が最高裁により出された[7]。これは，振込依頼人の過誤により，誤った振込先口座に入金記帳がなされた後，受取人の債権者が預金債権を差し押さえたのに対して，振込依頼人が第三者異議の訴えを提起した事案に関するものであるが，受取人について預金債権の成立が肯定されたのである。すなわち，「振込依頼人から受取人の銀行の普通預金口座に振込みがあったときは，振込依頼人と受取人との間に振込みの原因となる法律関係が存在するか否かにかかわらず，受取人と銀行との間に振込金額相当の普通預金契約が成立し，受取人が銀行に対して右金額相当の普通預金債権を取得するものと解するのが相当である。」「また，振込依頼人と受取人との間に振込みの原因となる法律関係が存在しないにもかかわらず，振込みによって受取人が振込金額相当の預金債権を取得したときは，振込依頼人は，受取人に対し，右同額の不当利得返還請求権を有することがあるにとどまり，右預金債権の譲渡を妨げる権利を取得するわけではないから，受取人の債権者がした右預金債権に対する強制執行の不許を求めることはできないというべきである。」

こうして振込依頼人の過誤による誤振込みの場合に預金債権が成立するこ

---

3) 東京地判昭和47・10・19研修337号69頁。
4) 札幌高判昭和51・11・11刑月8巻11＝12号453頁。
5) 東京高判平成6・9・12判時1545号113頁（ただし，仕向銀行の過誤による誤振込みの事案）。
6) 原田國男「誤って振り込まれた預金の払戻しと占有離脱物横領罪の成否」研修337号75頁（1976年），大谷晃大「送金銀行の過誤により自己の普通預金口座に過剰入金された金員を自己のキャッシュカードを用いて現金自動支払機から引き出したことが，横領罪にはあたらず，窃盗罪にあたるとされた事例」研修573号25頁以下（1996年）。
7) 最判平成8・4・26民集50巻5号1267頁。

とになると，預金債権の不成立を理由として詐欺罪等の成立を肯定していたそれまでの下級審刑事判決が維持しうるかが問われることになった。

II 近年の刑事判例・学説の動き

1 下級審

　平成8年の民事判例以降においても，振込依頼人の過誤による誤振込みの事案について，詐欺罪の成立を肯定する下級審判決が出された[8]。同判決は，振込み自体は有効であり，振込金相当額が，受取人が銀行に対して有する普通預金債権の一部となるとしながらも，誤振込みに係る金員は最終的に受取人に帰属すべきものでないことは明らかである上，「銀行として決して漫然と預金払戻しに応じるものではない」とする。それゆえ，誤振込みであることを認識した以上，受取人がその払戻しを受けることは「銀行取引きの信義則からして許されない行為」であり，少なくとも，対銀行との関係で見る限り，誤振込みの金額部分にまで及ぶ「預金の払戻しを受ける正当な権限は有しない」。「銀行においても，口座名義人から……〔誤振込みであると〕告げられれば，漫然と預金払戻しに応じないのであるから，結局，口座名義人がその情を秘し通常の正当な預金払戻しであるかのように装って同払戻し請求を行うことは，銀行の係員を錯誤に陥らせる違法な欺罔行為に当たる」として，詐欺罪の成立を肯定したのである。払戻権限が否定されるのであれば，詐欺罪の成立を肯定しうることになるが，それは刑事判決によって，平成8年の民事判例により示された法的規律を，その限度で修正することを意味することになろう。

　同一事件の控訴審判決は，民事判例の規律との衝突を回避すべく，詐欺罪の成立を肯定する判断を，次のように示した。すなわち，「本件のような振込依頼人による誤振込であっても，振込自体は有効であって，振込先である預金口座の開設者においては，当該銀行に対し有効に預金債権を取得すると

---

8) 大阪地堺支判平成9・10・27（刑集57巻3号351頁参照）。

解されており(最高裁平成8年4月26日判決・民集第50巻第5号1267頁)，したがって，誤振込による入金の払戻をしても，銀行との間では有効な払戻となり，民事上は，そこには何ら問題は生じない（後は，振込依頼人との間で不当利得返還の問題が残るだけである。）のであるが，刑法上の問題は別である。すなわち，原判決が（争点に対する判断）で説示するとおり，振込依頼人から仕向銀行を通じて誤振込であるとの申し出があれば，組戻しをし，また，振込先の受取人の方から誤振込であるとの申し出があれば，被仕向銀行を通じて振込依頼人に照会するなどの事後措置をすることになっている銀行実務や，払戻に応じた場合，銀行として，そのことで法律上責任を問われないにせよ，振込依頼人と受取人との間での紛争に事実上巻き込まれるおそれがあることなどに照らすと，払戻請求を受けた銀行としては，当該預金が誤振込による入金であるということは看過できない事柄というべきであり，誤振込の存在を秘して入金の払戻を行うことは詐欺罪の『欺罔行為』に，また銀行側のこの点の錯誤は同罪の『錯誤』に該当するというべきである（原判決の説明はやや異なるが，基本的な考えは同旨と思われる。）。」

2　学説の対応

　学説においては，平成8年の民事判例を受け，受取人に（預金債権が成立することにより）預金の払戻権限が認められるのだから，民事法上許される払戻請求を処罰の対象とすることは「法秩序の統一性」の見地から許されない，また，誤振込みがあったことについての告知義務も否定される等の理由により，詐欺罪等の成立を否定する見解が有力に主張されるようになった[9]。しかし，「棚ぼたの利益」を得させる理由はないとの理解を背景にして，①少なくとも刑事法上の評価として預金債権の成立を肯定すべきでない[10]，②悪意の受取人には（権利濫用として）正当な払戻権限を認めることができない[11]，③誤振込みであることを知れば銀行としては直ちに払戻しには応じない[12]，等の理由から詐欺罪等の成立を肯定する見解がなお多い[13]。

3 最高裁

前記控訴審判決に対する上告を受けた最高裁は，次のように，原審と同様の立場から，詐欺罪の成立を肯定する判断を示した[14]。

「本件において，振込依頼人と受取人である被告人との間に振込みの原因となる法律関係は存在しないが，このような振込みであっても，受取人である被告人と振込先の銀行との間に振込金額相当の普通預金契約が成立し，被告人は，銀行に対し，上記金額相当の普通預金債権を取得する（最高裁平成4年（オ）第413号同8年4月26日第二小法廷判決・民集50巻5号1267頁参照）。〔原文改行〕しかし他方，記録によれば，銀行実務では，振込先の口座を誤って振込依頼をした振込依頼人からの申出があれば，受取人の預金口座への入金処理が完了している場合であっても，受取人の承諾を得て振込依

---

9) 松宮孝明「過剰入金と財産犯」立命館法学249号404頁以下（1997年），同「誤振込と財産犯の解釈および立法」立命館法学278号1頁以下（2001年），同「誤振込と財産犯」『齊藤誠二先生古稀記念・刑事法学の現実と展開』403頁以下（2003年），同「誤振込みを知った受取人がその情を秘して預金の払戻しを受けた場合と詐欺罪の成否」法教279号132頁以下（2003年），川口浩一「誤振込と詐欺罪」奈良法学会雑誌13巻2号1頁以下（2001年）など。そのほか，詐欺罪等の成立を否定する見解として，林幹人『刑法各論〔第2版〕』281頁以下（2007年），上嶌一高「預金による占有」西田典之＝山口厚＝佐伯仁志編『刑法の争点』199頁（2007年）など。民法学者も詐欺罪の成立には疑問を呈している。松岡久和「誤振込事例における刑法と民法の交錯」刑法43巻1号90頁以下（2003年）。さらに，佐伯仁志＝道垣内弘人『刑法と民法の対話』38頁以下〔道垣内〕（2001年），中田裕康＝西田典之＝道垣内弘人＝佐伯仁志「座談会 民法と刑法(1)」法教241号51頁〔道垣内，中田〕（2000年）参照。

10) 西田典之「誤振込による預金の払戻しと詐欺罪の成否」セレクト'98（法教222号別冊付録）30頁，同『刑法各論〔第6版〕』236頁（2012年），三浦守「誤振込による預金の払戻しと詐欺罪の成否」警察学論集52巻11号200頁（1999年），高橋省吾『大コンメンタール刑法(13)〔第2版〕』95頁（2000年）など。

11) 佐藤文哉「誤って振り込まれた預金の引出しと財産犯」『佐々木史朗先生喜寿祝賀・刑事法の理論と実践』338頁以下（2002年）。

12) 渡辺恵一「誤って振り込まれた預金の引出し行為と犯罪の成否」研修599号113頁（1998年）。

13) 大谷實「誤振込みによる預金の払戻と刑法上の取扱い」研修662号3頁（2003年），今井猛嘉「預金の占有・誤振込みと財産犯の成否」現刑55号108頁（2003年）など。

14) 最決平成15・3・12刑集57巻3号322頁。解説として，宮崎英一「誤った振込みがあることを知った受取人がその情を秘して預金の払戻しを受けた場合と詐欺罪の成否」最判解刑事篇平成15年度112頁以下，林幹人「誤振込みと詐欺罪の成否」平成15年度重判解（ジュリ1269号）165頁以下（2004年），伊東研祐「自己の銀行預金口座に誤って振り込まれた金銭の引出しと詐欺罪の成否」ジュリ1294号168頁以下（2005年）などがある。

頼前の状態に戻す，組戻しという手続が執られている。また，受取人から誤った振込みがある旨の指摘があった場合にも，自行の入金処理に誤りがなかったかどうかを確認する一方，振込依頼先の銀行及び同銀行を通じて振込依頼人に対し，当該振込みの過誤の有無に関する照会を行うなどの措置が講じられている。〔原文改行〕これらの措置は，普通預金規定，振込規定等の趣旨に沿った取扱いであり，安全な振込送金制度を維持するために有益なものである上，銀行が振込依頼人と受取人との紛争に巻き込まれないためにも必要なものということができる。また，振込依頼人，受取人等関係者間での無用な紛争の発生を防止するという観点から，社会的にも有意義なものである。したがって，銀行にとって，払戻請求を受けた預金が誤った振込みによるものか否かは，直ちにその支払に応ずるか否かを決する上で重要な事柄であるといわなければならない。これを受取人の立場から見れば，受取人においても，銀行との間で普通預金取引契約に基づき継続的な預金取引を行っている者として，自己の口座に誤った振込みがあることを知った場合には，銀行に上記の措置を講じさせるため，誤った振込みがあった旨を銀行に告知すべき信義則上の義務があると解される。社会生活上の条理からしても，誤った振込みについては，受取人において，これを振込依頼人等に返還しなければならず，誤った振込金額相当分を最終的に自己のものとすべき実質的な権利はないのであるから，上記の告知義務があることは当然というべきである。そうすると，誤った振込みがあることを知った受取人が，その情を秘して預金の払戻しを請求することは，詐欺罪の欺罔行為に当たり，また，誤った振込みの有無に関する錯誤は同罪の錯誤に当たるというべきであるから，錯誤に陥った銀行窓口係員から受取人が預金の払戻しを受けた場合には，詐欺罪が成立する。」

　ここでは，受取人・銀行間の預金債権に関する権利・義務のあり方（預金債権の成立は，民事判例に従い，肯定されている）とは別個に，誤振込みに際して実際上執られる「措置」とその意義が強調され，誤振込みの場合，「直ちに……支払に応ずるか」について判断する余地が銀行に肯定されている。ここに詐欺罪成立の根拠が求められているのである。

Ⅲ 「預金の占有」について

1 「預金の占有」論

　上記判例では，銀行が占有する金銭に対する詐欺罪の成立が肯定されているが，刑法上，預金者に「預金（による金銭）の占有」が認められることがあり，このこととの関係を検討しておく必要がある。

　銀行預金は物ではなく債権であり，預金者は銀行に対して債権を有しているにすぎない。しかしながら，委託された金銭を銀行預金として預け入れた場合，受託者である預金者に「預金（による金銭）の占有」を肯定した判例[15]があり，預金者が不正に領得する意思で預金の払戻しを受ける行為は委託物横領罪を構成するとされている[16]。学説の多くもこれに反対していない。それは，委託された金銭をそのまま占有しようが，銀行に預け入れようが，金銭の保管者である地位には変わりなく，また委託者は同様に保護されるべきだとする判断によるものと解され，そこから，委託された金銭について，「預金による占有」にまで，占有概念の拡張が主張されることになるのである[17]。このことは，銀行との関係においては，財産犯の成立を否定する意義を有することに注意する必要がある。ここで，「預金（による金銭）の占有」の根拠・要件が問題となるが，そこでは，銀行との関係が正面から問われることになる。

2 払戻権限と「預金の占有」

　まず指摘しうることは，「預金の占有」は，払戻しの可能性から生じる事実上の支配によって基礎づけられるのではないということである。このこと

---

[15]　大判大正元・10・8 刑録 18 輯 1231 頁。これは，村長が村の基本財産である金銭を銀行に預け入れ，それを引き出した事案に関するものである。

[16]　大判大正 8・9・13 刑録 25 輯 977 頁。

[17]　委託された金銭についてのみ「預金の占有」を肯定する見解として，西田・前出注 10)『刑法各論』235 頁，佐藤・前出注 11) 343 頁。これに対して，上嶌・前出注 9) 199 頁は，委託関係がない場合においても「預金の占有」を肯定する。

は，預金通帳と登録印鑑を窃取した犯人が，それで預金の払戻しを行った場合，窃盗罪に加えて，さらに詐欺罪が成立すると解されること[18]からも明らかである。すなわち，預金を支配しうる事実上の可能性ではなく，正当な払戻権限が認められることが「預金の占有」を肯定するためには必要と解されている。そのため，預金通帳・登録印鑑又はキャッシュカードを拾得した者はもちろんのこと，単に保管のため占有を委託されたにすぎない者については「預金の占有」は認められず，預金の払戻権限が与えられた者についてのみこれを肯定しうることになるのである。そこでは，正当な払戻権限を有する者に対しては，銀行は払戻義務があり，払戻しを行わないことについて保護に値する利益がないということが考慮されているものと思われる。したがって，その場合，銀行が占有する金銭に対する詐欺罪等の犯罪は成立しないのである。そうだとすると，「預金の占有」の有無（そして，銀行に対する詐欺罪等の成否）を分ける基準は，払戻請求に対する銀行の要保護利益の有無にあることになる。それゆえ，預金された金銭が委託されたものではない場合においても，正当な払戻権限が何らかの理由から認められるときには，預金者の「預金の占有」は，これを肯定することが可能となるのである。

3　誤振込みの場合

　上記のように，正当な払戻権限が「預金の占有」の有無，ひいては銀行に対する詐欺罪等の成否を分ける基準となるのだとすると，誤振込みの場合において受取人に預金債権の成立を肯定することと，詐欺罪の成立を肯定する最高裁の態度との関係が問題となる。結論からいえば，誤振込みの事案について詐欺罪の成立を肯定した最高裁は，受取人の払戻権限に「一定の制約」を付していることになる。そうでなければ，銀行の払戻しに関する要保護利益は存在せず，詐欺罪等の成立は否定されるべきことになるからである。換言すれば，詐欺罪の成立を肯定した最高裁は，払戻権限は肯定しながらも，それに制約を付し，その限度で民事的規律に事実面で一定の変容を加えたことになるといえよう。問題は，最高裁が払戻権限に付した制約が，詐欺罪の

---

[18]　最判昭和25・2・24刑集4巻2号255頁など。

成立を肯定しうるような銀行の利益を基礎づけるものかにあることになる。

Ⅳ 欺罔行為

1 詐欺罪の構造

　詐欺罪は，欺罔行為（人を欺く行為）によって，被欺罔者に錯誤が生じ，その錯誤に基づいて物・利益の交付がなされ，行為者又は第三者に移転したときに成立する。詐欺罪における法益侵害は交付した財産であるが，「瑕疵ある意思」により財産の交付が行われたことが法益侵害を基礎づけているのである。交付者に何らかの錯誤があっても，それが詐欺罪を基礎づける法益侵害という観点から「重要」なものでない場合には，「完全な意思」により交付が行われたことになり，詐欺罪の成立は否定される。この錯誤の「重要」性は，詐欺罪の規定により保護しようとする利益との関係で判断されることになるのであり，したがって，欺罔行為・錯誤の意義自体，詐欺罪で保護すべき利益によって規定されることになるのである[19]。財産の移転自体には完全な認識がある場合，財産交付によって達成しようとしている交付者＝被欺罔者の目的についての錯誤（すなわち，目的が達成できると思って財産を交付したのに，そうでないこと）が，詐欺罪の法益侵害を基礎づけることになる。

2 欺罔の対象

　振込依頼人の過誤による誤振込みの場合，預金債権が成立していない又は悪意の受取人には正当な払戻権限が生じないと解すれば，銀行は支払を拒むことが可能となるから，この点についての欺罔により詐欺罪の成立を肯定することができることになる[20]。しかし，このような理解は，平成8年民事判例により示された規律を実際上修正ないし限定する意味を有することにな

---

[19]　これが，「法益関係的錯誤」説の詐欺罪における意義であり，ここに同説の真価があるともいえる。山口厚「『法益関係的錯誤』説の解釈論的意義」司法研修所論集111号97頁以下（2004年）及び同『刑法各論〔第2版〕』266頁以下（2010年）参照。

[20]　山口・前出注19)『刑法各論』297頁参照。

るため，それを避けようとする場合には，採用が困難になる。

　また，民事的規律はともかく，誤振込みであれば，銀行は言を左右して事実上払戻しに応じないとして，そうした事実上の対応を可能とする事実の秘匿を欺罔とすることには問題がある。預金債権の成立又は正当な払戻権限の存在を否定しない前提をとる以上，銀行が払戻しに応じないことは違法であり，払戻しを拒む違法な利益を詐欺罪で保護することはできないと解するべきである。物・利益の単なる占有の侵害で財産犯の成立を肯定しうると解する「占有説」の立場からは，詐欺罪の成立を肯定することが不可能ではないかもしれないが，そのような考え方には疑問があり，判例も詐欺罪においてこのような態度を採っているわけではない[21]。また，相手方に違法な対応をさせるための告知義務を認めることには疑問があろう。

　こうして残るのが，誤振込みであれば，銀行は，事後措置として，事実を確認し，銀行による過誤の場合には「組戻し」を行い，振込依頼人による過誤の場合には受取人に「組戻し」の同意を求めるから，その調査・確認の機会を与えるという制約を払戻権限に付して，その限度で即座に支払に応じない利益を認め，この点について秘したことを欺罔と解することである。最高裁は，振込送金制度の維持と紛争発生の防止の意義を強調することによって，事後措置の機会を与えるという意味での払戻権限の制約の重要性を基礎づけようとしている。こうした事情までを預金払戻しの意義・目的に含め，その不達成をもって詐欺罪の成立を肯定しようとするものといえる。確かに，銀行による過誤の場合には払戻しを拒む正当な利益があるとし，それを確認する利益を肯定することは考えうるであろう[22]。もっとも，振込依頼人による過誤の場合，払戻請求を行う受取人には「組戻し」に応じる意思がないとすれば，心当たりがない振込みであることを告知させても，結果として，払戻しに応じるほかないことが確認されるにすぎず，確認の利益といってもその程度のものにすぎないともいえる。払戻権限のこうした制約で詐欺罪の成立を肯定しようとするのは，十分成り立つ議論ではあるが，実質的に

---

21) 最判平成13・7・19刑集55巻5号371頁，樋口亮介「欺罔による請負代金の本来の支払時期より前の受領と詐欺罪の成否」ジュリ1249号156頁以下（2003年）参照。
22) ただし，とくに被仕向銀行による過誤の場合，こうした銀行財産の一種の保護義務を課することになる考え方については，それを問題とする余地があろう。

は弱い面があることは否定できないであろう。

V 告知義務

平成15年の最高裁判例は,誤振込みであることの告知義務を受取人に肯定している。それは「信義則上の義務」であるが,その根拠として「継続的な預金取引を行っている者」という地位,「社会生活上の条理」が援用されている。「信義則上の義務」としての作為義務を肯定することに対しては批判があるところであり[23],最高裁としては,継続的関係に言及することによって一定の限定的理解を示したと解する余地があろう。

本件の場合,告知義務の存否以前に,誤振込みであることを秘して払戻しを請求することが,作為による欺罔(挙動による欺罔)なのか,不作為による欺罔なのかが問題となる。もしも前者であれば告知義務は問題とならないはずだからである。しかしこの場合,預金の払戻請求に「誤振込みに係る入金記帳がない」との意思表示までが含まれていると見ることには(論理的には不可能でないにせよ,こうした特殊事情は通常問題とならないのであるから)無理があろう。この意味で,最高裁が告知義務を問題としたことは正当であったと思われる。なお,銀行は誤振込みであるか否かにかかわらず「黙って支払に応じるべきだ」と解し,誤振込みであることによって銀行が払戻しに応じるか否かが左右されるべきではないとの見地からは,誤振込みであることは重要でなく,告知義務はそもそも否定されることになる。また,判断のリスクは被告知者が負担すべきだとする見地から告知義務の存在を否定することも考えうるが,銀行に誤振込みの有無を払戻し前に一々確認することは到底要求しえないし,妥当でもないであろう。

VI 補論:遺失物等横領罪の成否

判例とは異なり,預金の払戻権限を受取人に(無条件で)肯定する場合に

---

[23] 川口浩一「信義則違反と詐欺罪(1)」奈良法学会雑誌13巻3=4号191頁以下(2001年)参照。

は，すでに述べたように，「預金の占有」を肯定することができ，したがって，銀行に対する詐欺罪の成立は否定されることになる。通常は預金払戻しの委託がない限り払戻権限は認められないが，振込依頼人の過誤による誤振込みの場合は委託がなくとも払戻権限を肯定することができるのである。この意味では，遺失物等横領罪においても「預金の占有」を認めることは可能である。

しかし問題は，誤振込相当金額が「他人の物」といえるかにある。すなわち，金銭が委託された場合に，「預金の占有」を認め，当該預金を「他人の物」と解して，委託物横領罪の成立を肯定する立場に立ったときにおいても，それとは異なる委託関係のない誤振込みの場合において，振込依頼人に対して，誤振込みに係る預金についての「強い権利」を認めることができるかが問題となる。振込依頼人について，受取人の債権者による預金債権の差押えに対する第三者異議の訴えを否定した判例の考え方等を前提とする限り，これを積極に解することにはなお困難があろう。そうだとすると，誤振込みに係る預金の占有を認めうるとしても，それは「受取人の物」であり，「振込依頼人の物」とはいえないこととなって，遺失物等横領罪の成立は否定されることになるのである。

Ⅶ　最後に

こうして見ると，振込依頼人の過誤による誤振込みの場合，悪意の受取人が払戻請求をなした事例において，詐欺罪又は遺失物等横領罪の成立を肯定することには，程度の差こそあれ，それぞれ難点がある。詐欺罪の成立を肯定しうるとしても，平成8年民事判例の趣旨を強く考えると，実質的にはやはり疑問が残ることになろう。むしろ振込依頼人の権利内容を契約等で強化することを通じて，遺失物等横領罪の成立を肯定する方が本筋であるとの意見にも理由があるように思われる。

第21章

親族関係と財産犯

I はじめに

　刑法244条は,「親族間の犯罪に関する特例」として,①配偶者,直系血族又は同居の親族との間で窃盗罪,不動産侵奪罪又はこれらの罪の未遂罪を犯した者については,その刑を免除し（同条1項）,②これらの罪を配偶者,直系血族以外の同居していない親族との間で犯した場合には,その罪は告訴がなければ公訴提起ができない親告罪であるとし（同条2項）,③親族でない共犯については①②は適用しない（同条3項）と定めている。これらの特例は,従来,親族相盗例と呼ばれてきたものであり,詐欺罪・電子計算機使用詐欺罪・背任罪・恐喝罪又はこれらの罪の未遂罪（251条）,横領罪・業務上横領罪・遺失物等横領罪（255条）に準用されている。刑の免除を求めて検察官が起訴することは実際上ないと考えられるから,上記①については犯罪の成立が否定されることと実際上大差ないと思われるし,親告罪とされれば,告訴がなされない限り訴追されることはない。この意味で,刑法244条・251条・255条が定める親族相盗例の法的効果にはきわめて大きなものがあるのである[1]。

　この親族相盗例の適用については,いくつかのことが問題となる。すなわち,まず,一体いかなる理由・根拠から,どのような趣旨で上記のような特例が認められるのかが問題となる。とくに,規定の適用範囲が同居していない親族にまで及ぶことから,そのように広い範囲で特例を認めることの理由

---

1) 親族相盗例の系譜についての研究として,石堂淳「親族相盗例の系譜と根拠」法学50巻4号113頁以下（1986年）参照。

が問われることになるのである。その理解を踏まえて次に問題となるのが，特例適用の要件，つまり，どの範囲の人と犯人との間に親族関係が認められることが必要となるのかということである。これは，親族相盗例の趣旨を踏まえながら，個別の犯罪ごとに検討される必要があるといえよう。

最近，親族相盗例の適用・準用について，重要な判断を示した最高裁判例が出された。本章ではそれを紹介しながら，この特例の趣旨・適用範囲について，関連する問題にも言及しながら，検討を加えることにしたい。

II 最近の最高裁判例

1 事　案

本件は，未成年後見人が，被後見人である未成年者の財産を不正に処分した業務上横領の事案である。

被告人Aは未成年者Yの母M（平成13年6月に死亡）の母，被告人BはYの伯父（Yの母Mの兄），被告人Cは被告人Bの妻である。被告人Aは平成13年8月に家庭裁判所によりYの後見人に選任され，Yの預貯金の出納，保管の業務に従事していたが，①被告人3名は，共謀の上，平成13年8月から平成15年11月までの間，前後5回にわたり，F中央郵便局ほか4か所において，被告人3名の用途に費消するため，ほしいままに，被告人Aが業務上預かり保管中のY相続に係るM名義定額郵便貯金口座ほか2口の貯金口座から合計677万円余りの金額を引き出し，②被告人A及び被告人Bは，共謀の上，平成14年2月から平成15年11月までの間，前後9回にわたり，F農業協同組合本店ほか3か所において，被告人A及び被告人Bの用途に費消するため，ほしいままに，被告人Aが業務上預かり保管中のY名義の普通貯金口座ほか1口の普通貯金口座から，合計859万円の金額を引き出して，それぞれ横領したという業務上横領の各事実について起訴された。なお，被告人A及び被告人Bに対しては，新たに選任されたYの後見人から告訴がなされているが，被告人Cに対しては，告訴がなされていない。

弁護人は，被告人Cと被告人A及び被告人Bとの間に共謀はないから被告

人Cは無罪であるとの主張を行っているが，共謀の成立は認められ，被告人Cも上記①の業務上横領の事実について有罪となっている。後に示す最高裁判例との関係で重要な弁護人の主張は，①被告人AはYの祖母であって，Yとは直系血族の関係にあるから，刑法255条・244条1項により刑は免除されるべきである，②被告人CはYの叔母（母の兄の妻）であって，Yと同居はしていないが親族関係にあるから，刑法255条・244条2項により告訴がなければ公訴提起が許されないところ，被告人Cについて告訴はないから，同被告人に対する公訴は棄却されるべきである，というものである。

第1審判決（福島地判平成18・10・25）は，被告人らを業務上横領罪で有罪としたが，上記①②の主張に対しては，次のような判断を示した。

まず，①について。刑法255条・244条の親族相盗例の趣旨は，「法は家庭に入らず」との思想の下，親族間の財産的犯罪にあっては国家が刑罰権の干渉を差し控え，親族間の規律に委ねる方が望ましいという政策的配慮にあり，そのような政策的配慮の働かない領域には同条を適用すべきではない。後見人は，たとえ被後見人の親族であるとしても，遺言あるいは家庭裁判所の選任により初めて被後見人の財産を管理し，処分する権限を取得し，家庭裁判所の監督の下でその職務を行うのだから，その地位は家庭裁判所との信任関係に基づくものである。家庭裁判所との間の信任関係を裏切り，家庭裁判所という親族でない第三者を巻き込んだ本件犯行について，親族相盗例を適用する余地はない。なお，後見人は，後見人に選任されることによって，被後見人による委託行為を待たず，被後見人の財産について法律上の支配を有するのであり，その後も，その管理，処分について家庭裁判所の監督を受け続けるのであるから，家庭裁判所と後見人との間の信任関係は，後見人による被後見人の財産に対する支配関係と表裏一体の関係にあり，家庭裁判所は財産上の被害者ではないとしても，その信任関係の維持は業務上横領罪の適用によって保護されるべきものである。

次に，②について。刑訴法238条1項は，親告罪において共犯者の1人又は数人に対してした告訴は他の共犯者に対してもその効力が及ぶとしている。本件では，Y及びその後見人から被告人A及び被告人Bに対して告訴がなされており，その告訴の効力は共犯者である被告人Cに及ぶ。本件のよう

に，同居の親族である被告人Aに対する告訴がなされている以上，同居していない親族である被告人Cにその告訴の効力が及ばないとするのは不当である。

被告人らは控訴したが，控訴審判決（仙台高判平成19・5・31）[2]は，親族相盗例の趣旨については第1審判決と同様の理解に立ち，その適用について次のような判断を示して，控訴を棄却した。

親族相盗例は，当該犯罪がもっぱら親族間の親族関係に基づく関係において行われた場合にのみ適用がある。未成年後見人は，その地位に就くことで，もっぱら未成年者保護の一環として法により未成年者の財産管理の権限を賦与されるとともに，家庭裁判所の監督を受けるなどするのであって，親族が親族間で親族関係に基づきその財産管理を委託されているものではなく，親族だからといって法益侵害の程度が低くなる理由も，犯罪への誘惑が高くなる理由もなく，政策的配慮をする必要性は実質的にもない。したがって，親族相盗例を適用する余地はない。被告人Cに告訴の必要はない。

2 最高裁平成20年2月18日決定[3]

被告人からの上告に対して，最高裁は，上告趣意の主張は上告理由にあたらないとしたが，被告人Aの業務上横領罪について，職権で判断し，次のように判示して，上告を棄却した。

「刑法255条が準用する同法244条1項は，親族間の一定の財産犯罪については，国家が刑罰権の行使を差し控え，親族間の自律にゆだねる方が望ましいという政策的な考慮に基づき，その犯人の処罰につき特例を設けたにすぎず，その犯罪の成立を否定したものではない（最高裁昭和25年(れ)第1284号同年12月12日第三小法廷判決・刑集4巻12号2543頁）。

2） 堀内捷三「後見人の横領行為と親族相盗例の適用の可否」法教325号12頁以下（2007年）参照。
3） 最決平成20・2・18刑集62巻2号37頁。解説としては，家令和典「家庭裁判所から選任された未成年後見人が未成年被後見人所有の財物を横領した場合と刑法244条1項の準用の有無」最判解刑事篇平成20年度28頁以下，宮崎香織「家庭裁判所から選任された未成年後見人が，業務上占有する未成年被後見人所有の財物を横領した場合，刑法第244条第1項を準用して刑法上の処罰を免れる余地はないとされた事例」研修719号17頁以下（2008年）などがある。

一方，家庭裁判所から選任された未成年後見人は，未成年被後見人の財産を管理し，その財産に関する法律行為について未成年被後見人を代表するが（民法859条1項），その権限の行使に当たっては，未成年被後見人と親族関係にあるか否かを問わず，善良な管理者の注意をもって事務を処理する義務を負い（同法869条，644条），家庭裁判所の監督を受ける（同法863条）。また，家庭裁判所は，未成年後見人に不正な行為等後見の任務に適しない事由があるときは，職権でもこれを解任することができる（同法846条）。このように，民法上，未成年後見人は，未成年被後見人と親族関係にあるか否かの区別なく，等しく未成年被後見人のためにその財産を誠実に管理すべき法律上の義務を負っていることは明らかである。

そうすると，未成年後見人の後見の事務は公的性格を有するものであって，家庭裁判所から選任された未成年後見人が，業務上占有する未成年被後見人所有の財物を横領した場合に，上記のような趣旨で定められた刑法244条1項を準用して刑法上の処罰を免れるものと解する余地はないというべきである。したがって，本件に同条項の準用はなく，被告人の刑は免除されないとした原判決の結論は，正当として是認することができる。」

3　本決定の意義と関連裁判例

本決定は，最高裁判所として，親族である未成年後見人が被後見人である未成年者の財産を横領した業務上横領の事案について，刑法255条による刑法244条1項の刑の免除規定（親族間の犯罪に関する特例，いわゆる親族相盗例）の準用を否定した初めての判例であり，後見人による不正な財産処分について，その後見人が被後見人の親族であっても，刑に処することができることを明らかにした点で，きわめて重要な意義を有するといえる。それによって，従来刑事処分の対象とならなかった親族による財産の不正処分が処分の対象となることになったのである。なお，本件事案における後見人は未成年後見人であったが，成年後見人による同様の業務上横領事案について親族相盗例（刑244条2項）の準用を否定した裁判例が，本件の第1審判決・控訴審判決とほぼ同時期に出されている（秋田地判平成18・10・25判タ1236号342頁，控訴審判決として，仙台高秋田支判平成19・2・8判タ1236号104頁）。

本決定の趣旨は，あくまでも事案を異にするとはいえ，この場合にも同様に及ぼしうるものと思われる。なお，本決定後，最高裁は，成年後見人についても，本決定と同様の判断を示している（最決平成24・10・9刑集66巻10号981頁）。

　刑法の解釈としては，どのような理由・根拠によって，親族であるにもかかわらず親族相盗例の適用・準用を否定するのかが問題となる。本件の各裁判所の判断の意義・特徴を浮かび上がらせるためにも，本件以外の裁判例である上記2判決の理由づけを簡単にみておくことにしたい。まず，秋田地判平成18・10・25は，親族相盗例が準用されるためには，行為者と所有者及び委託者相互の間に親族関係が必要であるとする。そして，後見人は家庭裁判所により選任され，広範な監督を受けながら被後見人の財産管理業務に従事したのだから，家庭裁判所は委託者の地位にあったとするのである。したがって，委託者は親族でないことになるから，親族相盗例の準用が否定される。これに対して，仙台高秋田支判平成19・2・8[4]は，親族以外の者が当該財産犯罪に係る法律関係に重要なかかわりを有する場合には，その者が直接・間接に法益侵害を受けるという意味での「被害者」にあたらないとしても親族相盗例の適用・準用は排除されるとし，行為者と物の所有権その他の本権を有する被害者との間に親族関係があるだけでなく，委託関係を形成した者との間にも親族関係がなければ親族相盗例の準用はないとする。そして，後見人を選任した家庭裁判所は委託者でない（したがって，被害者ではなく，告訴権はない。もっとも，委託者と解する十分な根拠はあるともしている）としながらも，家庭裁判所は行為者との委託信任関係を形成した者であるから，親族相盗例の準用はないとするのである。

---

[4]　小池信太郎「成年後見人が親族関係にある成年被後見人の財産を横領した場合について，親族相盗例の準用が否定された事例」刑事法ジャーナル10号108頁以下（2008年）参照。

Ⅲ 親族相盗例の適用・準用

1 親族の判断基準

　親族相盗例の適用にあたって，まず問題となるのが，親族の判断基準である。判例及び学説の一般的な理解は，民法の規定に従って判断するというものであると解される。したがって，法文上明示されている配偶者及び直系血族は別として，6親等内の血族，3親等内の姻族が親族にあたり（民725条），親族の範囲は相当広範囲に及ぶことになる。このため，日頃つきあいがなく互いに親族であることがわからないなどのため起訴されたが，審理の過程でそれが判明するという事態もありうることになるのである。

　争いがあるのが，内縁の配偶者である。学説には，親族相盗例の適用・準用を認める見解があるが[5]，配偶者については刑の必要的免除が規定されており，免除を受ける者の範囲を明確に定める必要があることなどを理由として，判例は内縁の配偶者については，親族相盗例の適用又は類推適用を否定している[6]。内縁関係のあり方は多様でありうるので，刑の免除という法的効果を認めることが必要となる配偶者について，その範囲を内縁関係まで拡張することは，判例が指摘するように，その限界が不明確になることもあり，妥当とはいえないであろう。また，配偶者について刑の必要的免除を認めることについては，立法論として疑いがありうるところでもあり，そうした規定をさらに内縁関係にある者にまであえて広げて適用する必要は認められないということもできよう。

2 親族相盗例の趣旨と要件

(1) 趣　旨

　親族相盗例について，基本的に問題となるのが，そうした特例を認める趣

---

[5] 大谷實『刑法講義各論〔新版第4版〕』225頁（2013年），松原芳博『犯罪概念と可罰性』414頁（1997年）など。

[6] 最決平成18・8・30刑集60巻6号479頁。解説としては，芦澤政治「刑法244条1項と内縁の配偶者」最判解刑事篇平成18年度328頁以下などがある。

旨・根拠である。この点について本件判例は,「親族間の一定の財産犯罪については,国家が刑罰権の行使を差し控え,親族間の自律にゆだねる方が望ましいという政策的な考慮に基づき,その犯人の処罰につき特例を設けた」ものであって「その犯罪の成立を否定したものではない」としているのである[7]。これは,本件の第1審判決及び控訴審判決においても採られていた考えであり,親族相盗例の趣旨を,「法は家庭に入らず」という表現に示されているような,上記内容の政策的な考慮に基づくものと理解するものである[8]。

このような理解に対しては,かねて批判があった[9]。中には,このような理解は単に結論を示すのみであり根拠として不十分だとの指摘もあるが,要するに政策的考慮を単に指摘するのではなく,そのようなことを認めることの正当性ないし根拠を実質的に示す必要があるとするのが批判の趣旨である。そして,このような批判的見解は,特例の根拠を違法性の減少又は責任の減少に求めている。このうち,違法減少説は,親族間においては所有・占有関係が合同的であり,区別が明確ではないから,法益侵害が軽微である,あるいは,侵害について推定的同意が認められるなどといったことを理由としている[10]。これに対し,責任減少説は,親族関係という誘惑的要因のために責任が減少するといったことを理由としているのである[11]。

さらに,学説においては,これらの見解の延長線上に,配偶者,直系血族,同居の親族について,違法性阻却説,責任阻却説も主張されている。す

---

[7] 親族相盗例の適用がある場合でも,当該財物について盗品性が認められるとした最判昭和25・12・12刑集4巻12号2543頁が引用されている。

[8] 学説においてこの見解を支持するものとしては,大塚仁『刑法概説(各論)〔第3版増補版〕』209頁(2005年) 大谷・前出注5)224頁,前田雅英『刑法各論講義〔第5版〕』276頁(2011年),山口厚『刑法各論〔第2版〕』209頁以下(2010年)など。

[9] 批判論の内容については,八木國之「親族関係と犯罪」『刑法講座(6)』166頁以下(1964年),青木紀博「親族相盗例の適用」産大法学30巻1号14頁以下(1996年),川口浩一「親族相盗例の人的適用範囲」奈良法学会雑誌9巻3・4号178頁以下(1997年),松原・前出注5)370頁以下などを参照。

[10] 平野龍一『刑法概説』207頁(1977年),中森喜彦『刑法各論〔第3版〕』104頁以下(2011年),斉藤豊治「親族相盗例に関する考察」『西原春夫先生古稀祝賀論文集(3)』203頁(1998年)など。

[11] 曽根威彦『刑法各論〔第5版〕』126頁(2012年),西田典之『刑法各論〔第6版〕』164頁(2012年),林幹人『刑法各論〔第2版〕』203頁(2007年),松原・前出注5)389頁など。

なわち，犯罪の成立自体を否定しようとするのである[12]。この見解は，より疎遠な関係にある同居していない親族（刑244条2項）については，親告罪とされて告訴がない限り処罰されないのだから，より近い関係にある配偶者等（同条1項）については，それとの均衡上，不可罰という意味で「刑の免除」を理解すべきだとするものとも理解できる。しかし，検察官が刑の免除を求めて起訴することは実際上ありえないと考えられるし，取扱いの均衡を問題とするのであれば，1項についても親告罪と解すれば足りる[13]。「刑の免除」は現行法上有罪判決の一種であるから[14]，刑法244条の規定と無関係に犯罪の成立が否定されることがありうることは考えられるとしても，同条1項の「刑の免除」を不可罰・無罪と解釈することは無理であるといわざるをえないのである。解釈上は，違法性又は責任の「阻却」ではなく，「減少」を問題としうるにすぎないことになる。

　まず，違法減少説については，①所有・占有の特殊性を指摘しても，共有物・共同占有物についても窃盗が成立すること[15]との整合性に問題があること，②正犯について違法性が減少するなら，そのような正犯行為に関与した共犯についても同様のはずであり，刑法244条3項に規定された，特例は「親族でない共犯については，適用しない」という規定との整合性に問題があることなどの指摘があるが，より基本的な問題は，特例を説明する根拠としての違法減少を支える実態が存在しないのではないかということである[16]。これに対し，責任減少説については，上記②の問題は回避できているものの，責任減少といっても，違法減少の根拠となる事情を前提とするものであって，そのような実態が存在しないという点に違法減少説と同様の問題を抱えており，また，親族相盗例の適用事例について一般予防・特別予防の必要性が一般的に減少するとまではいえないという問題があるように思われる。

---

12)　斉藤・前出注10) 202頁〔可罰的違法性阻却〕，松原・前出注5) 390頁〔可罰的責任阻却〕，川口・前出注9) 182頁〔責任阻却〕など。
13)　団藤重光『刑法綱要各論〔第3版〕』582頁（1990年），山口・前出注8) 208頁。
14)　刑訴法334条参照。
15)　大判大正8・4・5刑録25輯489頁，最判昭和25・6・6刑集4巻6号928頁など参照。
16)　実態が存在するとしても，法文に掲げられた範囲の親族すべてについてそれを認めることはできない。八木・前出注9) 175頁以下，青木・前出注9) 14頁以下など参照。

要するに，親族相盗例が適用される広い親族関係全般についてはもちろんのこと，刑法244条1項の適用がある親族関係に限ってみても，違法減少・責任減少を支える実態を現在見出すことができるわけでは必ずしもないところに，親族相盗例の根拠を実質的に説明しようとする見解の困難さがあるといえよう[17]。現行法の解釈としては，刑法244条の適用範囲を限定することは無理であり，それを文字通り適用するしかないが，そのようなことを正当化する論理としては，立法論的な当否は別として，「法は家庭に入らず」との政策的考慮を持ち出すほかはないように思われるのである。このような，いわば消極的な意味においてではあるが，本件決定の理解は支持しうるものであるといえよう[18]。

(2) **適用要件**

親族相盗例の解釈にとって重要なのが，その適用要件である。つまり，犯人といかなる者との間に親族関係が認められるとき，親族相盗例は適用されるのかということである。財産犯罪と無関係な者が親族であっても親族相盗例の適用がないことはあまりに当然であるが，財産犯罪と関係があるということは，詰まるところ，当該犯罪によって利益を害された者（被害者）であることを意味するであろう。これらの者すべてとの間に親族関係が認められるとき，親族相盗例の適用があると解するのが妥当だと思われる。(1)で検討した特例の趣旨からしても，そのような帰結が導かれることになると解されるし，「○○との間で罪を犯した」という法文の表現に照らしても，このような理解は支持されるべきであろう。後述するように，窃盗罪に関しては，判例もそのような考えを採用していると理解することができる。

これに対し，本件の第1審判決（福島地判平成18・10・25）及び前出仙台高秋田支判平成19・2・8は，犯人と被害者以外の者との間の親族関係を問題として親族相盗例の適用を否定している。学説にも，親族相盗例の適用要件について，保護法益論との関連性を疑問視する立場があり[19]，その立場からは犯人と被害者以外の者との間の親族関係を問題とすることも不可能で

---

[17] 親族相盗例の認める特例に対して消極的な立場を示すものとして，林美月子「親族間の財産犯罪」『内田文昭先生古稀祝賀論文集』331頁以下（2002年）がある。
[18] 山口・前出注8) 209頁以下をも参照。
[19] 前田・前出注8) 278頁以下など参照。

はない。しかし，それでは，犯人とどの範囲の者について親族関係があるとき親族相盗例を適用するのかがきわめて不明確になるように思われる。「所有者の債権者」との間でも親族関係が必要となるとする[20]ことすら不可能ではないことになってしまうであろう。これは適当でない。あくまでも，当該の犯罪によって害された被害者と犯人の間の親族関係を問題とするにとどめるべきだと思われる。

次に，個別の犯罪ごとに，その適用要件を検討することにする。

3　窃盗罪と親族相盗例

窃盗罪について，判例は，所有者及び占有者と犯人との間に親族関係がある場合，親族相盗例の適用があると解している。すなわち，大審院の時代においては，占有者が非親族である場合（ただし，物件が公務所の管理にかかる場合）[21]及び所有者が非親族である場合[22]について，いずれも親族相盗例の適用を否定していた。ところが，最高裁は，非親族が占有していた物を窃取した事案において，傍論ではあるが，親族相盗例は「窃盗罪の直接被害者たる占有者と犯人との関係についていうもの」であるとの判断を示したのである[23]。そして，最高裁が，大審院とは異なり，窃盗罪を含む財産犯の保護法益について占有説の立場を採ることになったこと[24]と関連させて，もっぱら占有者と犯人との間の関係だけが問題となるとの理解が可能となり，下級審裁判例において混乱が生じるに至った[25]。そうした中，最高裁は，犯人と所有者及び占有者との間に親族関係がある場合に親族相盗例の適用があることを明らかにしたのである[26]。

---

20)　佐伯仁志＝道垣内弘人『刑法と民法の対話』341頁（2001年）参照。
21)　大判大正4・9・30刑録21輯1368頁など。
22)　大判昭和12・4・8刑集16巻485頁など。
23)　最判昭和24・5・21刑集3巻6号858頁。
24)　最判昭和24・2・8刑集3巻2号83頁，最判昭和24・2・15刑集3巻2号175頁，最判昭和30・10・14刑集9巻11号2173頁，最判昭和34・8・28刑集13巻10号2906頁，最判昭和35・4・26刑集14巻6号748頁，最決平成元・7・7刑集43巻7号607頁参照。
25)　親族に占有だけがある事案について親族相盗例の適用を認めたものとして，仙台高判昭和25・2・7判特3号88頁，東京高判昭和38・1・24高刑集16巻1号16頁などがある。これに対して，親族が占有者であり所有者である事案についてのみ親族相盗例の適用を認めるものとして，札幌高判昭和36・12・25高刑集14巻10号681頁などがある。

窃盗罪の保護法益に関する占有説を前提としても，判例の立場は正当である。なぜなら，占有説は占有侵害だけで窃盗罪の構成要件該当性を認めることができるとするものにすぎず，所有権が保護法益に含まれないとの意味までを決して持つわけではないからである。もしも所有権が保護法益に含まれないとすると，占有侵害のみならず所有権の侵害も存在する典型的な窃盗事案について，窃盗罪に加えて，所有権侵害を評価するために別罪（遺失物等横領罪）の成立を認めざるをえないという誰も想定していない結論を避けることができなくなってしまうであろう。占有説の立場からも所有者も窃盗罪の被害者なのであり，親族相盗例の適用を認めるためには，占有者との間だけでなく，所有者との間についても親族関係が必要である。この結論を採るために，被害者以外の者と犯人との間に親族関係を要求する必要性は全くないといえよう。

なお，占有説以外の立場からは，親族相盗例の適用を認めるためには，所有者に加え，保護に値する利益が害された占有者との間に親族関係が要求されることになる。ここにいう「保護に値する利益」の理解次第で，占有説からの距離が左右されることになるといえよう。つまり，本権説からは違法な占有者には保護される利益はないと解することになるが，違法な占有者とはいえ，権利者による奪還に対し，それが許容される自救行為といえない限りは，なお保護される利益があると解する場合には，結局，占有説に至るのである。

4　横領罪と親族相盗例

平成20年の判例は業務上横領の事案であるが，横領罪においては，いかなる者と犯人との間に親族関係があることが親族相盗例の準用を認めるために必要となるのであろうか。これは，横領罪の保護法益は何か，誰が被害者かによって決められるべきことである。物の所有者が被害者であることは明らかであるが，問題となるのは，財産の委託者である。犯人と委託者との間に親族関係が必要となるのであろうか。従来の判例をみると，委託者は親族

---

26) 最決平成6・7・19刑集48巻5号190頁。

であるが、所有者が非親族であるという事案について親族相盗例の準用を否定したものとして、大判昭和6・11・17刑集10巻604頁があるが、これは所有者が非親族であるために親族相盗例の準用を否定したにすぎないもので、横領罪について親族相盗例の準用を認めるためには、親族関係は所有者との間に存在するだけで足りるとの判断を示したものではない。この点について、本件第1審判決（福島地判平成18・10・25）、前出秋田地判平成18・10・25、仙台高秋田支判平成19・2・8は、財産の委託者についても親族関係を要求する立場に立つものと思われる（秋田地判平成18・10・25はこの旨を明言するが、他の2判決も同様であると解される。なぜなら、委託者よりも広い範囲の者について親族関係を要求しているからである）。これに対し、本件最高裁決定は——控訴審判決（仙台高判平成19・5・31）も同様であるが——この点について判断を示していない。なぜなら、本件最高裁決定は、親族相盗例の準用を否定する根拠を、未成年後見人の後見の事務は公的性格を有するものであり、たとえ未成年後見人が親族であるとしても親族の立場でなすものではない点に求めており、親族相盗例は、あくまでも、親族が親族としての立場で犯した罪についての特例だと理解されているからである。本件で問題となるのは、未成年後見人を選任した家庭裁判所であるが[27]、未成年後見人の権限は法によって発生するものであって、家庭裁判所を財産の委託者と断じることには疑問の余地があり[28]、かといって、委託者以外の者との親族関係を問題とするのは、親族相盗例の適用要件の明確性という点でも疑問がある以上、適切な対応であったということができるように思われる。

　では、本件を離れて考えるとき、財産の委託者について、親族関係が要求されるべきであろうか。この点については、所有者以外の委託者については、委託後、物について使用・収益・処分する地位を失うから、委託者には刑法上保護すべき利益は存しないという観点から、親族相盗例の準用を認めるために、親族関係は必要ないとの理解がある[29]。これは、財産犯の保護法益についての本権説的立場からは理解しうるが、その立場を前提として

[27] 家庭裁判所を委託者とするものとして、星景子「家庭裁判所が選任した後見人の横領行為と親族相盗例」研修712号99頁以下（2007年）。
[28] 家令・前出注3) 42頁参照。
[29] 堀内・前出注2) 15頁。

も，そうした結論が必然の帰結かには疑問があろう。なぜなら，不適切な者への委託によって所有者に不利益が生じることもあり，それについて配慮する委託者にとっては，適切な者に委託すること自体が利益だともいえるからである。この点についての利益が無視されてよいとはいえないと思われる。したがって，親族相盗例の準用を認めるためには，所有者及び委託者との間に親族関係が必要だと解するべきであろう。

第22章
盗品等の返還と盗品等関与罪の成否

I はじめに

　財産に対する罪として規定されながら，その罪質に争いがあるのが，盗品等に関する罪（刑256条。平成7年の刑法改正前は「贓物ニ関スル罪」とされていた）である。この罪は，盗品その他財産に対する罪にあたる行為によって領得された物（以下「盗品等」という）の無償譲受け（同条1項），運搬，保管，有償譲受け又は有償処分のあっせん（以上，同条2項）からなっている（以上の罪をまとめて，以下「盗品等関与罪」という）。同罪の法定刑の上限は懲役10年とされ，窃盗罪・詐欺罪・恐喝罪・業務上横領罪の法定刑の上限と同じであり，罰金刑が併科されているという意味では，それらの罪よりも実質的には重い犯罪であるといえる。また，背任罪・委託物横領罪・遺失物等横領罪よりも，法定刑が重い犯罪となっている。盗品等関与罪は窃盗罪等の領得罪の事後行為を処罰の対象とするものでありながら，財産権を直接侵害する窃盗罪等に比して，このように重い評価が与えられていることをいかに理解するかが問われざるをえず，現に，盗品等関与罪の罪質については，多様な見解が主張されているのである。
　このような盗品等関与罪について，近時，窃盗の被害者を相手方として盗品の有償の処分のあっせんをした事案に関し，盗品等処分あっせん罪の成立を肯定した最高裁判例が出され[1]，注目されるところである。以下では，ま

---

1) 最決平成14・7・1刑集56巻6号265頁。解説として，朝山芳史「窃盗等の被害者を相手方として盗品等の有償の処分のあっせんをする場合と盗品等処分あっせん罪の成否」最判解刑事篇平成14年度106頁以下などがある。

ず，盗品等関与罪の罪質に関する議論について簡潔に触れた後，この平成14年最高裁判例を考察の対象としつつ，盗品等関与罪の成立要件について検討を行うことにしたい。

II 盗品等関与罪の保護法益・罪質

盗品等関与罪の保護法益・罪質については，従来，いくつかの見解が主張されてきた。

まず，客体が「贓物」（「賍物」とも表記された）と規定されていた平成7年改正前の法文を前提として，客体を「財産の侵害を内容とする犯罪に因って取得せられたる財物」と解し，「犯罪に因って違法に成立せしめられたる財産状態を維持存続せしめること」を罪質と解する「違法状態維持説」がかつて主張されていた[2]。しかし，「盗品その他財産に対する罪に当たる行為によって領得された物」を客体として規定する現在の法文の下においては，もはやこの見解を維持することはできない。

これに対し，旧規定以来多数の学説によって採用されてきた見解が，盗品等関与罪の保護法益を，前提犯罪である財産罪の被害者が被害物に対して有する回復請求権と解する「追求権説」である[3]。判例も，盗品等関与罪の保護法益を「被害者の返還請求権」と解しており，追求権説に立っている[4]。たとえば，「刑法ニ於イテ賍物罪ヲ規定シ之ニ制裁ヲ科スル所以ハ賍物ノ移転ヲ防止シ以テ被害者ノ返還請求権ヲ保護セントスルニアリ」[5]とされ，「賍物に関する罪の本質は，賍物を転々して被害者の返還請求権の行使を困難もしくは不能ならしめる点にある」[6]とされているのである[7]。もっとも，追

---

2) 木村亀二『刑法各論』166頁（1957年）参照。
3) 団藤重光『刑法綱要各論〔第3版〕』660頁（1990年），平野龍一『刑法概説』233頁（1977年），大谷實『新版刑法講義各論〔新版第4版〕』342頁（2013年），中森喜彦『刑法各論〔第3版〕』145頁（2011年），曽根威彦『刑法各論〔第5版〕』192頁（2012年），西田典之『刑法各論〔第6版〕』269頁以下（2012年），山口厚『刑法各論〔第2版〕』337頁（2010年）など多数。
4) このような立場から，墳墓を発掘して領得した死体（大判大正4・6・24刑録21輯886頁），漁業法違反の行為によって取得された海草（大判大正11・11・3刑集1巻622頁）などは，盗品等関与罪の客体とならないとされた。
5) 大判大正4・6・2刑録21輯721頁。

求権説の立場においても,軽い法定刑が規定された盗品等無償譲受け罪(刑256条1項)は別としても,盗品等運搬罪等(同条2項)の法定刑が,財産権を直接侵害する窃盗罪等よりも実質的又は形式的に重いものとして規定されていることを,追求権の侵害のみで説明することは困難である。そこでは,前提犯罪(これを,盗品等関与罪との関係で,「本犯」という)の犯人による盗品等の利用・処分行為を援助することによって,財産罪を一般的・類型的に促進する性格(本犯助長的性格)が関与行為に認められることが考慮され[8],そのために重い法的評価が与えられることになるのである。

こうして,追求権説においては,追求権の侵害を要件としながら,法文上規定された行為の本犯助長性は補充的に考慮されるにとどまっているが,学説の中には,盗品等関与罪の事後従犯的性格(本犯助長的性格)を強調することによって,追求権侵害の要件を緩和しようとする「新しい違法状態維持説」も主張されている[9]。本説は,追求権侵害を肯定しうるかに疑問がある事案においても,事後行為それ自体の属性に着目することによって,盗品等関与罪の成立を肯定することを意図したものであるが,財物の移転が不法原因給付(民708条)となり,被害者に追求権を認めがたい場合においても,盗品等関与罪の成立を肯定する点において[10],追求権侵害を不要とするに至っていると評することができる。問題は,このことを正当化する理由として援用される「違法状態の維持」は無内容だとの批判を避けがたいことである[11]。そもそも,「違法状態」は被害者の追求権を前提として初めて認めうるものではないかも問われることになろう。この意味で「新しい違法状態維

6) 最判昭和23・11・9刑集2巻12号1504頁。
7) また,最決昭和34・2・9刑集13巻1号76頁(後述判例③)参照。前田雅英「盗品等に関する罪」研修663号5頁(2003年)が,追求権説を否定する立場からであるにせよ,判例は「追求権説的に理解し,説明しているわけではない」とするのは適当でないであろう。判例は,あくまでも追求権説の枠内で問題の解決を図っていると解される。朝山・前出注1) 112頁が「判例の見解は,追求権説に固執するものではな」いとするのも,そこで盗品等の物理的な返還のみを問題とする「狭い追求権説」を念頭においているからにすぎないといえよう。
8) 判例においても,こうした性格に着目されている(最判昭和26・1・30刑集5巻1号117頁参照)。
9) 大塚仁『刑法概説(各論)〔第3版増補版〕』332頁以下(2005年),とくに,前田雅英『刑法各論講義〔第5版〕』414頁以下(2011年)。
10) 大塚・前出注9) 336頁,前田・前出注9) 414頁参照。
11) 平野龍一「贓物罪の一考察」同『刑法の基礎』198頁(1966年)参照。

持説」には（内在的見地からも）疑問がある。こうしたことから，近時，追求権侵害を問題としない立場から，「財産領得罪を禁止する刑法規範の実効性」という観念的・抽象的法益に対する罪として盗品等関与罪を理解する見解も主張されているが[12]，そこでは，財産罪としての性格が盗品等関与罪について否定されることになる点，盗品等関与罪の法定刑が財産罪のそれを上回ることがあることについてなお説明を要する点に問題ないし疑問が残る[13]ことになるのである。

こうしてみると，追求権説がやはり妥当であるといわなければならないが[14]，追求権説において問題となるのは，「追求権」の理解である。それが正しく問われているのが，本章で取り上げる平成14年最高裁判例の事案である。

Ⅲ 盗品等の返還事例に関する最高裁判例

1 事　案

A社は，約束手形181通（額面額合計約7億8578万円）ほかを何者かに盗まれたが，被告人らは，氏名不詳者から，このうちの一部である約束手形131通（額面額合計約5億5313万円）の売却を依頼され，これらが盗品であることを知りながら，A社の関連会社であるB社に，代金合計8220万円と引換えに交付して売却し，盗品の有償処分のあっせんをしたという事案である。本件では，盗品を被害者に売却するためのあっせんについて，盗品等処分あっせん罪が成立するかが争われている。弁護人は，窃盗被害者への売却は，被害者の追求権の行使を困難にするものではない等と主張して，同罪は

---

[12] 井田良「盗品等に関する罪」芝原邦爾ほか編『刑法理論の現代的展開 各論』254頁以下（1996年）。さらに，伊東研祐『現代社会と刑法各論〔第2版〕』287頁以下（2002年）参照。

[13] すなわち，財産領得罪を禁止する刑法規範の違反行為（本犯行為）より，そうした刑法規範の実効性を害する行為（盗品等関与行為）の方が，より重く評価されることがありうるのかということである。

[14] 追求権を保護法益としない立場からは，本犯の被害者も処罰の対象となりかねず（鈴木左斗志「盗品等関与罪」西田典之＝山口厚＝佐伯仁志編『刑法の争点』214頁〔2007年〕参照），被害者が関与する場合における処罰の限定が困難になるという問題がある。

成立しないと争っていた。

　この事案に関し，第1審判決（富山地判平成13・3・27）は，「買い取らないと回収が困難になるとほのめかして盗難被害者に盗品を売り付ける行為が被害者の正当な返還請求権の行使を妨げる行為であることは明白で，贓物罪の成立を否定すべき理由はない。」として盗品等処分あっせん罪の成立を肯定した。控訴審判決（名古屋高金沢支判平成13・10・4）も，「被害者に対して売買など有償の処分のあっせんを行う場合にあっても被害者の無償での返還請求権の行使を困難ならしめる点で変わりはなく，また強窃盗の如き財産に対する罪を助成し誘発せしめる危険を有するともいえるから，そのようなあっせん行為を本条項の対象から除外すべきいわれはないというべきである。もとより条文上も『有償の処分のあっせんをした』と規定するのみであっせんの相手方を何ら限定してはいない。そうすると，本条項は，行為者が被害者に対して有償の処分のあっせんを行う場合もその対象として含むものと解される。」として，原判決と同様に，盗品等処分あっせん罪の成立を肯定したのである。そこで，被告人が上告した。

2　最高裁決定

　最高裁は，上告趣意は刑訴法405条の上告理由にあたらないとしたが，職権で以下の判断を示し，上告を棄却した。

　「なお，所論にかんがみ，職権で判断するに，盗品等の有償の処分のあっせんをする行為は，窃盗等の被害者を処分の相手方とする場合であっても，被害者による盗品等の正常な回復を困難にするばかりでなく，窃盗等の犯罪を助長し誘発するおそれのある行為であるから，刑法256条2項にいう盗品等の『有償の処分のあっせん』に当たると解するのが相当である（最高裁昭和25年（れ）第194号同26年1月30日第三小法廷判決・刑集5巻1号117頁，最高裁昭和26年（あ）第1580号同27年7月10日第一小法廷決定・刑集6巻7号876頁，最高裁昭和31年（あ）第3533号同34年2月9日第二小法廷決定・刑集13巻1号76頁参照）。これと同旨の見解に立ち，被告人の行為が盗品等処分あっせん罪に当たるとした原判断は，正当である。」

3 本決定の意義と従来の判例との関係

　本決定は，窃盗等の被害者を処分の相手方とする場合であっても，①被害者による盗品等の正常な回復を困難にする，②窃盗等の犯罪を助長し誘発するおそれのある行為である，ことを理由として，盗品等処分あっせん罪の成立を肯定している。これは，追求権の侵害と共に，本犯助長性を肯定しうる行為であることを理由として，盗品等処分あっせん罪の成立を肯定したものであり，追求権説の立場を採ることを確認したものといえる。

　本決定は，①最判昭和26・1・30刑集5巻1号117頁，②最決昭和27・7・10刑集6巻7号876頁，③最決昭和34・2・9刑集13巻1号76頁の3判例を引用している。判例①は，贓物牙保罪（盗品等処分あっせん罪）は，盗品等の売却の周旋行為が行われれば，盗品等の売買が完成に至らなくとも成立すると解したもので，買受人の買受け意思が決定しない以上，取引は開始されておらず，被害者の返還請求権の行使を不能又は困難ならしめるおそれはないから同罪は成立しないとの弁護人の主張に対し，「贓物に関する罪を一概に所論の如く被害者の返還請求権に対する罪とのみ狭く解するのは妥当でない，（法が贓物牙保を罰するのはこれにより被害者の返還請求権の行使を困難ならしめるばかりでなく，一般に強窃盗の如き犯罪を助長し誘発せしめる危険があるからである）」として贓物牙保罪の成立を肯定したものである。判例②は，窃盗の被害者から盗品の回復を依頼されて，これを被害者宅に運搬して返還したという（被害者への盗品の返還が問題になっているという意味で，本決定の事案と共通の）事案について，「原判決は，……被告人X並びに原審相被告人Y等の本件贓物の運搬は被害者のためになしたものではなく，窃盗犯人の利益のためにその領得を継受して贓物の所在を移転したものであって，これによって被害者をして該贓物の正常なる回復を全く困難ならしめたものであると認定判示して贓物運搬罪の成立を肯定したものであるから，何等所論判例と相反する判断をしていない。」と判示して，贓物運搬罪（盗品等運搬罪）の成立を肯定したものである。判例③は，盗品・遺失物に関する即時取得（民192条）の特例（同193条）の意義が問題とされた事案につき，「贓物に関する罪は，被害者の財産権の保護を目的とするもので

あり，被害者が民法の規定によりその物の回復を請求する権利を失わない以上，その物につき贓物罪の成立することあるは原判示のとおりである。」と括弧内で判示したものである。

　上記の判例③は，盗品等関与罪は被害者の財産権（回復請求権）の保護を目的としたものとしているが，判例①については，返還請求権の行使を困難にしなくとも，一般に本犯助長的性格のある行為が行われた場合には，盗品等関与罪の成立を肯定しうるとしたものと解することが判文上は不可能でない。しかし，それは弁護人の主張との関係で理解されるべきである上，そこで問題となっているのは，盗品等の売却取引のどの段階で盗品等処分あっせん罪が成立するかであり，要求される追求権侵害の危険の程度がやはり実質的には問題となっているといえるであろう。この意味で，実際上は，追求権の保護から切り離された処罰を肯定するものではないと解することができる。

　本決定との関係でより重要なのが，判例②である。ここでは，「窃盗犯人の利益のためにその領得を継受して贓物の所在を移転した」ことによって「該贓物の正常なる回復を全く困難ならしめた」とされ，「窃盗犯人の利益のため」の「領得の継受」行為という本犯助長的行為により，追求権侵害が惹起されたことが，盗品等関与罪成立の根拠とされている。つまり，本犯助長性だけではなく，追求権侵害が肯定されることが必要であることが明らかにされているのである。本決定でも，同様に，追求権侵害と本犯助長性とが両者肯定されることによって，盗品等処分あっせん罪の成立が肯定されている。また，判例②においてより重要なことは，被害者の下に返還するために盗品を運搬する行為について，「該贓物の正常なる回復を全く困難ならしめた」として，贓物運搬罪の成立が肯定されたことであり，追求権の内容が盗品等の「正常なる回復」とされたことである。つまり，盗品等が被害者の下に戻るとしても，それが「正常なる回復」でない場合には，盗品等関与罪が成立しうることが明らかにされたのであり，本決定も，このような追求権の理解を前提としているのである。

　こうして，最高裁は，被害者への返還事例について盗品等関与罪の成立を肯定する態度を判例②及び本決定において示したのであるが，本犯助長性と

追求権侵害との関係については，なお検討を要するものがあろう。すなわち，追求権が失われれば別であるが（判例③参照），本犯助長性を備えた事後行為が行われれば，追求権侵害が肯定されて常に盗品等関与罪が成立するのか，もしそうでないとすれば，追求権説から処罰が否定されるのはいかなる場合なのかが，問題となるのである。この点において，被害者への返還事例について盗品等関与罪の成立を否定した下級審判決が注目される。それは，日蓮宗信者である被告人が，身延山久遠寺の寺宝で日蓮の親筆と伝えられ，信仰上日蓮と同視されていた「同日三幅本尊」三幅の買取りを求められ，相手の風体等から直ちに買い取らなければ散逸・滅失のおそれがあり，警察に連絡していれば相手が逃走又は破棄するおそれがあると思って，譲り受けて久遠寺に返還する意思でそれを買い取った行為について，贓物故買罪（盗品等有償譲受け罪）の成立を否定した判決である[15]。このような結論を是認するためには，判例の上記の立場にも何らかの限定が必要となり，それを明らかにすることが要請されることになるのである。

4 学説の態度

盗品等の被害者への返還事例について，盗品等関与罪が成立しうるかについては，本決定が引用する昭和 27 年判例（上記判例②）に関し，すでに議論の対象とされてきたところである。学説においては，追求権侵害は単に物理的要素のみにより判断されるのではないとして，昭和 27 年判例の立場を支持する見解が主張されているが[16]，学説の多くは，被害者の下へ盗品が返還される以上，追求権の侵害は認められないとして，盗品等関与罪の成立を否定する態度を示している[17]。平成 14 年判例についても，同様に，盗品等処分あっせん罪の成立を否定すべきだとする見解がすでに主張されているが[18]，追求権説を前提としながら判例に賛成する見解も主張されるに至っ

---

15) 東京高判昭和 28・1・31 東高刑時報 3 巻 2 号 57 頁。
16) 斉藤豊治「贓物罪」西原春夫ほか編『判例刑法研究(6)』392 頁以下（1983 年），前田・前出注 9）343 頁，井田・前出注 12）262 頁以下など。
17) 大塚・前出注 9）338 頁，大谷・前出注 3）347 頁以下，曽根・前出注 3）195 頁，林幹人『刑法各論〔第 2 版〕』306 頁（2007 年），林美月子「贓物罪」芝原邦爾編『刑法の基本判例』166 頁（1988 年），豊田兼彦「盗品等に関する罪について（三）」愛知大学法経論集 161 号 1 頁以下（2003 年）など。

ている[19]のが現状である。

ここで問われているのは，追求権の意義である。次にそれについて検討を加えることにする。

Ⅳ　追求権の意義

判例・通説に従い追求権説の立場に立つ場合，被害者への盗品の返還事例の解決にとって決定的な意義を有するのが追求権の意義，そして追求権侵害・危殆化の意義の理解である。

昭和27年判例に反対する見解は，盗品が被害者の下に返還される場合には，追求権の侵害はなく，返還の見返りに支払った金銭等について恐喝罪等が別途成立しうるにすぎないと解している[20]。ここでは，追求権は盗品等の単に物理的な返還を求める権利として捉えられ，盗品等が返還されている以上追求権の侵害はないとされているのである。しかしながら，盗品等に対する被害者の追求権とは，対価の支払等の条件付きで返還を求める権利ではありえず（ただし，民194条参照），いわれなき負担を負うことなく盗品等の返還を求めることができる権利を本来意味すると考えることができる[21]。こうした意味において，昭和27年判例及び平成14年判例が「正常な回復」を追求権の内容として問題としたのは十分に理解しうるところであるといえよう。

ここで，「正常な回復」を求める権利としての追求権の内容が問題となる。それは，大掴みにいえば，対価を支払うことなく盗品等を回復しうる権利であるといえるが，「正常な回復」にも費用がかかる以上，これを「無償

---

18) 髙山佳奈子「盗品等の被害者と盗品等有償処分あっせん罪の成否」平成14年度重判解（ジュリ1246号）155頁以下（2003年），同「盗品等の被害者を相手方として盗品等の有償の処分のあっせんをする場合と盗品等処分あっせん罪の成否」現刑54号58頁以下（2003年），上嶌一高「窃盗等の被害者を相手方とする処分と盗品等処分あっせん罪」法教276号92頁以下（2003年），豊田兼彦「窃盗等の被害者を相手方として盗品等の有償の処分のあっせんをする場合と盗品等処分あっせん罪の成否」愛知大学法経論集162号1頁以下（2003年）など。
19) 今井猛嘉「盗品関与罪の成否」現刑57号97頁以下（2003年）など。
20) たとえば，髙山・前出注18)〔重判解〕156頁，豊田・前出注18)17頁参照。
21) 河上和雄＝渡辺咲子『大コンメンタール刑法〔第2版〕(13)』481頁（2000年），松尾誠紀「刑事判例研究」北大法学論集54巻5号187頁（2003年）など参照。

返還請求権」というのはやや不正確だともいえよう[22]。この意味で，厳密には，上述のように，「いわれなき負担を負うことなく返還を求める権利」というべきであると思われる。このように追求権の意義を理解しても，処罰によって達成される保護の実体的対象が，返還・回復請求権から「負担として要求される利益」に移行してしまうわけではない[23]。あくまでも「正常な回復」を求める権利が保護の対象であることに変わりはないのである。なお，「いわれなき負担」として通常問題となるのは，対価の支払である。そして，捜査機関への通報を行わないことといった条件はそこから除外されよう。そのようなことは，盗品の返還のための民事的な権利実現とは区別されることがらだからである（それは，事後的な処罰に係わるにすぎない）。「無償で返還するので，警察には通報しないでほしい。」といって謝罪して無償で返還したような場合には，被害者の追求権は何ら害されていないと思われる。

　問題は，被害者が対価等の支払に同意して盗品等を回復した場合に，「正常な回復」を求める権利としての追求権が侵害されたといえるかである。まず，確認しておく必要があるのは，追求権は財産上の権利であり，被害者はこれを放棄することができるということである[24]。また，被害者自身は自己に帰属する権利である追求権の侵害を理由として処罰されることはないということも，書かれざる「当然の法理」である。このことを前提として，被害者が対価の支払に同意した場合，「正常な回復」を求める権利が侵害されたのか（盗品等関与罪の成立が可能），その権利は（放棄され）侵害されていないのか（盗品等関与罪の成立は否定される）が問われざるをえないことになるのである。この両者をいかに，いかなる基準で区別するか，区別しうるかが問題の核心であるといえよう[25]。この点については，まず，被害者の意思

---

[22]　髙山・前出注18)〔現刑〕62頁など参照。
[23]　深町晋也「有償処分あっせん罪の成否」『刑法判例百選Ⅱ各論〔第6版〕』151頁（2008年），松尾・前出注21) 186頁参照。
[24]　朝山・前出注1) 116頁は「被害者の承諾」の余地を認め，大場亮太郎「盗品等の被害者を相手方とする盗品等有償処分あっせん罪の成否」警察学論集56巻6号205頁以下（2003年）は追求権の放棄の可能性を肯定する。
[25]　上嶌・前出注18) 93頁は「付された条件が被害者の容易に受け入れうるものであった」かにより区別する。区別可能性に疑問を示すものとして，髙山・前出注18)〔重判解〕156頁。

抑圧の程度によって両者を区別することは困難であり，さらに，昭和27年判例の事案は被害者の依頼にかかる事案であるから，これについて盗品等運搬罪の成立を肯定した判例の立場によれば，追求権の放棄を認めるためには，被害者からの，積極的な，対価の支払に同意した回復の依頼であっても，なお必ずしも十分ではないことを指摘しうる。そうだとすると，ほとんどの場合には，「正常な回復」を求める権利が侵害されたとして，被害者自身は別として，盗品等の返還に関与した者について盗品等関与罪が成立しうることになりそうであるが，上述したように，これには限定が是非とも必要であるといえよう[26]。そこで，盗品等関与罪の成立を否定すべきことが考えられるのは，まず，無償で返還される場合[27]に準じ，上述したように，①経済的意義を無視しうるような交換条件（典型例が，捜査機関への不通報）が要求される場合である。なお，要求される対価が法に従った手段を執った場合に要する経費と同等以下の場合については，被害者の出費額としては同じであっても，支払う相手方との関係ではなおいわれのない負担である以上，盗品等関与罪の成立を直ちに否定することには困難があると思われる[28]。次に，②関与者が，被害者の代理人等として，専らその指揮・命令の下に従属的立場で行動する場合（この場合は，対価の支払があってもかまわない）には盗品等関与罪の成立は否定されるべきであろう。この場合においては，当該関与者は被害者自身による回復を従属的に補助したにすぎないとの評価が可能となるからである。また，被害者のそうした推定的意思の下に行動した場合，さらに，そうした認識の下に行動した場合においても，同様の理由から（後者の場合には，故意の欠如を理由として）盗品等関与罪の成立を否定することが考えられてよいように思われる[29]。

26) すべての場合において，本犯の被害者の同意は自由でないとして，その効果を否定することが適当でないことは，意思の自由が奪われているとはいえない上，盗品等関与罪の成立を否定すべき事例が存在しうる限りにおいて否定できないと思われる。また，「被害者のための行為か，本犯のための行為か」（林（美）・前出注17) 166頁参照）により処罰・不可罰の線引きをするとしても，「本犯のための行為」とはいえない条件が明らかにされる必要がある。
27) これには，可罰的違法性の考えから，無償と同視しうる程度の出費の場合も含みうる（さらに，民194条参照）。
28) 松尾・前出注21) 187頁参照。
29) 前出注15) 東京高判昭和28・1・31は，このような見地から，是認しうるもののように思われる。

第23章

作成名義人の意義と有形偽造

I　はじめに

　文書偽造罪（刑154条以下）をめぐっては，近年さまざまな問題が生じている。かつて，「コピーの偽造」について文書偽造罪が成立するかが争われ[1]，そこでは文書の意義が問題となったが[2]，近年，「偽造」（有形偽造）の基本的理解に関わる解釈問題が多数生じている。有形偽造とは，従来，判例・学説において，「文書の作成名義人以外の者が，権限なしに，その名義を用いて文書を作成すること」[3]と解されてきた[4]。これに対し，近年，「文書の名義人と作成者との間の人格の同一性を偽ること」という定義も用いられている[5]。両者の定義は異なったものではなく，同じ実体を別のことばで表現したにすぎないものと解されるが[6]，作成名義人の意義が正面から問われることになる近年の諸事案を解決するために有用であるため，後者の定義が判例においてよく用いられるようになっているのである。このような理解からは，文書偽造罪の罰則は，文書の作成者＝作成名義人であることについ

---

1) 判例は文書偽造罪の成立を肯定したが（最判昭和51・4・30刑集30巻3号453頁，最決昭和54・5・30刑集33巻4号324頁），学説においては反対説が有力である（団藤重光『刑法綱要各論〔第3版〕』273頁〔1990年〕，平野龍一「コピーの偽造」同『犯罪論の諸問題（下）各論』409頁以下〔1982年〕，大谷實『刑法講義各論〔新版第4版〕』442頁以下〔2013年〕，西田典之『刑法各論〔第6版〕』356頁〔2012年〕など）。
2) 山口厚『刑法各論〔第2版〕』430頁以下（2010年）などを参照。
3) 最判昭和51・5・6刑集30巻4号591頁。
4) たとえば，大判明治43・12・20刑録16輯2265頁。
5) 最判昭和59・2・17刑集38巻3号336頁，最決平成5・10・5刑集47巻8号7頁，最決平成11・12・20刑集53巻9号1495頁など。
6) 前出注5)最判昭和59・2・17参照。

ての信用性を担保するためのものであるといえる。

本章においては，文書の作成名義人の意義が問題となった近時の最高裁判例を素材としながら，文書偽造罪における有形偽造の概念について検討を加えることにしたい。

II 最高裁平成 15 年 10 月 6 日決定

1 事 案

被告人は，実弟らと共謀の上,「国際旅行連盟 (ITA)」が発給者として表示された国際運転免許証様の文書を作成したとして有印私文書偽造罪で起訴された。被告人は，「国際旅行連盟」から本件文書作成が委託されていたと弁解しているが,「国際旅行連盟」に対しては，1949 年 9 月 19 日にジュネーブで採択された道路交通に関する条約（ジュネーブ条約）に基づき，その締約国等から国際運転免許証の発給権限が与えられてはいない。

第 1 審判決（東京地判平成 13・12・25 判時 1811 号 159 頁）は,「私文書偽造罪の本質は，文書の名義人と作成者との間の人格の同一性を偽ることによって，文書に対し社会一般が抱く公共の信用を害することにあると解される（最高裁判所平成 5 年 10 月 5 日第一小法廷決定・刑集 47 巻 8 号 7 頁参照）から，問題となる文書の作成名義人を決定するに当たっては，文書に記載されている団体名や個人名等のほか，文書の形状や記載内容，更には文書から窺われる使用目的なども考慮した上で，その文書から認識される人格主体は誰かを判断するのが相当である。これを本件国際運転免許証様の物についてみると，……，その記載内容等はジュネーブ条約に基づく国際運転免許証に極めて酷似しているのみならず，その大きさや色もほぼ同様であって，本件国際運転免許証様の物が，ジュネーブ条約に基づき正規に発給された国際運転免許証として使用される意図の下に作成されていることは明らかである。したがって，このような本件国際運転免許証様の物の形状や記載内容等に照らすと，その作成名義人は,『ジュネーブ条約に基づき国際運転免許証を発給する権限を有する団体としての ITA』と解するのが相当である。」「本件

国際運転免許証様の物の作成名義人は，上述したように，『ジュネーブ条約に基づき国際運転免許証を発給する権限を有する団体としてのITA』と解されるところ，そのような団体が実在しない以上，それは弁護人が主張するITAなる団体とは別の人格主体と言うべきであるから，被告人が上記白色冊子型の台紙にゴム印等を使用して判示行為に及び本件国際運転免許証様の物を作成した行為は，架空団体名義による文書を偽造した行為に当たると解することができる。」として，私文書偽造罪の成立を肯定した。

控訴審判決（東京高判平成14・5・28判タ1120号288頁）も，第1審判決と同様の理由により，それを維持した。

2 決定要旨

上告を受けた最高裁は，次のように判示して，原判決を維持し，上告を棄却した[7]。

「本件文書は，……，ジュネーブ条約に基づく正規の国際運転免許証にその形状，記載内容等が酷似している。また，本件文書の表紙に英語で『国際旅行連盟』と刻された印章様のものが印字されていることなどからすると，本件文書には国際旅行連盟なる団体がその発給者として表示されているといえる。このような形状，記載内容等に照らすと，本件文書は，一般人をして，ジュネーブ条約に基づく国際運転免許証の発給権限を有する団体である国際旅行連盟により作成された正規の国際運転免許証であると信用させるに足りるものである。」｜私文書偽造の本質は，文書の名義人と作成者との間の人格の同一性を偽る点にあると解される（最高裁昭和58年(あ)第257号同59年2月17日第二小法廷判決・刑集38巻3号336頁，最高裁平成5年(あ)第135号同年10月5日第一小法廷決定・刑集47巻8号7頁参照）。本件についてこれをみるに，……本件文書の記載内容，性質などに照らすと，

---

[7] 最決平成15・10・6刑集57巻9号987頁。解説として，平木正洋「正規の国際運転免許証に酷似する文書をその発給権限のない団体の名義で作成した行為が私文書偽造罪に当たるとされた事例」最判解刑事篇平成15年度431頁以下，長井長信「国際運転免許証発給権限のない団体の名義の使用と私文書偽造罪」平成15年度重判解（ジュリ1269号）177頁以下（2004年）上嶌一高「正規の国際運転免許証に酷似する文書をその発給権限のない団体の名義で作成した行為が私文書偽造罪に当たるとされた事例」ジュリ1308号219頁以下（2006年）などがある。

ジュネーブ条約に基づく国際運転免許証の発給権限を有する団体により作成されているということが，正に本件文書の社会的信用性を基礎付けるものといえるから，本件文書の名義人は，『ジュネーブ条約に基づく国際運転免許証の発給権限を有する団体である国際旅行連盟』であると解すべきである。そうすると，国際旅行連盟が同条約に基づきその締約国等から国際運転免許証の発給権限を与えられた事実はないのであるから，所論のように，国際旅行連盟が実在の団体であり，被告人に本件文書の作成を委託していたとの前提に立ったとしても，被告人が国際旅行連盟の名称を用いて本件文書を作成する行為は，文書の名義人と作成者との間の人格の同一性を偽るものであるといわねばならない。したがって，被告人に対し有印私文書偽造罪の成立を認めた原判決の判断は，正当である。」

Ⅲ　有形偽造の意義

1　文書の意義

　上記の平成15年決定を素材として，有形偽造及び作成名義人の意義について検討を加える前提として，文書偽造罪の客体である文書の意義，ひいては文書偽造罪理解の基本的視点について，言及しておくこととしたい。
　文書偽造罪の客体としての文書とは，一般に，文字又はこれに代わるべき可視的符号により，一定期間永続すべき状態において，ある物体の上に記載した，人の意思・観念の表示であって[8]，その作成名義人が認識可能であるものをいうと解されている。文書が，単なる意思・観念の表示ではなく，それに作成名義人の認識可能性が付加的に要求されるのは，文書は「作成名義人のなした意思・観念の表示の証拠」として保護の対象となるからである。このことは，実際には，たとえば貸金の債権者が債務者から徴する「借用証書」の意義（何のためにそのようなものを徴するか）を考えれば明らかであろうし，法文上も「権利，義務」と並んで「事実証明」が文書の限定要件とさ

---

[8]　大判明治43・9・30刑録16輯1572頁など。

れているところにも現れている。こうして，文書は証拠として保護の対象となっており，文書偽造罪は，証拠にならないものを作出するという意味で，文書の証拠としての信用性を害する証拠犯罪として把握されることになるのである[9]。

このような理解によれば，文書の写し・コピーは，写し・コピーの対象となった文書（原本）が存在することを証明するものであり，写し・コピーの作成者の表示が（認証文言等により）なされていない場合には，原本の存在を証明する証拠としての意義を欠く（誰が写したかわからないものは，証拠とならない）ため，写し・コピーの文書性自体が否定されることになる。このことは，手書きの写しの場合には明白であるが，機械的手段による写真コピーの場合であっても異なるものではない（原本をそのままコピーしたかに問題がありうることは，「コピーの偽造」の事件自体が示している）。そのため，学説の多数は「コピーの偽造」について，コピーには文書性が欠けるという理由から文書偽造罪の成立を否定しているのである。

2 作成者と作成名義人

証拠犯罪である文書偽造罪における有形偽造概念の理解にとって不可欠なのが，文書の作成者及び作成名義人の意義である。意思・観念の表示の証拠として文書を捉える立場からは，意思・観念の表示主体（これが，作成者である）として文書上認識される者（これが，作成名義人である）によって意思・観念の表示がなされていない文書を作成することが有形偽造であり，有形偽造とは，文書の作成名義人と作成者との間の人格の同一性に齟齬を生じさせること（同一性を偽ること）をいうとの理解はこのことを意味している。このような理解からは，作成名義人と作成者の意義を画定することが，両者間の同一性の齟齬の判断に必須となるのである。

ここで，文書の作成名義人とは，上述のように，意思・観念の表示主体（作成者）として文書上認識される者をいい，この意味で，作成名義人の概

---

9) 山口・前出注2)429頁参照。さらに，川端博『文書偽造罪の理論〔新版〕』6頁（1999年）。こうした見地から，学説は，作成名義人の認識可能性を欠く「コピーの偽造」について，その文書性を否定し，文書偽造罪の成立を否定しているのである。前出注1)参照。

念は作成者の概念より派生するものであるから，作成者の概念を確定することがまず必要となる[10]。作成者の意義については，学説上，①現実に文書を物理的に作成した者をいうとする事実説，②文書に表示された意思・観念が由来する者をいうとする意思説[11]，③文書の効果が帰属する者をいうとする効果説[12]，④文書作成についての法的責任を負う者をいうとする法的責任説[13]が主張されている。

まず，①事実説によると，企業の役員名義の文書を秘書が代筆する場合や法人名義の文書を印刷業者が印刷する場合，秘書・印刷業者が実際の作成者となり，文書偽造罪が成立する[14]ことになりかねず，明らかに不都合である。文書偽造罪は作成名義人を害する罪ではないから，作成名義人の文書作成に対する同意によって違法性阻却を認めることはできない。したがって，作成名義人の文書作成についての同意・意思の存在を根拠として文書偽造罪の成立を否定することは，事実説を放棄することを意味することになる。

次に，②意思説には，事実説の難点は認められないが，文書が人の意思に基づくということに曖昧さが存在する。もしも，文書の表示内容の形成が具体的・現実的に誰の意思によるかを問題とするのであれば，代理名義文書を代理人が作成する場合，その意思は代理人に由来するため，代理人が作成者＝作成名義人となって，代理名義の冒用の事例は，不可罰な私文書無形偽造と解されることになり[15]，不都合である[16]。また，文書の表示内容の形成

[10] 作成者概念をめぐる議論については，林幹人「有形偽造の考察」同『現代の経済犯罪』103頁以下（1989年），松宮孝明「文書偽造罪における作成者と名義人について」立命館法学264号1頁以下（1999年），山中敬一「文書偽造罪における『偽造』の概念について」関西大学法学論集50巻5号1頁以下（2000年）など参照。

[11] 林幹人『刑法各論〔第2版〕』356頁以下（2007年），伊東研祐『現代社会と刑法各論〔第2版〕』364頁（2002年）など。

[12] 平野龍一『刑法概説』254頁以下（1977年），町野朔『犯罪各論の現在』312頁（1996年）など。

[13] 今井猛嘉「文書偽造罪の一考察(4)」法協116巻6号88頁以下（1999年）参照。

[14] あるいは，専門業者により印刷されたものであることが外見上明らかなものについては，印刷業者の記載を欠くため，名義人の認識可能性がなく，文書とはいえないことになる（このようなものは，一切偽造罪の客体となりえないことになり，これまた不当である）。

[15] 島田聡一郎「代理・代表名義の冒用，資格の冒用」現刑35号49頁以下（2002年）など参照。ただし，後述するように，単なるAではなく，代理権を有するA（虚無人）名義の文書を作成したとして，偽造罪の成立を肯定する可能性はある。しかしながら，非顕名代理文書は，みな偽造文書となってしまうという問題が存在し，疑問がある。

が究極的に誰に由来するのかを問題とするのであれば，本人から与えられた文書作成権限が濫用されて文書が作成されたとき，有形偽造となるが，この結論は意思説の論者自身によっても拒絶されている。そこでは，表示内容・意思内容の抽象化が肯定され，厳密にいえば作成名義人の意思に即さない文書作成についても権限を認め，有形偽造の成立が否定されるのである。この場合，表示内容の作成名義人への一種の客観的な帰属が問題とされているといえる。

③効果説は，文書の効果の帰属を問題とし，効果帰属主体と文書上表示された者が責任を負わざるをえない文書については，その信用は害されず，有形偽造を認める必要はないとする。しかし，本説には，以下の難点がある。第1に，自己名義で作成した文書であっても，公序良俗違反のため，法律効果が作成名義人に帰属しない場合，有形偽造となり，妥当でないこと，第2に，事実証明文書については，文書内容に対応した法律効果が作成名義人に帰属するということは問題とならないこと，第3に，法律効果は文書内容に関わることで，文書の証拠性とは直接関係がなく，また，本説によると，作成名義人から授与された作成権限を逸脱して文書が作成されたときでも，民事法上の善意者保護規定により文書内容に対応した法律効果を追及できる場合には有形偽造が否定されることになり，疑問があることである[17]。文書は，すでに述べたように，意思・観念の表示の証拠として保護されるのであるから，意思・観念の表示の証拠として使用しうるものかという問題と，そうした証拠により証明されるべき実体関係に対応する法的効果が肯定されるかという問題とは区別されるべきものなのである。

④法的責任説は，それが法的責任という視点を呈示すること自体は正当であるとしても，論者の意図はともかく[18]，「法的責任追及」の意義がはっきりしないこともあり，その観点だけで問題は解決しないように思われる。なぜなら，偽造文書でも，それに基づき偽造文書作成の法的責任を追及しうる

---

16) 判例（大判明治42・6・10刑録15輯738頁，最決昭和45・9・4刑集24巻10号1319頁など）は有形偽造としており，学説も理由づけはともかく，それを支持している（山口・前出注2）460頁以下参照）。
17) さらに，島田・前出注15) 51頁をも参照。
18) 今井猛嘉「文書偽造罪の成否(1)」現刑61号112頁（2004年）参照。

が，そうした「法的責任追及」がおそらく問題とされていないことからも明らかなように，責任追及の内容，さらには法的責任追及における文書の関わり方の具体的理解こそが問題の核心だからである。すなわち，法的責任を問題とするとして，何についての法的責任を，何を基礎・根拠として追及するかが示されなければならない[19]。その回答は法的責任に言及するのみでは導かれない。①②③説はこの問題に対する回答を与えようとするものと解しうるのであり，同レベルの説明が求められているのである（法的責任説が，もしも，文書による，実体関係についての責任追及を問題とするのであれば，効果説に帰着することになる。法的責任説の具体化こそが求められるのである）[20]。「何に基づく，何の法的責任か」が問われる必要があるといえよう。本書は，以下に示すように，追及される責任は，作成名義人が意思・観念の表示を行ったことについてのものであり，それゆえ，そのような責任追及の証拠として使用しえない文書作出を有形偽造と解することが妥当であると解するものである。

3　意思・観念の表示の帰属

　文書を意思・観念の表示の証拠と解する本書の立場からは，意思・観念の帰属主体を作成者と解すべきことになる（帰属説）[21]。作成者とは意思・観念の表示の主体をいうから，そうした意思・観念が客観的に帰属する者が，意思・観念の表示の主体として扱われることはいわば当然であるともいえる。こうして，文書上表示された意思・観念が客観的に帰属する[22]主体が作成者であり，文書上それと認識される者が作成名義人である。両者が異なる場合に有形偽造が肯定されることになる。言い換えれば，有形偽造とは，表示された意思・観念が作成名義人に帰属しない文書を作成することなのである。このような理解からは，作成名義人が与えた一般的な文書作成権限を

---

19)　成瀬幸典「文書偽造罪の保護法益――有形偽造の本質」現刑 35 号 35 頁以下（2002 年）をも参照。
20)　法的責任説の論者も，もちろん，一定の見解を示している（今井・前出注 13) 90 頁は，原則的に，意思説を採用する）が，その具体的根拠こそが問題である。
21)　山口・前出注 2) 437 頁以下参照。
22)　松宮・前出注 10) 7 頁以下をも参照。

濫用して文書が作成された場合，文書上表示された意思・観念が作成名義人に客観的に帰属する限りにおいて，有形偽造は否定されることになる。

Ⅳ　作成名義人の意義

1　従来の判例

　平成15年決定の事案において問題となったのは，文書の作成名義人を具体的にいかに特定するかである。これが文書の現実の作成者と異なる場合，有形偽造が肯定されることになる。同決定は，この判断に関する先例として，①最判昭和59・2・17刑集38巻3号336頁及び②最決平成5・10・5刑集47巻8号7頁の2判例を引用している。

　まず，判例①は，密入国者である被告人が，他人A名義の外国人登録証明書を入手し，Aの氏名を公私にわたる広範囲の生活場面において一貫して使用し続けたため，Aという氏名が同人を指称するものとして相当広範囲に定着していたという状況において，A名義の再入国許可を取得して出国しようとし，A名義の再入国許可申請書を作成・提出したという事案について，再入国許可申請書の性質にも照らすと，文書に表示されたAの氏名から認識される人格は適法に本邦に在留することを許されているAであって，密入国をし，何らの在留資格をも有しない被告人とは別の人格であることが明らかであるから，本件文書の名義人と作成者の人格の同一性に齟齬が生じているとして，私文書偽造・同行使罪の成立を肯定したものである。次に，判例②は，弁護士でない被告人が，自己と同姓同名の弁護士Bが存在することを利用して，自己が弁護士であるかのように偽り，弁護士の肩書を付して，弁護士報酬金請求書，振込依頼書，請求書，領収証等の文書を作成して依頼者に交付したという事案について，本件各文書は弁護士としての業務に関連して弁護士資格を有する者が作成した形式，内容のものである以上，本件各文書に表示された名義人は実在する弁護士Bであって，弁護士資格を有しない被告人とは別人格の者であることが明らかであるから，本件各文書の名義人と作成者との人格の同一性に齟齬を生じさせたものであり，私文書偽造・同行

使罪が成立するとした。

　①の再入国許可申請書については、再入国許可は在留資格の存在を前提とするものである以上、再入国許可申請書が関係する出入国管理の観点からは、密入国者である被告人とは別人格の、適法な在留資格を有するAが作成名義人として特定されることになる。①の事案は通称名の使用の問題が関わるものであるが、文書が使用される事務・業務の性質によっては、通称名の定着度はおよそ問題とならないことが示されているといえよう。このような観点からは、戸籍名によって交通違反記録が管理される以上、交通事件原票供述書にも同じことが妥当することになる[23]。なお、学説には、住所の表記に誤りがなく、Aに到達しうる以上有形偽造は否定されるべきだとする考え方も存在するが、名義人と解されず、その意味で作成権限なく作成された文書をAにつきつけて責任を追及することに、偽造の責任を追及する以上の意味はない。この意味でも、「責任追及」をあえて強調することは、作成名義人の意義の判断において、住所の表示を過度に重視するような理解[24]をもたらす点において疑問があるように思われる。

　②の弁護士報酬金請求書等については、弁護士資格を偽って活動した者が、弁護士としての資格で作成した文書であり、被告人Bではなく、弁護士資格を有するBが作成名義人として特定されると解されている。ただし、これは単なる肩書・資格の冒用の事案ではなく、実在する同姓同名の他人へのなりすましの事案であり、実在する弁護士Bが作成名義人として特定されるため、有形偽造の成立を肯定しやすい事案であったといえよう。もっとも、同姓同名の弁護士Bの存在が関係者にあらかじめ知られていたわけではないし、②に示された論理を一貫させれば、弁護士Bが実在しない場合でも有形偽造が成立しうることになろう。そうすると、医師の資格を欠く者Cが、医

---

23) 最決昭和56・12・22刑集35巻9号953頁は、限られた範囲内で通称名として通用していた義弟の名称を使用して交通事件原票供述書を作成した事案についてのものであるが、通称名の定着度は無関係であると解することができる。

24) 今井猛嘉「文書偽造罪の一考察（6・完）」法協116巻8号92頁・95頁・145頁等（1999年）参照。住所地でAに会うことができても、適法な在留資格を有するAには会うことはできない。Aに追及しうるのは、文書を偽造した法的責任のみである。また、住所の表記を偏重する見解によれば、住所の表記が不十分であっただけで、有形偽造となりかねず、疑問があるように思われる。

師の資格で診断書等の文書を作成したという資格の冒用の場合においても，実在しない医師Cが名義人として特定されることとなるとして，有形偽造の成立を肯定することが可能となりうるが[25]，この点についてはなお留保が必要だと思われる。なぜなら，この論理を適用すれば，従来基本的に不可罰であると解されてきた資格・肩書の冒用の事例が，資格・肩書が無関係な文書（たとえば，「剣道五段」の虚偽の肩書を付して作成した土地売買契約書）を除き，原則として有形偽造とされることになってしまうからである。これは従来の理解と比較するとき，過度の犯罪化をもたらすおそれがあるものということができよう。②については，同姓同名の他人の実在が重要な事実であるとして，その射程を限定的に理解する必要があると思われる。

なお，平成15年決定には引用されていないが，他人Dの偽名を用いて就職しようと考え，虚偽の氏名，生年月日，住所，経歴等を記載し，被告人の顔写真を貼り付けた押印のあるD名義の履歴書・雇用契約書等を作成して提出行使した事案について，有印私文書偽造・同行使罪の成立を肯定した最決平成11・12・20刑集53巻9号1495頁も興味深い。これも，他人へのなりすましの事案であるが，履歴書等の記載から認識される作成名義人は，そこに記載された身上・経歴を持つDであり，被告人とは別人格であると解することができよう。同決定は，被告人が文書から生じる責任を免れようとする意思を有していなかったとしても，文書に表示された名義人は被告人とは別人格であることが明らかで，有形偽造が成立するとしており，「責任追及」の可能性の問題と有形偽造の判断とに一線を画していることが興味深い。

2　平成15年決定と作成名義人の限定

平成15年決定の事案においては，「国際旅行連盟」なる団体が発給者として表示された文書が作成されているが，被告人に同団体から文書作成権限が与えられていたとして（この限りでは，権限の不存在により直ちに偽造が肯定されることにはならない）問題となるのは，その作成名義人である。最高裁は，「国際旅行連盟」（という実際の団体）ではなく，「国際運転免許証の発給権限

---

[25]　これに反する見解として，林幹人「有形偽造の新動向」『田宮裕博士追悼論集（上）』456頁以下（2001年）参照。

を有する国際旅行連盟」(という存在しない団体)であると解している。本文書は，法的に付与された発給権限を前提として作成可能なものであり，しかも作成名義人の理解にとって重要なのは，団体名それ自体ではなく，発給権限であると解されるから，有しない作成権限を偽ったという意味で，典型的な有形偽造の事案であるともいえる。本件の特色は，国際運転免許証の発給権限を有する他の団体になりすました(その名義を偽った)のではなく，当該団体自体が発給権限を有すると偽った点にあるにすぎない。この意味で，単なる資格の冒用の事案ではないのであり，存在しない代理権限(＝文書作成権限)を偽った代理権限の冒用の場合と同様，有形偽造の成立を肯定することができる。なお，このような構成からは，ひるがえって，顕名代理による代理権の冒用の場合，作成名義人は，単なるＣではなく，代理権を有するＣ(という虚無人)であるとして，有形偽造の成立を肯定することが可能となろう[26]。

　平成15年決定は，文書作成権限により作成名義人の意義を確定・限定した。このような理解の先に，さらに，文書の信用性を基礎づける属性(①資格・肩書，②文書作成の外形的条件)によって作成名義人の意義を確定・限定すること[27]の当否が問題となる。同決定も，「社会的信用性」に言及することによって，作成名義人の意義を確定しているのである。結論からいえば，作成名義人の意義は，「信用」の対象として，信用性と関連性を有するものではあるが，上記の解釈には慎重な対応が必要であるように思われる。すなわち，「信用」の根拠が慎重に検討される必要があると解されるのである。①まず，既述のように，その見解によれば，肩書・資格の冒用の事例について広く有形偽造を肯定することが可能になるが，これには(従来不可罰であると解されてきたものを大幅に処罰の対象とするという意味で，可罰性評価についての，原則と例外とを入れ替えるものであり)疑問があろう。作成名義人の限定に援用できる資格等は，「権限」として明確に把握しうるものにさしあたり限られるべきではないかと思われる。②さらに，文書作成の外形的条件

---

26) ただし，代理名義の冒用の場合には，代理される本人の記載が文書の信用性を基礎づけているという点で，本人を作成名義人と解することができる。非顕名代理の場合には，そのような構成を採らざるをえない。

27) 西田・前出注1) 375頁，今井・前出注13) 106頁以下などを参照。

(たとえば,交通事件原票供述書について交通違反で取調べの対象となったこと,入試答案について試験場で答案を作成したこと)を援用して作成名義人を限定することについては,名義人の限定に援用しうる条件とそうでないものとの区別(たとえば,交通事件原票供述書について,なぜ交通違反をしたことが条件ではないのか,入試答案について,なぜ答案に反映した学力を有することが条件ではないのか)に疑問があるとの指摘がなされているが[28],これは,この見解が文書の一部について(作成者の意義に関する)事実説的基準を導入しようとするものであるけれども,その基準が事実説そのものではないため,その判断基準の内容に不明瞭なものがあることに由来するものである。ここでは,こうした外形的条件が要求される理由こそが問題とされるべきであり,そこにこそ有形偽造を認める根拠が求められるべきであろう[29]。論者が名義人の意義を限定する外形的条件として援用するものは,上記の考慮から導きうるにすぎないもののように解され,またそう解すべきだと思われる。

---

[28] 林・前出注25) 455頁以下参照。

[29] つまり,一定の外形的条件の下で文書が作成されることが要請されるということは,その条件を満たさない表示の名義人への帰属が許されないこと(入試は出願者による解答作成が要求され,代理人による解答を出願者に帰属させることは許されない)から導出されるのであり,そこに有形偽造を肯定する根拠があると考えるべきである。山口・前出注2) 465頁以下参照。このような根拠なしに,要求される外形的条件の内容は決まらないであろう。

第24章
賄賂罪における職務関連性

I　はじめに

　公務員との間で，その職務に関し賄賂の授受があった場合には，賄賂罪（収賄罪・贈賄罪）が成立しうる（刑197条以下）。この賄賂罪の保護法益[1]は，判例[2]及び通説[3]によれば，「公務員の職務の公正とこれに対する社会一般の信頼」である（信頼保護説）。ここで保護法益が単に「公務員の職務の公正」とされず，公正に対する「社会一般の信頼」が付加されているのは，①それ自体としては適法な職務に対して賄賂の授受がなされた場合であっても賄賂罪は成立すること，②職務行為後になされる賄賂の授受も可罰的であることを説明するためである。こうした見解に対し，学説においては，信頼保護説における信頼の不明確さを批判して，公務員の職務の公正を保護法益と解する見解も主張されている（純粋性説）[4]。この見解からは，上記①は，適法な職務に対して賄賂の授受がなされた場合でも「職務行為が賄賂の影響下に置かれる危険」が生じ，この意味で職務の公正が害される危険が認められることから説明されることになる。また，②は，職務行為前に認められる

---

1) 嶋矢貴之「賄賂罪」法教306号55頁以下（2006年）参照。
2) 最大判平成7・2・22刑集49巻2号1頁（ロッキード事件）。
3) 団藤重光『刑法綱要各論〔第3版〕』129頁（1990年），大谷實『刑法講義各論〔新版第4版〕』635頁（2013年），中森喜彦『刑法各論〔第3版〕』237頁（2011年），西田典之『刑法各論〔第6版〕』489頁（2012年），斎藤信治『刑法各論〔第4版〕』291頁以下（2014年），前田雅英『刑法各論講義〔第5版〕』665頁（2011年）など。
4) 町野朔「収賄罪」芝原邦爾ほか編『刑法理論の現代的展開 各論』349頁以下（1996年），曽根威彦『刑法各論〔第5版〕』317頁（2012年），林幹人『刑法各論〔第2版〕』442頁以下（2007年），山口厚『刑法各論〔第2版〕』610頁以下（2010年）など。

「想定された賄賂による職務行為への影響」から説明されることになる。この意味で，純粋性説においては，信頼保護説における「社会一般の信頼」は職務の公正に対する危険の内容として理解されることになるということもできよう。筆者は，純粋性説の方が，「社会一般の信頼」が害される，そのあり方を問題とし，それを明らかにしている点において優れていると考えている。

こうした意味では，信頼保護説と純粋性説との間に実際上の違いはないともいえるが，全くそうだといい切ることはできないであろう。それは，賄賂罪の基本的要件である，賄賂と対価関係に立つべき職務行為の範囲の判断において，信頼保護説の方が緩やかになりうるように思われるということである。なぜなら，この見解からは，信頼を公務の公正とは独立したものとして捉える可能性があり，公務に属すると一般の人に思われる行為であれば，それに対して賄賂が授受されると公務一般に対する信頼が害されるとして，そうした行為をも保護の範囲に取り込むことが考えられるからである。

以下では，こうした視点から，賄賂罪の解釈上最も問題となる，賄賂と対価関係に立つべき職務行為（職務関連性）の概念について，これに関連した最近の最高裁判例を素材としながら，検討の対象とすることにしたい。

II 最近の最高裁判例

1 最高裁平成17年3月11日決定[5]

(1) 事 案

被告人は，警視庁警部補として同庁調布警察署地域課に勤務し，犯罪の捜

---

5) 最決平成17・3・11刑集59巻2号1頁。解説としては，平木正洋「警視庁A警察署地域課に勤務する警察官が同庁B警察署刑事課で捜査中の事件に関して告発状を提出していた者から現金の供与を受けた行為につき収賄罪が成立するとされた事例」最判解刑事篇平成17年度1頁以下，堀内捷三「警視庁A警察署に勤務する警察官が同庁B警察署で捜査中の事件に関して現金の供与を受けた行為につき賄賂罪が成立するとされた事例」平成17年度重判解（ジュリ1313号）177頁以下（2006年），長井長信「警察官の職務権限の限界」セレクト'05（法教306号別冊付録）38頁（2006年），只木誠「警察官の一般的職務権限の範囲」法教302号118頁以下（2005年）などがある。

査等の職務に従事していたものであるが，公正証書原本不実記載等の事件につき同庁多摩中央警察署長に対し告発状を提出していた者から，同事件について，告発状の検討，助言，捜査情報の提供，捜査関係者への働き掛けなどの有利かつ便宜な取り計らいを受けたいとの趣旨の下に供与されるものであることを知りながら，現金の供与を受けた。

　第1審判決（東京地八王子支判平成14・6・3）は，「警部補である被告人Mが，勤務先の調布警察署で告発事件を担当することができることは法令上明らかであるところ，既に他署に告発のあった事件についても，その告発人らからの相談に応じ，告発内容の検討や助言をすること，また，上記告発事件を扱う警察官らから情報を入手して，これを提供し，あるいは，同警察官らに早期処理を求める働きかけをすることも，その職務権限に含まれるとも考えられるが，そうでないにしても，被告人Mが調布警察署で告発事件を扱う職務と上記多摩中央警察署での告発事件を担当する職務とは，事実上密接に関連する行為であることは明らかであることに徴すると，被告人Mは，その職務に関し，上記現金を賄賂として供与を受けたものと認められる。」とした。弁護人の「被告人Mは，調布警察署の警察官であったから，多摩中央警察署が行っている本件告発事件の捜査について，その捜査情報を入手することも，捜査担当者に働きかけることもできない立場にあった」から，それらは「被告人Mの職務には属しない」との主張に対しては，「被告人Mは，調布警察署勤務の警察官であるとはいえ，警視庁管内を異動して，多くの警察官と交流があるから，事実上，既に警視庁管内の他署が受理している告発事件について，情報提供を求め，担当警察官に働きかけをすることができないとはいえない」とした。

　控訴審判決（東京高判平成15・1・29）は，「既に他の警察署に告発のあった事件についても，告発人側からの相談に応じて助言をしたり，上記警察署の警察官に捜査状況を問い合わせるなどして情報を収集してこれを告発人側に提供し，さらに担当の警察官に対し捜査の進展を促すことなどはいずれも警察官の職務権限に含まれるか，これと密接に関連するものと解するのが相当である」として控訴棄却の判決を下したが，「関係法規及び通達等に照らすと，管轄区域内の事件であるかどうかにかかわりなく，告発事件について

告発人側から相談を受けることは警察官の当然の職務であり，また，地域課勤務の警察官であっても，他の警察署が受理した告発事件に関して捜査上参考となる情報については，所属警察署長に報告することにより同署長を通じて当該警察署に通報することができ，そのような形で告発事件の捜査に影響を及ぼし得ることが認められる」とされた。

(2) 最高裁決定

最高裁は，以下のように判示して，被告人の上告を棄却した。

「警察法64条等の関係法令によれば，同庁〔警視庁〕警察官の犯罪捜査に関する職務権限は，同庁の管轄区域である東京都の全域に及ぶと解されることなどに照らすと，被告人が，調布警察署管内の交番に勤務しており，多摩中央警察署刑事課の担当する上記事件の捜査に関与していなかったとしても，被告人の上記行為は，その職務に関し賄賂を収受したものであるというべきである。したがって，被告人につき刑法197条1項前段の収賄罪の成立を認めた原判断は，正当である。」

(3) 本判例の意義

本件では，警視庁調布警察署管内の交番に勤務する警察官について，他の警察署が受理した告発事件に関する，告発状の検討，助言，捜査情報の提供，捜査関係者への働き掛けという行為に対し現金の供与がなされた場合に，収賄罪が成立するかが問題となっている。収賄罪は，公務員がその一般的な職務権限に属する行為に対して賄賂を収受等すれば成立するが，本件では，上記行為との関係で収賄罪の成否を判断する前提として，警視庁警察官の犯罪捜査に関する一般的職務権限がどこまで及ぶかが問題とされているのである（一般的職務権限に属する行為の外に，さらに，後述する職務密接関連行為が位置づけられることになる）。本判例は，それは「同庁の管轄区域である東京都の全域に及ぶ」という理解から，上記行為は収賄罪の対象となりうるとしたものであり，従来の「一般的職務権限」論との関係で，その理解が問われることになるのである。とくに，告発状の検討，助言はともかく，捜査情報の提供，捜査関係者への働き掛けについては実際上実行が困難であったようであるだけに，一般的職務権限及び職務密接関連行為に関する従来の判例との関係が問題となろう。

2　最高裁平成18年1月23日決定[6]

(1) 事　案

　医療法人理事長として病院を経営していた被告人は，その経営に係る病院への医師の派遣について便宜ある取り計らいを受けたことなどの謝礼の趣旨の下に，N県立医科大学（以下「N医大」という）救急医学教室教授・同大学附属病院（以下「附属病院」という）救急科部長であるAに対して，金員を供与した。

　N医大は，N県の条例に基づき設立された公立大学であり，附属病院は，その付属施設である。N医大の各臨床医学教室と附属病院の各診療科とは，臨床医学教室での医学の教育研究と診療科での診療を通じた医療の教育研究とを同時に行うべく，1対1で対応しており，人的構成上も，臨床医学教室の教授が対応する診療科の部長を務め，臨床医学教室の助教授がそれに対応する診療科の副部長を務めることとされるなど，いわば一体の組織として構成され，機能している。Aは，本件当時，N医大の救急医学教室教授であるとともに，附属病院救急科部長であり，教育公務員特例法等の規定により教育公務員とされ，地方公務員の身分を有していたが，救急医学教室及び救急科に属する助教授以下の教員，医員及び臨床研修医等の医師を教育し，その研究を指導する職務権限を有していた。N医大においても，他の多くの大学の医学部・附属病院と同様，臨床医学教室及び診療科に対応して，医局と呼ばれる医師の集団が存在するところ，N医大の医局は，長たる教授のほか，助教授以下の教員，医員，臨床研修医，大学院生，専修生及び研究生等により構成されており，大学の臨床医学教室又は附属病院の診療科に籍を置いている者が大半であるが，籍を置かない者もいる。そして，教授は，自己が長を務める医局を主宰，運営する役割を担い，当該医局の構成員を教育指導し，その人事についての権限を持っている。Aもまた，N医大において，救

---

6) 最決平成18・1・23刑集60巻1号67頁。解説としては，松田俊哉「県立医科大学教授兼同大学附属病院診療科部長が医局に属する医師を他の病院へ派遣する行為につき賄賂罪における職務関連性が認められた事例」最判解刑事篇平成18年度37頁以下，中森喜彦「医局医師の派遣行為につき賄賂罪における職務関連性が認められた事例」平成18年度重判解（ジュリ1332号）176頁以下（2007年）。

急医学教室及び救急科に対応する医局に属する助教授以下の教員の採用や昇進，医員，非常勤講師及び臨床研修医の採用，専修生及び研究生の入学許可等につき，実質的な決定権を掌握していたほか，関連病院，すなわち，医局に属する医師の派遣を継続的に受けるなどして医局と一定の関係を有する外部の病院への医師派遣についても，最終的な決定権を有しており，Aにとって，自己が教育指導する医師を関連病院に派遣することは，その教育指導の上でも，また，将来の救急医学教室の教員等を養成する上でも，重要な意義を有していた。

以上の事実について，第1審判決（大阪地判平成14・9・30判タ1129号274頁）は，「Aが，救急医学教室及び救急科に対応する医局に属する医師を関連病院へ派遣する行為は，本来の職務行為であるとまではいえないが，職務密接関連行為として職務関連性を有すると解するのが相当である。」として，被告人について贈賄罪の成立を肯定し，控訴審判決もその結論を是認した。

(2) 最高裁決定

最高裁は，以下のように判示して，被告人の上告を棄却した。

「以上の事実関係の下で，Aがその教育指導する医師を関連病院に派遣することは，N医大の救急医学教室教授兼附属病院救急科部長として，これらの医師を教育指導するというその職務に密接な関係のある行為というべきである。そうすると，医療法人理事長として病院を経営していた被告人が，その経営に係る関連病院に対する医師の派遣について便宜ある取り計らいを受けたことなどの謝礼等の趣旨の下に，Aに対して金員を供与した本件行為が贈賄罪に当たるとした原判断は正当である。」

(3) 本判例の意義

本件では，公立医科大学の臨床医学教室教授兼附属病院診療科部長が，自己が長を務める医局に属する医師を関連病院に派遣する行為を，職務行為そのものではないが，職務に密接な関係のある行為として，それに対する金員の供与について贈賄罪の成立が肯定されている。ここでは，職務に密接な関係のある行為と対価関係にある賄賂の授受がなされれば贈収賄罪が成立するという「職務密接関連行為」の考え方が適用されている。これがどの範囲に

まで及ぶのかについてはかねて議論のあるところであり，従来の「職務密接関連行為」論との関係で，本判例をいかに理解するかが問われることになる。

3　問題の所在

賄賂罪の成立要件の中核は，賄賂と職務行為との対価関係の存在である。そして，賄賂と対価関係に立てば賄賂罪の成立を肯定すべき職務行為の範囲（職務関連性）が極めて重要な解釈問題となる。公務員が具体的に担当しており，法令上規定された職務に属する行為であれば，それを職務行為として，賄賂との対価関係がある場合に賄賂罪の成立を肯定しうることは当然であるが，従来の判例・学説は，職務関連性の範囲を拡張して理解してきたといえよう。そうした拡張の論理が，①「一般的職務権限」論であり，②「職務密接関連行為」論である。上記の最高裁判例は，それぞれ，①②の論理によって，当該公務員の行為について職務関連性を認め，賄賂罪の成立を肯定している。以下では，①②それぞれの論理について，いかに理解すべきかを検討することにしたい。

Ⅲ　一般的職務権限

一般的職務権限という観念には，2つの側面ないし意義がある。まず，第1の意義は，「公務員が具体的事情の下においてその行為を適法に行うことができたかどうかは，問うところではない。」という意味において，「賄賂と対価関係に立つ行為は，法令上公務員の一般的職務権限に属する行為であれば足り」[7]るということである。すなわち，それを行うために必要となる具体的要件が実際に存在しないため，適法にはなしえない行為であっても，それを行う具体的要件が備わればなしうるものに対する賄賂の授受についても賄賂罪が成立することになる。このことは，「職務上不正な行為をしたこと又は相当の行為をしなかったこと」に対し賄賂の授受があった場合に成立す

---

[7]　前出注2)最大判平成7・2・22。

る加重収賄罪（刑197条の3第2項）が存在することから明らかであろう。要するに，具体的な場合に当該行為が適法になしえたか否かにかかわらず，一般的な職務権限に属する行為であれば，それに対して賄賂の授受があると，賄賂罪は成立するのである。

第2に，具体的事務分担上，当該公務員が担当していない事項に関する職務であっても，職務関連性が肯定される場合があるという意味で，一般的職務権限が問題となる[8]。この場合，当該公務員が所属する組織（中央官庁の場合には課，地方の小規模官公庁の場合にはそれよりも広い[9]）が所管する事務については，一般的職務権限に属すると解することができるとされてきた。このようなことが認められる理由・根拠が問題となる。学説では，一般的職務権限の範囲内の事項については担当することが不可能ではないというところから，これを説明する見解が近時有力であるといえよう[10]。これは，公務の公正を害する危険性を問題とし，それを要件とするものといえる（もっとも，そこでも，職務担当の具体的可能性が必要であるとまでされているわけではない）。これに対し，一般的職務権限に属する行為について賄賂の授受があれば，公務の公正に対する信頼が害されるとして，担当の可能性を問題としない理解が示されている[11]。確かに，信頼の侵害を問題とする信頼保護説の見地からは，実際に担当しうるか否かは重要ではなく，公務員が担う職務に属すると社会から見られることで足りるということになろう。さらに，このような考えからは，賄賂の授受の対象となった行為が自己の所属する部署が所管する事務に属することすら不要であり，そのように見える（そうではないかと思われる）ことで足りることになりうるようにさえ思われる。もっとも，そうした理解では職務権限の範囲が社会通念に左右されることになり，その限界は不明確となろう。したがって，そこでは法令等の根拠に基づく事務の所管範囲という制限・限定が実際上は必要となるものと思われる。

---

8) 近時の研究として，嶋矢・前出注1)62頁以下参照。
9) 最決昭和32・11・21刑集11巻12号3101頁参照。
10) 平野龍一『刑法概説』297頁（1977年），中森・前出注3)274頁，町野・前出注4)364頁，西田・前出注3)494頁，山口・前出注4)616頁など。
11) 古田佑紀＝渡辺咲子＝五十嵐さおり『大コンメンタール刑法〔第2版〕(10)』25頁（2006年）参照。

このことは，言い換えれば，信頼保護説からは，法令等の根拠がある限り，具体的な担当可能性を問題とすることなく，職務権限に属するとされる行為について職務関連性を肯定しうることを意味するのである。平成17年最高裁判例も，「警察法64条等の関係法令によれば，同庁〔警視庁〕警察官の犯罪捜査に関する職務権限は，同庁の管轄区域である東京都の全域に及ぶ」ということを判示して，警視庁調布警察署地域課に所属する警察官である被告人の犯罪捜査に関する一般的職務権限は，同庁多摩中央警察署刑事課の担当する告発事件の捜査に及ぶと解していると理解しうる。そこから，問題となる行為について，その実行可能性を問題とすることなく[12]，一般的職務権限に属する行為又は職務密接関連行為として[13]，職務関連性を肯定しているのは，このような観点から理解しうるものと思われる。なお，職務担当の可能性（そうはいっても，担当することが不可能ではないということで足りる）を必要とする見解からは，そうした事実上の可能性が問題とされることになろう。平成17年最高裁判例の原判決ではこうした可能性が問題とされていたと解することもできる。

IV 職務密接関連行為

1 職務行為とその限界

職務権限に属する行為（職務行為）とされるのは，法令上明文の根拠規定が存在するものに限られるわけではない。職務目的実現のために必要となる行為は多様かつ非定型的であり，そうした行為も職務権限に属すると解することが可能かつ必要である[14]。こうしたところから，職務行為の範囲自体すでに実質的に理解されうるが，そのように理解したとしても，職務権限に

---

[12] 捜査情報の提供と捜査関係者への働き掛けは実際上実行しがたいものであったようである。
[13] 告発状の検討，助言については一般的職務権限に属すると解されることになろうが，捜査情報の提供については，後述するように，一般的職務権限に属する行為又は職務密接関連行為との理解がありうるところであり，捜査関係者への働き掛けについても，その位置づけについては議論の余地がありうる。
[14] 古田佑紀「賄賂罪における職務行為」芝原邦爾編『刑法の基本判例』192頁以下（1988年）参照。

属する行為とまではいいがたい行為が存在する。そして，そのような行為の中には，職務関連性を認めて，それに対して賄賂の授受がなされれば賄賂罪の成立を肯定すべきものがあるということが従来認められてきた。これが後述する職務密接関連行為とされるものである。平成18年最高裁判例の事案における公立医科大学の臨床医学教室教授兼附属病院診療科部長が，自己が長を務める医局に属する医師を関連病院に派遣する行為はそのようなものとして，職務関連性が肯定されたのである[15]。

なお，それをなすことが違法であって許されない行為についても，職務行為として，職務関連性を肯定しうるかが問題となる。従来の判例では，情報の不正開示について，①情報を秘匿する職務を認め，職務関連性を肯定したもの[16]と，②職務密接関連行為として職務関連性を肯定したもの[17]とが存在する。およそ正当になしうる余地のない行為を職務行為とすることには疑問の余地があるという見地からは，②のように職務密接関連行為として捕捉することが必要となろう。

2　職務密接関連行為の範囲

公務員の職務権限に属する行為（職務行為）ではないが，それに密接に関連した行為として職務関連性を肯定しうる職務密接関連行為をいかなる根拠から，いかなる範囲で肯定するかが問題となる[18]。

信頼保護説の見地からは，公務と関連する行為について賄賂の授受があれば，公務自体の公正さに疑惑が生じるとして，職務密接関連行為として職務関連性を肯定することになろう。このような理解の下においては，社会通念上の公務性を要求すること，具体的には，本来の職務との結びつきの程度に限定を加えることにより，その限界を画することが必要になるものと思われる。しかしながら，信頼の侵害＝疑惑の内容は不明瞭であるから，賄賂罪の成立を真の意味で基礎づけるためには，いかなる意味で職務の公正を害する

---

15)　これに対し，大阪地判平成14・4・30判タ1129号268頁は職務行為そのものであるとする。
16)　最決昭和32・12・5刑集11巻13号3157頁。
17)　最決昭和59・5・30刑集38巻7号2682頁。
18)　近時の研究として，嶋矢・前出注1)59頁以下参照。

危険(これを信頼の侵害ということができる)が生じるのかを問題とする必要があるであろう。従来,学説においては,職務密接関連行為の判断基準として,①公務的性格が備わった行為,②本来の職務に影響する行為,③相手方に対する影響力行使という3つの視点が指摘されてきたが[19],このうち,③については行政指導としてそれ自体が職務行為であると認められるような場合を除き,職務密接関連行為として職務関連性を肯定することには疑問があるといえよう。なぜなら,本来の職務権限に基づくとはいえ,職務と無関係な行為について賄賂を収受等する公務員は腐敗した公務員であるとはいえても,公務の公正さとの関係はなお間接的にすぎるように思われるからである[20]。また,①の公務的性格は,本来の職務に属さない行為についての評価が問題となるのであるから,公務性を欠く行為については職務関連性を肯定することができないという消極的な意義を認めることができるにとどまるであろう。

　こうしてみると,重要なのは,本来の職務行為の公正さを担保するために,それ自体について公正さが要求される行為を職務密接関連行為として捉えるという視点であり,これは,上記②の理解に連なることになろう。この意味において,本来の職務に影響するために,公正さが求められる行為を職務密接関連行為と解することが適切であると思われる[21]。情報の不正開示も,それによって,本来の職務に影響をもたらされることを理由として,職務密接関連行為と解することができる[22]。

　平成18年最高裁判例の事案で問題となっている,被告人が教育指導する医師を関連病院に派遣する行為は,医師の教育指導上重要な意義を有するも

---

19) 堀内捷三「賄賂罪における職務行為の意義」『平野龍一先生古稀祝賀論文集(上)』505頁(1990年)参照。
20) ロッキード事件において,全日空に対し特定機種の選定購入を勧奨することは運輸大臣の職務権限外の行為であり,そうした内容の指示を与えることも内閣総理大臣の職務権限外の行為であるが,自己の職務権限に基づく事実上の影響力を行使する行為として,職務密接関連行為にあたると解したのは,草場裁判官ほかの意見のみであり,多数意見は内閣総理大臣の職務権限に属するとしている。前出注2)最大判平成7・2・22参照。
21) たとえば,最決昭和60・6・11刑集39巻5号219頁など。
22) 前出注17)最決昭和59・5・30の大学設置審事件においては,専門委員会の中間的審査結果を正式通知前に知らせることにより,教員予定者の差替え等が可能となり,最終的な審査に影響することになる。

のとされており，医師の教育指導という本来の職務に影響するものとして職務密接関連行為と捉えられているといえよう。なお，平成17年最高裁判例の事案で問題となっている，捜査関係者への働き掛けについては，職務密接関連行為といいうるが，判例において示されている一般的職務権限の理解によれば，一般的職務権限に属する行為と解することも不可能ではないと思われる。これに対し，捜査情報の提供については，やや問題がある。一般的職務権限に属する捜査に関し，捜査の進捗状況等の情報を秘匿又は適切に伝達する職務を認め，それ自体を一般的職務権限に属する行為として捉えることも考えられるが，捜査情報の提供を職務密接関連行為として捉える場合には，職務との結びつきを理由として（信頼保護説の立場から）それを肯定する必要があるように思われる。

事　項　索　引

あ　行

生駒トンネル事件 …………………… 73, 74
意思説 ………………………………… 340
一時使用 ……………………………… 194
一般的職務権限 ……………………… 351
囲繞地 ………………………………… 173
違法状態維持説 ……………………… 325
因果関係 ………………………………… 3
　　──の錯誤 …………………… 73, 87
　　──の予見可能性 ………………… 73
横領物の横領 ………………… 132, 136
大阪南港事件最高裁決定 …………… 11

か　行

科刑上一罪 …………………………… 140
過失犯 ………………………………… 60
過剰防衛 ……………………………… 57
完全性侵害説 ………………… 147, 151
完全犯罪共同説 ……………………… 123
観念的競合 …………………………… 140
管理過失 ……………………………… 75
危惧感説 ……………………………… 71
危険源の支配 ………………………… 43
危険の引受け ………………………… 69
既遂犯の故意 ………………………… 89
偽装心中事件 ………………………… 25
帰属説 ………………………………… 342
欺罔行為 ……………………………… 306
旧過失論 ……………………………… 60
教育勅語事件 ………………………… 195
教唆の因果性 ………………………… 96
共同正犯・幇助犯区別説 ………… 119
共犯関係の解消 ……………………… 97
具体的法定符合説 …………………… 54

熊本水俣病事件 ……………………… 72
クレジットカードの不正使用 ……… 246
　　自己名義の── ………… 246, 247
　　他人名義の── ………………… 250
競売妨害事件 ………………………… 195
結果回避可能性 ……………………… 66
結果回避義務 ………………………… 66, 67
結果原因の支配 ……………………… 43
結果予見義務 ………………………… 66, 71
建設調査会事件 ……………………… 195
建造物 ………………………………… 172
限定中間説 …………………………… 120
牽連犯 ………………………………… 140
故　意
　　既遂犯の── …………………… 89
　　未遂犯の── …………………… 89
行為共同説 …………………………… 122
行為の危険性の現実化 ……………… 10
効果説 ………………………………… 340
交付意思 ……………………………… 237
交付行為 ……………………… 232, 237
交付の判断の基礎となる重要な事項
　　 ………………………………… 282, 292
告知義務 ……………………………… 308
誤想過剰防衛 ………………………… 58
誤想防衛 ……………………………… 58
誤振込み ……………………………… 298

さ　行

財産的損害 …………………… 269, 295
罪数論 ………………………………… 127
錯　誤 ………………………………… 272
　　因果関係の── ………… 73, 87
　　抽象的事実の── ……………… 186
　　法益関係的── ………………… 272

361

作成者……………………………339
作成名義人……………………335, 339
三角詐欺………………233, 239, 249
事後強盗罪……………………………219
自己名義のクレジットカードの不正使用
　………………………………246, 247
事実説……………………………340
実行行為…………………………77
実行の着手……………………77, 82
住　居……………………………171
住居権説…………………………167
柔道整復師事件…………………9
純粋性説…………………………348
傷　害……………………………147
　暴行によらない——……………154
承継肯定説………………………118
承継的共犯………………………107
承継否定説………………………118
条件説……………………………3
証明書の不正取得………………261
職務関連性………………………354
職務行為…………………………356
職務密接関連行為…………353, 356
処分意思の瑕疵…………………24
処分行為…………………………232
人格の同一性……………………335
新過失論…………………………60
親　族……………………………316
親族相盗例…………………310, 316
侵　奪…………………………205, 212
侵　入……………………………167
新薬産業スパイ事件……………195
信頼の原則………………………66
信頼保護説………………………348
心理的な因果性…………………100
正当防衛と第三者………………46
生理機能侵害説……………147, 151
窃盗の機会の継続中……………224
先行行為…………………………44

占　有
　他人の——……………………176
　重畳的——……………………209
　不動産の——…………………208
　預金の——……………………304
相当因果関係説…………………3
　——の危機……………………4

た 行

対物防衛…………………………49
他人の占有………………………176
他人名義のクレジットカードの不正使用
　………………………………………250
注意義務…………………………66
注意義務違反……………………61
中間説……………………………119
抽象的事実の錯誤………………186
抽象的法定符合説……………54, 72
重畳的占有………………………209
直接性……………………………242
追求権……………………………332
追求権説…………………………325
邸　宅……………………………172
同意傷害…………………………18
同意暴行…………………………18
同時傷害の特例…………………125

は 行

排除意思…………………………189
排他的支配………………………38
早すぎた構成要件の実現……78, 86
PTSD……………………………152
不可罰的事後行為………………134
不真正不作為犯…………………33
不正取得
　証明書の——…………………261
　保険証書の——………………274
　預金通帳の——………………275
　旅券の——……………………274

不動産の占有 …………………… 208
部分的犯罪共同説 …………… 45, 123
不法領得の意思 ………………… 189
文　書 …………………………… 338
平穏説 …………………………… 167
米兵ひき逃げ事件 ………………… 3
法益関係的錯誤 ………………… 272
法益関係的錯誤説 …………… 27, 156
法益処分意思 …………………… 23
法益の脆弱性の支配 …………… 43
暴行によらない傷害 …………… 154
法条競合 ………………………… 134
法的責任説 ……………………… 340
北大電気メス事件 …………… 72, 73
保険証書の不正取得 …………… 274
保障人的地位 ………………… 33, 38
本犯助長的性格 ………………… 326

ま　行〜や　行

未遂犯の故意 …………………… 89
身分犯 …………………………… 230
森永ドライミルク事件 ………… 72
夜間潜水事件 …………………… 10
有楽サウナ事件 ………………… 73
許された危険 …………………… 69
預金通帳の不正取得 …………… 275
預金の占有 ……………………… 304
予見可能性 ……………………… 71
　因果関係の―― ……………… 73

ら　行〜わ　行

利用意思 ………………………… 190
領得罪 …………………………… 189
旅券の不正取得 ………………… 274
賄賂罪の保護法益 ……………… 348

判 例 索 引

[大審院]

大判明治 41・2・25（刑録 14 輯 134 頁）	151
大判明治 42・6・10（刑録 15 輯 738 頁）	341
大判明治 42・7・27（刑録 15 輯 1048 頁）	142
大判明治 42・8・31（刑録 15 輯 1097 頁）	142
大判明治 43・4・4（刑録 16 輯 516 頁）	151
大判明治 43・9・30（刑録 16 輯 1572 頁）	338
大判明治 43・12・20（刑録 16 輯 2265 頁）	335
大判明治 44・4・28（刑録 17 輯 712 頁）	151
大判明治 44・7・6（刑録 17 輯 1388 頁）	142
大判明治 45・5・23（刑録 18 輯 658 頁）	142
大判明治 45・6・20（刑録 18 輯 896 頁）	147, 151
大判大正元・10・8（刑録 18 輯 1231 頁）	304
大判大正 3・6・11（刑録 20 輯 1171 頁）	265
大判大正 3・7・4（刑録 20 輯 1403 頁）	151
大判大正 3・10・21（刑録 20 輯 1898 頁）	182
大判大正 4・5・21（刑録 21 輯 663 頁）	189, 195
大判大正 4・6・2（刑録 21 輯 721 頁）	325
大判大正 4・6・24（刑録 21 輯 886 頁）	325
大判大正 4・9・30（刑録 21 輯 1368 頁）	320
大判大正 7・12・16（刑録 24 輯 1506 頁）	167
大判大正 8・4・5（刑録 25 輯 489 頁）	318
大判大正 8・9・13（刑録 25 輯 977 頁）	304
大判大正 9・2・4（刑録 26 輯 26 頁）	194
大判大正 11・10・27（刑集 1 巻 593 頁）	142
大判大正 11・11・3（刑集 1 巻 622 頁）	325
大判大正 11・12・16（刑集 1 巻 799 頁）	151
大判大正 12・7・14（刑集 2 巻 650 頁）	265, 278
大判大正 13・6・10（刑集 3 巻 473 頁）	183
大決大正 15・7・20（新聞 2598 号 9 頁）	154
大判大正 15・10・14（刑集 5 巻 456 頁）	133, 142
大判昭和 2・9・9（刑集 6 巻 343 頁）	8
大決昭和 3・12・21（刑集 7 巻 772 頁）	278
大判昭和 6・11・17（刑集 10 巻 604 頁）	322

判例索引

大判昭和7・4・21（刑集11巻407頁）･･･ 173
大判昭和8・4・15（刑集12巻427頁）･･･ 149
大判昭和8・6・5（刑集12巻648頁）･･･ 225
大判昭和8・9・6（刑集12巻1593頁）･･･ 154
大判昭和9・8・27（刑集13巻1086頁）･･･ 24
大判昭和9・10・19（刑集13巻1473頁）･･･ 85
大判昭和9・12・22（刑集13巻1789頁）･････････････････････････････････ 195, 201
大判昭和11・1・29（刑集15巻30頁）･･･ 142
大判昭和12・4・8（刑集16巻485頁）･･･ 320
大判昭和13・11・18（刑集17巻839頁）･････････････････････････ 114, 118, 120, 122, 123
大判昭和14・12・22（刑集18巻565頁）･････････････････････････････････････ 167
大判昭和19・2・8（刑集23巻1頁）･･ 219

[最高裁判所]

最判昭和23・4・17（刑集2巻4号399頁）･････････････････････････････････････ 85
最判昭和23・11・9（刑集2巻12号1504頁）･･････････････････････････････････ 326
最判昭和24・2・8（刑集3巻2号75頁）･････････････････････････････････････ 31
最判昭和24・2・8（刑集3巻2号83頁）･････････････････････････････････････ 320
最判昭和24・2・15（刑集3巻2号175頁）･････････････････････････････････････ 320
最判昭和24・5・7（刑集3巻6号706頁）･････････････････････････････････････ 265
最判昭和24・5・21（刑集3巻6号858頁）･････････････････････････････････････ 320
最判昭和24・7・7（集刑12号132頁）･･ 151
最判昭和24・7・9（刑集3巻8号1188頁）･････････････････････････････････････ 230
最判昭和24・7・12（刑集3巻8号1237頁）･････････････････････････････････････ 142
最判昭和24・11・17（刑集3巻11号1808頁）････････････････････････････････････ 265
最大判昭和24・12・21（刑集3巻12号2048頁）･･････････････････････････････････ 141
最判昭和25・2・24（刑集4巻2号255頁）･･････････････････････････････ 136, 305
最判昭和25・3・31（刑集4巻3号469頁）･････････････････････････････････････ 4
最判昭和25・6・1（刑集4巻6号909頁）･････････････････････････････････････ 265
最判昭和25・6・6（刑集4巻6号928頁）･････････････････････････････････････ 318
最判昭和25・7・11（刑集4巻7号1261頁）･････････････････････････････････････ 96
最判昭和25・9・21（刑集4巻9号1735頁）･････････････････････････････････････ 142
最大判昭和25・9・27（刑集4巻9号1783頁）････････････････････････････････････ 174
最判昭和25・11・9（刑集4巻11号2239頁）･････････････････････････････････････ 149
最判昭和25・12・12（刑集4巻12号2543頁）････････････････････････････････････ 317
最判昭和26・1・30（刑集5巻1号117頁）････････････････････････････ 326, 329, 330
最判昭和26・7・13（刑集5巻8号1437頁）･････････････････････････････････ 189, 195
最判昭和26・9・25（集刑53号313頁）･･ 151
最判昭和26・12・14（刑集5巻13号2518頁）････････････････････････････････････ 242

365

最決昭和 27・2・21（刑集 6 巻 2 号 275 頁）	24
最判昭和 27・6・6（刑集 6 巻 6 号 795 頁）	155
最決昭和 27・7・10（刑集 6 巻 7 号 876 頁）	329〜334
最判昭和 27・12・25（刑集 6 巻 12 号 1387 頁）	265, 266, 278
最判昭和 29・8・20（刑集 8 巻 8 号 1277 頁）	150
最判昭和 30・10・14（刑集 9 巻 11 号 2173 頁）	320
最判昭和 31・6・26（刑集 10 巻 6 号 874 頁）	131, 132
最決昭和 31・7・3（刑集 10 巻 7 号 955 頁）	176
最判昭和 32・4・4（刑集 11 巻 4 号 1327 頁）	173
最決昭和 32・4・23（刑集 11 巻 4 号 1393 頁）	147, 151
最判昭和 32・9・13（刑集 11 巻 9 号 2263 頁）	200
最決昭和 32・10・18（刑集 11 巻 10 号 2675 頁）	115
最決昭和 32・11・8（刑集 11 巻 12 号 3061 頁）	180, 183
最決昭和 32・11・21（刑集 11 巻 12 号 3101 頁）	355
最決昭和 32・12・5（刑集 11 巻 13 号 3157 頁）	357
最決昭和 33・10・31（刑集 12 巻 14 号 3421 頁）	225
最判昭和 33・11・21（刑集 12 巻 15 号 3519 頁）	25, 156, 170
最決昭和 34・2・9（刑集 13 巻 1 号 76 頁）	326, 329, 330, 331
最決昭和 34・3・23（刑集 13 巻 3 号 391 頁）	226
最決昭和 34・6・12（刑集 13 巻 6 号 960 頁）	226
最決昭和 34・8・28（刑集 13 巻 10 号 2906 頁）	320
最決昭和 34・9・28（刑集 13 巻 11 号 2993 頁）	296
最判昭和 35・4・26（刑集 14 巻 6 号 748 頁）	320
最決昭和 40・3・9（刑集 19 巻 2 号 69 頁）	85
最決昭和 41・7・7（刑集 20 巻 6 号 554 頁）	58
最決昭和 42・5・25（刑集 21 巻 4 号 584 頁）	61
最決昭和 42・10・24（刑集 21 巻 8 号 1116 頁）	4, 11
最決昭和 42・11・2（刑集 21 巻 9 号 1179 頁）	218
最決昭和 43・9・17（刑集 22 巻 9 号 853 頁）	142
最決昭和 43・9・17（判時 534 号 85 頁）	195
最大判昭和 44・4・2（刑集 23 巻 5 号 658 頁）	174
最決昭和 44・5・22（刑集 23 巻 6 号 918 頁）	65
最大判昭和 44・6・18（刑集 23 巻 7 号 950 頁）	141
最決昭和 45・3・26（刑集 24 巻 3 号 55 頁）	240, 249
最決昭和 45・7・28（刑集 24 巻 7 号 585 頁）	84
最決昭和 45・9・4（刑集 24 巻 10 号 1319 頁）	341
最判昭和 46・6・17（刑集 25 巻 4 号 567 頁）	4, 10
最決昭和 46・9・22（刑集 25 巻 6 号 769 頁）	9
最判昭和 48・5・22（刑集 27 巻 5 号 1077 頁）	66
最決昭和 49・5・31（集刑 192 号 571 頁）	168

最決昭和 49・7・5（刑集 28 巻 5 号 194 頁）·· 10
最判昭和 51・3・4（刑集 30 巻 2 号 79 頁）·· 168, 174
最判昭和 51・4・30（刑集 30 巻 3 号 453 頁）·· 335
最判昭和 51・5・6（刑集 30 巻 4 号 591 頁）··· 335
最判昭和 53・7・28（刑集 32 巻 5 号 1068 頁）·· 54, 72
最決昭和 54・3・27（刑集 33 巻 2 号 140 頁）·· 187
最決昭和 54・4・13（刑集 33 巻 3 号 179 頁）·· 45
最決昭和 54・5・30（刑集 33 巻 4 号 324 頁）·· 335
最決昭和 54・11・19（刑集 33 巻 7 号 728 頁）·· 73
最決昭和 55・10・30（刑集 34 巻 5 号 357 頁）·· 195
最決昭和 55・11・13（刑集 34 巻 6 号 396 頁）·· 18
最決昭和 56・12・22（刑集 35 巻 9 号 953 頁）·· 344
最判昭和 57・3・16（刑集 36 巻 3 号 260 頁）·· 141
最判昭和 58・4・8（刑集 37 巻 3 号 215 頁）·· 168
最決昭和 58・5・24（刑集 37 巻 4 号 437 頁）·· 296
最判昭和 59・2・17（刑集 38 巻 3 号 336 頁）·· 335, 343
最決昭和 59・3・27（刑集 38 巻 5 号 2064 頁）·· 21, 30, 32
最決昭和 59・5・30（刑集 38 巻 7 号 2682 頁）·· 357, 358
最決昭和 59・7・6（刑集 38 巻 8 号 2793 頁）··· 9
最判昭和 59・12・18（刑集 38 巻 12 号 3026 頁）··· 172
最決昭和 60・6・11（刑集 39 巻 5 号 219 頁）·· 358
最決昭和 61・6・9（刑集 40 巻 4 号 269 頁）·· 187
最決昭和 62・3・26（刑集 41 巻 2 号 182 頁）·· 58
最決昭和 63・5・11（刑集 42 巻 5 号 807 頁）·· 9
最決平成元・3・14（刑集 43 巻 3 号 262 頁）·· 73
最決平成元・6・26（刑集 43 巻 6 号 567 頁）·· 97, 101, 106
最決平成元・7・7（刑集 43 巻 7 号 607 頁）··· 320
最決平成元・12・15（刑集 43 巻 13 号 879 頁）··· 69
最決平成 2・11・20（刑集 44 巻 8 号 837 頁）·· 11, 41
最決平成 4・12・17（刑集 46 巻 9 号 683 頁）·· 10
最決平成 5・10・5（刑集 47 巻 8 号 7 頁）·· 335, 343
最決平成 6・3・4（集刑 263 号 101 頁）··· 156
最決平成 6・7・19（刑集 48 巻 5 号 190 頁）··· 321
最判平成 6・12・6（刑集 48 巻 8 号 509 頁）··· 101, 106
最大判平成 7・2・22（刑集 49 巻 2 号 1 頁）··· 348, 354, 358
最判平成 8・4・26（民集 50 巻 5 号 1267 頁）·· 299〜302, 309
最決平成 11・12・9（刑集 53 巻 9 号 1117 頁）·· 206, 207
最決平成 11・12・20（刑集 53 巻 9 号 1495 頁）··· 335, 345
最決平成 12・3・27（刑集 54 巻 3 号 402 頁）·· 263, 264, 265, 267, 274
最判平成 12・12・15（刑集 54 巻 9 号 923 頁）·· 212, 213, 214

最決平成 12・12・15（刑集 54 巻 9 号 1049 頁）･････････････････････ 213, 216, 217
最決平成 12・12・20（刑集 54 巻 9 号 1095 頁）･･････････････････････････ 73, 74
最判平成 13・7・19（刑集 55 巻 5 号 371 頁）･･･････････････････････････････ 307
最決平成 14・2・14（刑集 56 巻 2 号 86 頁）･････････････････ 220, 222, 224, 228
最決平成 14・7・1（刑集 56 巻 6 号 265 頁）･････････････ 324, 327, 328, 331, 332
最決平成 14・10・21（刑集 56 巻 8 号 670 頁）･･･････････････ 261, 263, 267, 275
最判平成 15・1・24（判時 1806 号 157 頁）････････････････････････････････ 63
最決平成 15・3・12（刑集 57 巻 3 号 322 頁）･･･････････････････････････ 302, 308
最大判平成 15・4・23（刑集 57 巻 4 号 467 頁）･････････････････ 127, 131, 137
最決平成 15・7・16（刑集 57 巻 7 号 950 頁）･･･････････････ 5, 6, 8, 9, 14, 15, 16
最決平成 15・10・6（刑集 57 巻 9 号 987 頁）･･･････････････ 336〜338, 343, 345, 346
最決平成 15・12・9（刑集 57 巻 11 号 1088 頁）･･･････････････････････ 233, 235
最決平成 16・1・20（刑集 58 巻 1 号 1 頁）･･･････････････････････ 19, 21, 30, 31
最決平成 16・2・9（刑集 58 巻 2 号 89 頁）･･･････････････････････････････ 252
最決平成 16・2・17（刑集 58 巻 2 号 169 頁）･･････････････････ 6〜8, 14, 15, 16
最決平成 16・3・22（刑集 58 巻 3 号 187 頁）･････････････････ 37, 78〜82, 85, 87
最決平成 16・8・25（刑集 58 巻 6 号 515 頁）･･･････････････････････････ 177, 178
最決平成 16・10・19（刑集 58 巻 7 号 645 頁）･････････････････････････････ 13
最決平成 16・11・30（刑集 58 巻 8 号 1005 頁）･･････････ 191, 193, 197, 200, 201, 202
最判平成 16・12・10（刑集 58 巻 9 号 1047 頁）･･･････････････ 223, 224, 228, 229
最決平成 17・3・11（刑集 59 巻 2 号 1 頁）･････････････････････ 349〜351, 356, 359
最決平成 17・3・29（刑集 59 巻 2 号 54 頁）･･････････････････････････ 147, 149
最判平成 17・4・14（刑集 59 巻 3 号 283 頁）･････････････････････････ 132, 133
最決平成 17・7・4（刑集 59 巻 6 号 403 頁）･･･････････････････････ 33, 36, 115
最決平成 18・1・23（刑集 60 巻 1 号 67 頁）･･･････････････････ 352, 353, 357, 358
最決平成 18・3・27（刑集 60 巻 3 号 382 頁）･･････････････････････････････ 14
最決平成 18・8・21（判タ 1227 号 184 頁）･･････････････････････････････ 266
最決平成 18・8・30（刑集 60 巻 6 号 479 頁）････････････････････････････ 316
最決平成 19・7・2（刑集 61 巻 5 号 379 頁）･････････････････ 159, 160, 169, 170
最決平成 19・7・17（刑集 61 巻 5 号 521 頁）･････････････････････････ 277, 292
最決平成 20・2・18（刑集 62 巻 2 号 37 頁）･･････････････････････ 313〜315, 321
最判平成 20・4・11（刑集 62 巻 5 号 1217 頁）･･････････ 161〜165, 170, 172〜175
最決平成 21・6・30（刑集 63 巻 5 号 475 頁）･････････････････････ 93, 94, 97, 98
最判平成 21・11・30（刑集 63 巻 9 号 1765 頁）･･････････････････････････ 174
最決平成 22・7・29（刑集 64 巻 5 号 829 頁）････････････････････････ 279, 281
最決平成 22・10・26（刑集 64 巻 7 号 1019 頁）･･････････････････････････ 14
最決平成 24・1・30（刑集 66 巻 1 号 36 頁）･････････････････････････････ 154
最決平成 24・7・24（刑集 66 巻 8 号 709 頁）･･･････････････････････････ 154
最決平成 24・10・9（刑集 66 巻 10 号 981 頁）･･････････････････････････ 315
最決平成 24・11・6（刑集 66 巻 11 号 1281 頁）･･････ 108, 111, 114, 115, 116, 120, 122, 125

最判平成 26・3・28（刑集 68 巻 3 号 582 頁）……………………………… 282, 284
最決平成 26・3・28（刑集 68 巻 3 号 646 頁）……………………………… 282, 290

[高等裁判所]

大阪高判昭和 24・12・5（判特 4 号 3 頁）……………………………………… 196
仙台高判昭和 25・2・7（判特 3 号 88 頁）……………………………………… 320
東京高判昭和 25・9・14（高刑集 3 巻 3 号 407 頁）…………………………… 99
東京高判昭和 27・6・26（判特 34 号 86 頁）…………………………………… 227
福岡高判昭和 28・1・12（高刑集 6 巻 1 号 1 頁）……………………………… 99
東京高判昭和 28・1・31（東高刑時報 3 巻 2 号 57 頁）……………… 331, 334
福岡高判昭和 29・5・29（高刑集 7 巻 6 号 866 頁）…………………………… 227
広島高判昭和 29・6・30（高刑集 7 巻 6 号 944 頁）……………………… 22, 30
大阪高判昭和 29・7・14（裁特 1 巻 4 号 133 頁）……………………………… 18
福岡高判昭和 30・4・25（高刑集 8 巻 3 号 418 頁）…………………………… 182
大阪高判昭和 31・12・11（高刑集 9 巻 12 号 1263 頁）……………………… 204
仙台高秋田支判昭和 33・4・23（高刑集 11 巻 4 号 188 頁）………………… 226
東京高判昭和 35・7・15（下刑集 2 巻 7 = 8 号 989 頁）……………………… 185
東京高判昭和 36・8・8（高刑集 14 巻 5 号 316 頁）…………………………… 181
札幌高判昭和 36・12・25（高刑集 14 巻 10 号 681 頁）……………………… 320
東京高判昭和 38・1・24（高刑集 16 巻 1 号 16 頁）…………………………… 320
大阪高判昭和 40・6・7（下刑集 7 巻 6 号 1166 頁）……………………………… 18
福岡高判昭和 42・6・22（下刑集 9 巻 6 号 784 頁）…………………………… 226
東京高判昭和 45・12・25（高刑集 23 巻 4 号 903 頁）………………… 227, 230
東京高判昭和 46・2・2（判時 636 号 95 頁）…………………………………… 152
仙台高判昭和 46・6・21（高刑集 24 巻 2 号 418 頁）………………………… 196
名古屋高金沢支判昭和 46・12・23（刑月 3 巻 12 号 1613 頁）………………… 84
東京高判昭和 47・4・26（判タ 279 号 362 頁）………………………………… 84
東京高判昭和 47・12・18（判タ 298 号 441 頁）………………………………… 84
東京高判昭和 48・3・27（東高刑時報 24 巻 3 号 41 頁）……………………… 169
名古屋高判昭和 50・7・1（判時 806 号 108 頁）……………………………… 115
札幌高判昭和 51・3・18（高刑集 29 巻 1 号 78 頁）……………………… 72〜74
広島高判昭和 51・4・1（高刑集 29 巻 2 号 240 頁）…………………………… 173
札幌高判昭和 51・11・11（刑月 8 巻 11 = 12 号 453 頁）……………………… 299
名古屋高判昭和 52・5・10（判時 852 号 124 頁）……………………………… 182
東京高判昭和 53・9・21（刑月 10 巻 9 = 10 号 1191 頁）……………………… 72
東京高判昭和 54・4・12（刑月 11 巻 4 号 277 頁）…………………………… 184
福岡高判昭和 56・9・21（刑月 13 巻 8 = 9 号 527 頁）……………………… 247
福岡高判昭和 57・9・6（高刑集 35 巻 2 号 85 頁）……………………………… 72
福岡高判昭和 58・2・28（判時 1083 号 156 頁）……………………………… 182

大阪高判昭和 59・5・23（高刑集 37 巻 2 号 328 頁）……………………… 266
名古屋高判昭和 59・7・3（判時 1129 号 155 頁）……………………… 247
東京高判昭和 59・11・19（判タ 544 号 251 頁）……………………… 247
東京高判昭和 60・5・9（刑月 17 巻 5 = 6 号 519 頁）……………… 250, 257
大阪高判昭和 60・6・26（高刑集 38 巻 2 号 112 頁）……………………… 266
大阪高判昭和 60・11・28（刑月 17 巻 11 号 1090 頁）……………………… 236
福岡高宮崎支判昭和 62・6・23（判時 1255 号 38 頁）……………………… 151
大阪高判昭和 62・7・10（高刑集 40 巻 3 号 720 頁）
　……………………… 109, 110, 116, 118, 119, 120, 122, 123, 125
広島高判昭和 63・12・15（判タ 709 号 269 頁）……………………… 173
福岡高宮崎支判平成元・3・24（高刑集 42 巻 2 号 103 頁）……… 22, 25, 30
大阪高判平成元・11・15（カード犯罪・コンピュータ犯罪裁判例集 112 頁）……… 257
東京高判平成 2・2・27（刑集 48 巻 8 号 571 頁）……………………… 102
東京高判平成 3・4・1（判時 1400 号 128 頁）……………………… 184
東京高判平成 3・12・26（判タ 787 号 272 頁）……………………… 257
東京高判平成 5・2・1（判時 1476 号 163 頁）……………………… 169
仙台高判平成 6・3・31（判時 1513 号 175 頁）……………………… 169
東京高判平成 6・9・12（判時 1545 号 113 頁）……………………… 299
福岡高判平成 8・11・21（刑集 54 巻 3 号 438 頁）……………………… 264
東京高判平成 9・9・1（刑集 53 巻 9 号 1149 頁）……………………… 206
東京高判平成 12・2・18（刑集 54 巻 9 号 1036 頁）……………………… 213
仙台高判平成 12・2・22（高刑集 53 巻 1 号 21 頁）……………………… 221
福岡高判平成 12・5・9（判時 1728 号 159 頁）……………………… 153
東京高判平成 12・5・15（判時 1741 号 157 頁）……………………… 196
大阪高判平成 12・5・16（刑集 54 巻 9 号 1090 頁）……………………… 217
東京高判平成 13・2・20（判時 1756 号 162 頁）……………………… 86
東京高判平成 13・3・22（高刑集 54 巻 1 号 13 頁）……………………… 129
仙台高判平成 13・4・26（刑集 57 巻 11 号 1132 頁）……………………… 234
福岡高判平成 13・6・25（刑集 56 巻 8 号 686 頁）……………………… 262
名古屋高金沢支判平成 13・10・4（刑集 56 巻 6 号 272 頁）……………… 328
広島高判平成 13・12・25（公刊物未登載）……………………… 62
名古屋高判平成 14・4・16（刑集 58 巻 1 号 20 頁）……………………… 20
東京高判平成 14・5・28（判タ 1120 号 288 頁）……………………… 337
大阪高判平成 14・8・22（刑集 58 巻 2 号 116 頁）……………………… 255
名古屋高判平成 14・8・29（判時 1831 号 158 頁）……………………… 100
大阪高判平成 14・9・4（判タ 1114 号 293 頁）……………………… 52
東京高判平成 14・11・14（高刑集 55 巻 3 号 4 頁）……………………… 5
東京高判平成 15・1・29（刑集 59 巻 2 号 29 頁）……………… 350, 356
東京高判平成 15・6・26（刑集 59 巻 6 号 450 頁）……………………… 36
仙台高判平成 15・7・8（判時 1847 号 154 頁）……………………… 80

大阪高判平成 15・7・10（刑集 58 巻 2 号 178 頁）	7
東京高判平成 15・11・27（刑集 58 巻 9 号 1057 頁）	223
大阪高判平成 16・3・5（刑集 58 巻 8 号 1040 頁）	192
大阪高判平成 16・3・11（刑集 58 巻 6 号 519 頁）	178
大阪高判平成 16・9・1（刑集 59 巻 3 号 297 頁）	133
大阪高判平成 16・9・9（刑集 59 巻 2 号 73 頁）	149
東京高判平成 17・12・9（判時 1949 号 169 頁）	164
東京高判平成 18・11・21（刑集 61 巻 5 号 394 頁）	160
仙台高秋田支判平成 19・2・8（判タ 1236 号 104 頁）	314, 315, 319, 322
仙台高判平成 19・5・31（刑集 62 巻 2 号 76 頁）	313, 322
東京高判平成 19・7・19（刑集 63 巻 5 号 500 頁）	94
大阪高判平成 20・3・18（刑集 64 巻 5 号 859 頁）	280
高松高判平成 23・11・15（刑集 66 巻 11 号 1324 頁）	110
福岡高宮崎支判平成 24・12・6（刑集 68 巻 3 号 636 頁）	284
名古屋高判平成 25・4・23（刑集 68 巻 3 号 686 頁）	290

[地方裁判所]

東京地判昭和 37・11・29（判タ 140 号 117 頁）	278
東京地判昭和 38・3・23（判タ 147 号 92 頁）	151
静岡地判昭和 39・9・1（下刑集 6 巻 9＝10 号 1005 頁）	84, 86
京都地判昭和 43・11・26（判時 543 号 91 頁）	84
名古屋地判昭和 44・6・25（判時 589 号 95 頁）	82
東京地判昭和 44・9・1（刑月 1 巻 9 号 865 頁）	169
東京地判昭和 45・10・22（判時 612 号 103 頁）	152
浦和地熊谷支判昭和 46・1・26（刑月 3 巻 1 号 39 頁）	22, 30
大阪地判昭和 46・1・30（刑月 3 巻 1 号 59 頁）	169
東京地判昭和 47・10・19（研修 337 号 69 頁）	299
徳島地判昭和 48・11・28（刑月 5 巻 11 号 1473 頁）	72
広島地判昭和 49・4・3（判タ 316 号 289 頁）	85
京都地判昭和 51・12・17（判時 847 号 112 頁）	195
千葉地木更津支判昭和 53・3・16（判時 903 号 109 頁）	227
名古屋地判昭和 54・4・27（刑月 11 巻 4 号 358 頁）	266
大阪地判昭和 54・6・21（判時 948 号 128 頁）	156
東京地判昭和 54・8・10（判時 943 号 122 頁）	152
東京地判昭和 55・2・14（刑月 12 巻 1＝2 号 47 頁）	195
大阪地判昭和 57・4・6（判タ 477 号 221 頁）	83
横浜地判昭和 58・7・20（判時 1108 号 138 頁）	84, 86
鹿児島地判昭和 59・5・31（判時 1139 号 157 頁）	22, 30
東京地判昭和 59・6・15（刑月 16 巻 5＝6 号 459 頁）	195

判例	頁
東京地判昭和 62・10・6（判時 1259 号 137 頁）	196
東京地判平成元・9・12（刑集 48 巻 8 号 567 頁）	102
札幌地判平成 5・6・28（判タ 838 号 268 頁）	195
名古屋地判平成 6・1・18（判タ 858 号 272 頁）	152
福岡地判平成 7・10・12（判タ 910 号 242 頁）	85
名古屋地判平成 7・10・31（判時 1552 号 153 頁）	173
福岡地小倉支判平成 8・2・6（刑集 54 巻 3 号 432 頁）	264
東京地八王子支判平成 8・2・26（カード犯罪・コンピュータ犯罪裁判例集 130 頁）	257
浦和地熊谷支判平成 9・3・17（刑集 53 巻 9 号 1141 頁）	206
大阪地判平成 9・8・20（判タ 995 号 286 頁）	125
大阪地堺支判平成 9・10・27（刑集 57 巻 3 号 351 頁）	300
東京地判平成 11・3・30（刑集 54 巻 9 号 1015 頁）	213
仙台地判平成 11・8・23（刑集 56 巻 2 号 89 頁）	221
大阪地判平成 11・11・15（刑集 54 巻 9 号 1076 頁）	217
青森地判平成 11・11・18（刑集 57 巻 11 号 1092 頁）	234
横浜地川崎支判平成 12・3・27（刑集 57 巻 4 号 477 頁）	128
東京地判平成 12・7・4（判時 1769 号 158 頁）	101
福岡地判平成 13・1・22（刑集 56 巻 8 号 682 頁）	262
富山地判平成 13・3・27（刑集 56 巻 6 号 268 頁）	328
奈良地判平成 13・4・5（公刊物未登載）	153
富山地判平成 13・4・19（判タ 1081 号 291 頁）	153
名古屋地判平成 13・5・30（刑集 58 巻 1 号 8 頁）	19
山口地判平成 13・5・30（公刊物未登載）	153
大阪地堺支判平成 13・7・19（判タ 1114 号 297 頁）	52
京都地判平成 13・9・21（刑集 58 巻 2 号 93 頁）	253
千葉地判平成 13・9・28（公刊物未登載）	35
東京地判平成 13・12・25（判時 1811 号 159 頁）	336
千葉地判平成 14・2・5（判タ 1105 号 284 頁）	34
長野地松本支判平成 14・4・10（刑集 57 巻 7 号 973 頁）	5
大阪地判平成 14・4・30（判タ 1129 号 268 頁）	357
仙台地判平成 14・5・29（刑集 58 巻 3 号 201 頁）	80
東京地八王子支判平成 14・6・3（刑集 59 巻 2 号 13 頁）	350
大阪地判平成 14・9・30（判タ 1129 号 274 頁）	353
大阪地判平成 14・10・22（刑集 58 巻 2 号 172 頁）	7
東京地判平成 15・3・31（判タ 1126 号 287 頁）	219
大阪地判平成 15・4・11（判タ 1126 号 284 頁）	84
神戸地判平成 15・8・19（刑集 58 巻 8 号 1029 頁）	192
大阪地判平成 15・11・11（刑集 58 巻 6 号 518 頁）	178
奈良地判平成 16・4・9（刑集 59 巻 2 号 67 頁）	148
大阪地判平成 16・4・16（刑集 59 巻 3 号 285 頁）	133

東京地判平成 16・4・20（判時 1877 号 154 頁）	153
東京地八王子支判平成 16・12・16（判時 1892 号 150 頁）	163
東京地判平成 18・7・28（刑集 61 巻 5 号 385 頁）	160
福島地判平成 18・10・25（刑集 62 巻 2 号 63 頁）	312, 319, 322
秋田地判平成 18・10・25（判タ 1236 号 342 頁）	314, 315, 322
東京地八王子支判平成 19・2・21（刑集 63 巻 5 号 493 頁）	94
大阪地岸和田支判平成 19・11・20（刑集 64 巻 5 号 855 頁）	280
松山地判平成 23・3・24（刑集 66 巻 11 号 1299 頁）	109
名古屋地判平成 24・4・12（刑集 68 巻 3 号 674 頁）	290
宮崎地判平成 24・5・21（刑集 68 巻 3 号 628 頁）	284

[簡易裁判所]

尼崎簡判昭和 43・2・29（下刑集 10 巻 2 号 211 頁）	168
広島簡判平成 13・7・25（公刊物未登載）	62

《著者紹介》

山口　厚（やまぐち　あつし）

　1953 年　生まれ
　1976 年　東京大学法学部卒業
　現　在　早稲田大学大学院法務研究科教授
　　　　　東京大学名誉教授

〈主著〉
危険犯の研究（東京大学出版会，1982 年）
問題探究 刑法総論（有斐閣，1998 年）
問題探究 刑法各論（有斐閣，1999 年）
理論刑法学の最前線Ⅰ・Ⅱ（岩波書店，共著，2001 年・2006 年）
刑法総論〔第 2 版〕（有斐閣，2007 年）
刑法各論〔第 2 版〕（有斐閣，2010 年）
基本判例に学ぶ刑法総論（成文堂，2010 年）
基本判例に学ぶ刑法各論（成文堂，2011 年）
判例刑法総論〔第 6 版〕（有斐閣，共著，2013 年）
判例刑法各論〔第 6 版〕（有斐閣，共著，2013 年）
刑　法〔第 3 版〕（有斐閣，2015 年）

新判例から見た刑法〔第 3 版〕　　　　　　法学教室 LIBRARY
Studying New Criminal Law Cases

2006 年 9 月 10 日　初　版第 1 刷発行
2008 年 10 月 25 日　第 2 版第 1 刷発行
2015 年 2 月 25 日　第 3 版第 1 刷発行

　　　著　者　　山　口　　厚
　　　発行者　　江　草　貞　治
　　　発行所　　株式会社　有　斐　閣

郵便番号 101-0051
東京都千代田区神田神保町 2-17
電話（03）3264-1311〔編集〕
　　（03）3265-6811〔営業〕
http://www.yuhikaku.co.jp/

印刷・精文堂印刷株式会社／製本・牧製本印刷株式会社
©2015，山口厚．Printed in Japan
落丁・乱丁本はお取替えいたします。

★定価はカバーに表示してあります。

ISBN 978-4-641-13911-4

JCOPY　本書の無断複写（コピー）は，著作権法上での例外を除き，禁じられています．複写される場合は，そのつど事前に，(社)出版者著作権管理機構（電話03-3513-6969，FAX03-3513-6979，e-mail:info@jcopy.or.jp）の許諾を得てください．